마음공부?
무엇이든 물어보세요 1

마음 공부?
무엇이든
물어보세요 1

김태완 지음

입문편

마음공부를 시작한 초심자가
묻는 모든 질문에 답한다

마음공부란?

마음공부는 마음의 불편함과 얽매임의 괴로움에서 벗어나는 해탈 공부다. 마음공부는 어리석고 어두운 마음에서 깨어나는 깨달음 공부다.

마음공부는 종교적 구원을 얻는 종교 공부다.

마음공부는 인간 존재의 비밀을 밝히는 지혜 공부다.

마음공부는 모든 것이 사라지는 열반 공부다.

마음공부는 인간의 한계를 근본적으로 벗어나 영원한 자유를 얻는 대자유 공부다.

마음공부는 생각의 굴레를 벗어나 세계의 근원으로 돌아가는 근원회귀 공부다.

마음공부는 자신의 삶을 진지하게 돌아보는 사람이라면 반드시 해야 하는 필수 공부다.

여기 마음공부의 길을 가는 사람이 묻는 온갖 종류의 질문에 대한 답변이 있습니다.

마음공부의 길을 가는 것은 한 번도 가 본 적이 없는, 알 수 없는 곳을 찾아가는 것처럼 앞을 알 수 없는 미묘한 길입니다.

이런 길을 앞서서 안내하며 이끌고 가는 이가 선지식(善知識)

입니다. 마음공부의 길을 가는 가장 좋은 방법은 바른 안내자를 따라가는 것입니다.

이 책에 실린 질문과 답변이 마음공부의 길을 가는 분들에게 좋은 길잡이 역할을 하리라고 기대합니다.

2022년 1월
무심선원 김태완

일러두기

1. 여기 실린 질문과 답변은 무심선원 홈페이지의 게시판과 메일에서 2002년부터 2020년까지 들어온 질문을 무심선원 김태완 원장이 답변한 것들 가운데 추려 내어 다시 정리한 것이다.

2. 질문의 총 개수는 326개이고 다음과 같은 주제로 분류하여 실었다

　　1장 마음공부란 무엇인가?

　　2장 믿음과 발심

　　3장 깨달음과 수행

　　4장 견해에서 벗어나기

　　5장 마음공부의 바른 길

　　6장 마음공부의 어려움

　　7장 마음공부와 사회생활

　　8장 체험과 그 뒤의 공부

　　9장 별별 질문들

3. 여기에 실린 마음공부 질의응답은 마음공부를 처음 시작하거나 시작한 지 오래되지 않은 초심자를 위한 입문편이다. 그러나 마음공부를 오래 한 사람들에게도 충분히 도움이 되리라 생각한다. 마음공부를 오래 하여 안목이 좀 생긴 분들을 위해《마음공부? 무엇이든 물어보세요 2》심화편도 준비하고 있으니, 조만간 출간될 것이다.

차례

6장 마음공부의 어려움

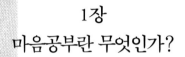

1장
마음공부란 무엇인가?

1. 마음공부란 무엇인가요?

: 마음공부를 한다고 하는데, 마음공부란 무엇이며 왜 마음공부를 해야 하는지요?

마음의 진실을 깨달아 마음의 괴로움에서 벗어나는 것이 마음공부입니다. 삶의 진실을 깨달아 삶의 괴로움에서 벗어나는 것이 마음공부입니다.

마음의 진실을 깨달으면 힘들고 괴로운 삶에서 벗어납니다. 우리가 타고난 삶의 진실은 힘들고 괴로운 삶이 아니라, 얽매임 없이 자유롭고 아무런 부담과 걱정이 없는, 가볍고 안락하고 만족스러운 삶입니다. 마음공부를 하여 마음의 진실을 깨닫는 것은 곧 삶의 진실을 깨닫는 것이고, 삶의 진실을 깨달으면 걱정 없고 자유롭고 안락하고 만족스러운 삶의 진실이 실현됩니다.

삶이 힘들고 괴로운 이유는 집착에서 벗어나지 못하고 얽매여 있기 때문입니다. 집착이란 '나 자신'에 대한 집착이고, '나의 삶'에 대한 집착이고, '나의 것'에 대한 집착이고, '나의 세계'에 대한 집착입니다. 내가 나의 삶을 짊어지고 이 세상에서 살아가야 하는 것이 곧 집착입니다. 내가 나의 삶을 짊어지고 이 세상에서 힘들게 살아가야 한다는 생각을 우리는 당연한 상식이라고 여기지만, 이러한 생각은 우리의 잘못된 집착이지 우리 삶의 진실이 아닙니다.

마음공부를 하여 얻는 효과는 모든 것에서 벗어나는 해탈입니다. 마음공부를 하면 '나'에게서 벗어나고 '나의 삶'에서 벗어나고 '내가 사는 세상'에서 벗어납니다. 마음공부를 하면 모든 것에서 벗어나 끝없는 자유와 영원한 안식을 얻습니다. 그러므로 마음공부는 영원한 구원을 얻는 종교입니다.

마음공부의 성취를 불교에서는 깨달음, 해탈, 열반이라고 부릅니다. 마음의 진실을 깨달으므로 깨달음이라 하고, 괴로운 집착에서 벗어나므로 해탈이라 하고, 집착과 괴로움이 사라지므로 열반(사라짐)이라 합니다.

불교가 마음공부이고, 불교라는 마음공부 가운데 가장 효과가 뛰어난 깨달음의 지름길이라고 불리는 것이 바로 선(禪)입니다. 여기에서 가르치고자 하는 마음공부는 바로 선(禪)입니다.

2. 선(禪)은 어떻게 공부해야 하나요?

: 마음공부 가운데 가장 효과가 뛰어난 것이 선(禪)이라면, 선은 어떻게 공부하는 것인가요? 어떤 방법으로 어떻게 선을 공부해야 마음의 실상을

깨달아 구원을 얻을 수 있습니까?

마음공부의 왕인 선(禪)에는 정해진 방법이 없습니다. 마음공부에서 깨달음은 우리가 의식할 수 없고 분별할 수 없고 알 수 없는 마음의 진실에 통하는 체험입니다. 우리가 의식할 수 있고 분별할 수 있고 알 수 있는 무엇을 확인하는 일이라면 방법이 있겠지만, 알 수 없는 것을 확인하는 것이니 당연히 그 무엇도 알 수 없습니다.

마음공부는 생각할 수 없고 알 수 없는 마음의 진실을 직접 겪어 보는 체험입니다. 이 진실은 스스로 직접 체험해 보기 전에는 절대로 알 수 없습니다. 마음의 진실은 분별할 수 없고 생각할 수 없고 알 수 없으므로 당연히 말로 설명할 수 없습니다. 깨달음에 이르는 정해진 길을 누구도 알 수도 없고 말할 수도 없습니다.

《반야심경》에 "꿈같은 잘못된 생각에서 멀리 벗어나면 궁극의 열반이다"라는 구절이 있듯이, 깨달음은 꿈에서 깨어나는 일과 유사합니다. 나쁜 꿈을 꾸는 사람이 꿈에서 깨려고 할 때 할 수 있는 일이 어떤 것이 있을까요? 어떤 일을 하든지 모두 꿈속의 일이므로 꿈에서 깨어나는 데는 도움이 되질 않습니다. 오로지 깨어나고 싶다는 그 간절함이 극에 달하면 마침내 저절로 눈이 떠지고 깨어나는 것이죠.

악몽을 꾼 경험이 있으면 이 사실을 실감할 것입니다. 오로지 깨어나고 싶다는 그 절박함만이 꿈에서 깨어나게 하는 힘이 될 뿐, 어떤 방법이나 요령도 없습니다. 마찬가지로, 꿈같은 망상에서 깨어나는 깨달음을 얻고 싶은 사람은 깨달음을 얻고 싶다는 간절한 욕망과 그 욕망이 극에 달한 절박함이 있을 뿐, 깨닫기 위해 할 수 있는 일은 아무것도 없습니다.

스스로 할 수 있는 일이 전혀 없으므로 결국 이미 깨달은 사람의 인도를 받을 수밖에 없습니다. 그러므로 깨달음을 얻겠다고 마음먹은 사람은 이미 깨달음을 얻고서 깨닫고자 하는 사람들을 이끌고 있는 올바른 스승을 찾아가야 합니다. 이것은 예전부터 늘 그러했습니다. 석가모니의 제자들은 석가모니를 찾아와 그 가르침을 듣고서 깨달았습니다. 선(禪)에서도 마찬가지로 깨달음을 얻겠다고 마음을 낸(이것을 발심(發心)이라고 합니다) 사람은 바른 안목을 갖춘 스승을 찾아가서 그 가르침의 말씀을 듣고서 깨달았습니다.

중국불교에서 선불교의 실질적 창시자인 육조 혜능(六祖慧能)의 가르침을 기록한 《육조단경》에 다음과 같은 내용이 있습니다.

"중생이 찾아와 마음이라는 땅에 깨달음의 씨앗을 뿌리니
마음이라는 땅에서 깨달음의 싹이 트고 마침내 열매가 열린다.
중생의 마음이 없으면 깨달음의 씨앗도 뿌릴 수 없고
깨달음을 얻을 본성(불성)이 없다면
깨달음이 나오지도 않을 것이다."

"내가 지금 법을 말하는 것은 마치 때 알맞은 비가 내려 대지를 두루 적시는 것과 같고 그대들의 불성은 비유하면 온갖 종자와 같으니, 이 비를 만나 젖게 되면 모두가 싹을 틔울 것이다."

"마음이라는 땅이 깨달음의 종자를 품고 있는데
두루 내리는 비에 모두 싹이 튼다.
문득 깨달음이라는 꽃이 피어나면
깨달음의 열매는 저절로 이루어질 것이다."

　　중생의 마음이라는 땅에 깨달음의 씨앗을 뿌린다는 것은 깨닫겠다는 마음을 내는 발심입니다. 씨앗이 뿌려진 땅에는 비가 내려야 씨앗이 싹을 틔우는데, 마음이라는 땅에 내리는 비는 바로 스승의 가르침의 말씀입니다. 땅에 비가 내리면 씨앗이 싹을 틔우듯이, 깨닫겠다고 발심한 사람이 스승의 가르침을 듣는다면 비로소 깨달음의 싹이 나오는 것입니다. 그러므로 깨달음이 이루어지려면 최소한 이 두 가지 일, 즉 깨달음을 얻겠다고 마음을 내는 발심과 스승을 찾아가 그 가르침을 듣는 일이 필요합니다.

3. 선(禪)이 왜 깨달음의 지름길인가요?

: 선(禪)이 불교라는 마음공부 가운데 가장 효과가 뛰어난 깨달음의 지름길이라고 불리는 까닭은 무엇인가요?

　　보통 선의 특징을 말할 때 불립문자(不立文字), 교외별전(敎外別傳), 이심전심(以心傳心), 직지인심(直指人心), 견성성불(見性成佛)을 말합니다. 불립문자란 문자를 세우지 않는다는 뜻인데, 언어문자를 세워서 설명하고 이해하는 것으로 공부를 삼지 않는다는 말입니다. 언어문자는 분별망상에 해당하기 때문이죠. 교외별전이란 교(敎) 밖에서 따로 전한다는 뜻인데, 여기서 교란 언어문자로 된 가르침이니 곧 불경(佛經)을 뜻합니다.

그러면 언어문자 밖에서 어떻게 따로 전할까요? 마음에서 마음으로 직접 전한다고 하여 이심전심이라 합니다. 이미 깨달은 마음이 아직 깨닫지 못한 마음을 일깨우고 이끌어 깨닫도록 만든다는 뜻입니다. 이러한 이심전심은 어떻게 이루어질까요? 직지인심은 사람의 마음을 곧장 가리킨다는 뜻이고, 이러한 직지인심의 가르침을 받고서 분별하고 이해하는 것이 아니라 곧장 분별할 수 없는 마음의 본성을 깨닫는 것이 견성성불입니다. 이심전심은 이렇게 이루어집니다.

이와 같이 선은 어떤 수행의 절차를 거치지 않고 단도직입(單刀直入)으로 곧장 깨달음에 들어가는 깨달음의 지름길입니다.

깨달음의 요점은 분별망상(分別妄想) 즉 생각에서 벗어나는 것입니다. 생각에서 벗어나는 지름길은 생각을 가로막아 생각이 쓸모없게 만드는 것입니다. 생각을 못하게 하는 것이 아니라, 생각이 쓸모없게 만들어 생각이 스스로 항복하도록 만드는 것이죠. 생각을 하지 않는 것이 생각을 벗어나는 것은 아닙니다. 생각을 하면서도 생각에서 벗어나는 것이 깨달음입니다.

그러므로 이런 깨달음은 우리가 생각을 가지고 의도적으로 행할 수 있는 일이 아닙니다. 깨달음은 생각이 쓸모없게 된 상황에서 마음이 저절로 이루어 내는 현묘한 일입니다. 참된 스승은 이런 현묘한 길로 제자를 인도할 줄 압니다. 생각에서 벗어난 사람만이 할 수 있는 가르침입니다. 그 가르침은 생각에서 벗어난 마음을 곧장 가리키는 것입니다. 이것을 선에서 직지인심이라고 하는 것입니다.

생각이라는 헛된 망상에서 벗어난, 생각할 수 없는 마음을 곧장 가리킨다는 뜻입니다. 생각할 수 없는 마음을 가리키는 직지인심의 가르침을 접한 제자는 어떻게도 손을 댈 방법이 없는 장벽에 마주한 것처럼 생각이 꽉 막혀 버립니다. 이것을 은산철벽(銀山鐵壁)이라 하기도 하고, 의문만 가득 차 있다고 하여 의단(疑團)이라고 하기도 합니다.

이처럼 생각이 꽉 막혀서 직지인심의 가르침을 계속 접하는 제자의 마음은 점점 더 답답하고 절박해지다가, 어느 선을 넘으면 갑자기 저절로 모든 상황이 끝나면서 드디어 생각에서 시원하게 벗어납니다. 이것을 마음의 본성을 본다고 하여 견성(見性)이라 하는데, 마음의 본성은 분별하여 알 수 있는 것이 아니라 오로지 직접 통하여 겪어 보아야 하는 살아 있는 현실입니다.

이렇게 마음의 본성에 직접 통하는 경험을 일러 성불(成佛)이라 하는데, 성불이란 깨달음을 이룬다는 뜻입니다.

4. 마음의 진실은 어떻게 깨닫습니까?

: 마음의 진실을 깨달아야 모든 집착과 고통에서 벗어난다면, 마음의 진

실은 어떻게 깨닫습니까?

마음의 진실은 색이나 모양으로 알 수 없습니다.

마음의 진실은 소리로 알 수 없습니다.

마음의 진실은 냄새로 알 수 없습니다.

마음의 진실은 맛으로 알 수 없습니다.

마음의 진실은 촉감으로 알 수 없습니다.

마음의 진실은 생각으로 알 수 없습니다.

마음의 진실은 느낌으로 알 수 없습니다.

마음의 진실은 욕망으로 알 수 없습니다.

마음의 진실은 열심히 수련하여 알 수 없습니다.

마음의 진실은 곰곰이 생각하여 알 수 없습니다.

마음의 진실은 깊이 연구하여 알 수 없습니다.

마음의 진실은 문득 통찰하여 알 수 없습니다.

마음의 진실은 날카롭게 직관하여 알 수 없습니다.

마음의 진실은 어떻게 해도 알 수가 없습니다.

마음의 진실은 알 수 없는 곳에서 저절로 드러납니다.

알려고 하는 습성이 쉬어진다면, 마음은 진실은 저절로 나타납니다.

알고 싶은 욕구에 매달려 있지 않으면, 마음의 진실은 본래 드러나 있습니다.

마음의 진실은 본래부터 언제나 어디서나 드러나 있지만, 우리가 알려고 하기 때문에 숨어 버리는 것입니다.

　마음의 진실이 어떻게 드러나 있을까요?

　날씨가 흐리더니 이제는 빗방울이 떨어지는군요.

2장
믿음과 발심

1. 발심이란 무엇인가요?

: 마음공부에서는 처음 깨닫겠다는 마음을 내는 발심(發心)이 가장 중요하다고 합니다. 발심은 어떤 것인가요? 어떻게 발심해야 합니까?

이 공부는 발심에 따라 방향과 성패가 결정됩니다. 마음에서 목말라하는 것을 따르는 것이 발심입니다.

명예에 목말라 있습니까? 그러면 당신은 명예에 발심한 것입니다. 당신은 결국 명예를 추구할 것입니다.

재산에 목말라 있습니까? 그러면 당신은 재산에 발심한 것입니다. 당신은 결국 재산을 추구할 것입니다.

애정에 목말라 있습니까? 그러면 당신은 애정에 발심한 것입니다. 당신은 결국 애정을 추구할 것입니다.

권력에 목말라 있습니까? 그러면 당신은 권력에 발심한 것입니다. 당신은 결국 권력을 추구할 것입니다.

지식에 목말라 있습니까? 그러면 당신은 지식에 발심한 것입니다. 당신은 결국 지식을 추구할 것입니다.

이와 같은 발심들은 전부 세속적 발심으로서, 마음공부와는 관계가 없습니다.

자기 존재의 진면목인 마음의 진실에 목말라 있습니까? 그러면 이제 당신은 마음공부에 발심한 것입니다. 당신은 결국 자기 마음의 참모습을 깨닫게 될 것입니다.

당신이 진정으로 목말라 있다면, 그리고 자신의 내면의 목마름에 응할 만큼 충분히 용기가 있다면, 당신은 반드시 깨달음을 성취할 것입니다. 당신이 진정으로 자기 존재의 진면목에 목말라 있다면, 어떤 종류의 결과도 예상하거나 기대하거나 계산하지 마십시오.

다만 내면의 목마름을 따라 나아가십시오. 이것이 바로 마음공부입니다.

2. 가슴이 허전합니다

: 어제 직장에서 회식을 했습니다. 사람들과 어울리는 자리였지만, 언제나 허탈한 마음만 가득 안고 집으로 돌아옵니다. 무엇을 위해 살아야 하는지? 진정한 삶이란 무엇인지? 저는 사실 아무것도 바라지 않고 살아야지 하고 생각하면서도, 그 어느 것 하나 온전히 가지지도 버리지도 못하고 어영부영 하루하루를 무의미하게 보내고 있는 것 같습니다. 모든 것이 무의미하게 느껴집니다. 가슴이 텅 비고 허전합니다.

사람마다 제 나름대로 살아가는 이유가 있다고 생각할 것입니다. 그러나 막상 그 이유가 뭐냐고 물으면 이런저런 생각이 많이 떠오르겠지만, 그런 생각들이 정말로 살아가는 이유인지에 대해서는 자신이 없습니다.

가슴이 텅 비고 허전하다고요? 무엇을 위해 살아야 하는지 모르겠다고요? 진정한 삶이 무엇인지 모르겠다고요? 모든 것이 무의미하다고요?

사실 삶이란 곰곰이 살펴보면, 텅 비고 허전하고 무의미하고 알수 없는 것입니다. 우리는 이러한 삶을 채우고 의미를 부여하기 위해 매 순간 발버둥치고 있습니다. 그렇게 발버둥치는 것이 곧 삶이라고 여기고 있습니다.

지식을 추구하고, 명예를 추구하고, 재산을 추구하고, 가치관을 세우고, 옳고 그름을 판단하여 옳음을 추구하고, 대의명분을 추구하고, 남을 위해 봉사하고 하는 등의 일이 모두 그러한 발버둥입니다. 다들 그렇게 살지요. 그럼에도 불구하고 여전히 삶은 채워지지 않고 의미는 부여되지 않을 것입니다. 그리하여 다들 생각을 굴려서 자기를 합리화시키고 스스로를 세뇌시켜서 그럭저럭 만족하며 살려고 합니다.

그러나 솔직하게 자신을 돌아보면 여전히 채워지지도 않고 의미도 없고 알 수도 없습니다. 아무리 발버둥질해도 여전히 그렇다는 것을 인정하기가 어렵습니다만, 진실은 그런 것입니다. 왜냐하면 삶이라는 것이 본래 채워질 수도 없고 의미도 없고 알 수도 없는 것이기 때문입니다. 아니 채워질 필요가 없고 의미가 있을 것이 없고 알 것이 없는 것이 바로 삶입니다.

우리가 허전함을 느끼고 무의미함에 몸부림치고 알 수 없음에 답답해하는 이유는, 바로 우리가 채우려 하고 의미를 찾으려 하고 알려고 하기 때문입니다. 우리는 성취될 수 없는 것을 원하기 때문에 당연히 실패하고 성취하지 못하는 것입니다. 그렇지만 텅 비고 허전하고 무의미하고 알지 못하는 삶은 살기가 싫다고요?

삶의 실상은 텅 비어 있는 것도 아니고, 허전한 것도 아니고, 무의미하지도 않고, 알 수 없는 것도 아닙니다. 채우려 하고 의미를 찾으려 하고 알려고 하니까, 허전하고 무의미하고 알 수 없는 것입니다. 님이 어느 날 문득 깨달아 삶의 실상에 눈뜨면, 삶은 텅 비어 있는 것도 아니고 꽉 차 있는 것도 아니며, 무의미한 것도 아니고 의미가 있는 것도 아니며, 알 수 없는 것도 아니고 알 수 있는 것도 아닙니다.

그러므로 삶의 실상을 체험하고 맛보아야 비로소 이런저런 문제에 시달리지 않을 것입니다. 삶의 실상이란 곧 자기 자신의 실상이며, 자기 마음의 진실을 깨닫는 일입니다. 결국, 마음공부만이 님을 구원할 수 있습니다. 마음의 진실은 무엇일까요? 이것입니다.

"탕!"(책상을 두드림)

3. 믿음의 주체와 대상

: 철저히 간절하지도 못한 듯하고, 그렇다고 이 공부를 그만둘 수도 없는 그런 사람입니다. 믿음과 '이것뿐!' 이 둘의 분별에 갇혀 있는 것 같습니다. 믿으려면 믿는 주체가 있어야 하고 또한 대상이 있어야 합니다. 믿음이라는 단어는 아예 생각지 말고 단지 '이것뿐!'은 아닌지요?

믿음이 철저하면 내가 누구를 믿는다는 생각이 없고, 이것만이 분명하면 단지 이것뿐이라는 생각도 없습니다. 분별을 따르지 않고 생각에 의지하지 않으면, 분별과 생각은 아무 문제가 되지 않을 것입니다.

자신이 간절하지 못하다고도 생각하지 마십시오. "나는 어떤 사람이고, 공부는 어떻게 하는 것이다"라고 생각하는 것이 곧 헛된 망상입니다.

공부는 어떻게 해야 한다는 생각을 하지 마시고, 법문을 들으십시오. 분석하고 해석하고 이해하려 하지 마시고, 법문을 들으십시오.

무엇이 법문일까요?

우산을 써도 빗방울이 손등을 때립니다.

4. 공부에 흥미가 생기지 않아요

: 공부의 어떤 점이 법을 알 수 있게 하는 것인지 궁금합니다. 세속과 법을 구별하는 것도 망상이고 무언가를 붙들고 법을 추구하는 것도 망상이라고 하는데요. 그렇다고 법에 관심 없이 사는 세속인이 법답다는 뜻은 아닐 테죠. 공부인이 세속인과 다른 점이라면 알 수 없는 무언가에 관심이 있다는 것뿐인가요? 알 수 없는 무언가에 대한 관심이라는 것이 한가할 때나 밤이 되면 느껴지기도 하지만, 아침에 일어나 낮에 활동하며 일을 할 때나 어떤 생각을 하고 있는 동안에는 법에 대한 관심이라는 것이 느껴지지도 않습니다. 다시 일부러 관심을 가져 볼라치면 관념적인 조작에 그치는 것 같습니다.

부처님의 가르침이 무엇인지 궁금하지 않습니까? 깨달음이 어떤 것인지 궁금하지 않습니까? 동서양의 성인(聖人)들이 무엇을 가르쳤는지 궁금하지 않습니까? 선사들이나 조사들이 무엇을 가르치는지 궁금하지 않습니까? 지금의 힘들고 불안하고 괴로운 삶에서 벗어나고 싶지 않습니까?

이런 것들이 궁금하지 않다면, 지금의 삶에서 벗어나고 싶지 않다면, 이 공부는 지금이라도 그만두십시오. 이런 것들이 궁금하다면, 지금의 삶에서 벗어나고 싶다면, 공부에 뛰어들어 보십시오.

이 공부가 쉬운 일은 아닙니다만, 당신이 한평생 성취할 수 있는 가장 크고 중요한 일이 될 것입니다. 꼭 해내겠다는 견고한 의지가 있을 때 시작하는 것이 좋습니다.

5. 어떻게 발심해야 합니까?

: 발심에 대해 문의드립니다. 선생님께서는 선(禪) 공부에서 가장 중요한 것은 발심이라고 하시는데요. 발심이라는 것은 단순히 불교의 진리에 관심을 두는 것이라고 합니다. 그러나 꼭 '불교의 진리'라는 단어를 사용해야만 하는 것인가요? 저는 '우주를 존립시키는 존재'라는 단어에 관심이 끌리고 발심이 생깁니다. '우주를 존립시키는 존재'라는 말을 늘 상기하는 것이 공부에 방해가 되나요? 언젠가 어떠한 것도 붙들고 있으면 안 된다고 하신 말씀이 생각나서 혹 방해가 되는 것인가 궁금합니다.

발심은 이렇게 해야 한다고 말할 수는 없습니다. 발심은 이렇게 한다는 말을 듣고 그에 따라서 발심한다면, 이것은 참된 발심이 아니고 남이 시키는 대로 따라 하는 꼭두각시일 뿐입니다.

발심은 저절로 자발적으로 일어나는 것이죠. 호기심과 관심이 저절로 자발적으로 일어나듯이.

이 공부에 관심을 두고 이렇게 질문하고 있으니 이미 발심한 것입니다.

그러나 어떤 주제를 정해 놓고서 그 답을 구하는 생각을 발심이라고 오해하면 안 됩니다. 수만 가지 의문이 단지 하나의 의문이고,

하나의 의문이 풀리면 수만 가지 의문이 사라지는 것이 이 공부입니다.

'불교의 진리'라 하든, '우주를 존립시키는 존재'라 하든, 이름은 상관이 없습니다. 이런 이름을 통해 의문이 생겨서 공부에 뛰어들면 됩니다. 그러나 '우주를 존립시키는 존재'라는 개념을 붙잡고서 그 답을 역시 개념으로 얻으려 한다면 이것은 공부가 아닙니다.

성인들이 가르치신 진리가 있지만 나는 그것을 모른다는 것이 지금의 상황이지요. 그 모르는 진리에 매달려 끝장을 보려는 것이 공부이고요.

이 진리는 사실 누구에게나 애초부터 완전히 갖추어져 있으니, 얻을 수도 버릴 수도 없습니다. 언제나 완전히 갖추어져 있는 진리에 자기 스스로가 어두울 뿐입니다.

생각을 앞세우는 것이 진리에 어두운 가장 큰 장애물입니다. 만약 무엇을 어떻게 한다는 견해를 가진다면, 이것은 공부도 아니고 발심도 아니고 그냥 자신의 생각일 뿐입니다.

진리가 어디에 갖추어져 있을까요?

오늘 날씨가 좀 쌀쌀합니다.

절대로 생각으로 이해하면 안 됩니다. 생각을 앞세우는 것이 바로 중생입니다. 물론 생각을 죽인 깜깜한 어둠 속에 빠져 있어도 안 됩니다. 생각으로 이해해도 안 되고, 생각을 죽여 없애도 안 됩니다.

진리가 어디에 갖추어져 있을까요?

오늘 날씨가 좀 쌀쌀합니다.

6. 발심이 안 됩니다

: '이것'을 체험하려면 먼저 발심을 하라고 하시는데, 발심이 안 되는 것 같습니다. 발심은 어떻게 합니까? 어떻게 하면 발심이 충분히 강해질 수 있습니까?

이미 발심을 하셔서 이렇게 공부하고 있으니 또다시 발심할 필요는 없겠군요. "어떻게 공부해야 하는가?"라는 방법은 생각하지 마십시오. 이런 생각은 모두 헛된 망상입니다.

다만 지금 이렇게 생각하고 말하고 보고 듣는 가운데 '이것'이라고 하는 법이 무엇인가에만 관심을 두고 설법을 들으십시오.

법이 무엇일까요?

주먹을 쥐었다가 펴 보십시오.

7. 어떻게 마음을 내야 합니까?

: 일상생활에서 경계에 부딪힐 때마다 어떻게 마음을 내야 합니까? 머묾 없이 그 마음을 내야 한다고 하는데, 어떻게 해야 그렇게 합니까?

경계에 부딪힐 때마다 따로 낼 마음이 없습니다. 그 마음을 어떻게 낸다고 하면 그것은 분별이고 망상입니다. 그 마음을 내지 않는다고 해도 분별이고 망상입니다. 그 마음을 머물지 않고 낸다고 해도 분별이고 망상입니다.

분별하고 생각하여 알 수 있는 것이 아닙니다. 어떻게 해도 분별이고 망상이며, 아무것도 하지 않아도 분별이고 망상입니다. 해야할 일도 없고 하지 말아야 할 일도 없습니다.

다만 이것뿐입니다.

배가 고프니 점심때가 되었구나.

8. 믿음이 약한 자여

: 성경에 보면 예수님이 "믿음이 약한 자여" 하면서 병을 못 고친 제자를 나무라는 장면이 나오는데, 이것을 어떻게 이해해야 합니까?

이해하려 하는 자는 믿음이 약하고, 믿는 자는 이해하려 하지 않습니다.

9. 깨달으면 무엇이 좋나요?

: 법 공부에 있어서 제일 중요한 게 법에 대한 욕구와 끌림이라고 하십니다. 그런데 저의 문제는 불법을 깨치는 게 인생에서 가장 궁극의 길이라고 생각으로는 수긍하지만, 본능적으로는 잘 끌리지가 않습니다. 마치 목마른 사람이 물을 마시고 싶듯이 그런 본능적 욕구가 법에 대해 생기질 않습니다. 불법에 대한 욕구가 안 생기는 건 불법을 이뤘을 때 어떤 좋은 점이 있는 건지 피부로 와 닿지 않고 실감 나게 상상이 안 되기 때문이 아닐까요? 불법에 통하게 되면 도대체 어떤 좋은 점이 있는가요? 법문을 매일 꾸준히 들으면 저절로 발심이 생겨날까요?

불법을 깨달아서 얻는 것은 세속의 사람들이 좋다고 여기는 그런 것이 아닙니다. 불법을 깨달아서 얻는 것은 종교적인 의미에서의 구원이라고 할 수 있겠지요. 깨달음은 좋다거나 나쁘다는 생각을 벗어나 생각할 수 없는 불가사의한 진실에 통하는 것이라고 할 수도 있겠지요. 불법을 깨달으면 현재 자신이 아는 자신과 세계를 넘어서 현재의 자신으로부터 벗어나 무한한 자유를 얻는다고도 할 수 있겠지요.

깨달음은 현재의 자신과 자신이 사는 세계에서 벗어나 영원한 구원의 길에 들어가기 때문에 불법을 공부하는 것일 뿐, 어떤 세속적 가치의 보상도 말할 수 없습니다. 불법을 깨달으면 당신이 추구하고 욕구를 느끼는 세속적 가치에 얽매이지 않는 자유를 얻는다고 할 수 있습니다. 불법을 깨달으면 좋은 것도 없고 나쁜 것도 없습니다.

어디가 좋은 것도 없고 나쁜 것도 없는 곳일까요?

솔잎은 푸르고 국화는 누렇습니다.

10. 간절함을 어떻게 일으킵니까?

: 깨달음을 얻으려면 간절한 마음이 있어야 한다고 하셨는데, 그 간절함은 저절로 생겨날 때까지 기다려야 하는 것인가요? 아니면, 간절함을 키우기 위해서 노력해야 하는 것인가요? 이제는 이 길밖에 없다고 생각되고 세상에 떠도는 여러 잡다한 가르침들은 별로 귀에 들어오지 않습니다만, 아직 간절함이 부족한 탓인지 마음이 늘 법을 향하지는 못하고 자주 일상의 가벼운 기분 전환거리를 따라갑니다. 계속 법문을 듣다 보면 저절로 간절함도 커지게 되는지, 아니면 간절함을 키우기 위해 어떤 노력을 해야 하는지 궁금합니다.

깨달으려는 발심을 하고서 법문을 듣고 있다면 이미 간절한 것이니, 따로 간절함을 찾을 필요는 없습니다. 의도적으로 일부러 행하는 것은 모두 헛된 것이니 공부에 도움이 되지 않습니다. 공부를 하려면 반드시 간절해야 한다는 생각도 역시 생각이니 헛된 것입니다.

법문이 깨달음으로 이끌어 주고 있으니 법문을 꾸준히 들어 보십시오. 마음이 무엇인지 궁금하여 법문을 꾸준히 들으면, 저절로 깨달음에 가까워질 것입니다.

마음이 무엇일까요?

난초 잎은 길쭉길쭉하고 고무나무 잎은 둥글둥글합니다.

11. 세속생활이 재미가 없습니다

: 왜 저에겐 이런 저주가 있는 걸까요? 이런 저주가 없다면 마음공부를 하지 않아도 되었겠죠. 왜 저는 남들과 달리 세속생활이 만족스럽지 않을까요? 뭔지는 모르겠는데 저는 항상 무언가 부족하다고 느끼며 삽니다. 제 주위 사람들은 마음공부 같은 것 안 해도 세속생활을 잘만 하고 살아요. 저는 왜 항상 타는 듯한 갈증을 느끼며 사는 걸까요? 왜 저에겐 이런 저주가 있는 겁니까? 사는 게 재미가 없습니다.

세속의 삶에 만족을 느끼지 못하고 무언가 다른 탈출구를 기다리는 것은 공부의 측면에서 보면 저주가 아니라 축복입니다. 세속에 만족하며 사는 사람들은 그만큼 세속에 오염되고 중독이 되어 마음공부를 할 수가 없습니다. 세속생활이 즐겁고 재미있으면 마음공부를 하려는 욕구가 나오지 않겠지요. 해탈과 열반을 추구하는 모든 사람은 전부 세속의 삶에 재미나 만족을 느끼지 못하는 사람들입니다. 저 역시 그렇고요.

그러므로 이렇게 발심하세요.

"나는 세속의 삶에서 만족을 찾을 수 없다. 무언가 더 가치 있는 공부가 필요하다. 그것이 마음공부요 깨달음 공부다. 이 공부에서 내 목마름과 불만족을 해결하자."

그리고 어차피 만족을 찾을 수 없는 세속의 삶에 대해서는 미련을 버리세요. 님은 결국 세속에서 만족을 얻지 못할 것이고, 마음공부에서 해결을 볼 것입니다.

세속을 벗어난 곳은 어디일까요?

고개를 드니 하늘이 보이고 고개를 숙이니 땅이 보입니다.

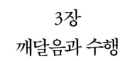

3장
깨달음과 수행

1. 깨달음은 어떤 것입니까?

: 불교는 깨달음을 추구하는 공부인데요. 확실한 마지막 깨달음은 어떤 것이라고 보고 계십니까?

한마디로 말하면 세상 온갖 일이 그대로 있는데, 아무것도 없는 것이 깨달음입니다. 온갖 일이 있으면 그 일들에 얽매여 근심과 번뇌가 있지만, 아무것도 없으니 아무 일이 없어서 근심도 번뇌도 없습니다. 깨달음이 어떤 것인지는 실제로 깨달아서 경험해야 제대로 알 수 있지, 설명하고 이해하는 것으로 알 수는 없습니다.

중생이 고통 속에 있다는 말은 그 마음의 병 때문에 고통스러운 것입니다. 깨달음이란 그 마음의 병이 치유되어 고통이 사라지는 것이지요. 이것은 마치 육체가 병 때문에 고통스럽다가 그 병이 치유되어 고통이 사라지는 것과 유사합니다. 그러므로 반드시 실제로 병이 나아서 고통이 사라지고 건강함을 즐겨야 그 건강이 어떤 것인지 알 수 있지, 생각으로 상상하는 것으로는 실제로 알 수가 없습니다.

그러나 불교에서 공부하는 사람들에게 도움을 주고자 하는 방편으로 깨달음에 관하여 많이 말하고 있으므로 여기에서 한번 말해 보겠습니다.

깨닫는다는 말은 잠을 깬다는 말과 같은 뜻으로서 잠이라는 어둠 속에서 깨어나 밝다는 뜻입니다. 깨닫지 못한 중생을 일러 무명(無明) 속에 있다고 하는데, 무명이란 밝음이 없다는 뜻으로서 어리석음을 말합니다. 마음이 어리석다는 것은 곧 헛된 생각인 망상(妄想)이 마음을 뒤덮고 있다는 말입니다.

그러면 망상은 무엇인가요? 아직 깨닫지 못한 사람이 알고 있고 생각하고 있는 세계가 전부 망상입니다. 중생이 살고 있는 이러한 망상의 세계를 세간(世間)이라 하고, 깨달아서 망상의 세계를 벗어나면 출세간(出世間)이라 합니다. 중생이 알고 있는 세계에는 '나'도 있고, '세계의 삼라만상'도 있어서 모두 차별되고 분별되는 세계입니다. 이렇게 차별되고 분별되는 세계를 일러 경계(境界)라고 말합니다.

깨닫지 못한 중생은 이런 온갖 경계에 사로잡혀 있고 집착해 있어서 이런 온갖 경계에서 벗어나지 못하고 시달리는 삶을 사는데, 이것을 번뇌의 고통이라 합니다. 온갖 것에 사로잡혀서 벗어나지 못하니 온갖 것이 전부 고통입니다.

깨달음이란 이렇게 벗어나지 못하고 시달리는 고통스러운 세간에서 벗어나는 체험입니다. 벗어나므로 해탈(解脫)이라 하기도 하고, 사로잡혀 있던 경계에서 벗어나 분별할 것이 모두 사라져서 무엇이라고 할 것이 전혀 없으므로 열반(涅槃) 즉 적멸(寂滅)이라고도 합니다.

모든 경계에서 벗어나 분별할 것이 전혀 없는 열반이므로, 깨달음이라고 이름 붙일 만한 어떤 마음의 경계도 분별되지 않습니다. 만약 깨달음이라는 경계가 분별된다면, 그것은 하나의 경계이지 깨달음은 아니지요.

깨달아서 해탈한다는 것은 이처럼 우리를 얽어매어 시달리게 하는 마음의 장애물에서 벗어나는 것입니다. 《반야심경》에서 "마음에 장애가 없다"(心無罣碍)라고 하는 말이 바로 해탈입니다. 《금강경》에서는 이것을 일러 "모든 생각에서 벗어나면 부처라고 일컫는다"라고 하였습니다. 또 《반야심경》에서는 "마음에 장애가 없으니 두려움이 없고, 허망한 꿈같은 생각을 멀리 벗어나면 마침내 열반이다"라고 하였습니다.

그러므로 꿈같은 허망한 생각에서 벗어나 마음을 가로막는 장애가 없으면, 해탈이고 열반이고 깨달음입니다. 생각에서 벗어났으므로 '나'라는 생각도 없고, '깨달음'이라는 생각도 없고, 마침내 아무런 생각도 없으므로 허공과 같이 텅 비었다고 하여 '공(空)'이라고도 하고, '한 물건도 없다'(無一物)라고도 하고, '불가사의(不可思議)'라고도 합니다.

마음이 텅 비었다고 하여, 보고 듣고 느끼고 생각하는 일이 없는 것은 아닙니다. 텅 비어서 깨끗한 마음에 온갖 차별되고 분별되는 세계가 나타나고 사라집니다만, 마음은 언제나 텅 비어서 깨끗합니다.

이러한 마음은 비유하면 마치 거울과 같습니다. 거울은 언제나 텅 비어서 깨끗하지만, 그 텅 빈 거울에는 언제나 온갖 모습이 나타나 있습니다. 언제나 온갖 모습이 거울에 나타나 있지만, 거울은 언제나 텅 비어 있습니다.

그러므로 깨달은 사람의 마음은 큰 거울과 같은 지혜를 갖추고 있다고 하여, 대원경지(大圓鏡智)라는 말도 합니다. 거울에 나타나는 차별되는 온갖 모습은 있다고도 할 수 없고, 없다고도 할 수 없어서, 있음과 없음이 둘이 아닌 불이중도(不二中道)라고도 합니다.

그러므로 깨달은 사람이 살아가는 세계는 있는 것도 아니고 없는 것도 아닌 불이중도의 세계입니다. 불이중도의 세계는 불가사의하고 묘한 세계여서 직접 겪어 보지 않으면 결코 알 수 없습니다.

지금까지 말한 깨달음에 관한 이런 말들은 다만 올바른 공부를 위한 방편의 말일 뿐이니, 반드시 직접 깨달아 체험하고 겪어 보아야 합니다.

2. 어떻게 해야 깨달을까요?

: 안녕하십니까? 저는 초심자입니다. 깨달아야 한다는 것이 부처님의 가르침으로 알고 있습니다. 그렇다면 어떻게 해야 깨달을 수 있나요? 선생님께서는 수행이 원인이 되어 결과로서 깨달음이 오는 것이 아니라고 말씀하시면서, 오직 자기 존재에 대한 갈망(발심)을 가져야 한다고 하셨습니다. 저는 커다란 충격을 받았습니다. 제가 여러 불교 관련 서적과 인터

넷을 통한 각종의 자료와 말씀들을 열람하고 알려고 하면 할수록 더욱 혼란스러움을 느낍니다. 선생님처럼 가르치는 곳은 없고 모두들 어떤 수행을 하라고 합니다. 이제는 모든 책과 인터넷 검색 등을 다 끊고 오직 발심만 유지해야 할까요? 그렇다면 발심이란 무엇이며, 어떻게 유지하며, 이후의 수행은 어떻게 하면 좋을지 선생님의 가르침을 원합니다.

어떻게 수행해야 깨달음을 얻는가 하는 질문이군요. 공부의 성패를 좌우하는 열쇠가 되는 문제를 질문하셨습니다.

우선 요점을 말씀드리면, 수행이 원인이 되어 결과로서 깨달음이 오는 것은 아닙니다. 이것은 마음공부에서 핵심적인 것인데도 대다수 공부인이 잘 알지 못하고 있습니다. 수행이 원인이 되어 결과로서 깨달음을 얻는 것이 아니라는 사실은 결국 깨달음을 체험한 뒤에야 비로소 납득하게 될 것입니다만, 마음공부 하는 사람들이 바른 길로 가도록 하기 위해 여기에서 최대한 설명해 보겠습니다.

《화엄경》 여래출현품에서 부처님은 말씀하시길, "이 모든 중생은 어찌하여 여래의 지혜를 갖추고도 어리석게 헤매며 여래의 지혜를 보지 못하는가? 내가 이제 불도를 가르쳐 그들이 망상집착에서 영원히 벗어나 자신 속에서 여래의 넓은 지혜를 보아 부처와 다름이 없도록 해야겠다"라고 하셨고, 《반야심경》에서는 "헛된 것을 참되다고 착각하는 꿈같은 생각을 멀리 벗어나 마침내 열반에 이른다"라고 하였습니다.

경전의 이런 말씀처럼 깨달음이란 꿈처럼 헛된 생각인 망상(妄想)에서 벗어나 마음에 본래 갖추고 있는 여래의 지혜를 깨닫는 것입니다. 여래의 지혜를 갖추고 있는 마음을 보통 불성(佛性), 진여(眞如), 자성(自性), 여래장(如來藏) 등으로 부릅니다. 그리하여 여래의 지혜를 깨닫는 것을 '불성을 본다' 혹은 '자성을 본다'고 하여 견성(見性)이라 하고, 견성하여 깨달은 사람인 부처가 되므로 견성성불(見性成佛)이라고 합니다.

이처럼 우리의 마음에는 여래의 지혜를 갖춘 마음과 어리석게 헤매며 망상하는 마음이라는 양 측면이 있는 것입니다. 하나인 마음에 양면이 있는 것이지요. 어리석게 헤매며 망상하는 마음을 중생의 마음이라 하고, 여래의 지혜를 갖춘 마음을 부처의 마음이라고 합니다. 그러나 이 두 마음은 하나인 마음의 양 측면인 것입니다. 《대승기신론》에서는 이 두 마음을 심진여문(心眞如門)과 심생멸문(心生滅門)으로 이름 붙였습니다. 하나의 마음에 있는 참되고 변함없는 면을 심진여문이라 하고, 늘 생기고 사라지는 변화무상한 면을 심생멸문이라 하였습니다. 중생은 심생멸문에 얽매여 살고, 부처는 심진여문을 깨달은 사람이지요.

어리석게 헤매며 망상하는 중생의 마음은 아직 깨닫지 못한 우리 모두의 마음이지요. 이 중생의 망상하는 마음을 보통 의식(意識)이라고 부릅니다. 의식이란 '안다'는 것입니다. 우리가 아는 세계가 바로 의식세계입니다. 우리는 살아가면서 늘 무언가를 압니다. 보고서 알고, 듣고서 알고, 느끼고 알고, 생각하여 알지요. 우리는 우리가 아는 세계 속에서 살고 있으며, 우리가 아는 세계를 벗어나지 못합니다.

'무엇'을 '안다'는 것은 곧 '무엇'과 '무엇 아닌 것'을 분별하는 것입니다. '하늘'과 '하늘 아닌 것'을 분별하여 '하늘'을 알고, '행복'과 '행복 아닌 것'을 분별하여 '행복'을 알지요. 이처럼 무엇을 안다는 것은 곧 무엇을 분별하는 것입니다. '무엇'과 '무엇 아닌 것'을 분별하는 것이 곧 중생의 꿈처럼 헛된 망상입니다.

즉, 중생의 헛된 망상세계의 속성은 분별이라는 것입니다. 그러므로 망상세계에서 멀리 벗어나는 것은 곧 분별에서 벗어나는 것입니다. 분별한다는 것은 곧 의식(意識)하는 것이므로, 중생의 망상세계에서 벗어나는 것은 곧 의식에서 벗어나는 것입니다.

그런데 지금 이렇게 생각하고 이렇게 말하고 이렇게 이해하는 것이 전부 의식이고 분별입니다. 다시 말해, 우리가 아는 세계는 모두 분별의 세계이고 의식의 세계입니다. 의식을 벗어나야 깨달음이라고 하는 말도 의식이고, 분별을 벗어나야 깨달음이라고 하는 생각도 역시 분별입니다.

다시 말해, 우리는 의식을 벗어나야 한다고 말하지만 의식을 벗어나는 것을 알 수가 없고, 분별을 벗어나야 한다고 생각하지만 분별을 벗어나는 길을 알 수 없습니다. 바로 여기에 깨달음의 어려움이 있습니다.

의식 속에서 분별 속에서 어디를 어떻게 가야 한다고 생각한다면, 그렇게 의식하고 그렇게 분별하여 그렇게 행동하면 됩니다. 예컨대, 부산에서 서울로 가는 길을 우리는 알 수 있고, 아는 길을 가면 서울에 도착합니다. 방 안이 어지럽고 더러우니 청소하여 깨끗이 하라고 하면, 우리는 그렇게 의식하고 분별하여 그렇게 행동하면 됩니다.

그러나 의식에서 벗어나고 분별에서 벗어나는 것은 우리가 의식할 수가 없고 분별할 수가 없으니, 어떻게 해야 하는지 알 수가 없습니다. 안다면 의식이고 분별이니, 의식을 벗어나는 것이 아니고 분별에서 벗어나는 것이 아닙니다.

의식에서 벗어나고 분별에서 벗어나 깨달음을 얻으려는 사람은 여기에서 그만 앞이 막혀 버립니다. 분별에서 벗어나야 한다는 말은 이해하지만, 그다음 분별을 벗어난 세계나 분별에서 벗어나는 길은 분별 밖에 있으니 생각할 수도 없고 이해할 수도 없는 거지요. 이것이 깨달음을 얻으려는 모든 사람이 맞닥뜨리는 장벽입니다.

이 장벽을 일러 옛사람들은 은산철벽(銀山鐵壁)이니 금강권(金剛圈)이니 율극봉(栗棘蓬)이니 의단(疑團)이니 하고 말했습니다. 무쇠로 된 장벽이 천길 솟아서 산맥을 이루고 있다고 하여 은산철벽이라 하고, 가장 단단하여 뚫을 수 없는 금강석 즉 다이아몬드로 만들어진 감옥에 갇혀 있다고 하여 금강권이라 하고, 조그마한 밤송이가 목에 걸려 가시로 목구멍을 찔러서 삼킬 수도 뱉을 수도 없다고 하여 율극봉이라 하고, 알 수 있는 것이 아무것도 없이 온통 의문뿐이라고 하여 의단이라고 한 것입니다.

마음공부 하는 사람이 이 장벽에 가로막히면 어떻게도 할 수가 없어서 저절로 손을 놓고 모든 노력이 멈추어지고 앞뒤가 꽉 막혀서 분별망상의 활동이 힘을 잃게 됩니다. 마치 몸과 감각기관은 살아 있으나 마음은 죽은 것처럼 멈추어 버린 듯합니다. 이런 상황에서도 공부를 포기하고 뒤로 물러나지 않는다면, 예기치 못한 어느 순간 갑자기 벽이 사라지고 의식과 분별에서 벗어나 자유로워지는 체험이 일어납니다. 이것이 깨달음입니다.

이렇게 분별에서 벗어남을 일러 중도(中道)라고 합니다. 분별은 '이것'과 '이것 아닌 것'을 나누는 것이고, 분별에서 벗어난 중도는 '이것'과 '이것 아닌 것'을 나누지 않습니다. '이것'도 아니고 '이것 아닌 것'도 아니지요. 이처럼 부처님의 깨달음은 중도입니다.

그래서 《열반경》 고귀덕왕보살품에서는 이렇게 말했습니다. "여래의 열반은 있음도 아니고 없음도 아니고, 할 일이 있는 것도 아니고 할 일이 없는 것도 아니고, 번뇌가 있는 것도 아니고 번뇌가 없는 것도 아니고, 물질도 아니고 물질이 아닌 것도 아니고, 이름도 아니고 이름이 아닌 것도 아니고, 모습도 아니고 모습이 아닌 것도 아니고, 물건도 아니고 물건이 아닌 것도 아니고, 원인도 아니고 결과도 아니고, 밝지도 않고 어둡지도 않고, 늘 있는 것도 아니고 늘 있지 않은 것도 아니고, 시작도 아니고 끝도 아니고, 과거도 아니고 미래도 아니고 현재도 아니다."

이렇게 "이것도 아니고, 이것 아닌 것도 아니다"라고 중도를 말하여 우리의 분별의식을 벗어나야 함을 가르친 것입니다. 비록 "이것도 아니고, 이것 아닌 것도 아니다"라고 말하지만, 이 말이 가리키는 것이 실제로 어떤 것인지 우리 분별의식으로는 알 수 없습니다. 실제로 분별의식을 벗어나는 체험을 해야만 알 수 있는 말이지요.

이처럼 실제로 분별의식에서 벗어나는 체험이 바로 깨달음인 것입니다. 분별의식에서 벗어난다고 하여 깊은 잠에 빠진 사람처럼 무의식(無意識)의 되는 것은 아닙니다. 깨달음이라는 말은 '잠에서 혹은 꿈에서 깨어난다'는 뜻입니다. 그러므로 깨달은 사람은 깨어 있는 사람이지 무의식 속에 잠들어 있는 사람은 아닙니다.

《반야심경》에서 "헛된 것을 참되다고 착각하는 꿈같은 생각을 멀리 벗어나 마침내 열반에 이른다"라고 하였듯이, 우리의 분별의식은 꿈처럼 헛된 것입니다. 꿈속에서 우리 분별의식은 활동하여, 보기도 하고 듣기도 하고 느끼기도 하고 생각하기도 하고 말하기도 하고 행동하기도 합니다.

마음공부 하는 사람이 깨달음을 얻으려는 것은, 비유하면 마치 꿈속에 있는 사람이 그 꿈에서 깨어나려고 하는 것과 같습니다. 꿈속의 사람이 꿈에서 깨어나기 위해 꿈속에서 어떤 종류의 수행을 아무리 하더라도 그 때문에 꿈에서 깨어날 수는 없습니다. 그런 종류의 모든 수행이 전부 꿈이기 때문이죠. 그가 꿈에서 깨어나는 유일한 길은 깨어나고 싶어서 안달하는 것이지, 깨어날 수 있는 어떤 방법은 없습니다.

우리는 악몽에 시달리다가 깨어날 때 그런 경험을 합니다. 악몽에 시달리면서 깨어나려고 하지만, 어떤 방법도 없습니다. 그러다가 악몽의 고통이 극에 달하는 순간 갑자기 저절로 잠에서 깨어납니다. 우리가 분별의식이라는 망상의 악몽에서 깨어나는 것도 비슷합니다. 분별의식이라는 망상의 꿈속에서 꿈을 깰 수 있는 어떤 방법은 없습니다. 다만 깨어나고 싶은 갈망이 극에 달하면 저절로 깨어나게 되는 것이지요.

그러한 갈망을 불교에서는 발심(發心)이라고 합니다. 그러므로 깨달음을 얻음에 첫 번째로 필요한 것은 발심입니다. 깨닫고자 하는 갈망인 발심이 깨달음을 얻음에 가장 중요한 조건입니다. 그러나 그런 갈망이 크게 생기더라도 자기 스스로는 길을 모릅니다. 그러므로 두 번째로 필요한 것은 길을 가리켜 주는 스승입니다. 이미 깨달아서 깨달음 속에 있는 선지식이 깨달음으로 가는 바른 길을 가리켜 줄 수 있는 스승입니다. 깨닫고자 하는 뜻을 내는 발심을 하고, 바른 선지식을 찾아서 스승으로 모시고 공부하면 누구나 언젠가는 깨닫게 되는 것입니다.

꿈속에서 깰 수 있는 무슨 방법이 없듯이, 분별의식이라는 망상의 꿈속에 있는 중생이 깨달을 수 있는 어떤 수행의 방법은 없습니다. 발심과 스승이 있어야 하는 것입니다. 옛날 남악회양 선사는 이 것을 일러 "마음이라는 땅에 지혜의 씨앗을 뿌려 놓고, 비가 내려야 비로소 지혜의 싹이 튼다"라고 하였습니다. 지혜의 씨앗을 마음땅에 뿌린다는 것은 깨닫겠다고 발심하는 것을 말하고, 비가 내린다는 것은 선지식의 가르침을 듣는 것을 말합니다.

수행이란 어떤 의도를 가지고 노력하는 행동이므로 그런 노력의 결과는 나타나겠지만, 그것이 분별의식을 벗어나는 깨달음이 된다는 보장은 없습니다. 도리어 노력이라는 원인이 가져오는 결과이니 모두 만들어 낸 결과입니다. 열심히 운동하면 몸이 튼튼해지는 결과가 나타나는 것과 같습니다. 그러나 깨달음은 노력하여 어떤 결과를 만들어 내는 것이 아닙니다. 분별망상이라는 꿈에서 깨어나 본래 타고난 지혜를 회복하는 것이지요.

발심(發心)은 발보리심(發菩提心)의 준말로서, 보리(菩提) 즉 깨달음을 구하는 마음을 내는 것이라는 의미입니다. 깨달음을 구하는 마음이란 곧 깨달음을 얻고 싶은 욕구입니다. 목이 마를 때 물을 마시고 싶은 욕구가 육체에서 저절로 일어나듯이, 깨달음에 목마른 사람은 깨달음을 얻고 싶은 욕구가 마음에서 저절로 일어나는 것이죠. 그렇게 저절로 일어나는 욕구가 바로 발심입니다. 물론 의도적으로 물을 마셔야겠다고 생각하여 물을 마실 수도 있듯이, 일부러 깨달아야 하겠다고 발심해서 깨달을 수도 있겠지요. 그러나 의도적으로 일으키는 욕구보다 저절로 일어나는 욕구가 훨씬 강하다는 것도 사실입니다. 깨닫고 싶은 욕구가 저절로도 일어나고 다시 의도적으로도 일으킨다면 가장 강하겠지요.

3. 깨달으면 세상을 위해 무엇을 합니까?

: 깨달은 분은 이 세상을 위해서 무슨 일을 합니까? 깨달음을 얻으신 분들은 평상심으로 아무 일 없이 그냥 살아가는 것인지, 아니면 원력을 갖고 중생 구제를 위해서 노력하는 것인지 궁금합니다.

깨달은 사람은 모든 분별에서 벗어나 불이중도의 세계를 살아가므로 '내가 이 세상을 위해 무엇을 해야겠다'라는 생각과 견해에 매여 살지 않습니다. 아무 일 없이 편하게 살아간다는 생각도 없고,

중생을 구제하기 위해 노력해야 한다는 생각도 없습니다.

아무런 생각도 없고 견해도 없고 마음도 없지만, 생각해야 할 것은 저절로 생각하고 해야 할 일도 저절로 합니다. 보는 것도 없고 듣는 것도 없고 느끼는 것도 없고 생각하는 것도 없지만, 보고 듣고 느끼고 생각합니다. 말하는 것 없이 말하고, 행동하는 것 없이 행동합니다.

이러한 말이 어떤 것인가는 오로지 스스로 체험하고 직접 겪어 보아야 압니다. 깨닫고 나면 어떨까를 미리 상상해 보았자 공부에는 아무런 도움이 되지 않습니다. 오로지 직접 깨달아 체험하고 겪어 보려는 뜻으로 선지식을 찾아서 가르침을 받으시기 바랍니다.

4. 중생에게 어떤 방편을 내놓으시겠습니까?

: "말로써는 전할 수 없는 것이 진리라서 다양한 방편을 사용하여 진리를 스스로 깨우치게 하는 것이다"라고 선생님께서는 평소 말씀하십니다. 그러면 선생님께서는 끝없는 망상 속에서 헤매는 중생에게 어떤 방편을 내놓으시겠습니까?

마음은 바로 이것입니다.

탁!

탁!

탁!

보이는 것도 아닙니다.

들리는 것도 아닙니다.

느껴지는 것도 아닙니다.

생각할 수도 없습니다.

마음은 바로 이것입니다.

탁!

탁!

탁!

5. 수행이 필요하지 않은가요?

: 무심선원에서 항상 강조하는 수행법은 마음으로 지어내지 않는 수행이지요? 좌선, 간경 등 인위적인 수행방법을 배제한, 말을 듣고서 곧장 깨닫는다는 언하변오를 통해 깨달음에 이른다고 하는데요. 즉, 깨달은 스승의 인도를 통해 그 길에 이를 수 있다는데요. 그런 분들은 근기가 높은 일부 사람들이고 저와 같은 많은 사람은 염불, 주력, 간화선 등등의 길을 통해 근기를 높인 다음에야 가능하지 않을까요? 특히 불교계에서 옛날부터

이어져 오는 수많은 수행법과 그 수행법으로 깨달은 분들은 어떻게 이해해야 하는지요? 가르침을 바랍니다!

이 자리에 얼마나 쉽고 빠르게 이르느냐 하는 것을 가지고 근기가 높으니 낮으니 구분하여 말합니다. 즉, 근기란 태어날 때부터 주어지는 것이 아닙니다. 그러면 결국 쉽고 빠르게 이 자리로 이끄는 가장 중요한 요인이 무엇이냐 하는 것이 관건이겠지요.

예컨대, 부산에 사는 사람이 서울로 가려 한다고 합시다. 이 사람이 서울에 이르는 데 필요한 것은 두 가지입니다. 첫째는 서울로 가려는 마음을 내는 것이고, 둘째는 서울로 가기 위한 행동으로서 기차나 고속버스나 비행기를 선택하여 표를 사서 타는 행위입니다.

공부하여 자신의 마음자리에 이르려고 하는 사람도 마찬가지로 두 가지 필수 요소를 갖추어야 할 것입니다. 첫째는 공부하여 마음을 깨닫고자 마음을 내는 발심이고, 둘째는 발심한 사람이 의지하여 타고 가야 할 수단인 수행법이라는 것입니다.

그런데 여기에서 우리가 못 보고 지나치기 쉬운 것이 하나 있습니다. 그것은 부산에서 서울로 가는 것은 두 개의 다른 장소를 이동하는 것으로 하나는 버리고 하나는 취하는 것입니다. 이런 경우에는 반드시 취하고 버려서 이동하는 과정에 수단을 빌려야 합니다.

그러나 자기 마음의 진실한 자리에 도달한다는 것은 두 개의 다른 장소를 이동하는 것이 아닙니다. 마음은 두 개가 있는 것이 아니라 하나일 뿐입니다. 하나라는 것도 사실 어쩔 수 없이 하는 말이고, 사실 위 두 경우의 결정적 차이는 하나는 모양을 따라 분별적 사유로 헤아려 취사선택하는 것이고, 다른 하나는 모양이 없어서 분별적 사유로 취사선택하는 것이 아니라는 것입니다.

마음은 모양이 없고 장소도 없고 크기도 없으므로 취하고 버리고 오고 가고 할 수 있는 그 무엇이 없습니다. 마음을 찾는다는 것은 마음이 스스로를 자각하는 것입니다. 자각하는 것은 마치 꿈에서 깨어나는 것과 같습니다. 자각하려고 하면 자각하는 일이 일어날 것이고, 자각하려고 하지 않는다면 자각하는 일은 일어나지 않을 것입니다. 다만 표면적으로 의식적으로 자각하려는 마음을 냈다고 하더라도 절실하고 절박한 심경이 되지 않으면 자각은 일어나지 않습니다.

《반야심경》에서 "잘못 알고 있는 꿈같은 생각에서 멀리 벗어난다"라고 하듯이, 사실 깨달음은 꿈에서 깨어나는 것과 비슷합니다. 여기 꿈을 꾸는 사람이 있다고 합시다. 이 사람은 그 꿈이 괴롭고 싫어서 깨어나고 싶어 합니다. 자, 이 사람이 어떻게 해야 더 쉽고 빠르게 꿈에서 깨어날 수가 있을까요? 만약 이 사람이 꿈속에서 절을 한다든지 좌선을 한다든지 '깨어나라. 깨어나라' 하고 주문을 외운다든지 하는 등의 깨어나기 위한 방법을 행한다고 합시다. 과연 그런 방법들이 이 사람을 꿈에서 깨어나게 할까요? 아닙니다. 이런 방법들은 모두 꿈속의 일일 뿐입니다.

우리가 흔히 악몽을 꾸다가 깨어날 때 경험하듯이, 악몽의 두려움 속에서 깨고 싶어도 깨어나지 못하다가 점차 악몽이 심해져서 아주 절박한 순간이 닥치면, 어떤 요령도 생각도 방법도 필요 없이 저절로 문득 잠에서 깨는 것입니다. 즉, 꿈에서 깨어나고자 하는 아주 간절하고 절박한 심경이 되면, 저절로 꿈에서 깨는 것입니다. 이것이 바로 꿈에서 쉽고 빠르게 깨어나는 유일한 길입니다.

어떤 방법을 행하든 행하지 않든 그것은 꿈에서 깨어나는 것과는 별 관계가 없습니다. 오직 꿈에서 깨어나고자 하는 간절하고 절박한 심경에 처하는 것이 가장 빠르고 바른 길입니다. 간절하고 절박한 심경만 되면 어떤 수단을 행하든 행하지 않든 관계없이 깨어나는 일이 발생하는 순간이 옵니다. 그때가 언제인지 기약할 수는 없지만.

6. 어떻게 수행해야 할까요?

: 저도 선생님이 "이것!"이라고 가리키시는 그 자리를 정말 찾고 싶습니다. 그런데 "이것!"을 찾으려면 어떻게 수행해야 하는지 모르겠습니다. 수행하는 방법만 알면 정말 맹렬히 수행하고 싶습니다. "이것!"에 대한 수행을 실생활에서 실천할 수 있도록 구체적이고 자세한 수행방법을 제시해 주시기 바랍니다.

깨달음이란 자신의 존재를 확인하는 것입니다. 스스로 자기 자신을 확인하는 것이지요. 지금 이렇게 글을 쓰고 글을 읽는 살아 움직이는 자신을 확인하는 것입니다. 그럼 보통 범부들은 자신을 모를까요? 그렇습니다. 모르고 있습니다. 왜 모를까요? 자기 자신에 관한 생각이 앞을 가로막고 있기 때문에 모르는 것입니다. '나는 이렇다, 나는 저렇다' 하는 생각 말입니다. 지금 살아 있는 나를 아는 것은 나에 관한 이런저런 생각을 아는 것이 아닙니다.

이 생각이 얼마나 강력한 힘을 가지고 있느냐 하면, 내 의지와는 달리 생각이 독립적인 힘을 가지고 제멋대로 나를 끌고 다니는 것 같이 보이기도 합니다. 이 생각은 곧 분별하는 마음인데, 생각에 매여 있다는 것은 분별만 따라다닌다는 말입니다. 이 생각에 가로막혀서 참된 자신을 알지 못하므로 생각을 벗어나야 합니다. 그런데 생각을 벗어나야 하겠다고 생각하는 것으로는 생각을 벗어날 수 없습니다. 왜냐하면 생각을 벗어나야겠다는 생각도 생각일 뿐이기 때문에, '생각을 벗어나자' 하고 생각하는 것은 청소를 하려고 하면서 도리어 더욱 더럽히는 것과 같습니다.

'깨달아야 한다'라는 생각도 마찬가지입니다. 깨달음이란 생각을 완전히 벗어나 하나의 대상에도 걸림이 없는 것입니다. 그런데 '깨달아서 불성을 보자' 하고 생각한다든지, '생각을 없애자' 하고 생각하는 것은 생각의 장애를 없애려고 하면서 도리어 생각의 장애를 붙잡고 있는 것입니다. 그러므로 깨닫고자 하는 마음이 앞을 가로막고 있는 사람은 깨달을 수 없다고 하는 것입니다. 제 머리를 잃어버렸다고 찾아다닌 어리석은 사람의 비유를 잘 살펴보십시오.

수행을 함으로써 깨달음에 이를 수 없다는 것은 대단히 분명한 사실이지만, 사람들이 잘 모르고 있습니다. 이치는 간단합니다. 우리가 얻고자 하는 깨달음은 누구에게나 본래부터 아무 모자람 없이 완전하게 갖추어져 있습니다. 그러므로 우리가 타고난 본성을 불성(佛性)이라 부르고, 또 본래 깨달아 있다고 하여 본각(本覺)이라고도 합니다. 우리의 마음은 본래 아무 문제가 없습니다. 다만 우리가 그런 사실을 깨닫지 못하고 분별을 일으켜 취하고 버리려고 하니, 이러한 분별에서 망상이라는 문제가 발생합니다. 그러므로 깨닫는다고 하여 무슨 부족하고 모자란 것을 얻어 보충한다거나, 더럽혀진 마음을 깨끗하게 만든다거나, 모르는 것을 배워 안다거나, 어떤 육체적이거나 의식적인 훈련을 오래 반복함으로써 높은 경지에 올라간다거나 하는 일이 아닙니다. 만약 그렇게 한다면, 이런 일들은 모두 분별심이 만들어 낸 것으로서 망상만 더욱 더할 뿐입니다.

특히 지적하고 싶은 잘못된 것은, 요사이 승속을 막론하고 수행이라는 이름으로 유행하고 있는 어떤 종류의 육체적이고 의식적인 행위를 반복하여 심리적인 만족을 구하는 행위입니다. 이것은 수행도 아니고 공부도 아니고, 자신을 어떤 심리적인 감옥에 가두어 놓는 불쌍하고 어리석은 짓일 뿐입니다. 이렇게 하여 얻는 심리적인 만족이란 스스로 망상을 일으켜 아무것도 없는 허공에다 환상의 감옥을 만들어 자발적으로 그 감옥 속에 갇히는 바보 같은 짓입니다. 스스로 이런 망상을 만들지 않으면, 마음은 본래 문제 되거나 부족하거나 더러울 것이 아무것도 없습니다. 모든 문제는 스스로 분별을 일으켜 망상을 만드는 곳에 있습니다.

그러므로 올바르게 공부하려는 사람은 우선 안으로는 이 공부에 대한 간절한 그리움, 간절한 소망, 끝까지 이 공부를 성취하려는 강한 인내심, 구도심, 이 진리에 대한 강한 믿음 등을 갖추어야 합니다. 이것을 갖추는 것이 바로 발심입니다. 발심을 하였으면, 눈 밝은 선지식을 찾아가 그 가르침을 받아야 합니다. 직접 선지식의 법회에 참여하여 법문을 듣는 것이 가장 필요하고 좋은 일입니다. 눈 밝은 선지식의 법회에 직접 참여할 형편이 안 될 때는 좋은 책을 의지하여 혼자 공부해 갈 수도 있습니다. 그러나 다시 강조하지만, 직접 선지식의 법회에 참여하는 것이 가장 좋습니다.

7. 법거량이 필요할까요?

: 인터넷에서 선을 공부하는 여러 곳의 게시판들을 보니 이른바 법거량을 많이 행하던데, 탁마라는 이름으로 이루어지는 이러한 문답이 의미가 있는지 여쭙고 싶습니다. 이미 깨달은 입장에서는 탁마하는 문답이 필요 없는 것이 아닐까요? 또 아직 깨닫지 못한 사람들의 문답은 눈먼 장님들의 헛소리가 아닐까요? 결국, 문답은 의미가 없다는 결론이 나오는군요. 선생님께서는 어떻게 보시는지요?

공부에 도움이 되는지 방해가 되는지는 공부하는 사람의 자세에 달려 있습니다.

자신의 모든 것을 버리고 오직 진리를 구하려는 겸손하고 진지한 자세를 가지고 있으면, 모든 것이 다 스승이 되고 길잡이가 되어 공부를 이끌어 줄 것입니다.

만약 승부욕을 가지고 타인과의 대결을 이기기 위해 대화한다면, 어떤 말도 망상이요 삿된 견해일 뿐입니다.

공부는 타인에게 보이기 위해 하는 것이 아니고, 자기 자신을 위해 하는 것입니다. 자기 자신을 위하는 것이지만, 세속적 인간으로서의 자기 자신을 위해 하는 것이 아니라, 진리로서의 자기 자신을 위해 하는 것입니다.

오직 진리만을 위하고 다른 모든 것을 포기하는 진실한 자세만이 참된 공부인에게 요구되는 것입니다. 그런 진실한 자세만 가지면, 모든 대화가 다 공부에 도움이 될 것입니다.

8. 더 좋은 방편이 없을까요?

: 선생님 법문의 핵심은 "놓아 버려라"는 말씀으로 보입니다만, 각자 나름의 업이 있어서 집착을 하는데 그것이 그렇게 쉽게 놓이겠습니까? 또 다른 핵심은 "실상을 보면 저절로 해결된다"는 것이지요? 관심 있는 불자라면 스스로 수행하다가 아니면 부처님의 가피로 인하여 가끔 실상을 보지 않을까요? 화두만 들고서 애매하게 고생하도록 하기보다는 오히려 염불과 진언 수행을 하게 하여 업을 닦아 가면서 시절인연을 기다리라고 하시는 것이 좋지 않을까요? 바람이 있다면, 선에 대한 좀 더 파격적인 말씀을 부탁드립니다. 구태의연한 방편이 아니라 개혁적인 방편을요. 이런 것이 선에 대한 큰 지혜가 아닐까요?

진정으로 통해서 더 살필 것이 없다면, 제 말을 십분 알아들었을 것입니다.

제 법문의 핵심은 '놓아 버려라'는 말이 아닙니다. 도리어 놓을 것이 없으니 놓으려는 헛된 고생을 하지 말라는 당부는 합니다.

"실상을 보면 저절로 해결된다"라는 말은 제가 자주 하는 말입니다. 그러나 이 말을 말로만 이해하는 것은 실상을 본 것이 아닙니다. 실상은 가끔 보는 것이 아닙니다. 늘 눈앞에서 뚜렷이 보고 있으면서도 실상인지 아닌지 모르는 것이 우리의 어리석음이지요. 진실로 실상을 단 한 번이라도 확인한다면, 부처와 조사의 가르침을 의심치 않을 것이고 저의 말도 믿게 될 것입니다.

저는 화두를 들어야 한다고 말한 적이 없습니다. 다만 화두에 관심을 가진 분들에게는 화두가 무엇인지 바로 지적해 드리고, 화두를 가지고 공부하려는 사람에게는 올바른 공부를 하도록 지도할 뿐입니다.

닦을 업을 가지고 계신다면 한번 닦아 보십시오. 업이라는 물건이 있다면 닦아서 없애기보다는 칼로 싹둑 오려서 내버리는 것이 더 효율적이지 않을까요?

선이 무엇이기에 격식과 파격을 말씀하십니까? 격식이 있어도 어긋났고 격식을 벗어나도 어긋난 것은 마찬가지입니다. 눈으로 보는 데 격식이 있고 파격이 있습니까? 귀로 듣는 데 격식이 있고 파격이 있습니까? 코로 냄새를 맡는 데 격식이 있고 파격이 있습니까? 손을 들어 흔드는 데 격식이 있고 파격이 있습니까? 문득 일어나는 생각에 격식이 있고 파격이 있습니까?

병은 늘 스스로 생각을 일으켜 스스로 속는 것입니다.

마음이 어떻고 선이 어떻고 업이 어떻고 하면서 헤아리고 따지는 바로 이때, 이렇게 헤아리고 따지는 것은 어디에서 무엇의 힘을 입어서 일어나고 있습니까? 이 글을 읽고 있는 바로 지금, 글을 읽는 것은 어디에서 무엇에 의하여 일어나고 있습니까? 생각이 일어날 때 생각을 따라가지 않고, 행동이 일어날 때 행동을 따라가지 않는다면, 바로 여기에 무엇이 있습니까? 한순간도 끊어짐 없이 눈앞에서 또렷이 드러나고 손아귀에서 벗어나지 않는 것은 무엇입니까?

이것을 가슴에 안고 숙제로 삼고 할 일로 삼아서 노심초사하십시오. 진실한 관심을 두고 오래오래 공부하면 반드시 눈앞에서 또렷이 확인할 날이 올 것입니다.

더 쉬운 길이나 더욱 간편한 방법 따위는 찾지 마십시오. 그러한 것을 찾는 것은 당신이 진지하게 도전하지 않고 게으르게 꾀를 피우고 있다는 증거일 뿐입니다.

제 말을 들으니 답답하다고 하시는군요. 그렇다면 더욱더 답답해져야 합니다. 답답함이 극에 달하여 견딜 수 없을 때가 되면, 참으로 좋은 소식이 멀리 있지 않을 것입니다. 만약 그 답답함을 견디지 못하여 이리저리 헤아리고 이해하여 만족하려 한다면, 진실한 공부는 포기한 것입니다.

사량분별에서 손을 떼고 오직 눈앞에 또렷이 드러나고 손끝에서 자재하게 움직이고 있는 이것에 관심을 두고 노심초사하십시오. 아픔이 커지면 치유도 멀지 않을 것입니다. 사량분별에 의지하지만 않으면 다시 다른 병은 없을 것입니다.

9. 수행이 무엇인가요?

: 수행에 관해 갑자기 의문이 들어 글을 올립니다. 언젠가 책에서 본 기억이 나는데, 석가께서 먼 곳으로 법을 전하러 가는 제자와 대화 중에 "그곳 사람들이 너를 해코지하면 너는 어쩌겠느냐?" 하고 물으니, 목숨을 빼앗으려 하더라도 기쁜 마음을 유지하겠다고 답하는 글을 본 적이 있습니다. 여기에서 느낀 것은 외부에서 어떤 일이 닥치더라도 그것에 휘둘리지 않는 마음입니다. 이것은 마음의 방향이 계속 내면으로만 파고들 뿐 외부로 향하지는 않는 것 같습니다. 그런데 모든 중생을 구제하리라는 서원이 있지 않습니까? 중생을 구제하려면 중생의 마음을 살펴야 할 텐데, 그것은 마음이 외부로 향하는 것이겠지요. 결국, 수행을 하는 것은 자신의 마음을 늘 살펴야 하는 것이기도 하고, 또 타인을 위해 끝없는 자비심을 내야 하는 것이기도 한데, 이 둘은 성격이 다르지 않나 하는 생각이 들어 질문을 올립니다.

수행이란 자신의 마음을 살피는 것도 아니고, 타인의 마음을 살피는 것도 아닙니다. 수행이란 안으로 향하는 것도 아니고, 밖으로

74

향하는 것도 아닙니다. 자신의 마음과 타인의 마음을 나누고 안과 밖을 나누면 곧 이법(二法)이니 불법(佛法)이 아닙니다. 불법(佛法)은 불이법(不二法)입니다. 둘 아닌 법이 부처님의 법입니다.

어디를 향하여 무엇을 어떻게 한다고 하면, 그것은 곧 자신의 생각이 시키는 대로 행하는 분별의 행위요, 의도적인 유위(有爲)의 행일 뿐입니다. 그러면 바른 수행이란 무엇일까요?

바른 수행이 무엇인지 모르는 것이 바른 수행이고, 행하는 수행이 없는 것이 바른 수행이고, 수행하는 사람이 없는 것이 바른 수행이고, 없는지 있는지 모르는 것이 바른 수행이고, 모르고 알고에 걸림 없는 것이 바른 수행이고, 푸른 하늘에 흰 구름 흘러가는 것이 바른 수행이고, 겨울에는 춥고 여름에는 더운 것이 바른 수행이고, 목마르면 물 마시고 배고프면 밥 먹는 것이 바른 수행이고, 언제나 다른 일이 없는 것이 바른 수행이고, 언제나 전체로서 둘이 없는 것이 바른 수행이고, 바른 수행과 바르지 못한 수행이 따로 없는 것이 바른 수행이고, 수행함과 수행하지 않음이 따로 없는 것이 바른 수행입니다.

그러므로 수행한다고 생각하는 여기서 벌써 어긋남이 있습니다. 수행한다고 하면 분별하여 조작하는 행위가 되고, 수행하지 않는다고 하면 중생이 되니, 어느 쪽이든 어긋나 있습니다.

그러면 어떻게 해야 할까요?

낮에는 해가 뜨고 밤에는 달이 뜹니다.

어떻게 하라고 말씀드릴 수가 없습니다.

다만, 바른 가르침에 귀를 기울여 자신의 지혜가 밝아지기를 기다릴 수밖에······.

10. 마음공부를 하는 이유가 무엇입니까?

: 마음공부를 해야 하는 근본적인 이유가 궁금합니다. 법에 관심을 가져
야 한다는 말을 자주 들었는데, 법이 무엇인지 분명하게 말씀을 안 하시
는 것 같습니다. 제가 법에 관심을 가진 이유는, 법이 세상을 건립시키는
근본이고 법이 인간의 한계를 초월할 수 있는 매개체가 된다고 생각해서
입니다. 그런데 이런 것도 그냥 생각이고 법이랑 상관없으니 버려야 하는
것이 아닌가 싶습니다. 그러나 법이라는 대상이 무엇인지 알고 있어야 그
것에 관심을 가질 수 있는 것이 아닌가요?

  공부할 이유라면 그저 불교의 가르침이 궁금하고, 불교의 진리
가 궁금하다는 것 이상 더 무엇이 필요할까요? 만약 '이러한 이유
로 공부해야 한다'는 전제가 있다면, 이미 그것은 어떤 결과나 목적
을 예정해 놓고 있는 것이니, 진실에 대한 올바른 탐구의 자세가 아
닙니다.

  어떤 선입견도 없고 아무것도 아는 것 없이 백지상태에서 접근
해야 있는 그대로의 진실이 드러납니다. 미리 어떤 예상이나 방향
을 가지고 있으면, 그 예상과 방향 때문에 왜곡됩니다.

  '법'이라는 말은 불교에서 일반적으로 진리 혹은 불교에서 가르

치고자 하는 궁극의 진실을 가리키는 말이라는 것 정도로 이해하면 됩니다. 즉, 불교에서는 진리를 법이라는 이름으로 가리키는 것이지요. 법이라는 이름으로 무엇을 가리키는지는 이제부터 공부해서 깨달아야 하는 것이지요.

더이상 무엇이 필요할까요? 만약 "법이란 이런 것이다"라고 이미 알고 있다면, 무슨 궁금함이 있겠으며 더이상 무엇을 공부할 것이 있겠습니까?

11. 깨달으면 분별이 없어지나요?

: 일반 사람은 나와 남의 구별이 뚜렷하고 나를 위해 행동하게 됩니다. 내가 죽거나 해를 입는 상황을 두려워합니다. 도(道)를 통한다는 체험은 '나'라는 개념이 없어지는 체험인가요? 일반인은 우주라는 무대 속에 '나'라는 유기질로 이루어진 존재가 한시적으로 살다 죽는다고 알고 있는데요, 도를 통하고 나면 나와 외부세계라는 뚜렷이 구분되는 느낌이 진짜로 없어지나요? 나라는 느낌이 없어지고 전부가 한 덩어리로 느껴져서 불생불멸한다는 것인가요? 어떤 서양인은 좌뇌가 억제되는 순간 깨달음을 얻었다는데 그것이 사실일까요?

도(道)에 통하는 체험, 즉 해탈의 체험은 말로써 설명할 수 없습니다. '나'라는 개념이 없어진다는 말은 '나'라는 생각을 하지 않는 것이 아니라, '나'라는 생각을 하지만 '나'라는 생각이 없다고 억지로 말할 수 있습니다. 분별에서 벗어나는 것이 해탈이고 깨달음이라고 하지만 분별하지 않는다는 말이 아니라, 분별하지만 분별이 없다고 억지로 말할 수 있습니다.

도에 대해서는 '있다'거나 '없다'고 분별하여 말할 수가 없고, '있기도 하고 없기도 하다'라거나 '있는 것도 아니고 없는 것도 아니다'라고 모순적으로 말할 수밖에 없습니다. 그러므로 불이중도(不二中道)라고 하는 것입니다. 이러한 불이중도는 오로지 직접 체험하여 확인되는 것이지, 분별하는 생각으로는 이해할 수 없습니다.

'나'라는 개념은 만들면 있고 만들지 않으면 없겠지요. '나'라는 개념이 있느냐 없느냐와 도는 관계가 없습니다. 도는 어떤 느낌이 있거나 없는 것이 아닙니다. 어떤 느낌이 있느냐 없느냐는 분별이지 도가 아닙니다. 불생불멸이니 나와 외부세계가 구분이 없다느니 하는 말 역시 하나의 방편으로 하는 억지스러운 말입니다. 좌뇌의 기능이니 우뇌의 기능이니 하는 것 역시 분별입니다.

도는 이러한 분별과 사유로 이해할 수 있는 것이 아닙니다. 진짜로 그러냐고요? 진짜와 가짜를 나누는 것 역시 분별입니다. 진짜와 가짜, 있음과 없음, 옳음과 그름, 좋음과 나쁨 등의 분별 속에서는 도를 볼 수 없습니다. 이런 분별에서 벗어나는 체험만이 있을 뿐입니다.

12. 육조 문하의 좌선수행

: 어느 교수의 논문을 보면 신수의 북종선은 선종의 실질적인 수행법을 나타내고, 혜능의 남종선은 반야의 지혜를 나타내는 것으로 둘은 서로 다르지 않다고 말합니다. 즉, 남종선에서도 실질적인 수행은 좌선하여 마음을 관하는 것이었다고 합니다. 그분은 선(禪)이라는 말의 어원에 좌선(坐禪)과 같은 뜻이 담겨 있다고 주장합니다. 그러나 분명 《육조단경》 등 선어록을 보면 좌선을 수행하면서 마음을 관찰하는 조선간심을 비판하고 있습니다. 그런데 한편으로는 《임제록》을 보면 임제가 황벽의 문하에 있을 때 3년간 선방에서 열심히 좌선하였다는 말이 있습니다. 육조 문하에서는 과연 좌선수행이나 관법수행을 하지 않았을까요?

《전등록》이나 여러 선어록 등의 기록을 보면, 육조 혜능 이전까지는 수행에 의지하여 도를 깨달으려 하였습니다. 즉, 수행을 닦는 것을 원인으로 삼아서 깨달음이라는 결과를 얻으려 한 것이지요. 이들은 수행과 깨달음을 원인과 결과라고 분별하므로, 깨달음을 얻기 위한 수행에 온 힘을 쏟으라고 합니다.

그러나 육조는 수행과 깨달음을 말하지 않고 곧장 분별을 넘어선 도를 가리켰습니다. 수행에 의지하여 도를 깨닫는다는 분별 속에서 수행을 말하고 깨달음을 말한 것이 아니라, 육조는 단지 곧장 분별에서 벗어난 도를 가리켰을 뿐입니다.

"다만 견성을 말할 뿐이고 선정과 해탈은 말하지 않는다"는 육조의 말이 바로 이것을 나타냅니다. 왜 견성만 말하느냐고 물으니 육조가 말하길, 자성은 불이법(不二法)이기 때문인데, 선정과 해탈을 말하면 이법(二法)이 되므로 여법하지 않다고 합니다.

이처럼 육조 문하에서 도를 말할 때는 수행이 원인이고 깨달음이 결과라는 식의 분별을 말하지 않고, 언제나 곧장 분별을 넘어서 도를 바로 가리킬 뿐입니다. 이처럼 분명한 태도와 자세의 차이가 있습니다.

황벽이 말했듯이 백 년을 수행하여 도를 깨닫든, 지금 한마디 말을 듣고 도를 깨닫든 깨달음은 언제나 분별에서 벗어난 이 하나의 도로서 다름이 없습니다. 요점을 말하면 이렇습니다.

공부하는 사람이 도에 목말라 있으면 도를 깨달을 것이고, 수행에 관심이 있으면 수행을 잘하는 수행 전문가가 될 것이고, 지금 질문자처럼 무엇이 어떻게 되는지 이해하고 아는 데 관심이 있으면 이해하고 아는 지식이 늘어날 것입니다. 이처럼 자신이 진실로 원하는 대로 될 것입니다.

여기 무심선원은 오로지 도에 목말라 있는 사람들을 위한 자리입니다. 앞으로는 수행방법이나 지식에 관한 질문은 받지 않겠습니다.

13. 견성성불이 무엇인가요?

: 견성성불이 가리키는 바가 궁금하여 질문드립니다. 돈오점수, 돈오돈

수라고 할 때의 돈오가 견성성불인가요?

⌣

견성성불을 문자의 뜻으로 헤아리면 본성을 보아 깨닫는다는 뜻
이겠지만, 이 뜻을 몰라서 질문한 것은 아니겠지요. 견성은 분별로
헤아림이 없는 것이고, 성불은 분별로 헤아리지 않고도 안다는 뜻
입니다. 분별로 헤아림 없이 견성성불이 분명해야 하니, 헤아림 속
에서 찾지는 마십시오.

견성성불이 무엇이냐?

밥 먹고 물 마시는 일입니다.

14. 신통을 어떻게 이해해야 합니까?

: 경전에 보면 부처님께서 간혹 신통(神通)을 보이셨는데, 예를 들어 다
른 국토를 만들어 보인다든지 하는 것 말이죠. 그런 것을 공부하는 이는
어떻게 이해해야 합니까?

⌣

《화엄경》이나《법화경》이나《유마경》등을 보면 여러 종류의 비
현실적인 불국토가 등장하고 온갖 종류의 장식물과 인물, 동물, 사
물 등이 대단히 다양하게 등장합니다. 현실에서는 경험할 수 없는
이런 다양한 모습은 분별을 벗어난 법을 나타내는 방편입니다.

생각에서 벗어나는 체험을 하여 분별에서 해탈해야 이러한 방편을 보는 안목이 생깁니다. 이런 신통한 이야기들은 분별하는 중생의 생각으로는 당연히 이해할 수 없습니다. 경전은 애초에 분별을 벗어난 법을 보여 주는 방편으로 만들어진 것입니다.

그러므로 경전을 중생의 분별심으로 문자 그대로 이해하여 그런 모습의 불국토가 어딘가에 있다고 여긴다면 불법을 왜곡하는 것입니다. 경전을 바르게 이해하려면 반드시 분별을 벗어난 지혜를 갖추어야 합니다.

15. 좌선을 수행해야 하지 않나요?

: 많은 사람이 부처님의 설법을 듣고 깨달음을 얻었지만, 부처님은 또한 좌선수행을 가르쳤습니다. 만약 법을 깨달았다면 평상시의 모든 일이 다 좌선이겠지만, 아직 법을 깨닫기 전에는 깨닫기 위해 반드시 좌선을 수행해야 하지 않나요?

만약 좌선을 수행하여 깨닫는다면, 부처님의 가르침은 좌선수행의 방법을 자세히 말씀하시는 것으로 충분할 것이고 그 이상의 말씀은 없었을 것입니다. 그런데 팔만대장경이라는 방대한 경전이 있고, 그 내용은 반야라는 깨달음의 지혜가 무엇인지를 다양한 비유와 방편으로 말씀하신 것이지 좌선수행을 말씀하신 것이 아닙니다.

깨달음에 이르는 데에 좌선이 필요한 조건이 아님은 이런 사실을 보아도 충분히 알 수 있습니다.

깨달으면 평상시의 모든 일이 모두 좌선이라고 하셨는데, 그렇다면 그 좌선은 몸이 앉아 있는 좌선수행은 아닙니다. 그러므로 《유마경》 성문품에 보면, 사리불은 큰 나무 아래에서 좌선을 하고 있다가 유마힐에게 다음과 같은 꾸중을 듣습니다.

"이보세요, 사리불님! 앉는 것을 좌선이라 여기지는 마십시오. 무릇 좌선이라는 것은, 세계에 있으면서도 몸과 마음을 나타내지 않는 것이 곧 좌선입니다. 멸진정(열반)에서 나오지 않으면서도 모든 행동거지를 나타내는 것이 곧 좌선입니다. 모든 깨달은 모습을 버리지 않으면서도 중생의 온갖 모습을 나타내는 것이 곧 좌선입니다. 마음이 안에 머물지도 않고 밖으로 나가지도 않는 것이 곧 좌선입니다. 깨달음에 머물면서도 모든 견해에서 벗어나지 않는 것이 곧 좌선입니다. 태어나고 늙고 병들고 죽는 일에서 벗어나지 않으면서도 번뇌가 없고, 열반을 얻고도 머묾이 없는 것이 곧 좌선입니다. 만약 이와 같이 좌선할 수 있다면, 부처님께서 인가하실 것입니다."

여기에서 유마힐이 말하는 좌선이란 중생의 분별세계에 살면서도 분별세계에서 벗어나 살아간다는 불이중도(不二中道)를 가리키는 것이지, 앉아서 수행하는 좌선이 아닙니다. 선종(禪宗)의 제33조인 육조 혜능은 이렇게 말했군요.

"무엇을 일러 좌선(坐禪)이라 하는가? 이 법문 속에서 장애가 없어 밖으로 모든 좋고 나쁜 경계에서 마음에 허망한 생각이 일어나지 않는 것을 일러 좌(坐)라 하고, 안으로 자기 본성을 보아 흔들림 없는 것을 일러 선(禪)이라고 한다."

《육조단경》에 이런 대화도 있군요.

인종 법사가 육조 혜능에게 다시 물었다.
"황매산의 오조께서 법을 부탁하실 때 무엇을 가르쳐 주셨습니까?"
혜능이 말했다.
"가르쳐 주신 것은 없습니다. 다만 견성을 말할 뿐이고, 선정과 해탈을 말하지는 않습니다."
인종이 물었다.
"왜 선정과 해탈을 말하지 않습니까?"
혜능이 말했다.
"그것은 이법(二法)이어서 불법(佛法)이 아니기 때문입니다. 불법은 둘 아닌 법입니다."

육조 혜능의 제자인 남악회양은 열심히 좌선하는 마조도일에게 이렇게 말했습니다.

"그대는 좌선을 배우고자 하는가, 좌불(坐佛)을 배우고자 하는

가? 만약 좌선을 배우고자 한다면 선(禪)은 앉거나 눕는 것이 아니며, 좌불을 배우고자 한다면 부처는 정해진 모습이 아니다. 머묾 없는 법에서는 취하거나 버리지 말아야 한다. 그대가 좌불을 따른다면 곧 부처를 죽이는 것이니, 만약 앉은 모습에 집착한다면 그 이치에 통하지 못하기 때문이다."

유마힐과 육조 혜능과 남악회양은 모두 분별망상에서 벗어난 불이중도의 깨달음을 말할 뿐, 앉아서 수행하는 좌선수행을 말하진 않습니다. 모든 대승불교의 경전에서 가르침을 펼치는 부처님과 보살님들의 말씀도 역시 그렇습니다. 수백 명의 선사가 깨달은 이야기를 모아 놓은 《전등록》을 보면 좌선수행을 열심히 하여 깨달았다는 선사는 단 한 사람도 없고, 모두들 한마디 말을 듣고서 문득 깨달았다고 되어 있습니다.

분별망상에서 벗어나는 것은 법문을 듣고서 문득 깨닫는 무위(無爲)의 돈오(頓悟)이지, 오랜 세월 열심히 노력하는 유위(有爲)의 수행이 아닙니다. 분별에서 벗어나 법을 깨달아야 할 뿐, 깨달음에 이르는 수행방법은 없습니다. 분별 즉 생각에서 벗어나는 길을 우리는 생각할 수가 없기 때문입니다.

그러므로 깨닫고자 하는 사람은 이미 분별에서 벗어난 체험을 성취한 선지식의 말씀에 귀를 기울여야 하는 것입니다. 그렇게 선지식의 말씀을 듣다 보면 언젠가는 문득 저절로 깨닫게 될 것입니다.

16. 수행단체에서 말하는 깨달음과는 다른가요?

: 풀지 못한 두 가지 의문이 있어서 질문을 드립니다. 첫째는 설법에 관한 것입니다. 공부에서 의지할 수 있는 것은 설법(책, 영상법문, 음성법문 등)뿐입니다. 그런데 선생님께서는 법문 중에, 설법은 많이 듣지는 말고 자극이 될 정도로만 듣는 것이 좋다고 하셨고, 책은 친근감을 줄 정도의 효과밖에 없으니 책을 많이 보며 무언가를 깨달으려고 하지는 말라고 하셨습니다. 그러나 무분별의 문에 아직 들어오지 못한 사람은 시간이 나는 대로 독하게 법문에 의지하는 길 외에는 공부의 길이 없지 않습니까?

둘째는 선원에서 말하는 체험입니다. 조작하는 수행법을 가르치는 숱한 불교단체나 명상단체들에서도 무심선원에서 말하는 체험과 같은 경지를 말합니다. 어떤 곳에서는 말하기를, 개체와 전체가 하나고 우주와 나는 하나로 통해 있으며 삶과 죽음이 한결같다고 주장하기도 하고, 어떤 곳에서는 1주일이면 나와 우주가 하나임을 체험하게 해 준다고 합니다. 1주, 3주, 3개월 정도의 간격을 두고 우주와 합일하는 깊이가 점점 깊어지는 체험을 유도하고, 그것을 체험했다고 주장하며, 한번 체험하면 다시는 사라지지 않는다고 주장하는 수련생도 많은 단체들이 있습니다. 이런 곳들에서 말하는 깨달음의 체험과 무심선원에서 말하는 깨달음의 체험에 어떤 차이가 있습니까?

깨달음으로 향하는 이 공부에는 애써 노력해야 할 수행의 방법이 없습니다. 분별심에서 벗어나는 길을 분별심으로는 알 수 없기 때문에 어떻게 해야 깨닫는지를 공부하는 사람은 알 수 없습니다. 그러므로 선지식의 가르침에 귀를 기울이는 수밖에 없습니다.

어떤 식으로 설법을 들어야 한다는 설법을 듣는 방법 역시 정해져 있을 수 없습니다. 어떻게 공부하고 어떻게 설법을 듣고 어떻게 책을 보아야 한다고 생각한다면, 이런 생각은 그냥 생각일 뿐이니 모두 망상입니다.

당연한 말이지만, 깨달음에 관해서도 미리 생각할 수도 없고 알수도 없습니다. 오로지 직접 체험해야 그 진면목이 드러납니다. 깨달음에 관한 말은 모두 방편의 말이고 생각으로 하는 말이니 그런 말에 해당하는 분별되는 경계가 있는 것은 아닙니다.

깨달음은 분별에서 벗어나 있으니 말할 수 없고, 깨달음에 관한 말은 모두 방편의 말이거나 헛된 망상의 말입니다. 올바른 깨달음을 얻은 사람도 그런 말을 할 수 있고, 어떤 환상이나 최면에 젖은 사람도 동일한 말을 할 수 있을 것입니다.

불교에서 말하는 '우주와 내가 하나'라는 말은 우주가 있고 내가 있어서 그 둘이 합쳐서 하나가 되었다는 말이 아닙니다. 분별에서 벗어나는 깨달음을 체험한 사람이 우주라는 분별과 나라는 분별에서 벗어난 체험을 그런 식으로 말하는 것이니, 그 말은 어떤 분별되는 사실에 대한 말이 아니라 방편의 말입니다. 우주와 내가 둘이 아니라는 말은 마약이나 술에 취하거나 어떤 환상에 취한 사람도 어떤 그런 느낌을 가지고서 그렇게 말할 수 있을 것입니다.

그러므로 말이 같다고 하여 그 체험이 같다고 할 수는 없습니다. 물론 동일한 체험을 하고 동일한 말을 할 수도 있겠지만, 진솔하게 서로 대화하지 않고서 몇 마디 말만으로 같은지 다른지를 판단할 수는 없습니다.

　그러므로 공부하는 사람이 말 몇 마디를 가지고 같으니 다르니 따지는 것은 쓸데없는 짓입니다. 부처님과 조사와 가르치는 선지식의 깨달음에 대한 믿음이 있다면 묵묵히 선지식의 법문을 들으면서 부처님과 조사의 가르침을 공부하시기 바랍니다. 오직 자기 스스로 직접 체험하고 확인할 때에야 비로소 그 참됨과 거짓됨을 알아볼 수 있는 눈이 갖추어질 것입니다.

17. 큰 깨달음과 작은 깨달음

: 어떤 책을 보니 한 번에 크게 깨닫는 수도 있고, 작게 깨닫고서 점차 수행하여 큰 깨달음에 이를 수도 있다고 합니다. 선생님의 설법을 들으면 양쪽이 뒤섞여 있는 느낌입니다. 설법을 하실 때 작게 깨달은 뒤에 점차 수행하는 공부와 단번에 크게 깨닫는 공부를 구분지어 주실 수 없는지요? 이것을 구분하지 않아 헷갈리는 점이 있는 것 같습니다. 이것을 구분하지 않는 다른 이유가 있나요?

　어떤 사람이 조주 선사에게 물었습니다.
　"도가 무엇입니까?"
　조주가 말했습니다.

"뜰 앞의 잣나무!"

"뜰 앞의 잣나무"라는 한마디에서 문득 깨달으면 분별에서 벗어나, 잣나무라고 할 것도 없고, 도라고 할 것도 없고, 깨달음이라 할 것도 없고, 미혹함이라 할 것도 없고, 사람이라 할 것도 없고, 법이라 할 것도 없습니다.

그런데 무슨 작은 깨달음이 있고 큰 깨달음이 있겠습니까? 티끌만큼이라도 사람이 있고 법이 있고, 깨달음이 있고 미혹함이 있고, 돈오가 있고 점수가 있다면, 이것은 모두 분별이요 개념이요 망상이지 깨달음이 아닙니다.

깨달은 뒤의 일을 미리 묻지 마시고, 오로지 깨닫는 일에만 관심을 두십시오. 깨달음은 분별에서 벗어나는 체험이니 깨달음에 어떤 분별도 알음알이도 있을 수 없습니다.

깨달음이 무엇일까요?

푸른 하늘에 새털구름이 점점이 떠 있군요.

18. 선정삼매와 깨달음은 어떤 관계인가요?

: 참선의 선정삼매는 무슨 용도입니까? 보통 스님들은 왜 선정을 거쳐서 깨달음을 얻는다고 강조하는 겁니까? 선정삼매와 깨달음은 어떤 관계가 있습니까?

선정에 들어가고 선정에서 나오면 참된 선정이 아니라 헛된 경계일 뿐이고, 삼매가 이루어지고 삼매가 부서진다면 참된 삼매가 아니라 헛된 망상일 뿐입니다. 들어감도 없고 나옴도 없으면 참된 선정이고, 이루어짐도 없고 부서짐도 없으면 참된 삼매입니다. 참된 선정에는 선정이 없고, 참된 삼매에는 삼매가 없습니다. 참된 선정에는 사람도 없고 세상도 없으며, 참된 삼매에는 깨달음도 없고 어리석음도 없습니다.

선정(禪定; dhyāna)과 삼매(三昧; samādhi)는 본래 요가수행자들이 요가를 수행할 때 거치는 수행의 단계를 가리키는 말입니다. 요가 수행에서 의식을 하나의 생각에 집중하는 훈련 ─ 응념(凝念)이라 합니다 ─을 열심히 하여 의식이 잘 집중되어 힘 안 들이고 저절로 집중이 흐트러지지 않는 상태를 일러 선정이라 하고, 선정을 열심히 닦아서 문득 생각이 끊어지면 이를 일러 삼매 즉 무상삼매(無想三昧)라고 합니다. 요가에서는 이 삼매를 깨달음이라 합니다.

이러한 선정과 삼매라는 이름을 불교에서 빌려 쓰게 되었는데, 소승불교의 경우에는 요가처럼 수행을 닦아 가는 것이니 선정과 삼매가 요가와 비슷한 뜻으로 쓰인다고 볼 수 있습니다.

그러나 수행을 말하지 않고 곧장 분별심에서 벗어난 불이중도(不二中道)의 깨달음을 말하는 대승불교와 선(禪)에서는 선정과 삼매를 말할 때 요가나 소승불교에서 말하는 의미와는 달리 불이중도의 깨달음 자체를 선정이라 하기도 하고 삼매라고 하기도 합니다. 대승불교와 선에서는 요가나 소승불교처럼 선정을 닦아서 삼매에 들어간다고 하면 이것은 이분법이요 조작이니 올바른 불법이 아니라고 합니다.

깨달음은 불이법이니, 닦을 것도 없고, 얻을 것도 없고, 들어가는 것도 아니고, 나가는 것도 아닙니다. 대승불교의 초기 경전인《유마경》성문품에서 아라한인 사리불은 큰 나무 아래에서 좌선(坐禪)을 하고 있다가 유마힐에게 다음과 같은 꾸중을 듣습니다.

"이보세요, 사리불님! 앉는 것을 좌선이라 여기지 마십시오. 무릇 좌선이라는 것은, 삼계에 있으면서도 몸과 마음을 나타내지 않는 것이 곧 좌선입니다. 멸진정(열반)에서 나오지 않으면서도 모든 행동거지를 나타내는 것이 곧 좌선입니다. 모든 깨달은 모습을 버리지 않으면서도 중생의 온갖 모습을 나타내는 것이 곧 좌선입니다. 마음이 안에 머물지도 않고 밖으로 나가지도 않는 것이 곧 좌선입니다. …… 삶과 죽음에서 벗어나지 않으면서도 번뇌가 없고, 열반을 얻고도 머묾이 없는 것이 곧 좌선입니다. 만약 이와 같이 좌선할 수 있다면, 부처님께서 인가하실 것입니다."

좌선이란 앉아 있는 것이 아니라, 세간과 출세간이 둘이 아닌 불이중도가 곧 좌선이라고 말하고 있습니다. 또 선(禪)을 본격적으로 부흥시킨 당나라의 육조 혜능은《육조단경》에서 선정에 대하여 다음과 같이 말합니다.

황제가 보낸 사신인 설간이 물었다.

"서울에 있는 선승들은 모두 말하기를 '도를 알려고 한다면 반드시 좌선하여 선정을 익혀야 한다. 선정을 익히지 않고 해탈을 얻은 자는 아직 없었다'고 하는데, 스님께서 말씀하시는 법은 어떻습니까?"

혜능이 말했다.

"도는 마음에서 깨닫는 것인데, 어찌 앉는 것에 있겠습니까? 경전에서 말했습니다. '만약 여래가 앉거나 눕는다고 말한다면, 이것은 삿된 도를 행하는 것이다. 무슨 까닭인가? 여래는 어디에서 오지도 않고 어디로 가지도 않기 때문이다.'(《금강경》 위의적정분) 생겨나지도 않고 없어지지도 않는 것이 여래의 깨끗한 선(禪)이요, 모든 법이 텅 비어 고요한 것이 여래의 깨끗한 좌(坐)니, 결국 깨달을 것도 없습니다. 그런데 하물며 앉겠습니까?"

광주의 법성사에서 《열반경》을 강의하던 인종은 혜능이 오조 홍인에게 법을 받은 육조임을 알고서 이렇게 물었다.

"오조께서는 법을 어떻게 가르쳐 주십니까?"

혜능이 말했다.

"가르쳐 주시는 것은 없습니다. 다만 견성(見性)을 말할 뿐이고, 선정과 해탈을 말하지는 않습니다."

"왜 선정과 해탈을 말하지 않습니까?"

"이법(二法)이기 때문에 불법(佛法)이 아닙니다. 불법은 불이법(不二法)입니다."

불법은 곧 불이법 즉 중도(中道)이지 선정을 닦아 해탈을 얻는 것이 아니라고 합니다. 둘로 나누는 이법이 곧 분별심이고, 둘로 나누지 않는 불이법은 분별에서 벗어난 중도입니다. 분별에서 벗어나 중도에 들어맞는 것이 곧 견성성불(見性成佛)이니, 견성성불에서는 모든 어떤 분별도 없어서 선정이니 해탈이니 하는 것도 없습니다.

이처럼 대승불교와 선에서는 곧장 분별에서 벗어나 불이중도를 성취하는 깨달음이 있을 뿐이고, 선정을 닦아서 삼매를 이루고 해탈을 얻는다는 차별의 없는 것입니다.

그러나 경전에서는 또 선정과 삼매를 불이중도를 가리키는 이름으로 사용하기도 하니, 안목을 갖추어 바르게 볼 줄 알아야 합니다. 안목을 갖추려면 무엇보다도 먼저 분별에서 벗어나는 견성 체험을 해야 합니다.

19. 수행 없이 어떻게 깨닫습니까?

: 인터넷으로 선생님의 법문을 듣고 글을 읽으며 공부하고 있습니다. 선생님께서는 말씀하시길, 간절한 마음 하나를 가지고 꾸준히 법문을 듣다 보면 어느 순간 '이것'에 들어맞는 체험을 하게 된다고 하십니다. 체험을 위해서 그냥 법문만 듣고 간절한 마음으로 아무 조작도 없이 가만히 있어야만 하는지요? 아니면, 참선이나 수식관을 수행하여 어떤 체험을 한 뒤 더 공부해서 완전한 깨달음으로 나아가야 하는지요?

깨달음은 자기에게 본래부터 완전히 갖추어진 마음을 깨닫는 것이므로 수행을 통하여 고치거나 다스릴 필요가 없습니다. 마음은 본래 허공처럼 모양이 없으므로 수행의 대상이 될 수 없습니다.

생각이라는 꿈에서 깨어나 본래의 마음을 깨닫기만 할 수 있습니다. 애써 노력하여 이룬 것은 모두 만들어 낸 것이니 본래의 자기가 아닙니다.

생각할 수 없는 본래의 마음을 깨닫고자 하는 뜻을 가지고 법문을 들어 보십시오. 법문에서 마음을 가리키고 있으니 듣다 보면 언젠가 저절로 깨닫게 될 것입니다.

20. 깨달음은 삼매인가요?

: 바둑을 두다 보면 잡념이 없어지고 바둑에만 몰입하게 됩니다. 여행을 가서 절경을 구경할 때도 잡생각이 없어지고 경치에만 몰입하게 됩니다. 일반적으로 잡념에 시달리면 괴로운 상태가 되고 무엇에 몰입하여 삼매 상태가 되면 기분 좋은 상태가 되는데요, 깨달음이 오면 정신이 잡념에 시달리지 않는 일종의 삼매 상태가 유지되는 건가요?

깨달음은 그런 종류의 기분 좋은 집중의 상태인 삼매가 아닙니다. 그런 종류의 삼매는 의식의 어떤 상태를 가리키며 의식이 그런 상태에 머물러 있는 것이니, 그런 상태에 머물러 있을 수도 있고 그런 상태에서 빠져나올 수도 있겠지요.

그러나 깨달음은 의식의 어떤 상태가 아닙니다. 깨달음이란 의식이 어떤 상태에 있든지 상관없이 언제나 의식에서 벗어나 의식에 머물지도 않고 의식에 얽매이지도 않습니다.

《금강경》에서 "모습으로는 여래를 볼 수 없다"라든가, "최고의 깨달음에서는 얻을 것이 없다"라든가, "머물지 않고 마음을 낸다"는 등의 말이 이런 뜻입니다. 깨달음에서는 머무는 사람도 없고 머물 장소도 없으니 열반이라고도 하고 해탈이라고도 하는 것입니다.

분별하는 범부중생은 깨달음이라는 어떤 무엇이 있을 것이라고 여기지만, 분별을 벗어나면 깨달음이라고 할 만한 어떤 정해진 마음의 상태도 없습니다. 주관도 없고 객관도 없으며, 있음과 없음이 따로 없으며, 안과 밖이 나뉘어 있지 않아서 생각으로는 알 수 없고 반드시 불가사의한 체험을 통하여 경험할 수 있습니다.

21. 진리란 무엇입니까?

: 불교에서 깨달아 알게 되는 진리는 무엇입니까?

진리라는 이름은 알지만, 진리가 무엇인지는 모릅니다. 다만 이렇게 말합니다.

칠월 한여름이라 무더웠는데, 소나기가 한차례 내리니 한결 시원하군요.

22. 통찰이 깨달음인가요?

: 문득 이런 생각이 들었습니다. 느낌과 생각이 끼어들 틈도 없이 무의식적으로 움직이는 무엇, 행한다는 의식 없이 행한 사소한 몸짓 하나하나가 선생님이 늘 말씀하시는 '이것!'이라는 생각이 들었습니다. 그래서 과거, 현재, 미래도 없는 그냥 이 순간 모든 것이 완벽하다는 느낌을 문득 갖게 되었습니다. 이러한 느낌을 글로 표현한다는 것 자체가 또 하나의 모순인 줄 알면서도 선생님께 섣부르게 확인받고 싶어서 질문해 봅니다.

이런 생각은 매우 그럴듯하지만, 이것이 곧 분별에서 벗어난 깨달음이라고 할 수는 없습니다. 이런 생각은 역시 의식이 만들어 낸 하나의 이해라고 해야겠죠. 법문을 듣다 보면 자기도 모르게 법문의 내용이 요약되어 '어, 그래 바로 이것이구나!'라는 통찰이 생길 수는 있을 것입니다.

그러나 깨달음은 분별하는 의식을 벗어나는 체험이지, '바로 이것이구나' 하는 직관이나 통찰이 아닙니다. 직관이나 통찰은 어떤 주제에 관하여 꾸준히 탐구하다가 어느 순간 그 내용이 번쩍 파악되어 알게 되는 경험이지요. 깨달음은 생각하여 아는 분별에서 벗

어나는 것이지, 그런 직관이나 통찰을 통하여 알게 되는 것이 아닙
니다.

23. 계정혜 삼학을 닦아야 하지 않나요?

: 불법을 공부하려면 계정혜(戒定慧) 삼학(三學)을 공부해야 한다고 알고
있습니다. 무심선원에서 법문을 듣는 것은 혜학(慧學)이라 할 만한데, 선
정과 계율은 필요 없나요? 법문을 들어 보니 '계'와 '정'은 필요가 없다고
말씀하시는 듯합니다. 계와 정에 대한 가르침은 '혜'에 대한 가르침만큼이
나 경전에 가득한데, 왜 필요가 없다고 하시는 건가요? 그런 말씀이 아니
라면 계와 정이 왜 필요한지 확실한 말씀을 기다립니다.

　　설법은 계를 지키라는 가르침도 아니고, 정을 닦으라는 가르침
도 아니고, 혜를 얻으라는 가르침도 아닙니다. 계니 정이니 혜니 하
는 분별에서 벗어나게 이끌어 주는 것이 설법입니다. 계를 지키고,
정을 닦고, 혜를 얻어야 한다는 견해에서 풀려나게 하는 것이 설법
입니다. 지킬 계가 있고 닦을 선이 있고 배울 혜가 있다면, 모두 분
별이니 망상입니다. 분별망상에서 벗어나는 것이 깨달음입니다.

24. 이틀 만에 깨달을 수 있나요?

: 약 8, 9년 전에 이곳 무심선원과 인연이 닿아 선생님 글을 읽으며 마음 공부를 1년 조금 넘게 했으나 별다른 성과를 보지 못하고 그냥 살다가, 근래에 내면의 갈증을 느끼고 다시 선생님의 글을 읽고 법문을 듣고 있습니다. 그런데 제가 손발이 차고 눈도 충혈되는 등 건강이 좋지 않아서 ○ ○○라는 기체조, 뇌호흡, 명상 등을 가르치는 수련단체에 보름 전부터 다니고 있습니다. 다니는 목적은 신체의 건강과 마음의 관리에 조금 도움이 되었으면 하는 것이기에 효과가 없는 것 같진 않습니다. 며칠 전 제가 다니는 수련단체의 원장님과 면담을 하던 도중 "제가 사실은 마음공부를 한다"고 털어놓았습니다. 그랬더니 자꾸 말과 생각으로 '참나'라는 것을 저에게 이해시키려고 하시며, "1박 2일에 100만원 하는 모(某) 체험 프로그램에 다녀오면, 평생 면벽 수행하시는 스님들이 깨닫는 걸 단 이틀 만에 깨달을 수 있을 것이다"라고 저에게 권했습니다. 과연 어떠한 특별한 프로그램을 통하면 깨달음의 체험을 단 이틀 만에 할 수 있을까요?

깨달음은 무엇을 얻는 것이 아니고, 무엇을 버리는 것도 아니고, 무엇을 이해하는 것도 아니고, 무엇을 아는 것도 아니고, 더러운 것을 깨끗하게 만드는 것도 아니고, 시끄러운 것을 고요하게 만드는 것도 아닙니다. 깨달음은 어떤 행동이 원인이 되어 나타나는 결과가 아닙니다.

깨달음은 우리가 너무나 오랫동안 익숙하게 의지해 왔던 분별하는 마음 즉 생각에서 벗어나는 체험입니다. 생각에서 벗어나는 해탈은 생각을 하지 않는 것이 아닙니다. 생각에서 벗어나 해탈하면 생각하는 것과 생각 없는 것이 다르지 않습니다.

생각해도 생각이 없는 것이지요. 깨달음은 생각이라는 꿈에서 깨어나는 것과 같아서 어떤 방법이나 노력으로 달성되는 것이 아닙니다. 꿈속에서 꿈을 깨려고 어떤 노력을 하더라도 그러한 노력이 바로 꿈입니다.

깨달음은 이렇게 불가사의한 일입니다. 불가사의한 일을 단 이틀 만에 누구나 성취하도록 해 주는 비결은 아마 없을 것입니다.

25. 장좌불와가 여법한가요?

: 어떤 유명하신 스님은 생전에 늘 앉아서 눕지 않고 좌선수행(장좌불와)을 열심히 하셨다고 합니다. 이러한 수행이 여법한 것인가요? 아니면 분별에 의거한 유위법일까요?

늘 앉아서 좌선을 수행하면서 눕지 않아야만 불이중도에 들어맞는다고 한다면, 이것은 분별이고 의도를 가지고 일부러 행하는 유위법이어서 여법할 수 없습니다. 불이중도의 불법과 상관없이 단순히 잠을 이겨 보려고 앉아 있는 것이라면, 여법한지 않은지를 따질 것도 없지요. 장좌불와에 관해서는 인도의 제21대 조사인 바수반두 존자의 일화가 참고할 만합니다.

제20조 사야다 존자는 라자그리하에서 태어나, 돈교법문(頓敎法門; 한마디 말에 문득 깨닫는 가르침)을 널리 펼쳤다. 그곳에서 불법을 배우는 무리는 경전의 내용을 따지고 이해하는 공부만 오로지 숭상하였는데, 그들의 우두머리는 이름이 바수반두였다. 그는 하루에 한 끼만 먹고서 눕지 않고 늘 좌선을 하였으며, 하루에 여섯 번 예불을 올리고 생활이 깨끗하여 욕심이 없었으므로 대중의 존경을 받았다. 사야다 조사는 그를 제도하려고 꾀하여 그를 따르는 무리에게 물었다.

"이렇게 두타(頭陀; 고행)를 널리 행하고 범행(梵行; 깨끗한 삶)을 부지런히 닦아서 과연 부처가 될 수 있을까?"

그 무리가 말했다.

"우리 스승님의 정진함이 이와 같은데, 무슨 까닭에 부처가 될 수 없겠습니까?"

사야다 조사가 말했다.

"너희 스승의 공부는 깨달음과는 거리가 멀다. 설사 고행(苦行)을 하여 헤아릴 수 없는 세월이 지나더라도 모두 허망할 뿐이다."

그 무리가 말했다.

"존자께서는 어떤 공부를 하시기에 우리 스승님을 비난하십니까?"

사야다 조사가 말했다.

"나는 깨달음을 구하지도 않지만, 또 망상에 사로잡혀 있지도 않다. 나는 늘 앉아 있지도 않지만, 또 늘 누워 있지도 않다. 나는 하루에 한 끼만 먹는 것은 아니지만, 또 아무 때나 마구 먹지도 않는다. 나는 만족함을 알지 못하지만, 또 탐욕스럽지도 않다. 마음에 바라는 바가 없음을 일러 깨달음이라고 한다."

바수반두가 제자에게 이 말을 전해 듣고서는 문득 망상에서 벗어나 지혜가 나왔다. 그리하여 사야다 조사를 찾아뵈니, 조사가 바수반두에게 물었다.

"아까 내가 대중 앞에서 그대를 깎아내렸는데, 화가 나지 않느냐?"

바수반두가 말했다.

"제자에게 그 말씀을 전해 듣고서 저는 저의 허물을 알아차리고 반성하였습니다. 이러한 최상의 감로수를 얻어 마셨는데, 도리어 화를 내겠습니까? 저는 지금 조사께서 묘한 깨달음을 저에게 깨우쳐 주시기를 오직 원할 뿐입니다."

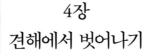

4장
견해에서 벗어나기

1. 깨달으면 삶과 죽음에서 벗어납니까?

: 늙고 병들어 죽는 문제는 인간이라면 모두 겪게 되는 일인데, 어떻게 마음의 진실한 모습을 깨닫는 것으로써 삶과 죽음의 문제가 사라질 수 있는지 정말 궁금합니다.

불교에서는 깨달음이 삶과 죽음의 문제에서 벗어나게 한다고 늘 말합니다. '어떻게 살아야 하는가'라는 삶의 문제도 번뇌고, 죽음은 언제나 두려운 것이니 역시 번뇌입니다. 우리는 이처럼 늘 삶을 걱정하고 죽음을 두려워하지만, 우리가 왜 삶을 걱정하고 죽음을 두려워하는지 정확히 설명할 수는 없습니다.

그러나 마음공부를 하여 실제로 깨달아 해탈을 체험하고 겪어보면, 분명히 모든 근심걱정과 두려움이 사라집니다. 어떻게 살아야 하나라는 고민도 없고, 죽음이 두렵지도 않습니다. 이렇게 실제로 체험하고 경함할 수는 있으나, 왜 그렇게 되는지를 이해할 수도 설명할 수도 없습니다.

물론 여러 가지 설명이 있습니다만, 그것들은 모두 믿음을 일으키려는 방편의 설명이지 객관적 진실을 말하는 것은 아닙니다. 그러므로 석가모니 부처님께서도 독화살의 비유를 말씀하신 것입니다. 지금 팔에 독화살을 맞았습니다. 누가 왜 화살을 쏘았는지, 어떤 독이 발라져 있는지, 어디에서 어떻게 쏘았는지를 따지는 것은 이런 상황에서 무의미한 행위입니다. 지금 당장 필요한 것은 빨리 독화살을 제거해야 하는 것입니다.

우리는 삶과 죽음이라는 근심과 두려움의 번뇌에 시달리고 있습니다. 언제 죽을지 모르는 우리가 당장 해야 할 일은 마음공부를 하여 깨달아 이런 번뇌에서 벗어나는 것이지, 한가하게 그 원인과 방법을 헤아리고 있을 수는 없습니다. 번뇌의 이유와 해탈의 방법을 생각으로 헤아려서 이해할 수도 없고 생각을 통하여 깨달아 해탈할 수도 없습니다.

사실은 분별하고 헤아리는 생각이 바로 망상이어서 우리를 삶과 죽음의 번뇌에 얽어매는 가장 큰 원인입니다. 그러므로 지금 당장 분별망상인 생각에서 벗어나 깨달음을 체험해야 합니다.

2. 조주의 뜻은 무엇인가요?

:《무문관》을 읽다가 이해되지 않는 대목이 있어 가르침을 청합니다. 알맞은 한마디 가르침으로써 학인의 눈과 귀를 확 뚫어 주시길 바랍니다. 조주 스님께서 한 암자에 들러 "있느냐?"라고 하시니 암주가 주먹을 불끈

쥐어 세우자 조주 스님께서 "물이 얕아서 배를 댈 곳이 못 되는구나"라고 하셨습니다. 또 다른 암자에 들러 "있느냐?"라고 하시니 그곳의 암주 역시 주먹을 뻘끈 쥐어 세우거늘 조주 스님께서 "죽이고 살리고 주고 빼앗는 것이 자유자재하다"라고 하셨습니다.

같은 질문에 두 암주가 다 주먹을 불끈 쥐어 세웠는데, 어째서 조주 스님께서는 한 암주는 부정하고 한 암주는 긍정했는지요?

똑같이 주먹을 들었는데, 한쪽은 부정하고 한쪽은 긍정했으니, 허물은 조주 스님에게 있군요. 법(法)은 한 가지인데, 사람이 분별하는 것입니다. 그러나 뒤집어 보면, 법은 긍정도 부정도 할 수 없지만, 조주 스님은 자재하게 긍정하고 부정했으니, 여기에 사람의 자유로움이 있군요.

하지만, 이렇게 해서야 언제 끝날 날이 있겠습니까? 조주도 버리고, 암주도 버리고, 버리는 것도 버리고, 버리는 것을 버린다는 것도 버리고, 지금 이렇게 말하는 것도 버리고, 이렇게 버리는 것을 아는 자도 버리십시오. 결국, 어떻게 하겠다는 것인가요?

요즘은 밤낮의 기온 차이가 심하니 온도 조절을 잘해야 합니다.

질문자님!

님은 진실로 바라는 바가 무엇입니까? 마음의 실상(實相)을 깨달아서 번뇌망상에서 벗어나기를 바랍니까? 아니면 선(禪)과 공안(公案)에 관하여 이해하기를 원합니까? 지식 얻기를 원하신다면, 저는 드릴 것이 없습니다. 생각에서 벗어나 자유롭기를 바라신다면, 몇 가지 충고를 드릴 수 있습니다.

하나: 생각으로 궁리하지 마십시오. 마음의 실상은 생각하는 곳에 늘 드러나 있지만, 생각으로 파악하여 알 수는 없습니다. 그러므로 마음의 실상을 알고자 한다면, 마음은 이럴 것이라는 추측이나 기대나 예상이나 궁리를 결코 하지 마십시오. 마음은 우리의 헤아림 속에서는 절대로 드러나지 않습니다. 왜냐하면 마음은 이미 추측, 기대, 예상, 궁리의 바탕에 숨김없이 드러나 있는데도 불구하고, 우리가 따로 찾기 때문입니다. 실상에 대한 체험이 왔을 때는 너무나 예상 밖이라는 것을 알고 놀라게 될 것입니다.

둘: 어떠한 생각, 기대, 예상, 궁리에도 의지하지 않을 때, 무엇이 있는지 깨달아야 합니다. 아무 생각이 없다고 해서 아무것도 없는 것은 아닙니다. 기억, 느낌, 욕망, 의지, 육체에 의지해서도 안 됩니다. 어디에도 의지하거나 머물지 않을 때, 당신은 어디에 있습니까?

셋: '공부는 이렇게 하는 것이다'라고 생각하고 판단하여 공부하지 마십시오. 그렇게 공부하면 결국 생각의 테두리를 벗어날 수 없습니다. 열심히 달렸지만 한 발짝도 앞으로 나아가지 못하는 것과 같습니다. 공부를 유지하고 결과를 가져오는 힘은 생각이나 판단에 있는 것이 아니라, 진리에 대한 순수하고 근원적인 믿음과 관심에 있습니다. 아무 이유 없이 진리를 믿고 좋아하십시오. 그러면 진리

가 반드시 모습을 드러낼 것입니다.

넷: 무익한 논쟁에 말려들지 마십시오. 마음공부는 지식의 추구
가 아니므로 논쟁을 통해서는 성취될 수 없습니다. 논쟁은 생각하
고 분별하기 때문에 일어나는 것이므로 오히려 마음공부에 역행하
는 것입니다. 정말 궁금한 것이 있으면 선지식을 찾아가 진지하고
성실하게 물어보십시오. 그러나 결코 논쟁하려고 해서는 안 됩니
다.

다섯: 너무 조급하게 성취하려고 하지 마십시오. 순수한 믿음과
관심이 있으면 된 것이니, 조급하게 결과를 보려고 안달하지는 말
아야 합니다. 나는 진지하고 끈기 있게 공부할 뿐이고, 결과는 언제
나 하늘이 주는 것이라고 여겨야 합니다. 두드리는 자에게 열리고
원하는 자에게 주어집니다.

여섯: 이런저런 종류의 방편에 의존하여 공부하지 마십시오. 방
편은 달을 가리키는 손가락일 뿐이고 결코 달은 아닙니다. 손가락
에 머물면 달을 볼 수 없습니다. 그냥 달을 보려고만 하십시오. 그
러면 어느 순간 갑자기 달이 나타날 것이고, 그때는 본래부터 늘 달
빛이 밝게 빛나고 있었음을 알 것입니다.

3. 마음과 기억과 생각

: 우리는 모두 '나'라는 관념, 즉 아상(我相)에 매여서 중생의 삶을 살아갑니다. 이 '나'라는 관념에는 세 가지 측면이 있다고 생각합니다. '나'라는 관념의 세 가지 측면은 마음, 기억, 생각입니다. '나'라는 관념을 이기기 위해서는 이 세 가지 측면을 통해 해결할 수밖에 없을 것입니다. 마음, 기억, 생각을 무시한 채 나를 알려고 하는 것은 배도 없이 바다를 건너는 것과 같다고 생각합니다. 그렇지 않습니까?

'나'라는 관념이 곧 아상(我相)이니, '나'라는 관념에서 벗어나는 것이 곧 아상에서 벗어나는 것이겠지요. '나'라는 관념에 마음, 기억, 생각이 있다고 말하시니, '나'라는 관념에 마음, 기억, 생각이 있다는 말은 생각에서 나온 말이니 이 말도 역시 관념이군요.

'나'라는 관념을 이겨 내는 것은 곧 '나'라는 관념에서 벗어나 참된 나를 깨닫는 것이겠지요. 그런데 '나'라는 하나의 관념에다 마음, 기억, 생각이라는 3가지 관념을 더하고 있으니, 어떻게 '나'라는 관념에서 벗어나겠습니까?

님의 말씀은 모두 생각에서 나온 것이니 전부 관념입니다. 이런 모든 생각, 관념에서 벗어나는 것이 깨달음이고 참 나를 찾는 길입니다. 생각 속에서 생각을 통하여 생각을 벗어날 수는 없고, 말 속에서 말을 통하여 말을 벗어날 수는 없고, 관념 속에서 관념을 통하여 관념을 벗어날 수는 없습니다.

지금 당장 모든 생각, 말, 관념을 놓아 버리십시오. 생각, 말, 관념을 놓아 버리면 갑자기 모든 것이 멈추어 버려서 사방이 꽉 막히고 꼼짝할 수도 없어서 죽은 사람과 같을 것입니다. 꼼짝할 수도 없어서 죽은 사람과 같다가 문득 깨달아 다시 살아나면 저절로 모든 것이 밝아질 것입니다.

4. 어떻게 해야 오매일여가 됩니까?

: 선생님의 서장 법문을 듣고 혼란이 있어 질문합니다. 대체로 유명한 선사들의 법문을 들어 보면, 고양이가 쥐를 잡듯이 화두를 붙잡고 애를 써서 공부를 지어 가면 움직일 때나 가만히 있을 때 한결같아지고[동정일여(動靜一如)], 더 나아가면 꿈속에서도 화두가 들리는 오매일여(寤寐一如)의 경지가 이루어진다고 합니다. 사실 이것은 현재 대다수 선방에서 공부하는 방법입니다. 그런데 선생님이 말하는 오매일여의 경지란 상기한 선사들이 말하는 오매일여와는 다른 것처럼 여겨집니다. 여기에 어떠한 차이가 있으며, 선생님이 말하는 오매일여의 경지에 도달하기 위해서는 어떻게 공부를 지어 가야 하는지 구체적으로 일러 주십시오. 의식적으로 화두 공부를 지어 가지 않고 다른 수행법으로 공부를 하시는 것인지요?

오매일여라는 말은 원래 《서장》의 저자이신 대혜종고(大慧宗杲;

1089~1163) 선사의 공부과정에서 오매항일(寤寐恒一)이라는 말로 등장합니다. 깨어 있을 때와 잠잘 때가 항상 동일하다는 오매항일은 본래 《수능엄경》 제10권에 나오는 말입니다. 대혜의 스승은 원래 담당문준 선사였는데, 담당이 입적할 때까지 대혜가 깨달음을 얻지 못하자 담당은 대혜를 불러 이렇게 말합니다.

"너는 선(禪)에 대해 물으면 모르는 것 없이 잘 말하고 설법도 곧잘 한다. 그러나 너의 선은 깨어서 생각할 때는 있지만 잠이 들면 바로 없어져 버린다. 그래서는 삶과 죽음의 문제를 해결할 수 없다. 나는 이제 떠나니 너는 원오극근을 찾아가 공부해라."

뒤에 대혜는 원오를 찾아가 이렇게 물었습니다.

"제가 아직 잠이 들기 전에는 부처님이 칭찬하신 것에 의지하여 행하고 부처님이 비난하신 것을 감히 범하지 않으며, 또 스스로 공부하여 얻은 것들을 깨어 있을 때는 전부 마음대로 쓸 수 있습니다. 그러나 침상에서 잠이 들락 말락 할 때 벌써 모든 것을 놓쳐 버리고, 꿈속에서는 온갖 경계를 따라 헤매 다닙니다. 부처님께서 말씀하신 깨어 있음과 잠들어 있음이 늘 하나라는 말이 헛된 말이라면 저의 이 병을 없앨 필요가 없겠지만, 부처님의 말씀이 진실로 사람을 속이지 않는다면 저는 아직 깨닫지 못한 것입니다. 어떻게 해야 하겠습니까?"

원오는 다만 이렇게 말했습니다.

"그만! 망상(妄想)을 쉬어라. 네가 말하는 여러 가지 망상이 끊어질 때, 너는 저절로 깨어 있을 때와 잠잘 때가 늘 하나인 곳에 도달할 것이다."

112

이 말을 알아듣지 못한 대혜가 몇 번이나 되풀이하여 물었으나, 원오는 언제나 이렇게 대답할 뿐이었습니다. 그렇게 얼마의 세월이 지난 뒤 원오가 법당에서 설법하며 이렇게 말했습니다.

"어떤 승려가 운문에게 묻기를 '어떤 것이 모든 부처님이 나타나는 곳입니까?'라고 하자, 운문은 말하길 '동산이 물 위로 간다'라고 하였다. 만약 나라면 그렇지 않다. 어떤 것이 모든 부처님이 나타나는 곳이냐? 따뜻한 바람이 남쪽에서 불어오니, 처마 밑이 조금 시원하구나."

이 말을 듣는 순간 대혜는 갑자기 깨달았는데, 마치 엉킨 실뭉치한 타래를 칼로 단번에 몽땅 잘라 버린 것과 같았습니다. 그리하여 이렇게 말했습니다.

"가슴에 걸려 있던 것이 홀연 내려가고 나니 비로소 부처님의 말씀이 진실한 말이며, 있는 그대로의 말이며, 속이지 않는 말이며, 헛되지 않은 말임을 알았습니다. 가슴에 걸려 있던 것이 없어지고 나서야, 비로소 꿈꿀 때가 바로 깨어 있는 때이며 깨어 있는 때가 바로 꿈꾸는 때라는 것을 알았으며, 비로소 부처님이 말씀하신 깨어 있을 때와 잠잘 때가 늘 하나라는 것을 저절로 알았습니다. 이러한 도리는 집어내어 남에게 보여 줄 수도 없고, 남에게 말해 줄 수도 없습니다."

이것이 오매일여가 인연이 되어 대혜 선사가 깨달은 일화입니다. 대혜는 애초 깨어 있을 때 가지고 있는 의식(意識)과 마음가짐을 잠잘 때도 잃어버리지 않고 그대로 가지고 있어야 하는 것으로 알고 있었는데, 원오 선사는 그것을 헛된 생각 즉 망상이라고 지적하였습니다. 그 뒤에 원오의 한마디 말을 듣고서 문득 깨달아 망상에서 벗어나고서야 비로소 깨어 있을 때와 잠잘 때가 한결같다는 경전의 말이 어떤 말인지를 알게 된 것입니다.

그러므로 꿈속에서도 화두가 들린다는 것은 대혜가 애초에 잘못 알고 있었던 망상과 같습니다. 깨어 있을 때와 잠잘 때가 한결같다는 경전의 말이 방편의 말인 줄 알지 못하고, 세속에서 평소 이해하듯이 깨어 있을 때 의식하고 있는 것을 잠잘 때도 똑같이 의식하고 있어야 하는 줄로 잘못 이해한 것이죠.

불교든 선이든 모두 깨달음을 가르칩니다. 깨달음은 생각할 수 없는 마음을 깨달아 확인하고 체험하는 것입니다. 마음을 불교에서는 흔히 거울에 비유합니다. 거울에는 양면이 있습니다. 텅 빈 거울과 그 위에 나타나는 온갖 영상입니다. 거울을 보면 온갖 모습이 보이지만, 거울은 사실 텅 비어 있습니다. 거울에 나타나는 모습은 언제나 생겨나고 사라지면서 변화하는 덧없는 것이지만, 텅 빈 거울은 언제나 텅 비어 있어서 변화하여 달라진다고 할 수 없습니다. 거울에 나타난 모습은 중생이 생각하고 아는 분별세계인 세간을 가리키고, 텅 빈 거울을 분별을 벗어난 출세간을 가리킵니다.

모습의 세계인 세간은 우리가 늘 경험하듯이 끊임없이 생기고 사라지는 변화의 세계입니다. 반면에 분별할 수 없는 출세간은 생기는 것도 알 수 없고 사라지는 것도 알 수 없어서 마치 텅 비어서 아무것도 없는 것과 같이 체험됩니다. 변화한다고 분별되는 것이 아무것도 없으므로 한결같다고 하는 것입니다.

텅 빈 출세간의 마음이라는 한결같은 무엇이 있어서 그것을 알고 그것을 붙잡고 있으라는 것이 아닙니다. 텅 비었다는 것은 모든 분별을 벗어났다는 것이니, 알 수 있는 것이 아무것도 없고 말할 수 있는 것이 아무것도 없다는 것입니다. 이처럼 텅 빈 출세간이 한결같다는 말은 한결같은 텅 빈 무엇이 있다는 말이 아니라, 변화하는 것들이 있는 세간에 상대하여 한 말일 뿐입니다.

텅 빈 출세간은 분별망상에서 벗어나는 깨달음을 체험한 사람만이 확인하는 세계입니다. 보리달마가 깨달음을 일러 "물을 마셔 보아야 찬물인지 따뜻한 물인지 알 수 있는 것과 같다"고 하였듯이, 깨달음은 오로지 생각에서 벗어나 직접 체험할 수 있을 뿐입니다. 깨달음에 관한 말도 당연히 체험한 사람만이 알 수 있고, 아직 깨닫지 못한 사람이 그 말의 의미대로 이해한다면 매우 잘못 아는 것입니다. 그러므로 깨닫지 못한 사람이 자나 깨나 한결같다는 말을 잘못 알아듣고 자나 깨나 한결같으려고 노력한다면, 얼마나 바보 같은 짓입니까? 방편의 말을 잘못 알아들은 것이지요.

따라서 동정일여(動靜一如)를 움직일 때나 가만히 있을 때나 한결같이 화두를 붙잡고 있다고 이해하거나, 몽중일여(夢中一如)를 꿈속에서도 한결같이 화두를 붙잡고 있다고 이해하거나, 오매일여(寤寐一如)를 잠잘 때나 깨어 있을 때나 한결같이 화두를 놓지 않고 붙잡고 있다고 이해한다면, 방편의 말을 잘못 이해한 것입니다.

이렇게 화두를 의식적으로 붙잡고서 끊임없이 의식하고 있다면, 이것을 불교에서는 유위법(有爲法)이라고 합니다. 《금강경》 사구게에서 "모든 유위법은 물거품 같고 이슬 같고 아지랑이 같다"고 하였듯이, 유위법은 모두 분별하는 마음이 의도적으로 조작으로 만들어 내는 것이므로 반드시 생멸변화하여 없어지게 되어 있습니다. 일여는 덧없이 헛된 유위법을 통하여 이루어지는 것이 아닙니다. 그러므로 진여는 의식적으로 행할 것이 없는 무위법(無爲法)이라고 하는 것입니다.

《반야심경》을 보더라도 이 사실을 알 수 있습니다. 세간의 의식세계인 오온(五蘊)이 모두 공(空)임을 보면 모든 번뇌망상에서 벗어난다고 하지요. 오온은 육체, 느낌, 생각, 의지, 의식으로서 모두 분별되는 세계입니다. 그런데 공은 아무것도 없이 텅 빈 것이니, 분별에서 벗어난 것입니다. 육체, 느낌, 생각, 의지, 의식은 언제나 생기고 사라지면서 변화하지만, 텅 빈 공은 변화한다거나 하지 않는다고 말할 수가 없습니다. "생겨나지도 않고 사라지지도 않고, 더럽지도 않고 깨끗하지도 않고, 늘어나지도 않고 줄어들지도 않는다"는 《반야심경》의 구절은 이 텅 빈 공을 가리키는 말입니다. 이 텅 빈 공은 분별에서 벗어난 것이니, 무엇이라고도 말할 수 없는 것이죠. 그러므로 공 속에는 아무것도 없다고 한 것입니다.

결국, 분별의식에서 벗어나는 깨달음의 체험을 해야 합니다. 그래야 공(空)라는 말도 일여(一如)라는 말도 알 수 있습니다. 분별의식에서 벗어나는 깨달음이 곧 불법(佛法)이고 참선입니다. 의식적으로 화두를 붙잡고 꿈속에서도 놓지 않는다는 것은 참선이 아니라 생각이 만든 망상입니다. 방편의 말을 분별심으로 이해하여 일어난 오류지요.

분별심에서 벗어나려면 우선 분별심에 의지하지 말아야 합니다.

116

분별심에 의지하지 않으면, 아무것도 알 수가 없습니다. 아무것도 알 수가 없으니, 아무것도 할 수가 없습니다. 그러므로 분별심에서 벗어나 깨달음으로 가는 방법은 알 수 없습니다. 알 수 있다면, 모두 분별이고 망상이니 분별심에서 벗어나는 길이 아닙니다.

따라서 깨닫고자 발심한 사람은 자기의 생각으로 궁리하지 말고, 바른 가르침을 펴는 선지식을 찾아가 가르침을 받아야 합니다. 이미 분별심에서 벗어난 참된 선지식이라면, 분별심 속에 있는 사람을 분별심에서 벗어나도록 이끌어 줄 수 있습니다. 이 길이 가장 좋은 길입니다.

5. 진실은 지금 여기의 존재인가요?

: 다음은 깨달은 분이라는 인도 사람 끼란의 말입니다.

"당신이 지금·여기에 존재할 때, 당신이 의식하고 있음 속에 있을 때, 생각은 없습니다. 아무 일도 발생하지 않습니다. 무엇에 관한 어떠한 지식도 없습니다. 그러나 알아차림은 발생합니다. 알아차림이 있습니다. 이 알아차림은 마음이나 생각과는 관계가 없습니다. 반면에 모든 지식은 마음이나 생각과 관계가 있습니다. 지식은 늘 과거나 미래에 관한 것이기 때문입니다. 지금·여기의 순간은 삶의 현실입니다. 삶은 지금 이 순간에 있습니다."

그런데 제가 궁금한 것은 지금 여기에 존재하면서 지금 이 순간에 주의를 기울이고 있다면, 미래의 구상이나 계획은 어떻게 할 수 있나요? 미래에 대한 계획은 전혀 필요 없는 것인가요?

과거와 미래라는 생각에서 벗어나 지금 여기 이 순간을 알아차리면 아무 일도 일어나지 않는다는 끼란의 말은 깨달음이나 해탈을 말하는 것이 아닙니다. 과거와 미래가 생각이듯이 현재도 역시 생각이며, 저기가 생각이듯이 여기도 역시 생각입니다. 만약 참으로 깨달아 생각에서 벗어난다면, 지금-여기에 있는 것이 아니라 지금-여기라는 생각도 없고, 있다는 생각도 없습니다.

깨달음을 얻어서 생각에서 벗어난다는 것은 생각을 하지 않는 것이 아닙니다. 생각하면서도 생각이 없어서 생각함과 생각 없음이 둘이 아닌 것이 참된 깨달음입니다.

깨달음은 둘로 나누어 하나를 버리고 하나를 취하는 취사간택이 아닙니다. 둘로 나누어 취하고 버린다면, 이것이 바로 중생의 분별망상(分別妄想)입니다. 깨달은 사람은 둘로 나누어서 취하고 버리고 하지 않습니다. 둘로 나누지 않는다고 하여 불이(不二)라 하고, 둘로 나누어진 양쪽에 머물지 않는다고 하여 중도(中道)라고 합니다.

불교의 깨달음은 불이중도(不二中道)입니다. 불이중도에서는 있음과 없음이 둘이 아닙니다. 그러므로 불이중도에서는 생각이 없으면서 생각을 하며, 생각을 하면서도 생각이 없습니다. 이처럼 불이중도의 깨달음을 얻은 사람은 과거니 현재니 미래니 나와 남이니 하는 온갖 분별과 생각을 자유롭게 하지만, 또한 언제나 아무 생각이 없고 아무것도 없습니다.

이것이 바로 모든 것에서 벗어났다는 해탈이고, 모든 것이 사라지고 고요하다는 열반입니다. 세상의 모든 것 속에 있으면서 모든 것에서 벗어났고, 세상의 모든 것이 있는데 모든 것이 사라져 아무것도 없는 것이죠.

《반야심경》에서는 이것을 "색(色)이 곧 공(空)이고 공이 곧 색이다"라고 하였고, 《금강경》에서는 "만약 온갖 모습이 모습이 아님을 보게 되면, 여래를 보는 것이다"라고 하였습니다.

그러면 이러한 불이중도의 깨달음은 어떻게 얻을까요?

불이중도이므로 분별과 생각에서 벗어나 불가사의(不可思議)합니다. 불가사의하므로 무엇을 어떻게 행하는 수행을 할 수 없습니다. 불가사의하므로 무엇이 어떻다고 의식할 수도 없고 말할 수도 없습니다. 불가사의하므로 시간과 공간 속에서 분별할 수도 없고 말할 수도 없습니다. 분별할 수 있고 생각할 수 있는 중생의 세계를 이해하고 말할 때는 '언제? 어디서? 누가? 무엇을? 어떻게? 왜?'라는 식으로 이해하고 말하지만, 불가사의한 깨달음에서는 이런 식으로 이해할 수도 없고 말할 수도 없습니다.

이러한 불가사의한 깨달음은 오로지 불가사의한 체험을 통하여 실현될 수 있을 뿐이고, 어떤 종류의 노력을 통하여 성취될 수 있는 것은 아닙니다. 분별과 생각이 꽉 막혀서 어떻게도 할 수 없는 처지에 붙잡혀 있다가, 한순간 갑자기 불이중도가 성취되는 묘한 체험이 일어나는 것이 바로 문득 깨닫는 돈오(頓悟)의 깨달음입니다.

깨닫고자 하는 뜻은 있지만 어떻게 깨달을 수 있을지 알지 못하는 목마른 사람이 선지식을 찾아 그 가르침에 의지하면, 이런 불가사의하고 묘한 깨달음을 체험할 수 있습니다. 다른 길은 없습니다.

6. 깨달은 사람의 생활은 어떻게 다른가요?

: 마음자리를 본 자와 아직 보지 못한 미혹한 사람의 일상의 행동에 차이점은 무엇이고, 어떻게 하면 마음자리를 볼 수 있는지 답변 부탁드립니다.

마음을 깨달은 사람과 깨닫지 못한 사람은 그 마음에서는 명백히 차이가 있지만, 일상의 생활에서 겉으로 드러나는 차이는 없습니다. 마음을 깨닫지 못한 사람은 마음에 나타나는 온갖 일에 속아서 집착하고 얽매여 벗어나지 못하니 온갖 일에 시달리는 번뇌가 있습니다만, 마음을 깨달은 사람은 마음에 나타나는 온갖 일에서 깨끗이 벗어나 아무 집착도 얽매임도 없어서 시달리는 번뇌가 없습니다.

그러므로 집착하고 얽매인 사람의 삶과 벗어나서 자유롭고 일 없는 사람의 삶에 차이가 있지만, 그 차이는 일상생활에서 뚜렷이 드러나진 않습니다. 오로지 직접 체험하여 겪어 보아야 자신이 과거 깨닫지 못했을 때의 삶과 지금의 삶이 어떻게 다른지를 알게 됩니다.

어떻게 마음을 깨닫느냐고요?

우선 마음을 깨닫고자 하는 소망이 확실히 있어야 합니다. 깨닫고자 하는 소망이 있다면 스승을 찾아야 합니다. 마음을 깨닫는 것은 생각에서 벗어나는 체험이므로 자신이 생각하고 궁리하고 노력하여 이룰 방법은 없습니다. 그러므로 이미 깨달아 생각에서 벗어나 살고 있는 선지식을 찾아가 스승으로 모시고 그가 이끄는 대로 따라가야 합니다.

7. 잠잘 때도 깨어 있어야 깨달음인가요?

: 자나 깨나 화두를 든다는 간화선의 수행법은 성철 스님께서 말씀하신 '잠을 자 보면 자기가 깨달았는지 아닌지를 스스로 분명히 안다'는 내용과 같습니까? 정말로 깨달으면 그러한지요? 다음은 해인사 성철 스님의 말씀입니다.

"아무리 총명과 지혜가 있는 사람이라도 도를 깨치기 전에는 잠이 깊이 들었을 때는 정신이 캄캄하여 죽은 사람같이 아무것도 모른다. 그러나 도를 깨친 사람은 항상 밝아 있으므로 아무리 잠을 자도 캄캄하고 어두운 일이 절대로 없다. 그러므로 참으로 도를 깨쳤나를 시험하려면 잠을 자 보면 스스로 알게 되는 것이다. 천하 없이 크게 깨친 것 같고 모든 불법 다 안 것 같아도, 잠잘 때 캄캄하면 참으로 바로 깨친 것이 아니다."

바로 이 내용이 잠잘 때, 꿈을 꾸면 꿈인 줄 알기에 호랑이가 덤벼도 절대 두려움이 일어나지 않고, 어떠한 미인이 유혹한다 해도 전혀 미동함이 없다고 하는 말씀입니다. 정말 잠잘 때 꿈을 꾸면서도 이렇게 꿈인 줄을 환히 알게 되는지요?

성철 스님이 말씀하시는 잠잘 때나 깨어 있을 때나 한결같다는 오매일여(寤寐一如)라는 말의 원래 출처는 성철 스님도 말씀하셨듯이 중국 송(宋)나라의 대혜종고 선사의 깨달음 체험에 관한 이야기에 등장하는 것입니다. 여기에 관해서는 앞 4번 질문 '어떻게 해야 오매일여가 됩니까?'의 답변을 참조하시기 바랍니다.

대혜종고는 원오극근의 설법을 듣다가 문득 분별망상에서 벗어나는 깨달음을 얻었는데, 이것은 분별망상에서 벗어나는 체험을 한 것이지 어떤 수행을 열심히 하여서 무엇을 버리고 취한 결과는 아닙니다. 잠잘 때든 깨어 있을 때든 늘 하나라는 진실을 확인하는 것은 분별망상에서 벗어난 깨달음의 결과이지, 열심히 수행하여 성취한 결과는 아닙니다.

분별망상이란 무엇일까요? 내가 무엇을 생각하여 아는 것이고, 의식(意識)하여 아는 것입니다. 분별망상에서는 주관인 '나'가 있고, 객관인 '무엇'이 있습니다. 주관인 '나'가 만든 헛된 생각이 바로 망상(妄想)입니다.

모든 생각은 헛된 망상입니다. 생각은 '이것'과 '저것'을 분별하는 것입니다. 생각의 본질은 분별하여 아는 것입니다. 생각은 끊임없이 생기고 사라지니 늘 변함없이 한결같을 수는 결코 없습니다.

불교에서는 마음을 말할 때 양면이 있다고 합니다. 《대승기신론》에서는 일심(一心) 즉 하나의 마음에 생멸문(生滅門)과 진여문(眞如門)이라는 양면(兩面)이 있다고 하지요. 생멸문은 생기고 사라지는 측면이니 분별하는 마음을 가리키고, 진여문은 진실하고 동일한 세계이니 분별을 벗어난 마음을 가리킵니다.

《반야심경》에서 오온이 전부 공〔오온개공(五蘊皆空)〕이라고 말할 때 오온은 육체, 느낌, 생각, 의지, 의식으로서 분별되는 세계이고, 공(空)은 분별할 것이 없는 분별에서 벗어난 세계를 가리킵니다. 보통은 분별되는 마음의 세계를 오온이나 십팔계라고 하고, 분별에서 벗어난 마음을 공(空) 혹은 진여자성(眞如自性)이라고 합니다.

분별되는 세계를 모습의 세계라고 하여 상(相)이라 하고, 분별에서 벗어난 진여자성을 공(空)이라 합니다. 견성성불(見性成佛)이라 하듯이 깨달음은 곧 견성(見性)인데, 여기에서 견성이 바로 진여자성을 본다는 말입니다. 진여자성은 분별되지 않아서 생각할 수 없고 알 수도 없지요.

분별망상인 생각에서 벗어나 분별할 수 없는 진여자성을 확인하는 체험이 바로 깨달음입니다. 진여자성은 허공처럼 모습이 없으니, 당연히 생기거나 사라지는 변화가 없이 늘 하나라고 말할 수 있지요.

대혜종고가 깨어 있을 때나 잠잘 때나 늘 하나임을 깨달았다고 한 것은 분별망상에서 벗어나 진여자성을 체험하였다는 사실을 말한 것입니다. 분별의 세계는 언제나 생기고 사라지는 분별이 있지만, 진여자성에는 분별되는 것이 없으니 생기고 사라지는 것도 없습니다.

비유하면 거울과 같습니다. 거울에는 늘 온갖 모습이 나타나지만, 텅 빈 거울은 언제나 한결같습니다. 깨어 있을 때나 잠잘 때나 한결같다는 것은 분별되는 의식세계의 모습을 말한 것이 아니라, 분별이 없는 진여자성을 말한 것입니다. 깨어 있을 때 온갖 생각이 일어나고 사라지더라도 자성은 언제나 한결같으며, 잠잘 때 아무리 많은 꿈을 꾸더라도 자성은 언제나 한결같습니다.

이러한 사실은 생각에서 벗어나는 깨달음의 체험을 통하여 확인되는 것이므로 설명하여 이해할 수 있는 것은 아닙니다. 오로지 직접 체험해야 비로소 깨어 있을 때든 잠잘 때든 어떤 일이 있어도 아무 일이 없다는 사실이 현실이 될 것입니다.

거울에는 온갖 모습이 늘 나타나 있지만 또한 거울은 늘 텅 비어 있듯이, 마음에는 늘 세계의 온갖 것이 의식되지만 또한 마음은 늘 텅 비어 있습니다. 거울의 모습을 볼 때 그 모습이 모습 아닌 텅 빈 공(空)임을 볼 수 있다면 거울의 본질을 깨달은 것이고, 마음에 의식되는 세계의 온갖 것이 언제나 텅 빈 공(空)임이 분명히 실감되면 마음의 실상을 깨달은 것입니다.

이처럼 깨달음은 의식(意識)이라는 분별에서 벗어나는 체험입니다. 그런데 사람들이 잠잘 때나 깨어 있을 때 늘 하나가 된다는 말을 들으면, 흔히 생각하기를 자나 깨나 내가 주인공이 되어 객관인 경계에 끄달리지 않고 내 의지대로 자유롭게 행할 수 있는 것이 곧 자나 깨나 하나가 된다는 말이라고 오해를 합니다.

대혜종고 역시 그렇게 오해를 했던 것이지요. 자나 깨나 화두를 들고서 꿈속에서도 놓지 않고 있다는 것도 역시 이러한 오해이며,

잠잘 때도 깨어 있다는 것 역시 이러한 오해이며, 꿈속에서 호랑이가 덤벼도 꿈인 줄 알고 두려워하지 않는다거나 미인이 유혹해도 꿈인 줄 알고 눈길도 주지 않는다는 것 역시 이러한 오해입니다.

다시 말해, 호랑이가 덤벼들어 두려워하고 놀라지만 호랑이도 없고 두려움도 없고 놀람도 없으며, 미인이 유혹하여 그 유혹에 넘어가 따라가지만 미인도 없고 유혹도 없고 넘어가 따라감도 없습니다. 이것이 바로 색즉시공(色卽是空) 공즉시색(空卽是色)의 실상입니다. 색이 없어져 공이 되는 것이 아니라, 색이 그대로 공인 것입니다. 두려움이 없어서 해탈이 아니라 두려움이 있는데 해탈인 것이고, 삶과 죽음이 없어서 열반이 아니라 삶과 죽음이 있는데 열반인 것입니다.

이러한 불이중도의 묘한 실상은 생각으로는 이해하기 어렵고, 반드시 깨달아서 공부가 깊어져야 경험할 수 있습니다. 깨어 있을 때나 꿈꿀 때나 늘 온갖 일이 있지만 또한 아무 일도 없으니, 꿈꿀 때나 깨어 있을 때가 다름이 없는 것입니다. 여기에서는 주관인 '나'라고 하는 것도 헛된 것이고 객관인 '경계'도 헛된 것이어서, 주인공 노릇을 한다거나 하지 못한다는 차이가 없습니다.

이것이 바로 자나 깨나 늘 하나라는 말의 실상입니다.

8. 마음은 물과 같은가요?

: 마음은 물과 같이 정해진 모양이 없지만 물결을 보고 물을 찾으라고 했

습니다. 그런데 이 방법은 항상 움직이는 것에서 마음공부를 시작하기 때문에 마음이 안정이 안 되는 경우가 있지 않을까요? 물결을 통하지 않고 바로 물을 찾는 그런 방법은 없습니까?

헤아림 없이 바로 마음을 깨닫는 길은 이것입니다.

"마음이 무엇입니까?"
"가을바람이 시원합니다."

여기서 헤아리지 않으면 바로 본래의 마음입니다.

마음은 물이 아닙니다. 다만 물을 방편으로 삼아 마음을 깨우쳐 드리려 합니다. 마음은 움직이지도 않고 고요하지도 않습니다. 다만 움직임과 고요함이라는 말을 방편 삼아 마음을 깨우쳐 드리려 합니다.

마음은 알 수 있는 대상이 아닙니다. 그러므로 움직임에서 마음을 찾을 수도 없고, 고요함에서 마음을 찾을 수도 없고, 물에서 마음을 찾을 수도 없고, 물결에서 마음을 찾을 수도 없습니다.

마음을 찾으려거든, 사물을 찾듯이 하지도 말고, 말을 이해하여 찾으려고 하지도 말고, 느낌으로 확인하려고 하지도 마십시오.

이런 모든 망상에서 벗어날 때 비로소 마음이 실감될 것입니다. 이 모든 망상에서 어떻게 손을 뗄까요? 지금 이 순간 당신의 앞에 또렷하지만 잡을 수도 없고 놓을 수도 없고 알 수도 없고 모를 수도 없는 것이 있습니다.

9. 모두가 생각뿐인가요?

: '내가 꽃을 본다'고 할 때 거기에는 나도, 꽃도, 보는 것도 따로 없는 것 같습니다. 다만 생각이 슬그머니 들어와서 하나의 과정을 나누어 놓는 것 같습니다. 우리네 살림살이가 나와 대상과 어떤 행위로 이루어져 있다고 한다면, 그건 다 관념의 조작이라는 생각이 듭니다. 즉, 내가 꽃을 볼 때, 꽃을 보지 못하고 내가 꽃을 본다는 두뇌 속의 생각을 본다고나 할까요. 나와 나의 의식이 있을 뿐인데요. 이런 말씀을 드리는 이유는, 혹 이런 사실을 아는 것이 깨달음의 실마리가 될 수 있지 않을까 해서입니다.

이치를 헤아려서 이해하고 설명하는 것은 깨달음과는 반대쪽입니다. 나, 꽃, 보는 행위, 두뇌의 생각 등으로 헤아리는 것이 바로 망상입니다. 아무리 그럴듯한 이치를 생각하고 설명하더라도 모두 헛된 망상일 뿐이지, 깨달음의 실마리가 될 수는 없습니다.

어떤 견해와도 관계가 없고, 붙잡을 것도 없고 놓을 것도 없으며, 아는 것도 없고 모르는 것도 없으며, 느낄 수도 없고 알 수도 없지만, 바로 지금 이렇게 명백한 이것을 깨달아야 합니다. 부디 모든 견해를 버리고, 오직 깨닫고자 하는 뜻만 가지고 선지식의 법문을 들으며 공부하십시오.

10. 정말로 시작도 없고 끝도 없습니까?

: 어릴 적에 죽어서 천당 가면 좋다는 소리에 문득 '그렇게 영원히 살면 그 끝은 어딜까?'라는 생각에 괴로워했습니다. 시작도 없고 끝도 없다는 말이 사실입니까? 시작과 끝을 생각하면 마음이 답답하고 무섭습니다. 인간의 제한된 의식으로는 헤아릴 수 없는 것입니까? 이 두려움과 답답함도 단지 마음의 작용입니까?

시작과 끝을 생각하면 답답하고 무섭다고요? 그렇습니다. 그렇게 생각하니까 꽉 막혀 답답하고, 꽉 막혀 답답하여 나아갈 길을 모르니까 무섭지요. 그렇게 답답하고 무서운 이유는 바로 그 생각 때문입니다. 생각은 허망하고 쓸모없고 진실과는 상관없는 상상일 뿐인데도 그것에 매달리니 막막하고 두려운 것입니다.

당신에게 가장 직접적이고 가장 진실하고 결코 부정할 수 없고 가장 명백한 것을 깨달으면 답답함과 두려움은 없을 것입니다.

예를 들면, 당신은 과거에서 현재를 거쳐 미래로 향하여 살아간다고 생각하고 있습니다. 그러나 바로 지금 이 순간, 당신에게 가장 직접적이고 명백하고 진실한 것은 과거입니까? 현재입니까? 미래입니까? 현재라고 하면 여전히 생각 속에 있으니 맞지 않습니다.

이 문제가 해결되면, 시작과 끝이라는 생각이 더이상 당신을 괴롭히지 않을 것입니다.

11. 마음은 어디에서 왔습니까?

: 사람이 태어날 때 몸은 부모에게 받지만, 마음은 어디로부터 받는지요? 그리고 사람이 죽으면 몸은 흩어지지만, 마음은 어떻게 되는지요? 만약 죽는 순간에 몸과 더불어 마음도 없어진다면, 불교에서 말하는 죽은 뒤에 심판을 받고 업에 따라 지옥이나 천당을 간다는 것은 어떻게 이해해야 할까요? 또 불교의 근간이 되는 윤회도 없다는 뜻인지요? 나아가 성불하려는 목적이 다만 살아 있을 동안 세간의 희로애락에서 벗어나기 위함인지요?

님은 깨달음을 생각으로 얻고자 하십니까? 님은 깨달음을 얻고자 하십니까? 견해와 지식을 얻고자 하십니까? 배워서 아는 이름을 가지고 여러 가지 생각을 만들어 의문을 만들어 내고 또 생각을 가지고 그 해답을 얻으려 하니 처음부터 끝까지 생각이라는 망상에서 벗어나지 못합니다.

님이 가진 의문과 망상에서 벗어나려면, 죽음, 윤회, 선업, 악업, 지옥, 천당, 불교와 같은 말의 뜻을 허황하게 헤아리지 말고, 지금 이런 생각 이런 말을 하고 있는 당신 자신의 참된 근본을 깨달아야 합니다.

지금 이 순간 당신의 참모습을 깨달으면, 그러한 모든 의문이 저절로 해결될 것입니다. 그러나 그 말을 가지고 생각에만 매달려 있다면, 우주가 끝날 날이 되도록 애를 써도 해결되지 않을 것입니다.

오로지 지금 이 순간 생각할 수 없고 분별할 수 없는 자신의 참된 모습을 깨닫는 것만이 모든 문제를 해결하는 길입니다. 자신의 참모습이 어디에 있을까요?

햇볕이 따가우니 아직 여름이군요.

12. 분별하기 전의 의식은?

: 태양과 지구도 의식 속에 있고 내가 겪는 어떤 일도 전부 의식 속에 나타나는 것 아닙니까? 결국 모든 것이 의식일 뿐이란 걸 체험하는 것이 곧 도(道)에 통하는 것인가요? 의식과 분별 사이에는 약간의 시간차가 있나요? 컵을 볼 때 의식이 있고 찰나 뒤에 컵에 대한 분별심이 생기는 걸까요? 그러니까 도에 통하기 위해선 분별이 생기기 전의 의식을 잡아야 하는 것 아닐까요?

이런 식으로 상상력을 발휘하여 생각을 만들어 간다면 영원히 도와는 만날 수 없습니다. 우선 이런 모든 생각을 싹 치워 버리십시오. 그리고 가르침에 귀를 잘 기울여 보십시오.

13. 마음은 작용하는 곳에 있나요?

: 《전등록》에 보면 이런 내용이 있습니다.

옛날에 이견왕이 바라제 존자에게 물었습니다.

"어떤 것이 부처입니까?"

존자는 이렇게 대답하였다.

"성품을 본 것이 부처입니다."

"스님께서는 성품을 보았습니까?"

"나는 불성을 보았습니다."

"그 성품이 어디 있습니까?"

"성품은 작용하는 데에 있습니다."

"그 어떤 작용이기에 나는 지금 보지 못합니까?"

"지금도 작용하는 데에 버젓이 나타나고 있지만, 왕이 스스로 보지 못합니다."

"나에게도 그것이 있다는 말입니까?"

"왕께서 작용하면 그것 아닌 것이 없지만, 작용하지 않으면 그 본체를 보기가 어렵습니다."

"만약 작용할 때는 몇 곳으로 나타납니까?"

"여덟 군데로 나타납니다."

"그 여덟 군데로 나타나는 것을 내게 설명하여 주십시오."

"태안에 있으면 몸이라 하고, 세상에 나오면 사람이라 하며, 눈에서는 보는 놈이라 하고, 귀에서는 들으며, 손에서는 붙잡고, 발에 있으면 걷습니다. 두루 나타나서는 온 누리를 다 싸고, 거두어들이면 한 티끌에도 있습니다. 아는 사람은 이것이 불성인 줄 알고, 모르는 사람은 정혼이라 부릅니다."

이 글을 보고서 어느 불교학 교수는 이런 해설을 하더군요.
"불성은 먼 데 있는 것이 아니라, 우리가 일상생활을 하는 낱낱의 작용에 있다. 불성의 본체로 말하면 움직이지 않는 것으로 언제나 한결같아 일체의 모양을 떠나 있다. 그러나 이러한 본체는 또한 언제든지 환경을 따라 움직여서 온갖 기능과 모양을 나타낸다. 그러므로 불성은 움직이지 않고 변하지 않는 본체에서가 아니라, 바로 이렇게 움직이며 변화하여 모양을 나타내는 작용에서 그 참 모습을 볼 수 있다."
이 말이 맞는 말인가요?

마음은 작용하는 곳에 있다는 말은 분별이고 망상입니다. 작용은 무엇이고, 본체는 무엇입니까? 작용과 본체는 누가 이름 붙였습니까? 작용과 본체는 누가 생각합니까? 어디에 작용이 있고, 어디에 본체가 있습니까? 무엇이 없고, 무엇이 있습니까? 움직임은 또 어디에 있고, 불성은 어디에 있습니까? 말을 따라 분별하면, 작용도 있고 본체도 있고 움직임도 있고 불성도 있고 부처도 있을 것이지만, 말을 따라 분별하는 것에 속지 않으면 말은 또 무엇이고 생각은 또 무엇이겠습니까?

그러므로 〈신심명〉에서는 "그침에서 움직이니 움직임이 따로 없고, 움직임에서 그치니 그침이 따로 없다"라 하고, 또 "움직임을 그쳐 멈춤으로 돌아가면, 멈춤이 더욱더 움직이게 된다. 오로지 양쪽에만 머물러 있어서야, 어찌 한결같음을 알겠는가?"라고 한 것입니다.

마음은 분별로써 알 수 없으니, 헤아려 이해하려 하지 마십시오. 그러면 분별하지 않는 것이 마음일까요? 분별하지 않는 것 역시 분별입니다. 그러므로 《금강경》에서는 "법도 취하지 말고, 법 아닌 것도 취하지 마라"고 한 것입니다. 그러면, 무엇이 법일까요?

추석이 다가오니 아침저녁으로 서늘합니다.

14. 만물의 주인은 무엇인가요?

: 모든 것은 다만 의지하여 이루어진 인과의 부산물입니다. 부초처럼 떠다니는 것이라는 점은 강약의 차이는 있을지언정 일치합니다. 이것들의 주인은 무엇이고 그 주인을 찾으려면 어떻게 해야 합니까?

인과의 부산물이라는 이 생각은 부산물입니까, 주산물입니까? 주인을 찾는 이 생각은 주인일까요, 손님일까요? 인과의 부산물이니 주인이니 하는 것들은 다만 님이 만든 생각일 뿐입니다.

자신이 만든 생각에 속아서 생각에 얽매여 끌려다니는 것이 바로 범부요 중생입니다. 생각은 꿈처럼 허망한 것이지만, 생각하면 부산물도 있고 주산물도 있고 주인도 있고 손님도 있습니다.

진실을 만나고자 하시면, 모든 생각과 지식과 판단을 싹 쓸어버리고 아무것도 알지 못하고 판단하지 못하고 잡을 수도 없고 놓을 수도 없고 어떻게도 손을 쓸 수 없는 곳에서 문득 망상이 부서져야 합니다.

: 답변의 말씀 감사드립니다. 선생님께서 늘 말씀하시는 법은 곧 혼돈인 것 같습니다. 선생님께서는 "진실을 만나고자 하시면, 모든 생각과 지식과 판단을 싹 쓸어버리고 아무것도 알지 못하고 판단하지 못하고 잡을 수도 없고 놓을 수도 없고 어떻게도 손을 쓸 수 없는 곳에서 문득 망상이 부서져야 합니다"라고 말씀하셨는데요. 선생님 말씀대로라면 그렇게 하는 것도 이미 생각이나 조작이 아닌가요? 그래도 선생님 말씀대로 생각을 싹 쓸어버리는 연습을 해 보았습니다. 그런데 생각을 싹 쓸어버리는 연습을 하고 있노라면, 다만 아무것도 모르는 백치가 되어 가는 기분이 들 뿐이고 진리에 대한 깨달음의 희망은 보이지 않았습니다. 이렇게 공부해도 괜찮은가요?

법을 혼돈이라고 말한 적이 없는데 어찌하여 혼돈이라고 하십니까? 역시 제 말을 생각으로만 듣고 이해하니 그런 말씀이 나오는 것입니다. 어떻게도 손을 쓸 수 없는 곳에서 망상이 부서져야 한다는 말은 곧 어떤 조작도 하지 말라는 말인데, 이것을 또한 조작으로

이해하시니 역시 생각으로 듣고 이해한 결과입니다. 생각을 쓸어
버리는 연습을 하라고 한 적이 없는데, 어찌하여 그렇게 하십니까?
백치가 되어 가는 것은 무엇이며, 진리 깨닫기를 기대하는 것은 무
엇입니까?

모두 님의 생각이 만들어 낸 것입니다.

법은 어리석지도 않고 똑똑하지도 않습니다. 생각을 버려도 옳
지 않고 취해도 옳지 않습니다. 이런 말들은 모두 병을 치료하기 위
한 일시적인 약으로서의 말일 뿐입니다. "법도 아니고 법 아닌 것도
아니다"라는 《금강경》의 말을 보셨지요? 또 "법도 취하지 않는데
하물며 법 아닌 것을 취하겠는가?"라는 《금강경》의 말을 기억하십
니까?

법이 무엇인가요?

뜰 앞의 잣나무입니다.

여기에서 가리키는 무엇이 있다고도 생각하지 마시고, 아무것도
가리키지 않는다고 여기지도 마십시오. 생각으로 헤아리라는 것도
아니고, 생각하지 말라는 것도 아닙니다. 아무 생각도 없이 묵묵히
있으라는 가르침도 물론 아닙니다. 님께서 나름으로 어떻게 알았다
고 답해도 일절 용납하지 않습니다. 다만 분명히 이렇게 제시합니
다.

법이 무엇인가요?

뜰 앞의 잣나무입니다.

법은 따져서 알 수 있는 것이 아닙니다. 어떻게 공부해야 한다는
정해진 길도 없습니다. 다만 법을 이렇게 나타내어 줄 뿐입니다.

뜰 앞의 잣나무!

여기에서 어느 날 문득 생각이 아니라 마음이 통하는 때가 있을 것입니다.

15. 세계가 왜 환상인가요?

: 불교에서는 모든 것을 환상이라고 부르는 것을 종종 보는데요. 눈, 귀, 코, 혀, 몸, 의식을 통해 경험하는 세계는 지극히 자연스럽게 있는 것으로 보입니다. 그런데도 모든 것을 환상이라고 부르는 이유는 무엇인가요?

　부처님은 세계가 환상이고 꿈이라고 말씀하십니다. 우리 중생들은 그 환상과 꿈속에 살면서도 도리어 환상과 꿈이 아니라 실재라고 여기는 사람입니다. 우리는 이 환상과 꿈에서 깨어나 본 경험이 전혀 없으니, 당연히 이 세계가 환상이요 꿈이라는 말을 이해할 수 없는 것입니다. 환상과 꿈에서 깨어나 환상과 꿈에서 벗어나야 비로소 지금까지 알고 있었던 세계가 환상이요 꿈이었다는 사실을 실감하겠죠.

　공부하여 깨달아 보아야 부처님이 왜 그렇게 말씀하시는지 알 수 있습니다. 꿈에서 깨어나기 전에는 절대로 알 수가 없습니다. 중생은 환상이요 꿈인 세계를 도리어 실재라고 여기므로 전도(顚倒)한 중생, 즉 참과 거짓을 거꾸로 보는 어리석은 중생이라고 하는 것입니다.

부디 끈질기게 공부하여 꿈에서 깨어나 부처님의 말씀을 납득하시기 바랍니다.

16. 법에 대한 바른 견해는?

: 법에 대한 다방면의 관심을 두다 보니 법에 대한 통합적인 바른 길이 무엇인지 알게 된 것 같습니다. 이것을 알게 된 데에는 무심선원의 법문이 많은 도움이 되었었기에 선생님께 점검을 한번 받아 보고 싶습니다. 아래는 제가 작성해 놓았던 글입니다.

● 화두: 진정한 화두는 언어 이전의 큰 발심이라고 할 수 있습니다. 진정으로 법에 관심이 있는 사람은 수행법, 계율, 경전과 같은 문자에 눈을 돌리지 않고 스스로 법에 다가갑니다. 여기에서는 커다란 의문과 분심(열정)이 중요한데, 요즘 많은 사람은 화두의 뜻을 교학적으로 해석하고 있어서 화두를 들어도 별로 의심이 안 생깁니다.

● 해탈: 깨달음은 '온갖 고통의 원인과 죽음의 두려움에서 벗어나는 길'이라고 하는 말을 자주 들었습니다. 여기에는 2가지가 있다고 봅니다. 첫째는 다만 마음으로 고통과 죽음으로부터 자유로워진다는 것이고, 둘째는 신통력으로 현상계를 장난감 가지고 놀듯이 다룬다는 것입니다. 첫째의 경우는 완전히 고통이 소멸하는 것은 아닙니다. 깨달은 분들도 희로애락을 느끼고 육체의 고통 앞에서는 무기력합니다. 다만, 마음이 그런 것에서 자유롭다는 것이죠. 그래서 둘째의 경지가 중요한

능력 같습니다.

제가 깨달았다는 것은 아니옵고, 다만 법에 대한 올바른 길을 보게 된 것 같아서 문의를 드립니다.

님께서는 안타깝게도 무심선원의 법문을 전부 분별심으로 듣고 나름으로 이해하셨군요. 경전에서 말하기를, 중생의 분별심으로 부처님 말씀을 들으면 부처님 말씀이 중생의 헛된 말이 된다고 하였습니다.

이해하려고 하지 마시고, 깨닫기를 바라고 법문을 들으십시오. 오로지 깨달음만이 님을 구제할 것입니다. 이해는 도리어 님을 더욱더 망상 속에 얽어맬 것입니다. 참고로 선지식들의 가르침을 예로 듭니다.

신심명
말이 많고 생각이 많으면
더욱더 통하지 못하고,
말이 끊어지고 생각이 끊어지면
통하지 않는 곳이 없을 것이다.
옳으니 그르니 따지기만 하면,
어지러이 마음을 잃게 된다.

마하무드라의 노래

최고의 지식은 이것이니 저것이니 하는 모든 분별을 넘어서
있다.

대승찬
아는 것에 집착해서는 안 되니,
근본을 돌이켜 보면 아무것도 없다.

부디 생각으로 이해하는 길을 가지 마시고, 생각을 벗어나서 깨
달으십시오. 그렇다고 다시 "알음알이를 없애는 것이 곧 깨달음이
다"라는 견해를 낸다면 정말로 어리석은 사람일 것입니다.

17. 화두가 이해됩니다

: 얼마 전부터 "육체를 끌고 다니는 것은 무엇인가?"라는 화두를 참구하
고 있습니다. 그런데 육체를 끌고 다닌 것은 다만 혼(魂)일 뿐이고, 잠을
잘 때는 육체에 대한 의식조차 사라지니 육체를 끌고 다니는 이 혼은 불
성과 별 관련이 없는 것처럼 느껴질 때가 종종 있습니다.

육체를 분별하고, 혼을 분별하고, 불성을 분별하고 계시는군요.
그렇게 분별에 의지하여 어떻게 분별을 벗어나 깨닫겠습니까? 화
두란 분별하고 이해하는 대상이 아닙니다. "육체를 끌고 다니는 것

이 무엇인가?" 하는 의심이 화두가 되려면, 절대로 이해가 되어서는 안 됩니다. 이해가 되는 순간, 그것은 더이상 화두가 아닙니다.

"육체를 끌고 다니는 것이 무엇인가?"라는 의심이 계속되다가 마침내 생각이 막혀서 쥐덫에 들어간 쥐처럼 어떻게도 할 수가 없게 되면 문득 생각이 사라지면서 깨닫게 될 것입니다. 이해하는 방향으로 간다면 절대로 깨달을 수 없습니다.

18. 도를 모르는데 어떻게 얻고 싶을까요?

: 도(道)라는 것은 체험하기 전에는 절대로 미리 알 수 없다고 하시는데요, 도가 얼마나 좋은지를 알지 못하는데 어떻게 도에 대한 애정이 저절로 우러날 수 있을까요? 도를 아직 체험하지 못해도 도에 대한 참된 애정이 생겨날 수 있을까요? 세속적인 구속에서 벗어나 자유로워지고 싶다는 그런 감정이 도에 대한 애정일까요?

가난한 사람이 열심히 노력하여 부자가 되는 것이니 이미 부유함을 맛본 뒤에 부자가 되는 것은 아니고, 권력을 쥐지 않은 사람이 권력을 추구하는 것이니 이미 권력을 맛본 뒤에 권력을 추구하는 것은 아니지요. 남녀가 사랑을 갈구하는 것도 이미 사랑을 맛보았기에 갈구하는 것은 아니지요. 사람이 행복을 추구하거나 더 나은 삶을 추구하는 것도 이미 행복하고 이미 좋은 삶을 살고 있기 때문에 추구하는 것은 아니지요.

부유함이 없으니 부유함을 추구하고, 권력이 없으니 권력을 추구하고, 사랑이 없으니 사랑을 구하고, 행복하지 않으니 행복을 갈망하는 것처럼, 깨달음이 없으니 깨닫기를 원하는 것이죠. 더 나은 삶을 바라는 것이 인간의 타고난 성향이라면, 도 공부도 바로 그런 성향에서 비롯되겠지요. 이런 것을 꼭 설명할 필요가 있을까요?

19. 여법한 삶이란?

: 삶 속에서 선(禪)의 실천에 대해 여쭙고 싶습니다. 《반야심경》을 종종 음미했습니다. 《반야심경》과 무심선원의 가르침을 억지로 표현하자면, 근원은 전체고, 모든 것은 근원이며, 근원은 헤아릴 수 없고, 근원을 일념으로 염원하면 근원과 하나 된다는 가르침 같습니다. 이처럼 하나가 되는 선을 삶 속에서 실현하는 방법은 전체를 위한 삶이 아닌가 싶습니다. 그래서 한국 불교에서는 오계(五戒), 보시, 회향, 하화중생 등을 중요하게 여기고 여러 종교단체에서도 계율과 봉사를 중요하게 여기는 것 같습니다. 그것을 실천하는 방법으로는 채식을 하고 규칙적인 운동을 하며 적당한 스트레스 해소법 등으로 건강한 자기관리를 하는 데서 시작하여, 전체를 지향한 직업관을 가지고 일을 하고 매사에 전체를 위하자는 마음으로 살고 물질이나 법으로 베푸는 삶을 사는 것이 여법한 삶이 아니겠는가 싶습니다. 한편, 도를 공부할 때 헤아려서는 안 되지만, 또한 헤아리지 않으면 범부일 뿐이므로 명상, 수행, 보시, 설법 등에 의지하는 것 같습니다.

님이 말씀하시는 삶, 선, 실천, 전체, 근원, 명상, 수행, 보시, 설법 등이 모두 님이 배운 이름이고 기억하고 생각하는 것들이니 모두가 망상입니다.

이런 온갖 망상을 남김없이 싹 내버리고, 생각할 수 없고 느낄 수 없는 본래의 마음을 깨달으려고 할 때, 비로소 참된 공부의 길로 향할 것입니다.

20. 종교의 공리(公理)는?

: 데카르트의 구도기를 들려주시면서 모든 것을 의심해야 하는 자세는 올바른 자세라고 하셨고, 철저한 학문에 속하는 과학이나 수학도 공리(公理)라는 것을 전제로 하므로 철저하지 못하다고 하셨는데, 학문이 그렇다면 종교는 훨씬 철저하지 못한 것 같습니다. 종교라는 개념 자체가 보편적으로 믿음을 전제로 합니다. 이 믿음은 학문에서의 공리보다 훨씬 맹목적입니다. 예컨대, 무심선원의 공리는 '모든 것이 이것이다', '모든 것이 하나다', '물고기가 물의 존재를 모르듯이 사람도 이것의 존재를 모른다'는 믿음과 공리를 전제로 하는 것 같습니다.

말을 듣고 그 말을 문자 그대로 이해하니 그렇게 생각하는 것입니다. "다만 이것뿐!"이라느니, "모든 것이 둘 없는 하나"라느니, "물속의 물고기가 물을 모른다"느니 하고 말하지만, 생각과 분별로서 그렇게 이해하라고 말하는 것이 아닙니다.

법(法)에 관한 모든 말은 다만 방편의 말일 뿐이니, 그 말을 문자 그대로 이해하여 그렇다고 여기면 안 된다고 누누이 말하고 있습니다. 법에 무슨 맹목적인 공리가 있고, 정의가 있고, 전제가 있고, 개념이 있고, 합리적 추론이 있습니까? 불립문자, 언어도단, 불가사의라는 말은 듣지 못했습니까?

사람들이 문자와 분별에 매여 있기 때문에 이런 말을 하는 것이지만, 이런 말도 곧 법을 나타내는 참된 말이라고 이해하면 바로 어긋납니다. 법을 나타내는 참된 말이란 있을 수 없습니다. 법을 말하는 모든 말은 다만 병을 치료하는 약처럼 사용되는 방편의 말일 뿐입니다.

21. 모든 것은 식(識)일 뿐인가요?

: 도가 통하고 나면 나와 남이 실재하지 않고, 달과 태양도 실재하지 않고, 관찰자와 관찰대상이 둘로 나뉘지 않으며, 오직 지금 보이고 들리는 이 식(識) 하나만이 진실이라는 것을 알게 되나요? 과거와 미래도 없고 오직 지금만이 존재하는 것인가요? 양자역학 관련 책을 보니 모든 것은 내가 관측하는 순간 결정된다고 합니다. 슈뢰딩거의 고양이라는 실험에서 상자 안의 고양이도 내가 상자를 열어 보는 순간 삶과 죽음이 결정된다고 합니다. 물리학자들도 이 현상에 대해 이해하지 못하고 의아해하

고 있다고 합니다. 결국, 이 모순이 해결되는 것은 불법을 통해 나와 외부 세계가 따로 없고 객관적 실체가 따로 없고 오직 식 하나만이 진실이라는 것으로 해결이 되는 건가요?

마음을 깨달으면 무엇이 진실이고 무엇이 거짓이라고 알게 되지는 않습니다. 무엇이 언제 어디에 존재한다거나 존재하지 않는다고 말할 수 없습니다. 오직 식(識) 하나만이 진실이라는 말 역시 방편의 말일 뿐이니, 그렇다고 이해하면 옳지 않습니다.

깨달은 사람은 '이것이 진실이다' 하는 견해를 주장하지 않습니다. 깨달음은 이런 모든 분별과 생각에서 벗어나는 체험입니다. 분별과 생각에서 벗어나면 세계의 실상을 보는 지혜가 생기고 번뇌망상에서 벗어납니다. 지혜는 지식이 아니고 앎이 아니고 생각이 아닙니다. 분별이 아니므로 불이중도(不二中道)라고 합니다.

22. 왜 간택을 피하라고 하나요?

: 〈신심명〉에서는 어째서 "지극한 도는 어려움이 없으니, 다만 가려서 선택함을 피하기만 하라"고 했습니까? 도는 전체이기 때문인가요?

바로 이렇게 헤아리고 가려서 찾으려 하면, 도를 깨달을 수 없기 때문입니다. 이렇게 생각하고 이해하는 것에서 벗어날 때 도는 저절로 나타나니, 어려울 것은 없지요.

생각하고 이해하는 것은 분별하고 헤아리는 것이고, 마음을 깨달으려면 분별과 생각에서 벗어나야 합니다. 느낄 수도 없고 생각할 수도 없는 곳에서 반드시 분별을 벗어나는 불가사의한 체험을 해야 합니다.

23. 경전의 말씀이 이해됩니다

: 달마의 《혈맥론》을 보다가 "움직여 작용함 밖에 마음이 없고, 마음 밖에 움직임이 없다. 움직임은 마음이 아니고, 마음은 움직임이 아니다. 움직임에는 본래 마음이 없고, 마음에는 본래 움직임이 없다"라는 글을 보고, 제 나름대로 이해하기를 "움직여 작용함 밖에 마음이 없고, 마음 밖에 움직임이 없다"라는 것은 《반야심경》의 "색은 공과 다르지 않고, 공은 색과 다르지 않다"라는 구절과 같은 뜻이며, "움직임은 마음이 아니고, 마음은 움직임이 아니다. 움직임에는 본래 마음이 없고, 마음에는 본래 움직임이 없다"라는 구절은 "색은 색이요, 공은 공이다"라는 뜻으로 보았습니다. 이러한 해석이 합당한지 여쭈어보니 자비로 살펴 주시기 바랍니다.

한마디 그럴듯한 말이 중생을 영원토록 얽어맨다는 옛날 선사의 말이 있습니다. 그럴듯한 생각과 그럴듯한 이해가 바로 망상하는 범부중생을 가두어 놓는 감옥입니다.

부처님과 조사들이 하신 모든 말씀은 진실한 말이 아니고, 중생의 병을 치료하려는 약으로 처방하신 방편의 말입니다. 중생의 병은 망상하는 병입니다. 그러므로 부처님과 조사의 말씀을 듣고서 곧장 망상에서 벗어나면 그 약이 효과를 발휘한 것이지만, 부처님과 조사의 말씀을 듣고서 도리어 생각과 이해에 사로잡힌다면 그 말씀은 약이 아니라 도리어 병을 깊게 만드는 독이 되는 것입니다.

깨달아서 망상에서 해탈하고자 하신다면, 지금 당장 그렇게 생각으로 짜 맞추고 이해하고 해석하는 일은 그만두기 바랍니다.

24. 무심삼매의 단계인가요?

: 이것이라 해도 이것이고, 이것이 아니라고 해도 이것입니다. 죽비를 들어도 이것이고 내려도 이것입니다. 이것이라 할 때, 이것의 뜻을 따라가는 것이 아니라 바로 이 순간 이것이라고 하는 이 활동성(?)이 이놈입니다. 모양이 없기에 뭐라 말할 수 없지만 어디서나 분명한 바로 이것입니다. "부처는 깨달은 자"라고 할 때 그 깨달은 자라는 의미를 좇아가는 것이 아니라, "부처는 무엇이다"라고 하는 이 순간의 이것입니다. 부처를 "똥 막대기"라 하든, "마 삼 근"이라고 하든 마찬가지입니다.
너무나 분명하게 살아 있는 이것은 바로 식(識)입니다. 모든 것은 식의 작용입니다. 식이 바로 선생님께서 말씀하시는 '이것!'입니다. 또 선생님이 말씀하셨듯이 이것(식)을 찾으려고 해도 찾을 수 없습니다. 이것을 찾으려 하는 순간, 찾으려는 또 다른 이것이 생깁니다. 그래서 잡으려 하면 오히려 달아난다고 하셨습니다. 또 선생님께서는 평상시 무심(無心)에 계시다가 필요하실 때 말과 생각을 내시나요? 이 네 가지 상태를 공무변처, 식무변처, 무소유처, 비상비비상처라고 초기 경전에 나와 있는 무심삼매의 단계라고 이해하고 있는데, 맞지요? 제가 제대로 공부하고 있는지 살펴 주시기 부탁드립니다.

님이 말씀하시는 것은 전부 분별이고 이해이고 생각이고 망상입니다. 님은 제가 가리키는 '이것!'을 생각으로 헤아려 분별하고 있습니다. 제가 "이것!"이라는 말로써 가리키는 것은 분별할 수 없고 헤아릴 수 없고 알 수 없는 것이라고 무수히 말씀드렸습니다. 님처럼 헤아리고 이해한다면, 그것은 모두 분별망상입니다.

'이것!'은 생각을 벗어나 깨달아야 하는 것이지, 분별하거나 이해할 수 있는 것이 아닙니다. "이것이다"라고 말하고 있는 이 순간의 작용이나 활동이라고 한다면, 분별이요 생각입니다. "이것!"이라는 말은 단지 방편의 말일 뿐, 헤아려 알 수 있는 무엇이 아닙니다. '이것!'은 식(識)이라는 앎이 아닙니다.

님의 분별심이 끊어져서 님이 생각에서 벗어나는 불가사의한 체험을 할 때, 비로소 "이것!"이 무슨 말인지를 알 것입니다. '이것!'에 확연히 통하면, "이것!"이라고 말해도 "이것!"이라고 말하는 것이 아닙니다. 생각에서 벗어나는 해탈을 체험하여 생각 없이 생각할 수 있게 되는 것이 곧 이 공부입니다.

25. 왜 깨달은 사람이 없습니까?

: 한국의 선불교가 간화선을 많이 하는데, 왜 깨달은 사람이 거의 없습니까?

깨달은 사람만이 깨달은 사람을 알아봅니다. 깨달은 사람을 알아보려면 본인이 먼저 깨달아야 합니다. 남이 깨달았는지 못 깨달았는지를 문제 삼지 마시고, 먼저 자신의 깨달음에 온 힘을 기울이십시오.

26. 깨달음은 객관적으로 증명되어야 합니다

: 어설픈 이론과 체험을 가지고 궁극의 깨달음에 도달했다는 사람이 많습니다. 대다수 종교나 명상단체들은 말하기를 "나의 가르침으로 깨달은 사람들이 있으니 나의 가르침을 받으면 너도 깨달을 수 있다. 만약 깨닫지 못한다면 그것은 너의 근기가 부족하기 때문이니 열심히 계속 공부하라"고, 이런 식의 교묘한 술수를 벌입니다. 그러나 그런 사람이 깨달았는지 깨닫지 못했는지를 확인할 수 있는 증거는 전혀 없습니다. 사이비 단체 중에도 견성을 했다는 사람이 수두룩하지만, 자세히 살펴보면 일시적인 체험을 깨달음이라고 여기거나, 남들이 뭔가 체험했다고 하니까 자기도 어떤 느낌과 논리를 동원하여 견성했다고 주장하는 부류들입니다.

석가모니, 예수, 오쇼 라즈니쉬, 마하리쉬 같은 유명한 사람들이 깨달은 사람인지 아닌지를 판정할 수 있는 방법 역시 전혀 없습니다. 알 수 있는 것은 그들의 인품과 검소한 생활습관 정도입니다. 그밖에 이런저런 가르침을 펼치는 신흥 종교 지도자들도 무수히 많지만, 그들이 깨달았다는 증거는 어디에도 없습니다. 그들은 사실 눈먼 장님에 불과하지만 자신이 겪은 얕은 체험과 현란한 논리로 사람들을 이끌고 있을 수도 있습니다. 만약 자신이 경험한 어떤 신비한 체험을 가지고 깨달았다고 할 수 있다면, 과대망상증 환자들이 최고의 스승이 되어야 할 것입니다.

흔히 깨달음의 경지를 나타내는 표현은 "개체 전체가 하나다"라는 말입니다. 겨자씨 속에 수미산이 들어 있고, 하나가 모든 것을 포함하며, 티끌마다 우주가 들어 있다고 하죠. 저는 청소년 시기에 저런 경지를 분명하게 체험해 보았습니다. 그러나 냉철히 살펴보면, 저런 경지를 체험한다고 해서 사람의 인성이 좋아지는 것도 아니고, 실질적으로 삶에 별 이득도 없습니다. 또한 그런 경지는 생겨난 것이기 때문에 며칠 안 가서 사라지더군요.

영원한 것은 어떤 체험과 경지, 현묘한 논리를 가지고 논할 수 있는 것이 아니겠죠. 그러나 사람이 할 수 있는 노력은 의식적인 조작, 현묘한 철학적 사유, 이게 전부입니다. 영원함 앞에서 이런 것들은 쓸데없는 망상일 뿐이니, 사람이 영원성을 깨달을 수 있는 방법은 없습니다.

만약 진정으로 영원한 우주의 본체와 합일한 사람이 있다면, 그것을 증명할 수 있어야 합니다. 가장 확실한 증명법은 신통력을 나타내 보이는 것입니다. 만약 진리는 신통력과 상관없다고 하며 현묘한 논리를 펼친다면, 그건 자신의 수준을 여실히 보여 주는 구차한 변명 이상도 이하도 아닙니다.

왜 신통력을 보여야 하느냐? 깨달음의 교과서적인 표현이 이러하기 때문입니다. "우주와 내가 하나가 된다." "우주가 내 몸이 된다." "모든 것이 나의 수족과 같고 신경세포와 같다."

그렇다면 그들이 과대망상증 환자와 차별될 수 있는 유일한 길은 이러한 신통한 사실을 객관적으로 보여 주는 것입니다. 그렇게 보여 줄 수 있는 사람이 영원함에 대해 주장하는 말이라면, 가장 믿을 만한 말이 되겠지요.

청소년 시기에 어떤 체험을 하였다고 하는데, 며칠 안 가서 사라졌다고 하니 분별망상에서 해탈한 깨달음의 체험은 아니었군요. 깨달음의 체험은 결코 다시 사라지지 않습니다. 왜냐하면 깨달음은 자신의 타고난 본성을 깨닫는 것이기 때문입니다. 마치 중력의 법칙을 새로 발견하였지만, 중력은 언제나 그대로인 것과 같습니다.

이 법을 일러 본성이니 마음이니 여여니 하는 까닭은 본래 그대로이고 언제나 그대로이지 새로 만든 것이 아니기 때문입니다. 본래 중력이 있었지만 발견치 못했을 때는 엉뚱하게 알았듯이, 이 법도 마찬가지입니다. 깨닫기 전이나 깨달은 뒤나 법에 차별은 없습니다만, 사람은 어리석을 수도 있고 깨달아 지혜로울 수도 있는 것입니다.

질문자는 법에 대한 안목이 전혀 없을 뿐만 아니라 불교에 대한 기초적 상식도 없습니다. 법을 눈에 보이는 모습과 감각을 통하여 검증하려고 하고 감각과 분별에 근거를 둔 객관적 현상을 통하여 법을 검증한다고 하니, 불교의 가르침과도 어긋나고 깨달음과도 전혀 관계없는 엉뚱한 생각입니다.

《금강경》에서는 "무릇 모습으로 있는 것은 모두 허망하다"라고 하였고, 또 "만약 색깔로 나를 보거나 음성으로 나를 찾는다면, 이 사람은 삿된 도를 행하는 것이니 여래를 볼 수 없다"라고 하였습니다. 모습을 통하여 법을 볼 수 없고, 감각을 통하여 법을 알 수 없고, 분별을 통하여 법을 이해할 수 없다는 것은 불교를 가르치거나 이 법을 가르칠 때 처음부터 가르치는 기초적인 소양이지요.

자신의 감각과 생각만 믿고 의지하며 그곳에서 벗어나려 하지 않는다면, 이 법에는 전혀 접근할 수 없고 이 법의 가르침도 믿을 수 없을 것입니다. 믿지 않는다면 믿지 않는다고 말하면 되지, 법을 훼손하려는 엉뚱한 말씀은 삼가시는 것이 좋습니다. 대낮에 스스로의 어리석음을 드러내 보일 뿐이지요. 자기가 알지 못하는 일은 모두 엉터리라고 여기는 것이야말로 가장 어리석은 것입니다.

: 원장님께서도 법을 알면 물아일체(物我一體)가 되어 모든 것이 자기 몸처럼 느껴진다고 하셨습니다. 경전에서는 불보살들이 신통력을 나타내어 법을 증명하지 않습니까? 생각으로 법을 논하는 것보다 훨씬 도움이 되기 때문입니다.

질문자께서는 방편의 말을 사실을 주장하는 말처럼 알아듣고 있으니 법에 대한 안목이 전혀 없습니다. 법은 볼 수도 없고 들을 수도 없고 느낄 수도 없고 분별하여 알 수도 없으니, 말할 수도 없습니다. 그러므로 법에 관한 모든 말은 세속의 사실을 분별하여 말하는 것과는 다르고, 그래서 방편의 말이라고 합니다. 알 수 없고 말할 수 없는 것을 방편으로 말한 것을 마치 알 수 있고 말할 수 있는 것을 말한 것처럼 이해한다면, 법에 대한 안목이 없는 것입니다.

"겨자씨 속에 수미산을 넣는다."

"티끌 속에 우주가 들어 있다."

"하나가 곧 전체이고 전체가 곧 하나다."

이런 말들은 불보살의 신통력을 나타내는 말이므로 이런 말들은 깨닫지 못한 사람이 알 수 없는 것을 말한 방편의 말입니다. 이러한 방편의 말을 알아보려면 자기도 불보살 같은 신통력이 있어야 합니다. 이러한 방편의 말을 알아보려면 자기도 분별망상인 생각을 벗어나 분별하는 생각에 가로막히지 않고 신령스럽게 통해야 합니다.

질문자는 어떤 눈으로 불보살의 신통력을 봅니까? 질문자에게 불보살의 신통력을 보는 눈이 있다면, 이미 나의 신통력도 보았을 것입니다. 질문자는 어떤 귀로 나의 설법을 듣습니까? 질문자가 나의 설법을 듣는 귀를 가졌다면, 불보살의 설법도 들을 수 있을 것입니다.

질문자가 지금 사물을 보는 눈으로는 불보살의 신통력을 볼 수 없고, 질문자가 지금 소리를 듣는 귀로는 나의 설법을 들을 수 없습니다. 질문자가 믿지 않는다면 이런 말도 아무 소용이 없을 것이니, 그만 입을 다무는 것이 좋겠습니다.

27. 어떻게 윤회합니까?

: 선생님 설법을 들으면서도 항상 걸리는 것이 윤회였습니다. 언젠가 한 번 질문했을 때, 깨달은 사람에겐 윤회가 없지만 미혹한 사람은 윤회를 한다고 말씀하신 것으로 기억합니다. 그렇다면 미혹한 사람은 망상이라는 미혹한 사람의 자아가 과거에 지은 업의 과보로 현재에 태어나고, 다시 현재의 업으로 미래에 태어나는 것입니까? 이런 법칙대로 윤회하는 것입니까? 반야심경 설법에서는 임사체험 등을 분석하면서 과학적으로도 윤회는 없다고 말씀하신 걸로 기억하고 있습니다.

윤회에 구속되어 두려워하느냐 그러지 않느냐는 본인의 공부에 달려 있습니다. 윤회와 업이 있느냐 없느냐 하는 것의 해결 역시 본인의 안목에 달렸습니다. 깨달은 자는 자기 자신, 세계, 윤회, 업 등 그 무엇도 있다거나 없다고 하지 않습니다. 어떤 정해진 생각이나 견해도 가지고 있지 않고, 분별망상에서 벗어나 이 세계와 삶의 실상을 보는 안목이 밝습니다.

어리석은 자는 있다거나 없다는 정해진 생각이나 견해를 붙잡고

153

있으려 합니다. 무엇이 있다거나 없다고 하는 것은 모두 어리석은 분별이요, 망상이요, 집착입니다.

윤회가 님을 가로막는 장애물이 아니라, 님의 생각이 님을 가로막는 장애물입니다. 어떤 생각이나 견해도 세우지 마시고, 오직 법에만 관심을 두십시오. 분별에서 벗어나는 깨달음을 얻으면, 법을 보는 눈이 열려 모든 것이 분명해질 것입니다.

28. 자유의지는 없나요?

: 선생님의 법문을 듣고 정말 내가 허깨비구나 하는 생각이 들었습니다. 그렇다면 저의 자유의지는 없다는 말입니까?

'자유의지'나 '없다'는 언어문자에 머물러 있지 마십시오. 언어문자에 머물러 벗어나지 못하면 마치 꿈속에 있는 것과 같습니다. 이해하고 기억하는 모든 언어문자는 생각이나 느낌이나 감정이나 의식과 마찬가지로 모두 헛된 꿈과 같을 뿐이고 진실이 아닙니다.

'자유의지'를 따지기 전에 '자유의지'라는 말의 실상이 분명해야 하고, '없다'고 말하기 전에 '없다'는 말의 실상이 명백해야 합니다. 실상이 분명하면 자유의지가 있다고 말하든 없다고 말하든 아무런 망상이 없습니다.

꿈속에서 꿈 깨는 것을 생각하고 말해 봐야 아무 소용이 없습니다. 꿈속에서 꿈을 말하고 깨어남을 말하는 것은 모두 허망한 꿈일 뿐입니다. 깨어난 뒤에는 꿈을 말하든 깨어남을 말하든 모두가 꿈이 아니라 진실입니다.

'자유의지가 없다' 혹은 '자유의지가 있다'라는 분별망상의 꿈에서 깨어나야 실상이 명백할 것입니다.

29. 분별에서 벗어나면 무정물과 같지 않나요?

: 불교, 특히 선불교에서는 심의식(心意識)을 소멸시켜야 진여자성(眞如自性)이 드러난다고 하는데, 시비분별과 탐진치를 다 버리고 나면 나무로 만든 인형이나 돌로 만든 인형과 무엇이 다른가요? 또한 치매환자와 무엇이 다른가요?

심의식은 소멸시킬 수 없습니다. 심의식을 소멸시키면 진여자성도 없겠지요. 시비분별과 탐진치는 버릴 것도 취할 것도 없습니다.

나무인형은 나무인형이고, 돌인형은 돌인형이고, 사람은 사람입니다. 치매환자는 머리에 핏줄이 막혀 정신이 어지러운 사람이지만, 부처는 정신이 가장 건강하고 정상적인 사람입니다.

이런 걱정은 접어 두시고 믿음이 있으면 공부하십시오. 믿음 없이 생각으로 헤아리고 따져 보아야 아무 도움이 되질 않습니다.

30. 전쟁도 부처님 법입니까?

: 세상에 나타나는 모든 것이 전부 불법(佛法)이라면, 전쟁을 일으켜 많은 사람이 죽어 가는 비극도 불법입니까?

⌣

불법에는 아무런 모양도 색깔도 이름도 내용도 가치도 없습니다. 불법은 있는 것도 아니고 없는 것도 아니고, 선도 아니고 악도 아닙니다.

태어남도 죽어감도 불법에서 벗어나 있지는 않지만, 삶이 불법이고 죽음이 불법이라고 생각하면 단지 분별이요 망상일 뿐, 불법과는 상관이 없습니다. 옳다거나 그르다거나 좋다거나 나쁘다거나 선하다거나 악하다고 분별하면, 이미 불법과 상관이 없습니다.

불법은 생각으로 분별하는 것을 넘어서 있으니, 생각으로 이해하려고 하지 마십시오.

31. 유물인가요 유심인가요?

: 여러 책에서 보면 윤회가 있다고 하기도 하고 없다고 하기도 하면서 서로 말이 다릅니다. 나의 정체성은 나만의 기억과 성격과 사고방식 등일 텐데, 기억과 성격 사고방식도 결국 물질적으로 보면 뇌의 구조와 연결되겠지요. 죽음이란 뇌의 구조가 부서지는 것이므로 자신의 정체성도 완전

히 없어진다고 생각됩니다. 선생님은 항상 '이것!' 하나를 말씀하시는데, '이것!' 하나도 뇌가 활동함으로써 있는 것 아닐까요? 뇌가 활동을 멈추면 '이것!' 하나도 없는 것 아닌가요?

그런데 물질적으로는 이렇게 생각되지만, 현실적으로 보면 지금 이 순간만이 진실이라고 여겨집니다. 찰나의 시간 간격도 없이 바로 지금 보고 듣는 것만이 진실이지요. 결국, 지금 보고 듣고 느끼는 이 의식이 진실이냐, 아니면 의식 밖에 존재하는 물질세계가 진실이냐 하는 문제로 귀결됩니다. 두 견해 중 어느 게 진실일까요? 지금의 이 의식만 진실이고, 이 의식을 제대로 파악하는 게 견성인가요?

윤회를 있다고 하거나 없다고 한다면 분별이니 망상입니다. 마음을 뇌의 물질적 활동이라고 하거나, 지금 이 순간의 의식만이 진실이라고 하거나 모두 분별이고 생각이니 망상입니다.

견성은 분별에서 벗어나고 생각에서 해탈하는 것입니다. 있다느니 없다느니 하는 분별에 머물러 있는 한, 이런 생각에 구속되어 생각 속에서 헤맬 것입니다.

견성은 이것도 아니고 저것도 아니고, 있는 것도 아니고 없는 것도 아니고, 객관도 아니고 주관도 아니고, 유물(唯物)도 아니고 유심(唯心)도 아닙니다.

32. 연기법을 생각해 보았습니다.

: 선생님의 연기법(緣起法)에 대한 법문을 듣고 얼마 후 이런 견해가 생겼습니다. 연기에서 '연'이란 만법귀일에서 만법이고, '기'는 귀일이다. 세상 모든 것과 만나는 것이 바로 이 한 개의 일일 뿐! 세수하고 머리 긁적거리고 햇볕에 몸 말리고 밥 먹고 하늘 쳐다보고 노래 부르고, 이 모든 것에서 한 개의 일이 확인될 뿐, 다른 것은 없다. 동전의 양면과 같이 만법과 하나가 따로 있지 않은 이것을 일러 연기법이라 하지 않나 생각합니다. 실상을 바로 봐야 하겠지만 그전에 이해라도 제대로 해야 할 것 같아 여쭤봅니다.

실상은 언제나 어디서나 환히 드러나 있지만, 분별하고 이해할 수는 없습니다. '연기법은 이러이러한 것이다'라고 이해한다면, 이것은 단지 생각으로 분별하여 만든 헛된 견해일 뿐입니다.

연기법이란 관찰하고 이해할 수 있는 객관적 법칙이 아닙니다. 불교의 모든 가르침이 그렇듯이, 연기법도 단지 분별망상이라는 병을 치료하는 하나의 약으로 처방된 방편이고 달을 가리키는 손가락일 뿐입니다. 연기법이라는 약을 먹고서 분별망상이라는 병이 치유되면 그뿐, 연기법이라는 법칙을 알고 기억하는 것은 아닙니다.

33. 자아가 소멸하면 식물인간이 아닌가요?

: 선불교나 명상에서는 개체의 자아가 소멸하면 우주에 만유하는 불성으로 존재하게 된다고 주장합니다. 그렇다면 식물인간이나 목석은 최고 경지의 성인이라고 볼 수 있을까요? 그렇지 않다면 무슨 근거로 도(道)에 이르려면 자아를 소멸해야 한다고 강조하고 그를 위해 몸부림치는 것일까요? 자아의 소멸을 목적으로 한다면 식물인간이 되거나 자살을 하는 것이 최선책일 것입니다.

그런데 대다수 수행자는 다만 심신의 안정과 특정한 기분을 유지하기 위해 다소의 분별을 쉴 뿐입니다. 그러면서도 비약적으로 심오한 수행의 경지를 말하는 것을 보면, 선불교나 명상이 신비주의나 기복신앙에 비해 교리적으로는 더 뛰어나다고 하더라도, 근거가 뚜렷하지 못한 사실을 믿음과 체험으로 포장하려는 점은 그들과 별 차이가 없어 보입니다.

그래서 심오한 체험을 말하는 스승은 많지만, 그것을 신통 변화로써 증명해 주는 선각자는 없는 것이 아닐까요? 신통 변화의 사례가 실려 있는 문헌들은 신빙성을 알 수 없는 자료들뿐입니다. 마치 마약을 하는 사람이나 방언을 외치고 괴성을 지르는 기독교인들처럼, 개인이나 집단의 감상적인 체험을 바탕으로 심오한 경지와 사후세계를 논하거나 뚜렷한 근거 없이 믿기만 할 뿐, 객관적으로 현상계에 증명해 보이지는 못하고 있습니다.

사랑이나 미움 같은 감정은 대다수 사람에게 보여 줄 수 있고 증명해 줄 수 있는 객관적인 사실이지만, 선불교나 명상에서 주장하는 신묘한 체험 대부분은 극소수의 사람만 체험해 보았다고 주장하고 있으며, 그 사람들조차 특정한 집단의 지식과 최면을 성심성의껏 익혀야 잠시라도 그런 체험을 느낄 수가 있고 서로의 견해도 천차만별이라 종파와 분파가 셀 수 없이 많습니다.

그렇다고 수행의 장점을 부인하고자 하는 것은 아닙니다. 심신 건강에 도움을 줄 수도 있는 것이 선불교나 명상입니다. 그런데 도대체 분별을 쉬고 자아를 없애는 것이 만유하는 불성으로 존재하는 것과 무슨 상관이 있으며, 상관이 있다면 식물인간이나 자살을 선택한 이들은 성인의 경지에 이르렀다는 것인지 궁금합니다.

선(禪)에서는 개체의 자아가 소멸하면 우주에 만유하는 불성으로 존재하게 된다고 주장하지 않습니다. 불교에서도 그런 주장을 하지 않습니다. 이쪽이 소멸하여 저쪽이 된다고 주장한다면, 이것은 하나를 버리고 하나를 취하는 분별이니 외도의 주장이고 불교의 주장이 아닙니다. 식물인간이나 목석이 성인이라고 한다면, 이것이야말로 허망한 분별 가운데에서도 가장 허망한 분별이겠지요.

〈신심명〉에서 "지극한 도는 어렵지 않으니, 분별하여 취사선택하는 것을 피하기만 하면 된다"라고 말하듯이, 불교에서도 선에서도 분별이 모든 문제를 일으킨다고 말하며 분별에서 벗어나야 한다고 말합니다.

그러나 분별에서 벗어나는 것이 식물인간이나 목석이 되는 것인가요? 그렇게 생각하는 것이 바로 허망한 분별이며, 방편의 말을 알아듣지 못한 것입니다.

분별에서 벗어나는 것을 불가사의라고 하지요. 분별하고 헤아리는 생각으로는 알 수 없다는 말입니다. 분별에서 벗어나는 것은 체험해야 할 일이지 이해해야 할 일이 아닙니다. 분별에서 벗어나는 체험을 하면, 분별하면서도 분별이 없고, 분별 없이 얼마든지 분별합니다.

　분별하면서도 분별하지 않는다니 이해가 되지 않지요? 체험하면 이 말이 무슨 말인지 알 수 있습니다. 그러므로 〈신심명〉에서는 "있는 것이 없는 것이고, 없는 것이 있는 것이다", "시끄러움이 고요함이고, 고요함이 시끄러움이다"라고 한 것입니다.

　님이 이런 의문을 풀지 못하고 있는 가장 큰 이유는 님이 보고 듣고 느끼고 아는 것을 가지고 깨달음의 세계를 확인하고자 하기 때문입니다. 깨달음의 세계는 우리가 감각과 의식으로 분별하고 이해할 수 있는 대상이 아닙니다.

　불교나 선을 생각으로 이해하여 알려고 하지 마십시오. 생각으로 이해하여 알 수 없다는 말은 불교나 선을 조금만 배우면 늘 듣는 말입니다. 성인의 깨달음과 가르침을 믿는다면 나도 그 가르침을 따라 공부하여 그들의 길을 동일하게 갈 것이고, 믿지 않는다면 더 이상 할 말은 없는 것입니다.

: 다소 비판적인 질문이었으나 좋은 답변을 달아 주셔서 감사드립니다. 그러나 수긍이 안 되는 부분들이 있어 할 말은 해야겠습니다. 기왕 분별하는 김에 뿌리를 뽑아야 더 큰 분별을 안 할 수 있을 것 같습니다. 순서

대로 말씀 드리겠습니다.

"선(禪)에서는 개체의 자아가 소멸하면 우주에 만유하는 불성으로 존재하게 된다고 주장하지 않습니다. 불교에서도 그런 주장을 하지 않습니다"라고 하셨는데, 불교의 종사들이나 선어록에는 그런 뉘앙스의 말이 숱하게 많이 나옵니다. 기억나는 것은 구산 스님 법어집에 나오는 '자아를 초월하여 우주와 하나가 되는 경지'에 대한 말씀인데, 불교에서 마음을 가라앉히고 자아의 해탈을 추구한다는 것은 너무 상식적인 이야기가 아닌가 싶습니다.

그러나 선생님의 말씀을 듣고 보니 선생님의 말씀이 수승한 것 같습니다. 그분들의 말씀은 방편상의 말이었던 같습니다. 선생님은 무심선원의 가르침을 불교 전체의 가르침인 양 말씀하시는 경우가 자주 있습니다. 그러나 대다수 불교의 가르침은 최상승법을 자부하는 무심선원의 가르침과는 많이 다릅니다. 공통점을 찾을 수도 있겠으나, 최소한 방편의 측면에서는 판이하게 다른 점이 많습니다. 사실이 그렇다는 말입니다. 저는 무심선원이 불교든 아니든 진실만을 중히 여기고 있습니다.

그리고 불교에서는 '마음'이라는 말을 진리의 상징으로 자주 표현하는데, 왜 오해의 소지가 있게 마음이라는 단어를 쓰는지 모르겠습니다. 마음은 희로애락의 감정을 느끼는 존재라는 뜻으로 사용하는 단어인데 말입니다. 불교 안에서도 마음이라는 단어가 굉장히 다양한 뜻으로 쓰여서 혼란스럽더군요.

그리고 "분별하면서도 분별하지 않는다니 이해가 되지 않지요?"라고 하셨는데, 분별하면서 분별하지 않고 움직이면서 움직이지 않음을 일시적으로 체험해 본 적이 있기에 이해는 됩니다. 중요한 문제는 아니겠으나,

솔직히 말씀드리자면 그렇다는 것입니다.

마지막으로 궁금한 점이 하나 있는데, 어째서 지구상에 존재하는 수많은 아름다운 존재 중 별로 아름답지 못해 보이는 사람만이 만물을 통일하는 깨달음을 얻을 수 있다는 것일까요? 제가 보기에는 바다나 바위 같은 존재가 훨씬 더 무심하고 도(道)에 가까워 보이는데 말입니다. 사람은 지능이나 감각이 뛰어날 뿐, 그 외의 것은 최악의 케이스로 보이는데 말입니다.

경전에 있는 부처의 말이든 조사의 말이든 선사의 말이든 불교를 가르치는 모든 말은 단지 방편의 말일 뿐입니다. 병에 따라 약을 쓴 말이지요. 약은 병을 다스리기 위한 도구일 뿐인데도 약을 곧 건강 자체인 양 여겨 집착한다면, 약을 오용하는 것입니다.

"마음이 곧 부처다"라고 말하듯이 '마음'이라는 단어를 많이 사용하지만, '마음'이라는 단어도 방편으로 사용한 가명(假名; 수단으로 만든 임시 이름)일 뿐입니다. '부처', '열반', '해탈', '반야', '깨달음', '본심', '본래면목' 등등 모든 말이 다만 방편의 이름입니다.

'마음'이라는 방편어를 많이 사용하는 까닭을 알아서 무엇 하겠습니까? 쓸데없이 생각만 늘릴 뿐이지요. '마음'이라는 단어로써 가리키는 것을 깨달아야 할 뿐입니다.

방편으로 가르치는 것이란 비유하면 밭둑길로 소를 몰고 가는 것과 같습니다. 좁은 길 양편은 남의 곡식이 있는 밭입니다. 소가 오른쪽 밭의 곡식을 먹으려 고개를 돌리면 목동은 고삐를 왼쪽으로 당깁니다. 이에 소가 왼쪽의 곡식을 먹으라는 뜻으로 오해하여 왼쪽의 곡식으로 고개를 돌리면 다시 목동은 고삐를 오른쪽으로 당깁니다. 메시지는 오른쪽과 왼쪽뿐이지만, 뜻은 오른쪽과 왼쪽에 있지 않습니다.

불교를 중도(中道)의 가르침이라고 하지요? 중도란 이쪽도 저쪽도 아니고 그 가운데도 아닙니다. 어디에도 머물지 못하도록 하는 것이 중도로 이끄는 방편입니다. 이런 일이 있다 혹은 없다고 하는 것은 중도가 아닙니다. '이것이 진실이다' 혹은 '저것은 거짓이다'라고 하는 것은 중도가 아닙니다. 어떤 판단이나 이해는 중도가 아닙니다. 생각하려고 해도 생각하지 못하고, 말하려고 해도 말할 수 없도록 하는 것이 중도로 이끄는 방편입니다.

질문자께서는 다만 생각으로 세상을 이해하고 도를 이해하며, 생각으로 세계를 그려 내고 도를 그려 내려 하고 있습니다. 무엇이 옳으냐 혹은 그르냐, 무엇이 참이냐 혹은 거짓이냐, 무엇이 있느냐 혹은 없느냐를 바르게 판단하는 것이 당면 문제가 아니라, 이렇게 헤아리고 따지는 것이 도리어 모든 문제를 일으키는 원인입니다.

'자기의 생각에 구속되지 않는 사람이 바로 부처다'라고 간단히 말할 수도 있습니다.

《유마경》에서 말했습니다.

"법(法)은 볼 수도 들을 수도 느낄 수도 알 수도 없다. 만약 보고·듣고·느끼고·안다면, 이것은 보고·듣고·느끼고·아는 것일 뿐, 법을 찾은 것이 아니다."

부디 자신의 생각이라는 꿈속에서 깨어나는 길을 배우시기 바랍니다.

34. 간화선은 왜 생겼습니까?

: 한 가지 풀리지 않는 의문은 어째서 간화선이 생겨났는가 하는 것입니다. 선생님의 말씀대로라면 간화선보다 조사선의 설법과 문답의 방식이 더욱 뛰어난 방편인데 말입니다. 그런데 오늘 그것에 대한 이유가 이것이 아닐까 하는 생각이 들었습니다. 당나라 당시 중국에서는 일일이 설법과 문답으로 드넓은 지역의 사람들을 교화한다는 것이 불가능했기 때문이 아닌가 싶습니다. 그래서 대혜종고가 불가피하게 간화선을 창시한 것이 아닌가 하는 생각이 듭니다.

또 하나의 질문을 추가합니다. 선생님께서 법에 대해서는 어떠한 견해도 세우지 말고. 이렇다 저렇다 판단하지 말라고 하셨습니다. 그래서 일상생활 중이나 설법을 들을 때 분별이나 경계에 끄달리면 어찌해야 할지 암담하기만 했었습니다. 또 늘 하시는 말씀이 항상 법에만 관심을 두라고 하십니다. 그렇다면 경계에 대해서는 항시 무시하는 태도를 유지하고 늘 법에만 관심을 두고 법을 염원하는 것이 공부인이 할 수 있는 유일하고 올바른 노력입니까? 그러나 경계를 만날 때마다 경계는 잊고 법을 취하자고 떠올리면 그것이 바로 의도적인 행위가 되니 역시 올바른 공부는 아니지 않을까요?

"어째서 간화선이 생겨났을까?"라거나 "경계는 무시하고 늘 법에만 관심을 두는 것이 올바른 공부일까?" 하는 이런 의문은 전부 생각입니다. 님의 공부를 가로막고 있는 결정적인 장애물은 바로 이처럼 생각에 의지하여 공부하는 것입니다.

간화선이 생겨난 이유를 설명해도 역시 생각이고, 경계는 무시하고 법에만 관심을 두고 공부한다는 것도 역시 생각입니다. 바로 이러한 생각에서 벗어나는 것이 깨달음을 얻는 길입니다.

35. 생각 있음과 생각 없음

: 생각은 창조적이고 과학과 예술의 씨앗이라는 보편적인 견해가 있는 반면, 불교에서는 생각이 실재를 왜곡하고 진리를 가로막으니 비워야 한다고 합니다. 동일한 생각인데 이렇게 의견이 다른 것 같습니다. 그렇다면 생각이 필요한 일을 할 때는 복잡한 생각에 빠져 있다가, 생각이 없어도 되는 일을 할 때는 생각을 비워야 할까요? 이런 식으로 깨달음이 명확하게 드러날까요? 여기에 대하여 생각을 버리지도 말고 붙잡지도 말라는 식으로 빙빙 돌려서 답변을 회피하신다면 문제 해결의 시작도 하지 못할 것입니다. 위 문제에 대한 직설적인 답변을 부탁드립니다.

생각의 문제를 생각으로 해결하려 하니 해결이 안 되는 것입니다. 불교에서 말하는, 생각에서 벗어난다는 해탈은 생각을 비워서 생각을 하지 않는다는 뜻이 아닙니다. 생각은 언제나 있거나 없거나 하는 이분법에서 벗어나지 못하지만, 생각에서 벗어나는 해탈은 이분법에서 벗어나는 것입니다. 그러므로 이분법인 생각에서 벗어나는 것을 불이중도(不二中道)라고 합니다.

생각을 하면서도 생각을 하지 않는다고 하면 빙빙 돌려서 답변을 회피하는 것일까요? 이런 말은 생각 있음과 생각 없음이라는 이분법에서 벗어남을 말하는 하나의 방편이지 답변을 회피하는 헛된 말이 아닙니다.

이런 방편의 말을 알아들으려면 먼저 분별심인 생각에서 벗어나는 불가사의한 체험을 해야 합니다. 그런 뒤에야 경전의 묘한 말씀과 조사나 선사의 수수께끼 같은 말도 알아들을 수 있을 것입니다.

36. 연기법은 진리인가요?

: 연기법을 최고의 진리라고 믿는 이들은 이렇게 말합니다. "탁자를 보면, 탁자의 구성요소인 나무, 그 나무를 자라게 한 햇빛, 구름, 비, 바람, 기압, 사람의 손길, 그 사람을 자라게 해 준 모든 것이 서로 연관되어 있습니다. 이렇게 나아가면 삼라만상 하나하나는 우주의 모든 것이 관여해서 존재하게 된다는 사실을 이해하게 됩니다." 이것이 과연 논리적인 말일까요? 이런 논리대로 탁자의 구성요소가 우주 전체라면, 컴퓨터도 탁자의 구성요소인가요?

삼라만상 모든 것이 서로 인연 되어 일어나므로 어느 하나도 따로 떨어져 홀로 있을 수 없다고 하는 연기법을 불교에서 말하는 까닭은 분별에서 벗어나도록 이끌기 위한 방편이지, 우주에 존재하는 어떤 숨겨진 진실을 밝혀서 알려 주려는 것이 아닙니다. 연기법은 부처님의 다른 모든 말씀과 마찬가지로 중생을 구제하기 위해 베풀어 놓은 방편의 말씀입니다.

삼라만상은 모두 빠짐없이 서로서로 인연이 되어 일어나기 때문에 어느 것 하나도 독립되어 있지 않으니, 제각각 따로 있다고 분별한다면 세계의 실상을 깨달을 수 없다는 가르침이 연기법입니다. 삼라만상은 전부 연기하여 나타나므로 서로 분리되어 제각각 따로 있을 수는 없다는 연기법의 가르침은, 삼라만상의 실상을 깨달으려면 분리하여 보는 분별을 벗어나는 깨달음이 있어야 한다는 가르침입니다.

그러므로 연기법을 물리학의 법칙이나 생물학의 법칙처럼 이해해서는 안 됩니다. 연기법이든 중도든 모두 분별망상에서 해탈하여 깨달음을 얻도록 하는 방편의 말씀일 뿐입니다. 연기법이니 중도니 하는 그런 객관적 원리가 이 세상에 있다는 주장이 아닙니다. 연기법은 이해의 대상도 아니고 참과 거짓을 판단할 수 있는 어떤 주장도 아닙니다.

연기법을 말하는 유일한 이유는 세계를 따로따로 분별하여 보는 분별심에서 벗어나 해탈하라는 것입니다. 부처님의 모든 말씀은 중생의 분별망상이라는 마음의 병을 치료하려는 약으로서 베풀어진 방편임을 잊지 말아야 합니다.

37. 깨어 있을 때와 꿈꿀 때가 같습니까?

: 깨어 있을 때는 세상이 모두 텅 비어 있지만 꿈속에서는 그렇지 않은 것은 아직 익숙하지 않아서입니까?

깨어 있을 때는 세상이 모두 텅 비어 있지만 꿈속에서는 그렇지 않다면, 그것은 분별이고 헛된 생각입니다. 이런 분별망상에서 벗어나야 깨어 있음과 꿈이 둘이 아니게 될 것입니다.

: 깨어 있을 때 세계가 모두 텅 비어 있음이 확실히 와 닿았다면, 꿈속에서도 깨어 있을 때와 마찬가지로 텅 비어 있음이 확실히 와 닿습니까?

세계가 모두 텅 비어 있음을 깨달았다면, 곧 분별에서 벗어나 해탈을 이룬 것입니다. 분별에서 벗어나 해탈을 이루었다면, 깨어 있어도 깨어 있는 것이 아니고 꿈꾸어도 꿈꾸는 것이 아닙니다. 깨어 있을 때는 확실히 이렇고 꿈속에서는 확실히 이렇다는 말은 여전히 분별이지, 분별에서 벗어난 것이 아닙니다.

169

38. 생각을 없애면 무엇이 남습니까?

: 공부 체험기를 보니 어떤 거사님이 면담하면서 자신의 공부를 말하는데, 선생님은 "그건 다 생각이잖아요?"라며 말을 끊었다고 하던데, 그러면 생각을 제외하면 뭐가 남습니까?

생각이 없어지면 무엇이 남는다고 말하면, 그 말이 생각이니 생각이 없어진 것이 아니지요. 생각이 없어지면 아무것도 남지 않는다고 말하면, 그 말이 역시 생각이니 생각이 없어진 것이 아니지요.

진실로 생각에서 벗어나면, 생각을 하는데 생각을 하지 않는 불이중도가 성취됩니다. 생각을 하는데 생각함이 없는 이 불이중도는 불가사의하여 이해할 수 없고, 오로지 직접 겪어 보아야 알 수 있는 일입니다.

39. 식(識)의 뜻을 어떻게 분별할까요?

: 오온(五蘊) 가운데 하나인 식(識)과 유식무경(唯識無境)이라 할 때의 식과 라마나 마하리쉬가 말한 "진아는 존재, 의식, 지복이다"라는 말에서의 식(識)은 서로 동일한 것인가요? 각각의 식을 어떻게 분별해야 할까요?

이렇게 여러 가지 이름의 뜻을 헤아리고 분별하는 것은 깨달음 공부에 전혀 도움이 되지 않습니다. 독화살을 맞았으면 즉시 독화살을 제거해야지, 그 독화살에 대하여 여러 가지로 헤아리고 분석하는 것은 매우 어리석다고 부처님은 말씀하셨습니다. 우리에게 박혀 있는 독화살은 분별의 독화살, 생각으로 헤아리는 독화살입니다.

지금 당장 분별하는 생각에서 벗어나는 길로 가십시오. 생각에서 벗어나는 길이 어디에 있는지 알 수 없다고요? 그러면 먼저 선지식의 설법에 귀를 기울이십시오. 선지식은 설법을 통하여 그 비밀스러운 길로 안내합니다.

40. 음악은 생각인가요?

: 지금 제가 듣고 있는 음악은 생각인가요, 생각이 아닌가요?

음악이 생각인지 아닌지는 음악에 달려 있지 않고 님에게 달려 있습니다. 님이 지금처럼 '음악은 생각인가?' 하고 생각하면 생각이지요. 님이 생각에서 벗어나 깨달으면 음악을 들으며 아무리 생각해도 생각이 아닐 것입니다.

41. 여여한 것은 두뇌의 작용 아닌가요?

: 법문을 들은 지 두 달 정도 되었습니다. 그런데 선생님이 말씀하시는 '바로 이것!'이 두뇌의 작용을 가리킨다는 생각이 자꾸 듭니다. 듣고 보고 움직이고 생각하고 하는 가운데 늘 변함없는 '이것'은 결국 두뇌의 작용 아닌가요? 꽃을 본다고 할 때 꽃의 모습이 눈으로 들어와 두뇌에서 꽃이라고 인식하는 작용이 있고, 종소리를 듣는다고 할 때 종소리가 귀를 통하여 들어와 두뇌에서 종소리라고 인식하는 작용이 일어나니, 다른 인연은 차별이 있지만 두뇌의 작용은 언제나 동일한 것이 아닌가요? 보거나 듣지 않아도 두뇌는 작용하고 있겠지요. 잡생각 하지 말아야지 하면서도 자꾸 이런 생각이 듭니다.

모든 것은 두뇌의 작용이라는 견해가 바로 분별이고 생각이니 곧 망상입니다. 질문자 스스로 말씀하시듯이 질문자는 오로지 생각으로 헤아리고만 있을 뿐, '이것'이 가리키는 것은 전혀 깨닫지 못하고 있습니다. '이것'에는 어떤 설명도 이해도 있을 수 없습니다.

생각이 부서진다는 것은 하나의 생각이 다른 생각으로 바뀌는 것이 아니고, 오해가 이해로 바뀌는 것도 아닙니다. 지금의 그런 모든 개념과 이해라는 분별에서 해방될 때 저절로 모든 것이 분명해질 것입니다.

172

42. 중생과 부처가 둘이 아닌데 왜 깨달아야 하나요?

: 본래부터 모든 것이 둘이 아니라면 깨닫지 못한 중생의 삶과 깨달은 사람의 삶도 둘이 아닐 터인데, 깨달음을 추구할 이유가 무엇인지요? 깨달았든 깨닫지 못했든 삶이 똑같다면, 그냥 현재의 삶 그대로를 살면 되는 것 아닌지요? 오히려 깨닫기 위해 법문을 듣는 것이 둘로 나누어 보는 이분법이 아닌지요?

분별망상 속에서 어리석게 헤매는 삶과 분별망상에서 벗어나 해탈한 삶이 어찌 같겠습니까?

깨달음과 깨닫지 못함이 둘이 아니라는 말은 깨달아 분별에서 벗어난 사람에게 해당하는 말이고, 깨닫지 못한 사람에게는 깨달음과 깨닫지 못함이 분명히 다릅니다. 아직 깨닫지 못한 사람이 부처님 말씀을 생각으로 분별한다면, 모든 부처님 말씀도 전부 헛된 망상일 뿐입니다.

부처님 말씀은 방편이므로 방편의 말을 듣고서 깨달아 분별에서 벗어나면 되는 것이지만, 그 방편의 말에 머물러 분별한다면 방편의 말이 도리어 망상인 것입니다. "조용히 하세요"라는 말을 듣고서 조용히 하면 되는데, "조용히 하세요"라는 그 말은 조용한 것인가 시끄러운 것인가 하고 따진다면 어찌 지혜롭다고 하겠습니까?

43. 죽으면 마음은 어디로 가나요?

: 육신은 죽으면 사라지는데, 마음은 어디로 갑니까? 만약 다음 생애에 축생의 몸으로 태어난다면, 그 마음도 전생의 마음과 같은 마음입니까?

앞으로 닥쳐올 미래의 일을 미리 생각하는 것은 헛된 망상입니다. 지금 당장 여기에서 깨달아 생각에서 벗어나면 모든 의문은 사라질 것입니다.

생각으로 묻고 생각으로 답하는 것은 전부 망상이니 진실을 알 수 없습니다. 지금 당장 그런 온갖 생각에서 벗어나 깨달음을 체험하십시오.

44. 무엇이 불생불멸하나요?

: 《임제록》에서 말하기를 "지금 눈앞에 드러나 작용하는 법을 듣는 사람은 생겨나지도 않고 사라지지도 않는다"라고 합니다. 그런데 죽어서 육신이 사라지면 이렇게 작용하여 법을 듣는 사람도 없어질 것인데, 어찌하여 생기지도 않고 사라지지도 않는다고 합니까?

임제 스님이 말한 "지금 눈앞에 드러나 작용하는 법을 듣는 사람은 생겨나지도 않고 사라지지도 않는다"라는 말은 그런 사람이 있어서 태어나지도 않고 죽지도 않는다는 사실을 주장하는 말이 아닙니다. 임제의 이 말은 모든 부처님과 조사의 말씀처럼 분별을 벗어나 깨닫도록 이끄는 방편의 말입니다.

방편의 말을 듣고서 깨달아 분별에서 벗어나면 어떤 말에도 속지 않고 진실이 드러날 것입니다. 그러나 방편의 말을 분별하고 헤아린다면 더욱더 망상에 사로잡혀서 헛된 생각 속을 떠다닐 것입니다.

: 답변이 그리 개운하지는 않습니다. 법신진여의 불생불멸의 문제는 믿음의 영역이지 논증의 영역은 아닌 것 같습니다. 고금을 통해 아직 죽었다 살아나서 불생불멸을 증명한 사람도 없으니까요. 이것이 불교가 결국 종교의 영역에 속할 수밖에 없는 이유가 아닐까요?

법신진여가 불생불멸한다고 믿는 것도 역시 생각이고 분별이니 망상입니다. 개운하지 못한 이유는 분별로써 헤아리고 개념으로 이해하려고 하기 때문입니다.

분별할 수도 없고 생각할 수도 없는 곳에서 문득 벗어나는 체험이 오면, 온갖 망상이 저절로 쉬어지고 마침내 개운하게 될 것입니다. 헤아려서 이해하는 것은 모두 망상이니 더이상 헤아려서 알려고 하지 마시길 바랍니다.

45. 깨달으면 전생을 보나요?

: 전에 청화 스님의 법문을 읽은 적이 있는데, 청화 스님께서는 진짜 깨달음과 깨달음으로 착각한 것의 차이가 전생을 보느냐 못 보느냐로 구별된다고 하십니다. 청화 스님은 전생을 보지 못하면 깨달은 게 아니라고 하시더군요. 청화 스님의 이 말씀이 맞나요? 백봉 김기추 거사님의 법문집을 읽어 보면, 제자가 백봉 거사님에게 전생을 보느냐고 질문하자 백봉 거사님은 전생이 7개까지 보인다고 대답하는 장면이 나옵니다. 선생님은 몇 개의 전생을 보십니까?

깨달음이란 시간과 공간을 분별하여 그 경계의 모습을 보는 것이 아닙니다. 견성성불(見性成佛)이라고 하듯이 깨달음은 견성(見性)입니다. 견성은 법성(法性)을 본다는 말입니다. 《법성게》에서 "법성은 두루 녹아서 두 모습이 없다"라고 하듯이 법성은 분별을 떠난 불이법(不二法)입니다. 둘로 나누는 분별을 벗어난 불이법은 모습으로 분별할 수 없습니다.

석가모니는 영산회상에서 마하가섭에게 법을 전하면서, "실상무상(實相無相)의 미묘정법(微妙正法)을 전한다"라고 했습니다. '진실한 법의 모습' 즉 실상(實相)은 '아무런 모습이 없다' 즉 무상(無相)입니다. 《금강경》에서는 "모든 모습은 허망한 것"이며, "모습을 가지고는 여래를 볼 수 없다"라고 하였고, 또 "과거의 마음도 없고 현재의 마음도 없고 미래의 마음도 없다"라고 하였지요.

전생의 모습이든 후생의 모습이든 현생의 모습이든 모습을 보는 것은 깨달음이 아니고 법을 보는 것이 아닙니다. 따라서 전생의 모습을 보아야 깨달음이라는 말은 터무니없는 말입니다.

46. 견성을 설명할 수 있나요?

: 물질적으로만 보면 삼라만상 모든 것은 물질들의 변화와 작용일 뿐입니다. 우리의 본성과 물질의 관계는 무엇인가요? 본성과 물질을 거울과 거울에 비치는 상에 비유를 하던데요. 저는 물질(거울에 비치는 상)밖에 보이지 않는데, 깨달은 사람은 본성(거울)이 항상 같이 확인되나요? 본성은 오직 견성 체험을 통해서만 확인된다고 하는데, 견성 체험으로 본성(거울)을 알게 되는 것을 어떻게 설명할 수 있을까요? 어떤 두뇌의 변화일까요?

물질, 본성, 견성, 체험, 거울, 영상 등 이런 온갖 생각과 분별에서 벗어나야 진실이 드러날 것입니다. 본성, 견성, 체험, 거울, 영상 등의 말은 방편의 말이지, 그런 사실이 있으니 분별하여 알라는 말이 아닙니다. 마음이 분별에서 벗어날 때를 방편으로 일러 본성을 본다는 뜻으로 견성이라고 하지만, 분별에서 벗어났기 때문에 본성이니 견성이니 하는 이름으로 분별할 무엇은 없습니다.

분별에서 벗어나기 때문에 견성을 설명할 수도 당연히 없습니다. 예컨대《금강경》에서 "모든 모습은 허망하다. 온갖 모습을 보는데 모습이 아니면 여래를 보는 것이다"라고 말하는 것이나,《반야심경》에서 "사물, 느낌, 생각, 행위, 의식이 전부 공(空)이다"라고 말하는 것들이 견성을 나타내는 말이지만, 이런 말도 역시 방편의 말이지 중생이 분별할 수 있는 대상을 말한 것이 아닙니다.

이런 방편의 말은 분별에서 벗어나는 체험을 하고 나면, 좀 억지스럽지만 그렇게 말할 수도 있음을 저절로 알게 됩니다. 분별에서 벗어나는 해탈을 체험하지 못한 사람은 저런 방편의 말이 어떤 진실을 나타내고 있는지 전혀 알 수 없습니다.

분별에서 벗어난 진실을 가리키는 말은 분별에서 벗어난 뒤에야 알아볼 수 있습니다. 그러므로 부처와 조사의 말을 이해하려고 하지 마시고, 무엇보다 먼저 분별에서 벗어나는 해탈을 체험해야 합니다.

47. 언어를 모르는 동물에겐 망상이 없나요?

: 인간이 망상하며 살아가는 이유가 분별, 생각, 언어 속에서 살기 때문이라면, 생각과 언어가 없는 동물은 항상 견성하여 성품을 확인한 채로 사는 것일까요? 즉, 동물은 언어라는 망상이 없기에 본래 깨달아 있는 것입니까? 그렇다면, 인간으로 태어나더라도 동물들 사이에서 자라며 언어를 배우지 않는다면, 본래 깨달은 상태로 사는 것일까요? 과거 숭산 스님의 설법 중에 이런 내용에 대한 언급을 하셔서 궁금해서 질문합니다.

동물은 생각이 없으니까 깨달아 있다고 한다면, 이런 말은 그냥 생각으로 상상해 낸 헛된 말입니다. 깨달음이란 지능이 부족하여 생각이 없는 어두운 상태를 가리키는 것이 아닙니다. 도리어 날카로운 지성으로 잘 분별하면서도 전혀 분별이 없고, 분별이 없으면서도 모든 것을 잘 분별하며 활짝 깨어 있음이 곧 깨달음입니다. 즉, 언어가 없는 것이 깨달음이 아니라, 말을 하면서도 말하지 않는 것이 깨달음이지요.

깨달음은 분별을 벗어났기 때문에 언제나 이렇게 모순적이고 불가사의하게 말할 수밖에 없습니다. 그러므로 깨달음을 둘로 나누는 분별에서 벗어난 불이법(不二法)이라 하기도 하고 이쪽과 저쪽에서 벗어난 중도(中道)라 하기도 합니다.

이러한 불가사의한 불이중도는 분별하는 생각으로는 절대로 이해할 수 없고, 오직 스스로 분별에서 벗어나 깨달음을 얻어야만 밝게 드러납니다.

48. 의식만 진짜인가요?

: 사람들은 흔히 사람, 나무, 건물 등의 사물을 나의 의식과는 상관없이 객관적으로 존재한다고 여기는데, 깨달은 사람은 자기에게 나타나는 의식(意識)만 진짜고 의식 밖에 따로 존재하는 것은 없다고 보나요? 지금 보이고 들리고 느껴지는 의식만이 진짜고, 의식과 관계없이 존재한다고

여겼던 사람, 물건, 동물 등은 가짜가 되는 건가요?

무엇은 진짜이고 무엇은 가짜이며 무엇은 있고 무엇은 없다고
한다면 역시 헛된 분별이고 망상입니다. 깨달은 사람은 그런 분별
에서 벗어나 있으니 어떤 관점이나 견해도 가지고 있지 않습니다.
법문에서 허망하다거나 진실하다고 말하는 것은 분별에 얽매인 사
람의 헛된 견해를 쳐부수기 위해 임시로 사용하는 방편의 말일 뿐
이고, 허망함이 있고 진실함이 있어서 그렇게 말하는 것은 아닙니
다.

방편은 언제나 분별에서 벗어나도록 이끕니다. 비유하면 밭 사
잇길로 소를 몰고 가는 것과 같습니다. 소가 왼쪽 밭의 곡식에 입을
대면 고삐를 오른쪽으로 당기지요. 그 소가 오른쪽 밭의 곡식을 먹
으라고 하는 줄 알고 오른쪽 밭의 곡식에 입을 대면 이번에는 고삐
를 왼쪽으로 당깁니다. 고삐를 당기는 것은 오른쪽이나 왼쪽이지
만, 고삐를 당기는 의도는 오른쪽에도 왼쪽에도 있지 않습니다.

이와 같이 법문 속에서 있다거나 없다는 말을 하지만, 그렇게 말
하는 뜻은 있다거나 없다고 분별하라는 것이 아니라 분별에서 벗
어나라는 것입니다. 이처럼 분별에서 벗어나는 것이 어떤 것인지는
오로지 스스로 분별에서 벗어나는 경험을 해 보아야 알 수 있을 뿐
입니다. 말로써 설명하고 이해하는 것은 모두 분별입니다.

49. 업이 있는데 과보가 없나요?

: 설법 중에 생각을 해도 생각이 아니어서 과보를 받지 않는다고 말씀하셨습니다. 생각을 해도 과보를 받지 않는다는 말씀이 무슨 말씀인지 모르겠습니다. 생각을 했으면 그것이 언젠가 영향을 끼칠 텐데 어찌 과보를 받지 않는다고 하십니까?

실상을 깨달으면, 생각하지만 생각이 없고, 말하지만 말이 없고, 행동하지만 행동이 없습니다. 생각과 말과 행동이 있으면 그 생각과 말과 행동 때문에 일어나는 여러 가지 일이 있지만, 애초에 생각도 말도 행동도 없으니 당연히 그 생각과 말과 행동 때문에 일어나는 여러 가지 일도 없습니다.

생각과 말과 행동에서 벗어나는 것은 생각하지 않고 말하지 않고 행동하지 않는 것이 아닙니다. 생각하는데 생각이 없고, 말하는데 말이 없고, 행동하는데 행동이 없습니다.

'내일 책을 사러 서점에 가야지' 하고 생각하여 그다음 날 식구에게 "오늘 책을 사러 서점에 간다"고 말하고, 서점에 가서 책을 사 옵니다. 분명히 이러한 생각과 말과 행동이 나타납니다. 그런데 애초에 그러한 생각도 없었고 말도 없었고 행동도 없었습니다. 이것이 깨달아 해탈한 사람의 삶입니다.

또, 겨울에 여름옷을 입고 외출하여 추위에 떨다가 감기에 걸렸는데, 여름옷을 입은 적도 없고 외출한 적도 없고 추위에 떤 적도 없고 감기에 걸린 적도 없는 것이 깨달은 사람의 삶입니다.

이러한 것은 깨달아서 해탈한 사람에게 해당하는 사실이므로, 아직 깨닫지 못한 사람은 절대로 이해할 수 없습니다. 깨닫지 못한 사람은 있으면 있고 없으면 없다는 이분법인 분별에서 벗어나지 못하기 때문에, 어떤 일이 있기만 하면 그 일에 사로잡혀서 벗어나지 못하고 그러한 일이 있다고 집착합니다.

이러한 실상은 오직 스스로 깨달아서 분별망상에서 벗어났을 때 저절로 증명되는 일입니다.

50. 태어나기 전의 일은?

: 위산 스님이 "부모에게서 태어난 이후에 배운 것은 네 살림살이가 아니니, 부모에게서 태어나기 이전부터 있었던 네 살림살이를 가져오너라" 하고 말하자 말문이 막혔던 향엄 스님이 뒤에 기와 조각을 주워 던졌다가 대나무에 딱 부딪히는 소리를 듣고서 그 살림살이를 깨달았다는 것이 도저히 이해되질 않습니다. 태어난 뒤에 배운 것이 아니라 태어날 때부터 있었던 것은 죽은 뒤에도 그대로 있다고 하는데, 도대체 그것이 무엇인가요?

태어나기 전을 헤아리고, 태어난 뒤를 헤아리고, 죽기 전을 헤아리고, 죽은 뒤를 헤아리고, 있다고 헤아리고, 없다고 헤아리는 이런 분별에서 벗어나면 저절로 명백해집니다. 분별하고 헤아려서 이해할 수는 절대로 없습니다.

51. 세상의 부조리를 먼저 해결해야 하지 않나요?

: 인간 세상에서 일어나고 있는 온갖 폭력과 부조리를 무시하고 자기 마음 하나를 깨닫겠다고 공부하는 것은 너무 무책임하고 이기적이지 않습니까? 축산공장에 있는 수많은 동물은 지옥의 고통을 받고 있습니다. 인간 세상의 이런 부조리한 문제를 먼저 해결해야 하지 않나요?

중생 세계의 부조리한 문제를 해결하려는 활동과 자신의 마음을 깨달으려는 공부는 어느 하나를 취하면 다른 하나를 버려야 하는 모순 관계에 있는 것이 아닙니다. 동물 학대가 안타깝다면 동물의 권리를 위해 활동하세요. 자신의 마음을 깨닫고 싶다면 그런 세속적 활동을 하면서 설법을 듣고 마음공부를 하세요.

세속에서 무언가 가치 있다고 여기는 활동을 할 때는 좋음과 나쁨을 분별하여 좋은 쪽을 추구해야 할 것입니다. 그러나 마음을 깨닫고 싶다면 좋음과 나쁨을 나누는 분별심은 놓아 버리고 설법에 귀를 기울여야 합니다. 만약 세속적 활동과 내면의 마음공부를 따로 행하기가 어렵다면, 우선 세속에 대한 선악의 가치판단은 일단 놓아두고 먼저 마음공부를 하라고 권합니다.

세속에 관해서도 지금 님이 가지고 있는 가치판단이 절대적으로 옳다고는 여기지 마십시오. 아직 깨달음도 없고 지혜도 없으면서 자기가 최선의 가치판단을 한다고 여기면 성급한 것입니다. 우선 바깥으로 향하는 시선을 자신의 내면으로 돌려서 자기의 마음을 깨달아 지혜를 얻어야 합니다.

중생 세계를 구원하려고 하기 이전에 먼저 자신을 구원해야 합니다. 자기를 극복하지도 못하고 자신을 구원하지도 못한 사람이 어떻게 세속을 구원할 수 있겠습니까? 자기의 내면에 누구도 해치지 않을 수 있는 지혜와 자비가 있을 때 비로소 세상에 대해서도 그 자비를 행할 수 있을 것입니다. 자기의 내면이 시비와 분노와 폭력으로 가득한 사람이 세상을 구제하고자 한다면, 결국 세상에 대하여 시비와 분노와 폭력을 나타낼 뿐입니다.

자기를 먼저 구원해야 세상을 구원할 수 있음을 잊지 마세요.

52. 스승이 제자를 대하는 마음은?

: 오조 홍인이 육조 혜능에게 법을 전하고 떠나보낼 때, 나룻배를 타고 강을 건너게 되는데 오조가 직접 노를 저으셨다고 합니다. 그때 오조의 마음은 어떤 마음이었을까요? 깨달음에는 둘이 없고 분별이 없다고 늘 배웠는데, 오조가 깨달은 혜능과 아직 깨닫지 못한 신수를 대하는 마음이 같을까요, 다를까요? 오조뿐만 아니라 부처님, 달마, 마조 등 여러 선지식이 가섭, 혜가, 백장 등 제자에게 법을 전했는데 법을 전한 제자와 그

밖의 제자를 향한 마음이 같을까요, 다를까요?

깨달으면 마음이라는 물건이 없는데, 다시 같으니 다르니 할 것
이 어디에 있겠습니까? 깨달으면 스승도 없고 제자도 없는데, 누가
누구를 대하겠습니까?

53. 아트만은 무아와 다릅니까?

: 힌두교에서는 아트만 즉 나가 있다고 말하지만, 불교에서는 무아(無我)
즉 '내가 없다'고 말합니다. 여기에 어떤 다름이 있습니까?

아트만과 무아는 글자와 발음이 다르군요. 불교와 힌두교도 이
름이 다르군요. 이름과 모양을 분별하여 차이를 헤아리는 분별심에
서 벗어나면, 무슨 같음이 있고 다름이 있겠습니까?

분별심에서 벗어나 같음도 없고 다름도 없음에 통달해야, 비로
소 어떤 면에서 같다고 말하고 어떤 면에서 다르다고 말하는지를
알 수 있습니다.

아트만이라 하든 무아라 하든 모두 방편의 말입니다. 방편의 말
을 알려면 우선 분별심에서 벗어나 깨달음을 얻어야 합니다. 분별
심에서 벗어나지 못하고 분별심을 가지고 같은지 다른지를 분별하

고 따진다면, 끝내 분별망상을 벗어나지 못하여 진실을 보지 못할 것입니다.

54. 일여, 진여, 여여는 같은 것입니까?

: 불교에서 흔히 일여(一如)라느니 진여(眞如)라느니 여여(如如)라는 말을 합니다. 이 말들은 무엇을 가리키는 말인가요? 무엇이 일여한 것이고 여여한 것입니까? 진여란 또 무엇입니까? 이 말들이 가리키는 것은 같은 것입니까, 다른 것입니까?

일여(一如), 진여(眞如), 여여(如如)라는 말은 우리가 깨달아야 할 우리의 본성을 가리키는 말입니다. 여(如)란 글자는 '변함없이 같다'는 뜻입니다. 글자의 뜻만 이해하면 어떤 무엇이 있어서 그것이 변함없이 한결같다는 뜻으로 이해할 수 있습니다.

그러나 여기에 함정이 있습니다. 일여, 진여, 여여 등의 말은 방편의 말입니다. 방편의 말이란 알 수도 없고 말할 수도 없는 출세간의 일을 가리키는 말입니다. 알 수 있고 말할 수 있는 세계를 세간(世間) 즉 중생의 세계라고 합니다. 깨달아야 할 세계는 세간을 벗어나 있다고 하여 출세간(出世間)이라 합니다. 출세간은 알 수 없습니다. 이 점이 세간과 출세간의 차이입니다. 출세간은 알 수 없으므로 말할 수도 없습니다.

그렇다면 출세간에 대해서는 입을 다물고 말하지 말아야 할까요? 석가모니께서 깨달음을 얻고 난 뒤에 이 깨달음은 도저히 말로써 설명할 수 없음을 아시고 혼자만 깨닫고 그냥 열반에 들려고 하였는데, 제석천이 나타나서 불쌍한 중생을 위해 가르침을 펼치셔야 한다고 권하는 바람에 마지못하여 가르침을 펼치게 되었다는 이야기가 경전에 있습니다. 보리달마도 이렇게 말했습니다. "도(道)에는 본래 말이 없지만, 말하지 않으면 도를 나타낼 수 없다."

이처럼 알 수 없는 깨달음의 세계인 출세간을 억지로 말하였다고 하여, 출세간을 말하는 말을 모두 방편(方便)의 말이라고 합니다. 말할 수 없는 것을 말하기 때문에 출세간에 대한 방편의 말을, 우리가 평소 말하고 이해하는 세간의 말처럼 이해하면 안 됩니다. 다시 말해, 방편의 말을 세속의 말처럼 그 말의 뜻 그대로 이해하면 완전히 잘못된 것입니다.

바로 이 점에서 불교를 공부하는 사람들이 수많은 잘못을 저지르고 있습니다. 출세간을 가리키는 방편의 말을 평소 이해하는 세간의 말처럼 이해하기 때문에 저지르는 잘못이고, 그 때문에 불교 공부가 잘못되는 경우가 너무나 많습니다. 불교 경전에 나오는 부처님과 보살님의 말씀이 전부 방편의 말씀이고, 역대 조사와 선지식의 말씀이 전부 방편의 말씀입니다. 그러므로 우리는 경전의 말씀과 조사와 선지식의 말씀을 우리가 평소 듣고 이해하는 세간의 말처럼 이해하면 안 됩니다.

방편의 말씀을 알 수 있는 유일한 길은 우리도 부처님과 같은 깨달음을 얻는 것입니다. 그때에야 비로소 부처님이 방편으로 하신 말씀을 제대로 알 수 있습니다. 깨닫기 전에는 그런 방편의 말씀을 절대로 알 수 없습니다.

다시 말해, 경전에 나오는 부처님과 보살의 말씀이나 조사와 선지식의 말씀을 우리가 평소 말하고 이해하는 식으로 이해하여 '그런 일이 있구나' 하고 이해하거나, '그렇게 하면 되겠구나' 하고 아는 것은 완전히 잘못 아는 것입니다. 분별을 벗어난 출세간은 생각으로 이해할 수 없고, 오로지 직접 체험해야 비로소 그 실체가 드러납니다.

그러므로 불교 공부에서는 분별인 생각에서 벗어나 깨달음을 체험하는 것이 가장 우선되어야 하는 것이죠. 그래야 부처님의 말씀이나 조사의 말씀을 알 수 있습니다.

5장
마음공부의 바른 길

1. 경계에 어떻게 대응할까요?

: 우리는 살아가면서 순간순간 내적으로 또는 외적으로 무수한 경계를 만나고 있습니다. 그런 경계를 만날 때 여러 가지 반응이 저에게서 일어납니다. 그럴 때 어떻게 반응해야 근원 자리에서 어긋나지 않는지 구체적인 방법이 제시되어야 저 같은 사람에겐 좋을 듯합니다. 마음공부에서는 분별할 것이 없다고 하지만, 그래도 여러 가지 경계를 만나 어떻게 대응해야 마음공부에 도움이 될지 가르쳐 주시기 바랍니다.

깨달음을 얻으면 저절로 지혜가 나와서 늘 만나는 온갖 경계에 대응함에 아무런 문제가 없습니다. 아직 깨달음을 얻지 못했으면, 늘 분별 속에서 옳고 그름, 좋고 나쁨을 따지고 헤아리게 되므로 여러 가지 경계를 만날 때마다 어떻게 하는 것이 좋을까 하고 고민하게 됩니다. 이런 상황에서는 이렇게 대응하는 것이 좋겠다고 생각할 수 있겠지만, 언제나 상황은 변화하고 있으니 당연히 생각도 달라질 수밖에 없습니다. 그러므로 경계에 대응하는 하나의 구체적인 방법이 정해질 수는 없죠.

　이처럼 분별 속에 있는 중생은 늘 이 고민에서 벗어날 수 없습니다. 이 고민에서 벗어나는 유일한 출구는 깨달음을 얻어 분별에서 해탈하는 길뿐입니다. 분별에서 벗어나 망상에서 해탈하면 지혜가 나오기 때문에, 어떤 경계를 만나든 그 경계에 휘둘리지 않고 속지 않을 수 있는 힘이 저절로 생깁니다.

2. 할 일이 없을 때 어떻게 공부해야 합니까?

: 선생님의 설법을 들으며 많은 가르침을 배우고 있습니다. 그러나 설법을 들을수록 점점 평소 해 오던 좌선이나 염불, 간경이 그림자를 좇는 헛된 것이라는 느낌이 들어서 계속할 수가 없습니다. 평소 할 일이 있을 때는 그 일을 자연스레 행할 수 있겠는데, 할 일이 없을 때가 문제입니다. 할 일이 아무것도 없을 때 도대체 어떻게 공부해야 하는지 막막합니다. 더이상 어디에 집중하는 것은 못하겠습니다. 선생님의 지도편달 바랍니다.

　깨달음을 얻으려면 두 가지가 필요합니다. 첫째는 깨달음을 얻고자 하는 열망입니다. 깨달음을 얻고자 하는 열망을 보통은 발심이라고 합니다. 둘째는 깨달음으로 바르게 인도하는 선지식을 찾아서 그 선지식이 인도하는 대로 따라가는 것입니다. 선지식은 보통 설법을 하여 사람들을 인도하므로 선지식의 설법을 들어야 합니다. 그 선지식의 법회에 직접 참석하여 법문을 들을 수 있다면 더욱 좋습니다. 이 두 가지 조건만 갖추어지고 꾸준히 법문을 들으며 공부해 나아가면 언젠가는 깨닫게 됩니다.

좌선, 염불, 간경 등의 의도적인 수행은 전혀 필요하지 않습니다. 평소 할 일이 없어서 시간이 날 때는 설법을 들으십시오. 그것이 바로 공부입니다.

마음공부는 세속의 공부와는 달라서 어떤 방법에 따라서 열심히 노력하는 것이 아닙니다. 어떤 방법에 따라 열심히 노력하면 그 노력의 결과가 나타나겠지만, 그 결과는 노력에 의하여 만들어진 결과일 뿐, 본래부터 갖추어져 있는 우리 자신의 본성을 깨닫는 것은 아닙니다.

깨달음은 꿈에서 깨어나는 것과 같은 경험입니다. 나쁜 꿈을 꾸는 사람이 꿈에서 깨어나고 싶을 때 어떤 방법이 있을까요? 꿈에서 깨어나기 위해 어떤 짓을 해도 그것이 모두 꿈속의 일이므로 꿈에서 깨어날 수는 없습니다. 꿈에서 깨어나는 유일한 길은 악몽이 너무나 절박하여 정말로 절실히 깨어나고 싶어서 안달할 때 저절로 깨어나는 것입니다.

깨달음도 마찬가지입니다. 깨닫고 싶은 열망이 정말로 절실해지는 때가 되면 저절로 깨닫게 됩니다. 이것은 억지로 욕심을 낸다고 단기간에 되는 일이 아니라, 시간이 지나면서 점차 자기도 모르게 마음속에 그러한 열망이 깊어지게 되면 어느 순간 갑자기 깨달음이 일어나는 것입니다. 악몽에서 깨어나는 경험과 유사한 것이지요.

선지식의 법문을 꾸준히 들으면 자기도 모르는 사이에 깨닫고자 하는 열망이 더욱 깊어지고 절실해지면서 깨달음에 저절로 가까이 다가가게 될 것입니다.

3. 마음을 어떻게 다스립니까?

: 솟아오르는 마음을 어떻게 다스릴 수 있을까요? 책으로 읽어 다스릴 수 있을까요? 앉아서 명상을 하여 다스릴 수 있을까요? 타고난 성질을 다스리는 일은 참으로 힘들다는 것을 느낍니다. 호수와 같은 마음의 평정을 얻을 수 있는 어떤 길이 있습니까? 선생님의 조언을 부탁드립니다.

마음의 평정을 원하시면서, 마음을 다스리려고 하시는군요. 마음의 평정은 마음을 다스려서는 결코 얻을 수가 없습니다. 마음을 다스리려고 하면 할수록 마음은 더욱 반발하고 솟아오를 것입니다. 호수의 물결이 잠잠해지길 원하면서 물에 손을 대는 것과 같습니다. 물에 손을 대는 동안은 물결은 결코 잠잠해지지 않습니다.

마음도 마찬가지입니다. 마음을 평온하게 만들려고 마음에 일부러 손을 댄다면, 마음은 그 때문에 더욱 성가시게 되어 불편해질 것입니다. 마음의 평정은 마음을 다스려서 얻는 것이 아니고, 마음의 실상에 통하는 깨달음의 체험을 할 때 저절로 달성됩니다. 마음의

194

실상은 마음에 일부러 손을 대지 않고, 저절로 깨달아질 때 드러납니다. 마치 물결이 잠잠해지면 물속이 잘 보이는 것과 같습니다.

마음의 실상을 어떻게 깨달을 수 있을까요?

마음을 다스리려 하지도 말고 내버려 두려 하지도 말고, 법문만 잘 들으십시오. 법문을 믿고 법문을 꾸준히 들으십시오. 법문을 들으면서 어떤 판단도 하지 말고 어떤 견해도 만들지 말고, 생각을 놓고 믿고 법문을 들으십시오. 그렇게 법문을 꾸준히 들으시면 언젠가 저절로 깨달아서 마음에 평화가 올 것입니다.

4. 화두 공부는 어떻게 합니까?

: 화두를 어떻게 참구해야 하는지 아직도 감을 잡지 못해 헤매고 있습니다. 제가 나름대로 공부하기 위해 모 큰스님의 법문 테이프 중 화두 드는 방법이 있는 부분을 여러 번 들었는데, 이렇게 말씀하십니다. "'이 뭣고?'는 입이 하는 것이 아니라 눈으로 볼 수 없는 진정한 '나'가 하는 것이다. 그러니 '이 뭣고 하는 이놈이 뭣고?' 하는 식으로 돌아가서 '이 뭣고?'를 관찰하듯이 해야 한다." 한편, 제가 다니는 교육기관의 원장님은 그것은 관법(觀法)이라시며 그렇게 하지 말고, 초보 때는 호흡할 때마다 즉 숨을 들이쉴 때 '이~' 하고, 내쉴 때 '뭣고?' 하며 호흡과 화두를 먼저 일치시켜야 된다고 하십니다. 또 다른 스님들은 화두에 있는 의심할 곳을 놓치지 않고 계속 의심을 지어 가라고 하시고요. 어느 것이 옳은 수행법인지 저는 모르겠습니다. 선생님께 화두 공부하는 방법에 대한 설명을 요청합니다.

화두(話頭)라는 말은 당송 시대에 '말'이라는 뜻으로 사용된 단어입니다. 화(話)가 본래 뜻이고, 두(頭)는 뜻 없는 접미사입니다. 우리말에도 '주변머리'라는 말에서 '머리'가 접미사인 것과 마찬가지죠. 그런데 남송 시대에 대혜종고(大慧宗杲; 1089~1163) 선사가 선을 공부하는 사람들에게 '말을 살펴보라'는 뜻인 '간개화두(看箇話頭)'라는 말을 하면서 간화선(看話禪)이라는 말이 생겨났습니다.

대혜 선사가 '말을 살펴보라'고 할 때의 '말'이 어떤 말인가 하면, 이전의 조사나 선사가 불법(佛法)을 가리키기 위해 했던 말입니다. 대혜 선사는 이전의 조사나 선사가 제자를 가리키기 위해 했던 말을 잘 살펴보면 깨달음을 얻을 수 있다고 한 것이죠. 그러나 말을 살펴보라는 대혜의 가르침이 그 말의 의미를 음미하며 숨은 뜻을 탐구하라는 것은 아닙니다. 대혜가 가장 즐겨 살펴보라고 권했던 화두는 이른바 '조주무자(趙州無字)' 화두입니다. 그에 관련하여 대혜의 편지글인 《서장》에서 대혜가 하는 말을 인용합니다.

만약 재빨리 깨닫고자 한다면, 모름지기 이 한 생각이 한번 폭삭 부서져야 합니다. 그때야 비로소 삶과 죽음을 밝힌 것이며 바야흐로 깨달아 들어갔다고 말할 수 있습니다. 그러나 일부러 부서지길 기다려서는 절대로 안 됩니다. 만약 부서지는 곳에 마음을 둔다면 영원히 부서질 때가 없을 것입니다. 다만 망상(妄想)으로 뒤집어진 마음, 사랑하고 분별하는 마음, 삶을 좋아하고 죽음을 싫어하는 마음, 지식과 견해로 이해하는 마음, 고요함을 즐기고 시끄러움을 싫어하는 마음을 잠시 눌러 두고, 다만 눌러 둔 곳에서 화두(話頭)를 살펴보십시오. 어떤 승려가 조주에게 묻되 "개에게도 불성이 있습니까?" 하니, 조주가 말하기를 "없다"라고 하였습니다.

"없다"는 이 한마디는 수많은 잘못된 지식과 잘못된 깨달음을 물리치는 무기입니다. 이 "없다"는 한마디는 '있음과 없음'이라고 이해해도 안 되고, 도리(道理)로서 이해해도 안 되고, 생각으로 사량하고 헤아려도 안 되고, 눈썹을 찡그리고 눈을 깜박이는 곳에 빠져 있어도 안 되고, 언어 위에서 살아갈 궁리를 해도 안 되고, 일 없는 곳으로 달려 들어가도 안 되고, 말을 꺼내는 곳에서 바로 받들어 지켜도 안 되고, 문자 속에서 증거를 끌어와도 안 됩니다.

다만 하루 종일 가고 머물고 앉고 눕는 가운데 때때로 자신에게 일깨워 주시고 때때로 자신에게 말해 주셔서, "개에게도 불성이 있습니까?" "없다"를 일상의 삶에서 떼어 놓지 마십시오. 한번 이와 같이 공부해 보십시오. 한 달이나 열흘쯤 지나면 문득 스스로 볼 수 있을 것입니다. (《서장》 부추밀 계신에 대한 답서(1))

이것이 바로 간화선을 창시했다고 하는 대혜 선사가 가르친 간화선입니다. 일상생활에서 언제나 화두를 자신에게 일깨워 주고 말해 주면서 살펴보되, 그 의미를 탐구하지는 말라는 것입니다. 그러나 이 가르침은 사실 좀 애매합니다. 의미 탐구도 아니고, 염불처럼 외우라는 것도 아니고, 화두를 관하라는 관법도 아니고, 화두에 의식을 집중하라는 수행법도 아닙니다. 다만 일상생활에서 화두를 잊지 말고 늘 상기하라는 것이라고 이해할 수밖에 없습니다.

197

그런데 이런 간화선은 치열하게 수행하려는 수행자에게는 좀 밋밋한 수행법입니다. 구체적으로 어떻게 화두를 수행하라는 것인지 명확하지가 않습니다. 열심히 노력하려는 수행자에게는 좀 더 구체적이고 명확한 방법이 제시되어야 할 것입니다. 그래서 그런지 세월이 흐르면서 간화선은 염불선(念佛禪)으로 변질되고 말았습니다. 간화선이 염불선으로 변질된 것은 고려 시대 우리나라의 간화선에 절대적인 영향을 끼친 몽산덕이(蒙山德異; 1231~1298)의《몽산법어》에 잘 나타나 있습니다. 그 까닭에 몽산덕이의 수행법을 따르는 우리나라의 간화선도 역시 염불선에 가깝지, 대혜종고가 가르친 본래의 간화선과는 다릅니다. 여기에 관해서는 제가《간화선 창시자의 선》(상, 하)(침묵의 향기)에서 자세히 밝혀 놓았습니다.

조사나 선사가 불법을 가리키며 말한 화두는 말하자면 직지인심(直指人心)과 같습니다. 보통 선의 특징을 말할 때 불립문자, 교외별전, 이심전심, 직지인심, 견성성불을 말합니다. 불립문자(不立文字)란 문자를 세워서 불법을 말하지 않는다는 것이고, 교외별전(敎外別傳)은 언어를 통한 가르침인 경전 밖에서 따로 전한다는 것이고, 이심전심(以心傳心)은 마음에서 마음으로 곧장 전한다는 것입니다.

언어문자를 사용하여 설명하고 이해하여 전하는 것이 아니라, 마음에서 마음으로 곧장 전하는 것은 어떻게 전하는 것일까요? 직지인심과 견성성불이 바로 이심전심하는 방식입니다. 깨달음이란 마음을 깨닫는 것인데, 직지인심이란 사람의 마음을 곧장 바로 가리킨다는 것입니다.

선을 가르치는 스승이 마음이 어떤 것이지를 설명하는 것이 아니라, '이것이 마음이다'라고 모습 없는 마음을 곧장 가리키는 것이죠. 그러면 배우는 사람은 곧장 분별에서 벗어나 모습 없는 마음에 통하여 깨닫는 것입니다. 견성성불(見性成佛)은 바로 이러한 깨달음을 말합니다. 견성(見性)은 본성을 본다는 말인데, 본성은 분별되는 것이 아니어서 이해할 수 없고 분별을 벗어나 직접 체험해야 합니다. 성불(成佛)은 부처가 된다는 말이니, 곧 깨닫는다는 말입니다.

이처럼 선의 스승은 제자에게 마음을 곧장 가리킵니다. 말을 하든 행동을 하든 전부 마음을 직접 가리키는 것이지, 어떤 의미를 보여 주는 것은 아닙니다. 마음은 언제나 살아 있고 활동하고 있는 진실이지만, 어떤 모습도 아니고 우리가 알 수 있는 대상도 아닙니다. 마음은 우리 인간 존재의 모든 것이기 때문에 안에 있는 것도 아니고 밖에 있는 것도 아니어서 우리가 보거나 듣거나 느끼거나 알 수 있는 대상이 아닙니다.

화두란 바로 이러한 직지인심입니다. '부처가 뭐냐?' '불법이 뭐냐?' '깨달음이 뭐냐?' '조사의 뜻이 뭐냐?' '선이 뭐냐?' '본래면목이 뭐냐?' '마음이 뭐냐?' 이런 질문에 대하여 선지식이 곧장 가리키는 마음이 바로 화두입니다.

이 마음은 우리 모두의 살아 있는 마음이기 때문에 깨달아 확인되는 것이지, 생각하여 이해할 수도 없고 보거나 듣거나 느낄 수 있는 대상도 아닙니다. 화두는 바로 마음을 가리키는 것이므로 이해할 수 없고 불가사의한 것입니다. 그래서 보통 화두를 알 수 없는 수수께끼나 풀어야 할 의문처럼 말하기도 합니다.

다시 말해, 화두는 우리의 살아 있는 마음을 가리킨 것이고, 우리의 마음은 알 수 있는 대상이 아닙니다. 결국, 화두는 우리의 분별하는 의식(意識) 앞에 던져진 불가사의한 의문의 덩어리입니다. 이 의문의 덩어리를 계속 상기하여 마주하고 살펴보다 보면 언젠가는 이 의문의 덩어리가 사라지고 우리의 마음이 밝게 드러나는 깨달음이 일어난다는 것이 간화선이라고 할 수 있습니다.

간화선이 등장하기 이전의 선에서는 스승이 마음을 곧장 가리키고 제자는 그러한 직지인심을 보거나 듣고서 곧장 깨달음을 얻었습니다. 그래서 선에서 깨달음은 스승의 말이나 행동을 듣거나 보고서 그 자리에서 곧장 깨닫는 돈오(頓悟)였습니다. 이것을 일러 '말을 듣고서 그 자리에서 곧장 깨닫는다'고 하여 언하변오(言下便悟)라고 합니다.

그러므로 "부처가 무엇입니까?" "마른 똥막대기다" "도가 무엇입니까?" "뜰 앞의 측백나무다"에서 우리가 화두라고 알고 있는 '마른 똥막대기'나 '뜰 앞의 측백나무'는 그런 물건을 가리키는 말이 아니고, 우리의 살아 있는 마음을 곧장 가리키고 있는 것입니다. '마른 똥막대기'나 '뜰 앞의 측백나무'는 이해의 대상도 아니고, 집중의 대상도 아니고, 관찰의 대상도 아니고, 어떤 대상도 될 수 없는 우리 마음의 온전한 모습을 나타내고 있습니다. 이 화두를 공부하는 자에게는 오직 자기의 마음에 온전히 통하는 깨달음만 가능할 뿐, 다른 길은 없습니다.

5. 법문을 듣는 좋은 방법은?

: 선생님의 법문을 열심히 듣고 있습니다. 제가 법문 듣는 태도에 잘못이 있는 것 같습니다. 이런 식으로는 법문을 많이 들어도 아무 소용없을 것이라는 두려움이 앞섭니다. 예를 들어, 선생님께서는 말씀을 하고 계시는데 저는 그것을 해석하느라고 바빠 말씀을 놓치는 것 같고, 해석을 멈추면 말의 기능이 상실될 것 같고, 설사 의식적으로는 해석을 멈추어도 잠재의식에서 은밀하게 영향을 미칠 것 같고, 어떻게 보면 말씀하시는 뜻과 듣는 뜻이 다르기에 처음부터 불가능과 싸우는 것 같기도 하고 그렇습니다. 그래서 먼저 법문을 듣는 올바른 태도를 알아야겠다고 생각되어 질문 올립니다.

왜 법문을 듣습니까? 깨달음이 무엇인지 궁금해서 듣는 것이지요. 궁금해서 귀를 기울이지만, 깨달음은 분별하거나 이해할 수는 없다는 것도 아실 것입니다.

그러므로 자신의 생각으로 법문의 내용을 이해하고 해석하는 것은 절대로 하지 마십시오. 그냥 법문만 들으십시오. 법문을 들으며 법문에서 이끄는 대로 따라오시면, 문득 마음이 열릴 날이 있을 것입니다.

법문이 이해되든지 이해되지 않든지 상관하지 마시고 깨달을 때까지 들으십시오. 무엇을 찾지도 말고, '왜?' 하고 이유를 따지지도 말고, '어떻게?' 하고 방법을 묻지도 말고, 의미를 찾지도 말고, 이치를 헤아리지도 마십시오. 그저 꽉 막힌 것이 뚫어져 의심이 사라질 때까지 듣고 또 들으십시오.

6. 무자(無字) 화두를 어떻게 드나요?

: 화두는 1,700 공안 중 제가 임의로 하나 골라 명상하면 안 되나요? 많은 사람이 조주 선사의 '무(無)'를 든다고 하던데, 저도 그래야 할까요? 의심이 안 들어도, 예를 들어, "조주 선사가 왜 무(無)라고 했는가?"라는 의심이 안 들어도, 그냥 "무(無)~" 하면서 다른 생각들을 거기에 돌려 집중해서 들고 있으면 되나요?

차근차근 접근해 봅시다. 몇 가지 질문을 하겠습니다.

1. 무엇보다도 질문자께서 결국 원하는 것, 최종적인 목표가 무엇입니까?

2. 그 최종적인 목표를 화두를 통하여 얻겠다고 결심하였다면, 화두가 최종적으로 제시하는 것이 무엇이겠습니까? 다시 말해 화두는 결국 무엇입니까?

질문자께서는 자신을 진지하게 돌아보시고 우선 여기에 답변해 보십시오.

: 제가 원하는 건, 마음이 고요했으면 좋겠습니다. 평화롭게 인연대로 받아들이며 살길 원합니다. 그 어떤 것에도 요동치지 않는, 그에 휩쓸리지 않는 고요와 지혜 같은 거요. 하지만 마음은 그걸 거부하는 듯합니다. 못 견뎌 합니다.

화두가 무엇인지 전 잘 모르겠습니다. 무엇을 제시하고자 하는지, 무엇을 가르쳐 주고자 하는지 모르겠습니다. 다만, 선사들이 헛소리를 한 건 아닐 거라고 생각합니다. 어쩌면 마음을 꽁꽁 묶어 버리는 기둥일 수도 있고, 거친 바다를 건너는 항해술일 수도 있고요. 제가 화두에 대한 믿음이 약하다고 볼 수 있지만, 저로서는 이게 전부입니다.

화두 문제는 우선 다음으로 미루어 놓고 질문자의 궁극적 관심사에 초점을 맞추어 탐구해 봅시다. 질문자가 원하는 것은 다음이군요.

'그래서 평화롭게 인연대로 받아들이며 살길 원합니다. 그 어떤 것에도 요동치지 않는, 그에 휩쓸리지 않는 고요와 지혜 같은 거요. 하지만 마음은 그걸 거부하는 듯합니다. 못 견뎌 합니다.'

질문자는 흔들리지 않는 고요와 평화를 원하지만, 마음은 질문자의 의도를 따라주지 않고 오히려 거부하는군요. 그럼 다시 묻겠습니다.

원하는 마음과 거부하는 마음은 같은 마음이겠습니까? 다른 마음이겠습니까?

: 벗어나고자 하는 것도 원하는 마음이고, 미련이 남아서 그것을 거부하는 것도 원하는 마음이라고 보면 같다고 할 수 있지만, 저는 마음의 변화무쌍함을 느끼고 있기 때문에 같다고 볼 수도 없습니다. 하나의 마음에서 그런 조화가 일어나는 것 같습니다. 마치 주무르는 대로 기이한 모양이 나오는, 마르지 않는 한 덩어리의 고무찰흙처럼. 그러나 고무찰흙은 내키는 대로 주무를 수 있지만, 마음은 그러지 못합니다. 제멋대로 움직이거든요.

마음은 제멋대로 움직여서 여러 가지 모양을 드러내는 한 덩이 찰흙과 같군요. 그런데 질문자의 불만은 이 찰흙이 제멋대로 움직여서 원치 않는 여러 가지 모양을 드러내는 데 있는 것 같습니다. 다시 묻겠습니다.

질문자는 찰흙을 마음대로 주물러서 내가 원하는 모양대로만 만들기를 원하십니까? 그리고 그렇게 하는 것이 가능하다고 여기십니까? 아니면 질문자는 찰흙이 전혀 움직이지 않고 가만히 고정되어 있기를 원하십니까? 그리고 그것이 가능하다고 여기십니까?

: 첫 번째 질문에 대해선, 대다수 사람이 그러하듯 그렇게 할 수 있기를 바랍니다만, 그렇게 하는 것은 불가능하다고 봅니다.
두 번째 질문에 대해서도 그렇게 하는 건 불가능하다고 봅니다. 어떤 위대한 수행자들이 완벽한 집중삼매에 들었다는 얘기는 들어봤습니다만,

그들도 언젠가는 집중을 풀 수밖에 없을 겁니다. 집중하는 것도 집중을 푸는 것도 이미 마음의 움직임이니까요. 사실 저는 그런 집중 이상을 원합니다.

둘 다 불가능하군요. 그렇습니다. 마음은 마음대로 움직여 주지도 않으며, 가만히 고정되어 있지도 않습니다. 흔히 마음을 물에 비유하거나 거울에 비유하는 이유가 여기에 있습니다. 물은 인연 따라 흐르고 물결이 이는 것이고, 거울은 인연 따라 비추는 것이지요.

마음도 마찬가지로 인연 따라 비추어 내고 인연 따라 흘러갑니다. 우리가 만약 한결같이 거울일 뿐이고 변함없이 물일 뿐이라면, 인연 따라 비추고 인연 따라 흘러간다 한들 무슨 문제가 있겠습니까? 그런데 우리는 무엇을 비추고 어디로 흘러가느냐 하는 것에만 관심이 있습니다. 이 때문에 좋아하거나 싫어하는 번뇌가 생깁니다.

이제 어디에 문제가 있는지 수긍이 가십니까? 이 문제가 수긍이 간다면 이 문제는 어떻게 풀어야 할까요?

: "집착하지 마라." "내려놓아라." "내버려 두어라." "찾지 마라." "기대하지 마라." "바라지 마라." 이런 것들이 현자들의 한결같은 가르침으로 알고 있습니다.

하지만 그럼에도 불구하고 저의 마음은 집착을 놓지 못하고 있습니다. 심지어 고통을 스스로 만들어 내기도 합니다. 항상 의식적으로든 무의식적으로든 바라는 대로 되기를 원합니다. 그렇게 되지 않으면 화가 나고 후회하고 아까워하고 슬퍼하고 악이 바치고 짜증이 나고 별 수단을 다 강구하고 시도해 보다가 힘들어하고 절망하기도 합니다. 어떤 것은 순식간에 나타납니다. 그건 제 의지대로 되지 않습니다. 다행히 그 순간을 알아차려 멈추려고 하면, 오히려 그럴수록 더 그것에 옭아 매입니다. 피할 수도, 맞설 수도, 내버려 둘 수도, 멈출 수도 없습니다.

어떻게 풀 수 있을까요?

그렇습니다. '하지 마라, 그만두어라, 멈추어라, 쉬어라, 내려놓아라'라는 말을 듣고 그럴듯하다고 생각하고 그렇게 하려고 노력하는 것은 별 효과가 없습니다. 이것은 물결이 잠자기를 바라면서 자꾸 물에 손을 대는 것과 같은 어리석음이지요. '어떻게 해야 한다'는 생각이나 '어떻게 하지 말아야 한다'는 생각이나, 동일한 생각으로서 우리가 피하고 싶은 분별심이요 집착이기 때문입니다.

마음에 하나의 분별이 생겼을 때, 그것을 잠재우기 위해 어떤 생각(예컨대 '분별하지 말아야지' 하는 생각)을 한다면, 저 분별을 이 분별로 바꿔치기하는 행위로서 끝없는 분별만 일으킬 뿐입니다. 그러므로 마음에서 일어나는 하나하나의 구체적인 분별과 집착에 대응하여 그것을 다스리고 극복하려고 하는 노력은 별 효과가 없습니다. 노력에 비해 효과가 없으니 분통만 더 터질 뿐이지요.

의식의 혁신적 변화가 있어야 문제가 해결됩니다. 마음에 대한 전혀 새로운 경험을 통하여 마음을 전혀 다르게 보아야 한다는 말입니다. 의식의 혁신적 변화는, 마음이라는 것이 지금까지 내가 알고 있었던 것과는 전혀 다른 것이라는 사실을 직접 경험하여 확인함으로써 이루어집니다.

그것은 마치 깨지지 않는 딱딱한 껍질을 가져서 쓸모없다고 늘 버려지던 과일이 있었는데, 어느 날 그 껍질을 쉽게 깨는 방법을 찾은 사람이 있어 껍질을 깨고 안에는 겉과는 전혀 다르게 한없이 부드럽고 맛있는 속살이 있음을 드러내 보이는 것과 같습니다. 더이상 그 과일을 쓸모없다고 여기진 않겠지요.

마음공부란 이와 같이 어떤 뜻밖의 새로운 경험을 통하여 마음의 참된 가치를 찾아서 확인하는 경험입니다. 다시 말해, 현재 마음에서 일어나는 여러 가지 문제를 어떻게 하나하나 대처할 것인가하는 것이 마음공부의 주제는 아닙니다.

우리가 마음이 번뇌하고 아픈 것은 육체가 아픈 것과 마찬가지로 일종의 질병입니다. 질병에 대처하는 방법은 크게 두 가지가 있습니다. 하나는 겉으로 드러나는 증상에 대응하여 증상을 완화시키는 치료법이 있습니다. 이 방법은 당장의 고통을 쉽게 완화시키는 효과가 있습니다. 그러나 고통의 원인을 제거하지 않으면 곧 그 고통은 다시 나타납니다.

다른 하나는 좀 더 아픔을 겪더라도 고통의 원인을 완전히 제거하는 것입니다. 고통의 원인을 완전히 제거하려면 일시적으로는 더욱 큰 고통을 감수해야 하는 대가가 따릅니다. 그러나 그 뒤에는 영원히 고통에서 벗어날 수가 있습니다.

참된 마음공부는 당연히 후자가 되어야 하겠지요. 자, 그러면 어떻게 해야 고통의 근원을 없애서 영원히 고통에서 벗어날까요? 마음의 혁신적 변화가 어떻게 가능할까요?

우선 알아야 할 것은 현재 나는 마음의 혁신적 변화가 무엇인지, 변화가 어떻게 일어나는지 모른다는 사실입니다. 나는 다만 그 변화가 일어나기를 바랄 뿐, 그 변화가 어떻게 일어나는지는 모릅니다. 다시 말해, 내가 보고 들은 바를 바탕으로 어떤 식으로 과정과 결과를 예상하고 상상하여 그렇게 실행하더라도 원하는 결과가 오지는 않는다는 사실을 명심해야 합니다.

이 공부는 암중모색입니다. 출구를 모르는 캄캄한 방에서 오로지 출구를 찾아 밖으로 빠져나가려 발버둥 치는 것이지요. 아무것도 모르는 상황에서 어떤 추리나 판단은 금물입니다. 이 점을 특히 명심하셔야 합니다. 전혀 출구를 알 수 없는 캄캄한 어둠 속에서 다만 순간순간 본능적으로 밝은 빛을 찾으려고 애쓰는 것입니다.

마음공부에서 궁리하고 헤아리고 따지는 분별심은 어떤 경우에도 불필요한 장애물일 뿐임을 명심해야 합니다. 결코 분별심에 의지하여 이러이러하니까 저러저러하게 해야 한다는 식으로 판단을 해서는 안 됩니다.

반드시 빛을 찾을 것이라는 믿음과 반드시 찾아내고야 말겠다는 결의만을 가지고 공부하는 것입니다. 순순한 믿음과 굳은 결의, 이 둘만이 공부에 도움이 되는 요소입니다. 그다음에는 선지식을 찾아서 그 가르침에 의지하십시오. 그 길이 가장 쉽고 빠른 길입니다. 올바른 선지식은 이미 그 길을 가고 있는 사람이므로 당신은 단순

히 그를 따라가면 됩니다. 성실히 따라가다 보면 언젠가는 당신의
길이 보일 것입니다.

아주 드물게는 믿음과 결의만을 가지고 혼자 고군분투하여 이
길을 찾아낸 사람도 있습니다. 그러나 그러기에는 너무 큰 희생과
고난과 시간이 소요됩니다. 선지식을 믿고 의지하여 따라가는 것이
더욱 쉽고 빠릅니다.

물론 언제나 스스로 굳은 결의와 순수한 믿음이 있어야 함은 말
할 필요도 없겠지요. 순수한 믿음과 굳은 결의를 가지고 간절히 찾
아서 헤매며 진리에만 목말라하더라도, 그 목마름을 진리의 감로수
가 언제 해소해 줄지는 기약할 수 없는 것도 사실입니다. 그러나 참
으로 그 목마름으로 온몸이 가득 찰 때는 감로수를 마실 날이 멀지
않은 것입니다. 목마르게 구하고 찾는 자만이 목을 축인다는 사실
을 명심하십시오.

비유하면, 이것은 꿈을 깨는 것과 같습니다. 우리는 지금 깨어나
고 싶은 꿈속에 있습니다. 이런 허망하고 불쾌한 꿈은 깨어나고 싶
습니다. 자 그런데 어떻게 해야 깨어날까요? 살을 꼬집어야 합니
까? 고함을 질러야 합니까? 물을 끼얹어야 합니까? 그러나 이런 행
위가 꿈을 깨게 할 수는 없습니다. 왜냐하면 이런 행위 자체가 모두
꿈속에서 행하는 꿈속의 일일 뿐이기 때문이지요. 악몽을 꾸다가
깨어난 경험을 돌이켜보면 아시겠지만, 큰 두려움에서 벗어나고픈
그 간절함 하나로 아무 생각도 없이 그저 혼신의 힘을 다하여 발버
둥질할 때 문득 꿈에서 깨어나는 것입니다.

왜 생각에 의지해서는 안 되고, 믿음과 결의에만 의지하여 발버

둥질해야 하는지를 이제 알겠지요? 꿈에서 깨어나려고 꿈속에서 방법을 궁리하여 노력해서는 깰 수가 없는 것입니다.

마음의 혁신적 변화란 자신이 전혀 예상하지 못했던 매우 색다른 체험을 하는 것입니다. 지금까지 알고 살던 세계와는 전혀 다른 새로운 세계에 대한 경험을 처음으로 하는 것입니다. 경전에서 말하듯이 모습의 세계가 아니라 모습 아닌 세계를 경험하는 것입니다.

이러한 경험은 절실한 목마름을 이기지 못해 선지식을 찾아 그 가르침을 성실히 들어야 이루어지는 경험입니다. 결코 쉬운 일은 아니지만, 그렇다고 불가능한 일도 아닙니다. 오로지 본인의 진지함과 성실함과 끈기에 달려 있습니다.

: 오로지 빛을 찾겠다는 절실한 한 생각, 찾을 수 있다는 믿음, 찾고야 말겠다는 굳건한 결의가 있어야 하는군요. 잘 알아듣겠습니다. 감사합니다. 그럼 화두란 무엇입니까? 그것이 대체 무엇이기에, 지금의 내 마음과 1,700 공안이 무슨 연관이 있기에, 그것으로 빛을 찾을 수 있는 건지요? 1700 공안 중 하나를 받기 위해 선지식을 찾으라는 말씀은 아닐 겁니다. 전에 말씀드렸듯이 저는 화두에 대한 의심, '왜 그렇게 말했을까?' '무슨 뜻일까?' 하는 의심이 별로 들지 않습니다. 화두라는 방편에 대한 믿음 또한, '뭔가 있겠지' 하는 정도일 뿐입니다. 다만, 제가 앞에서 그냥 "무~" 하면서 마음을 거기에 돌려 집중하면 되는 건지 질문한 적이 있습니다. 그 화두에 어지러운 마음을 돌려 놓다 보면

당장은 마음을 정리하는 효과도 볼 수 있고, 그렇게 정리되다 보면 진실을 알 수 있지 않을까 하는 생각이 들었거든요.

화두가 최종적으로 제시하는 것이 무엇입니까? 화두란 무엇입니까?

화두는 마음을 가리켜서 드러내고 있습니다. 모습이 없어서 알 수가 없는 우리의 본래 마음을 드러내고 있지요. 볼 수도 없고 들을 수도 없고 느낄 수도 없고 알 수도 없는 사람의 마음을 가리키고 있습니다. 그러므로 화두는 바로 마음이고, 부처고, 불법(佛法)이고, 도(道)이고, 선(禪)입니다.

화두(話頭)라는 단어에서 화(話)는 말이라는 뜻이고, 두(頭)는 뜻 없는 접미사입니다. 그러므로 화두의 뜻은 '말'이지만, 화두는 보통 사람들이 주고받는 일상적인 말은 아닙니다. 이해할 수 없고 분별할 수 없는 우리의 본래 마음을 드러내는 말이지요. 그러므로 화두를 그 말의 뜻으로 이해하면 안 됩니다. 화두를 본 사람은 자기의 본래 마음을 깨달아야 하는 것입니다.

물론 화두가 의식을 집중하는 대상도 아닙니다. 화두는 어떤 의도적 행위와는 상관없는 본래 있는 그대로의 타고난 모습 없는 마음을 나타냅니다. 의식을 집중하여 어지러운 생각을 정리하는 정도의 효과를 바라고 화두를 제시한 것은 아닙니다.

화두라는 분별할 수 없는 벽에 가로막혀 분별심이 작동할 수 없는 갑갑한 입장에 처해 있다가 어느 순간 분별심이 허물어지면서 분별심에서 해탈하는 경험을 하도록 하는 것이 화두입니다.

7. 노력하지 말아야 할까요?

: 선생님의 법문을 듣고 있습니다. 여러 가지 비유와 각도로 마음공부를 말씀해 주시는 것을 들으면 마음이 편해지기도 하고 답답하기도 합니다. 인위적인 방법을 통해서 마음을 알 수 없다는 것은 머리로는 이해가 되는데요, 깨달음이 아닌 건강을 위해서 요가나 호흡 수련을 하는 것은 어떤지요? 또 현재 있는 그대로가 완전하다면 더 큰 재산을 얻으려는 노력이나 좋은 직장을 얻기 위해 밤을 새워 공부하고 노력해서 하는 것은 버려야 합니까? 마음공부 할 때의 조작하지 말란 말씀을 세상사에는 어떻게 적용해야 할까요?

세속은 분별하여 취하고 버리는 선택의 세계입니다. 좋은 것은 취하고 나쁜 것은 버리는 것이지요. 좋은 것을 취하고 나쁜 것을 버리려면 의도적인 노력이 필요합니다. 그러니 세속에서는 언제나 좋고 나쁨을 분별하여 취하고 버리는 노력이 필요합니다.

그러나 세속을 벗어난 출세간의 깨달음 공부는 분별하여 취사선택할 수 없습니다. 취사선택할 수 없으니 당연히 의도적인 노력도 불가능합니다. 따라서 출세간의 마음공부에 필요한 말을 세속의 삶에 적용하는 것은 맞지 않습니다.

세속은 세속의 이치에 따라 살아야 하고, 세속을 떠난 마음공부는 마음공부에 맞는 태도와 지혜에 따라야 하는데, 이 둘을 혼동하면 세속의 삶도 망치고 마음공부도 그르치게 됩니다. 법문은 세속을 벗어난 마음공부에 관한 가르침이니 마음공부를 할 때만 들어야 하고, 세속을 살 때는 이미 알고 있는 세속의 지혜에 따라 사시기 바랍니다.

8. 좌선삼매를 버려야 하나요?

: 생각을 내려놓고 가만히 앉아 이 순간을 지켜보면 고요하고 평화로운 허공이 느껴집니다. 그 상태를 유지하고 있으면 몸이 경계가 되지 않고 벌어지는 모든 일이 꿈결같이 지나가니 벌어지는 모든 일에 걸려들지 않고 행복하기 이루 말할 수 없습니다. 무심선원에 가기 전까지는 좌선을 하면서 이를 삼매라 생각하고 완전히 그 상태로 몇 시간이고 앉아 있었습니다. 그러면 밤을 새워도 피곤하지 않고 허리가 아파도 마음의 눈을 그 허공에 두면 즉시 통증이 사라지는 것을 느끼곤 했습니다.

그런데 선생님 말씀을 듣고 보니 그것이 무기공(無記空)이라는 선병(禪病)이고 내 의식이 만든 경계가 아닐까 하는 의심이 들었습니다. 그래서 좌선삼매를 내려놓으니 다시 혼란스럽고 스트레스 받고 온갖 경계에 끌려다니고 있습니다. 좌선삼매의 행복한 상태를 포기하고 선생님이 말씀하시는 본래면목을 찾으려고 마냥 답답해하고만 있어야 하나요? 참 어렵군요.

앉아서 좌선하면서 생각을 내려놓고 지켜보아서 얻는 고요하고 평화로운 허공의 기분은 님이 의도하여 만들어 낸 경계일까요? 아니면 그것이 님에게 본래부터 갖추어져 있던 원래의 타고난 모습일까요?

그것이 타고난 본래의 모습이라면 일단 한 번 성취한 뒤에는 의도적 노력 없이 저절로 자연스럽게 언제나 그래야 합니다. 원래 그런 것이었는데 그런 사실을 모르고 망상 속에서 착각하며 살다가 이제 비로소 망상과 착각을 벗어나 그런 사실을 찾았으니, 특별한 노력 없이 언제나 늘 그래야 합니다. 그렇지 않고 만약 앉아서 생각을 내려놓고 지켜볼 때만 그렇다면, 그것은 조건에 의하여 만들어진 것이지 내가 가지고 태어난 본래의 모습은 아닙니다.

마음공부는 어떤 조건에 의하여 만들어지는 일시적인 현상을 맛보는 것이 아닙니다. 마음공부는 우리가 망상 속에서 헤매느라 모르고 살았던 우리의 본래 모습, 즉 본성을 깨닫는 것입니다. 망상이라는 꿈에서 깨어난다고 하여 깨달음이라 하는 것입니다.

깨달음은 어떤 조건에 의하여 만들어지는 일시적이고 조건적인 경계가 아닙니다. 깨달음은 원인에 의하여 주어지는 결과도 아니고, 어떤 조건에 의지하여 나타나는 현상도 아닙니다. 깨달음을 얻기 위해 무엇을 어떻게 하려고도 하지 마시고, 깨달음이 어떤 것이라거나 어떻게 하면 얻는다는 생각도 하지 마십시오. 다만 우리의 본래 모습을 가리키는 법문에 귀를 기울이면 언젠가 저절로 깨달음이 성취될 것입니다.

마음공부 하면서 갑갑하고 답답하게 느껴지고 어렵게 생각되는 이유는 생각으로 이해할 수 없기 때문인데, 생각으로 이해할 수 없는 길을 체험하며 겪어 가는 것이 마음공부입니다. 생각하고 이해하는 것을 벗어나 직접 체험하고 경험하는 것이 마음공부요 깨달음임을 잊지 마십시오.

이제 묻겠습니다.

지금 님께서 경험하고 있는 고요함이 자신의 밑바탕에 도달하여 더이상 얻을 것이 없는 최종적인 것이라고 판단되십니까? 편안하고 행복한 기분은 생활의 활력소이며, 공부를 통하여 얻을 수 있는 좋은 부산물이기도 합니다. 그런데 그 기분이 앉으나 서나 상관없이 하루 종일 끊어짐 없이 한결같이 이어집니까? 경전이나 조사 스님들이 남긴 말씀과 님의 공부가 일치합니까? 평소의 생활 속에서 늘 시달리지 않고 쉬어집니까? 아니, 시달림이 일어나더라도 언제든 저절로 쉬어집니까?

어떤 행위를 하면 이루어지고 그 행위를 멈추면 사라지는 일시적인 행복한 기분을 얻는 것이 이 공부는 아닙니다. 이 공부는 마음의 본래 모습을 확인하여 이 본래 모습에서 늘 벗어나지 않는 것입니다. 스스로 점검해 보시기 바랍니다.

9. 계율을 지켜야 할까요?

: 마음공부 하는 사람은 계율을 지켜야 하지 않을까요? 저는 계율이 바탕이 되어서 선정과 지혜가 얻어진다고 생각합니다. 또 수많은 훌륭한 스님들께서도 계율을 스승으로 삼으라고 가르치신 것으로 알고 있습니다. 출

215

가하신 스님들에게 우선 강조되는 것도 계율을 잘 지키는 일이라고 알고 있습니다.

그런데 깨달은 스님들은 마치 계율을 무시하고 행동하는 경우도 봅니다. 옛날 어느 스님께서는 감나무 아래에서 여자와 성관계를 하다가 나무에서 감이 떨어지니 무심하게 감을 주워 먹었다는 이야기를 들었습니다. 또 우리나라 현대에 깨달았음을 누구나 인정하는 경허 선사께서도 술과 여자를 가까이하셨다고 책에서 보았습니다. 과연 깨달음을 얻으면 여자와 성관계를 해도 괜찮고, 술과 고기를 마음대로 먹어도 아무런 상관이 없는지요?

저로서는 참으로 혼동이 되어 어떻게 이해해야 할지 알 수 없습니다. 깨달으면 계율을 무시하고 제멋대로 행동하고 아무거나 먹어도 괜찮을까요? 그렇다면 계정혜(戒定慧) 삼학(三學)은 왜 말할까요?

공부의 목표를 계율 지키기에 두는 공부인은 오로지 계율을 잘 지켜 어긋남이 없는 것을 공부의 목표로 삼을 것이고, 공부의 목표를 진여자성을 깨닫는 것에 두는 공부인은 오로지 분별망상을 벗어나 깨달음을 얻는 것을 공부의 목표로 삼을 것입니다.

깨달음은 분별망상에서 벗어나 진여자성을 깨닫는 것입니다. 분별망상에서 벗어나 진여자성을 깨닫고자 한다면, 오로지 깨달음이라는 하나의 목표에 모든 노력을 기울여야 합니다. 진여자성은 분별할 수 없으므로 진여자성을 깨달으려면 분별을 버려야 합니다. 즉, 모든 생각과 견해를 버리고 공부해야 합니다.

216

계정혜 삼학을 닦아야 한다는 것도 견해이고 생각입니다. 그러므로 계율을 지켜야 한다는 견해에도 매이지 말아야 하고, 계율을 지키지 않아도 좋다는 견해에도 매이지 말아야 합니다. 물론 선정을 닦아야 한다는 생각도 버리고 닦지 않아도 좋다는 생각도 버려야 하고, 지혜를 배워야 한다는 생각도 버리고 지혜를 배우지 않아도 좋다는 생각도 버려야 합니다.

어떤 견해도 없고 생각할 수도 없는 곳에서 문득 분별심에서 벗어나 깨달아야 합니다. '계율을 지켜야 한다' 혹은 '지키지 않아도 좋다'는 두 견해 가운데 하나를 선택하는 것은 깨달음의 공부가 아니라 분별에서 벗어나지 못한 사람이 분별에 매여서 분별하는 것입니다.

깨달음을 얻고자 공부하는 사람이라면 어떤 정해진 견해에도 매여서는 안 됩니다. 모든 관심을 깨달음에 두고 있으면, 공부에 방해되는 짓은 저절로 하지 않을 것입니다. 계율을 범하는 짓이 공부에 방해가 된다면 당연히 그런 짓은 하지 않을 것이요, 계율에 매이는 것이 공부에 방해가 된다면 역시 그렇게 하지 않을 것입니다.

일반적으로 계율이란 세속에서 통용되는 도덕률과 별반 다르지 않습니다. 우리는 어려서부터 도덕은 인간이 지켜야 하는 가치이며 지키지 않으면 부끄러워해야 하는 중요한 것이라고 교육을 받아 왔습니다. 다시 말해, 우리는 도덕을 어기는 경우 부끄러워하고 두려워하도록 훈련되어 있는 것입니다. 그러한 교육과 훈련은 세속 사회의 질서와 안정을 유지하기 위해서 필요한 것이기 때문에 행하는 것입니다.

그러므로 부도덕한 행위를 하면 양심에 부끄러움과 가책이 생기고, 그러한 부끄러움과 가책은 우리 마음이 공부에만 몰입하는 것을 방해합니다. 이 까닭에 모든 종교에서 공부인들에게 부도덕하지 않도록 요구하는 것입니다.

깨달음에는 도덕도 부도덕도 없습니다만, 깨닫고자 공부하는 사람은 부도덕함에 장애를 받는 것입니다. 마음에 한 점 부끄러움이 없는 사람이 부끄러움이 있는 사람보다는 더욱 자연스럽게 공부에 잘 빠져드는 것은 당연합니다.

그러나 계율에 너무 매여서는 안 됩니다. 계율 지키는 것이 공부에 도움이 된다는 견해를 가지고 공부를 위해 계율을 지켜야만 한다고 고집한다면, 바로 그 순간부터 계율은 도리어 당신을 구속하여 공부를 방해하는 장애물이 될 것입니다.

참된 공부인이라면 오로지 공부에만 관심을 기울일 일이며, 그렇게 되면 공부에 방해되는 언행과 생각은 자연히 하지 않을 것입니다. 진정한 공부인이라면 계율을 지키는 것이 옳으냐 아니냐, 혹은 어떤 이름난 공부인의 행동이 옳으냐 아니냐 하는 것들을 분별하여 그 옳고 그름을 따지는 일에 시간을 낭비하지 않습니다.

문제는 자신이 얼마나 순수하게 공부를 잘 완성시켜 가느냐 하는 것입니다. 자신의 공부에만 모든 관심을 기울이십시오. 자신의 진여본성을 깨닫는 일에만 모든 정력을 쏟으십시오. 자신의 보물을 파악하는 일에만 열중하시고, 남의 지갑에 있는 돈에는 신경 쓰지 마십시오.

오직 자신의 진여자성을 깨달은 뒤에야 바깥의 모든 현상에 대하여 스스로 올바른 판단을 내리게 될 것입니다. 지금은 스스로 그런 판단을 내리지도 말고, 남의 판단에 의지하지도 마시고, 오로지 진여자성을 깨닫는 일에 모든 관심을 기울이십시오.

10. 있는 그대로 지켜보기

: 이런 가르침을 들었습니다. "다만 그저 지금 있는 그대로를 지켜보라." "지금 있는 그대로의 자신을 받아들이고 자신을 합리화하거나 비난하지 마라." 그래서 예컨대, 대화를 하는 도중에 분별심이 나타나더라도 '그저 지켜보기만 하자'라고 생각하곤 합니다. 그런데 이러한 생각도 역시 분별심이겠지요? 그래서 그런지 지금 있는 그대로를 지켜보는 것이 잘되지 않습니다. 무엇이 잘못되었을까요? 이런 공부가 잘못이라면, 평상시에 어떻게 공부해 나가야 하는지 알고 싶습니다.

님께서 이미 잘 아시고 있는 대로, '있는 그대로 지켜보자'고 하는 님의 행위가 바로 분별심이요, 일부러 노력하는 조작입니다. 따라서 그런 식으로 공부한다면, 결코 분별망상에서 벗어나 깨달음을 얻을 수는 없을 것입니다.

공부에 필요한 것은 오로지 알 수 없는 본래면목을 깨닫고자 하는 하나의 간절한 발심일 뿐입니다. 지금 깨닫지 못하고 있는 본래면목에 대한 의문과 관심만 가지고 있는 것이죠. 이 하나의 의문이 풀리는 날에 모든 의문이 다 풀릴 것입니다.

11. 화두가 풀어지면 깨닫습니까?

: "모든 것은 하나로 돌아가는데, 하나는 어디로 돌아가는가?"라는 화두
가 풀리면 나의 본성을 알 수 있다고 하는데, 화두와 나의 존재가 어떤 관
계에 있기에 화두가 풀리면 나의 본성을 알 수 있습니까? 또 법문을 듣다
가 내가 무엇인지 깨닫게 되면 화두와 삼라만상의 실상을 알게 된다고 하
는데 왜 그렇게 됩니까?

　화두, 삼라만상, 하나는 어디로 돌아가나, 나의 본성…… 이들 사
이에 어떤 관계를 있다거나 혹은 없다고 말한다면, 이러한 것은 생
각이요 이해이지 실상에 접근한 것이 아닙니다. 한 개의 이름이라
도 세운다면 세계는 온통 이름들의 혼합물일 뿐이고, 실상은 숨어
버립니다. 이름은 생각으로 만든 것이니 허망한 것입니다. 어떠한
이름도 사용하지 않고 생각해 보십시오.
　생각이 어디에 있습니까? 생각이 없다고 생각한다면 더욱 우습
겠지요. 여기서 문득 분별에서 벗어난다면, 화두, 삼라만상, 하나는
어디로 돌아가나, 나의 본성이 모두 분명해질 것입니다.

12. 간화선을 어떻게 보십니까?

: 선생님의 법문을 인터넷으로 잘 듣고 있습니다. 다름이 아니라 오랫동안 화두 공부 전통인 우리 불교에서 선지식들의 법문도 들어온 터라 화두 공부에 대한 나름의 확신을 가지고 있으며, 또한 실제 화두로 공부하고 있는 사람입니다. 물론 선생님의 설법의 내용과 화두 공부법은 그 맥이 같을 것이라 어림짐작을 하고 있습니다. 화두 공부법이 아닌 방법으로 공부하신 선생님의 화두 공부법에 대한 의견을 구합니다. 이 또한 분별망상인 거 잘 압니다만, 한 생각 쉴 수 있게 선생님의 답변 구합니다.

　자신이 경험하고 확인한 것을 말하는 것이 가장 정직할 것입니다. 제가 이전에 불교를 공부할 때 저에게 화두는 진리였습니다. "불교를 위시한 모든 종교와 성인이 말하는 진리는 무엇인가?" "그 진리는 곧 나 자신의 마음이라고 하는데, 내 마음의 실상은 어떤 것인가?"

　어찌 보면 대단히 막연한 것이었죠. 그저 궁금하고 그저 갑갑할 뿐이었죠. 자신의 사유나 노력으로는 어떻게도 할 수 없는 일이었습니다. 어떻게 해야 할지를 몰랐기 때문에 스승의 가르침에만 귀를 기울였습니다. 궁금하고 갑갑하긴 하지만 어떻게도 할 수 없었기 때문에……

　그러다가 어느 여름날에 "이것이 바로 선이다" 하시며 방바닥을 손가락으로 톡톡 치시는 소리를 듣는 순간, 확 뚫리며 궁금함과 갑갑함이 사라졌습니다. 그 이후 쭉 지금까지 이렇게 상쾌합니다. 아무 노력이나 생각이 없어도 다른 일이 없고, 생각을 일으키고 주의를 기울여도 역시 다른 일이 없습니다.

저의 공부 경험을 간단히 정리하면 이렇게 말씀드릴 수 있습니다. 그 뒤《전등록》을 보니 저와 같은 식으로 경험하신 분들의 말씀이 많이 실려 있고, 그분들의 심경을 드러내신 말씀이 많이 있는데, 대체로 공감이 가더군요.

화두 공부에 관해서는, 화두 공부의 제창자이신 대혜종고 스님의 화두 공부에 대한 말씀이 모두《대혜서장》에 실려 있으므로《서장》을 정밀하게 번역하면서 살펴보니, 대혜 스님이 말씀하신 자신이 깨달은 공부의 경험이 저의 경험과 다름없음을 알 수 있더군요.

'생쥐가 쇠뿔 속에 끼여서 오도 가도 못하는 것과 같은 상황에서 문득 확 뚫리며 깨달으니 그대로 쭉 막힘없이 열려 있으며, 모든 차별 경계 속에서 어떤 차별도 없이 한결같다.' 대혜종고가 말하는 자신의 깨달음을 간단히 정리하면 이렇게 말할 수 있습니다.

이 공부에서는 대혜종고가 경계하고 있는 두 가지 삿된 길로는 빠지지 않도록 조심해야 합니다. 하나는 이치나 도리로 이해하는 것이고, 하나는 고요한 경계에 머무는 것입니다. 이 두 가지 삿된 길을 조심해야 하는 것을 저도 늘 강조하기 때문에 여기에서 간단히 말씀드립니다.

첫 번째 삿된 길은 마치 제각각의 화두가 제각각의 문제이고, 그 제각각의 문제에 대한 제각각의 해답이 있는 것처럼 화두를 이치나 도리로 이해하는 것입니다. 이렇게 이치로 분별하는 사람들은 선과 마음에 관한 나름의 이론을 세워놓고 그 이론에 모든 말을 끼워 맞추고 있습니다. 이러한 이치나 도리는 모두 분별이요 망상일 뿐인데도 매우 그럴듯하게 정리되어 이해되니 스스로 속는 것입니다. 그러나 천 가지 만 가지 의심이 다만 한 가지 의심일 뿐이고, 천 가지 만 가지 말씀의 낙처(귀결점)는 다만 하나라는 것이 대혜종고의 말씀입니다.

두 번째 삿된 길은 화두를 붙잡고 고요히 앉으면 마음이 가라앉고 아무 잡념이 없이 마치 텅 빈 것과 같으면서도 또렷이 깨어 있다고 하는 사람들입니다. 이런 사람들은 화두를 붙잡고 있지만, 내용은 이른바 묵조선을 하고 있는 자들입니다. 고요히 잡념이 없으면서도 또렷이 깨어 있다는 것은 자신이 조작하여 만든 차별경계일 뿐인데도, 다만 편안하고 안정되어 있는 즐거움에 빠져서 이러한 상태가 진실한 본래면목이라고 착각하고 있는 것입니다. 이러한 묵조선은 대혜종고가 잘못된 공부라고 가장 비판하였던 것입니다.

화두를 붙잡고 공부하는 간화선에 관해서는 저의 경험이나 가르침이 아니므로 아무래도 대혜종고의 가르침을 그대로 전달하는 것이 도움이 될 것입니다. 간화선에 관해서는 저의 책《간화선 창시자의 선》상권, 하권(침묵의 향기)에서 전부 정리해 놓았으니, 이 책을 참고하시면 좋을 것입니다.

화두가 무엇일까요?

화두는 곧장 이 마음을 가리키는 것입니다. 제가 "이것입니다"하고 말할 때도, 역시 곧장 이 마음(법)을 가리키는 것입니다. 이 마음은 이렇게 눈앞에 언제나 드러나 있지만, 잡을 수도 없고 놓을 수도 없고, 긍정할 수도 없고 부정할 수도 없고, 있는 것도 아니고, 없는 것도 아니고, 알 수도 없고 모를 수도 없고, 분별할 수도 없고 이해할 수도 없습니다.

이 마음에 문득 통하면 마음은 이름일 뿐, 가고 머물고 앉고 눕고 말하고 침묵하고 시끄럽고 고요하고 깨어 있고 잠자는 곳에 따로 마음이랄 것도 없고 마음이 아니랄 것도 없습니다. 한결같아서 끊어짐이 없으며, 티끌만 한 물건도 분별할 것이 없습니다. 어떤 이치나 도리도 없으며, 매 순간순간 인연을 따라 나타남에 마땅하지 않은 것이 없습니다.

바로 '이것!'에 관심을 두고 법문에 귀를 기울이십시오. 언젠가는 확인될 날이 있을 것입니다.

13. 간화선과 같지 않은가요?

: 선생님께서 제시하시는 유일한 공부법은 언제나 '바로 이것!'에 통하고자 하는 배고픔과 관심을 가지고 그리워하며, 그동안 자신이 알던 모든 관념과 지식을 싹 쓸어버리고 그저 편하고 겸허한 자세로 법문을 들을 뿐, 어떤 인위적인 조작으로 애쓰지 말라고 하신 것으로 이해했습니다. 일상생활에서 '바로 이것!'에 대한 호기심과 답답함을 항상 이어 간다면, '바로 이것!'이 자연스럽게 화두가 되는 것이 아닌지요? 그렇다면 무심선원의 공부법은 간화선과 같지 않을까요?

말씀처럼 그렇게 해석한다면 무심선원의 공부법과 간화선은 다름이 없겠지요. 사실 간화선이 원래 육조 혜능 문하의 조사선에서 나왔으니 다를 것이 없겠지요.

그러나 공부하는 사람이 '어떻게 공부해야 깨달을까?' 하고 공부의 방법을 찾는다면, 바르게 공부하고 있지 않은 것입니다. 공부 방법을 생각하고 찾는 것이 바로 망상이고, 그 망상이 지금 공부를 방해하고 있기 때문입니다.

법문을 들으면서 법문에 푹 빠져 듣기만 하시고, 생각으로 이해하고 정리하지는 마십시오. 법문에서 분명히 이끌어 드리고 가리켜 드리고 있으니, 법문을 잘 들으면 저절로 깨닫게 됩니다. 그러나 자신이 생각하고 이해하고 정리하여 무언가를 파악한다면, 영원히 깨닫지 못할 것입니다.

14. 진언을 외우는 것은?

: 삶에서 경계를 만날 때마다 마음이 쉽게 흔들리는 것 같습니다. 오늘 뜻하지 않은 장례식에 참여하게 되었는데 마음이 일렁거려서 상당히 고통스러웠습니다. 법이 무엇인지에 대한 확실함이 없어서 그런 것 같습니다. 그런데 이런 상황에서 '지금! 여기! 있는 그대로'를 진언으로 삼아 계속 외우니 쉽게 마음이 평온해지고 법도 좀 더 확실해지는 것 같습니다. 이렇게 진언처럼 외우는 것이 도움이 될까요?

"이런 상황에 '지금! 여기! 있는 그대로'를 진언으로 삼아 계속 외우니 쉽게 마음이 평온해지고 법도 좀 더 확실해지는 것 같습니다"라고 하셨는데, 마음이 편안해짐을 느낀다고 하신 것이야 느낌을 말씀하신 것이니 그렇다고 하더라도, 법이 좀 더 확실해진다는 것은 단순히 생각이 만든 망상입니다.

법이 확실하다는 것은 곧 깨달음인데, 깨달으면 법이라고 할 것이 따로 없으므로 법이 확실해진다고 말할 수 없습니다. 조금이라도 확실한 법이 있다면, 그것은 분별이고 경계이지 참된 법이 아닙니다. 경계를 상대하여 이렇게 저렇게 느끼고 생각하고 해석하기를 일삼으면서 공부는 언제 하시렵니까?

분별할 수 없고 알 수 없는 법만 궁금하게 여기시고 법에만 관심을 두십시오. 법이 무엇일까요? 바로 이것입니다.

화단에 핀 진달래의 분홍빛이 선명하구나.

15. 일체유심조의 근거는?

: 불교에서는 일체유심조라고 합니다. 모든 것은 오로지 마음이 만들어낸다는 뜻입니다. 무슨 근거로 마음이 물질을 포함한 모든 것을 만들어낸다고 할까요? 이것은 논리적으로 설명할 수는 없고, 반드시 화두를 풀어야만 알 수 있는 문제일까요?

부처님이 하신 모든 말씀을 진실로 알고자 한다면, 오직 스스로 부처님과 같은 깨달음을 얻어야 가능합니다. 부처님이 하신 모든 말씀은 말할 수 없는 깨달음을 억지로 말한 방편의 말들이니, 부처님의 말씀을 우리가 평소에 이해하는 뜻으로 이해하면 절대로 올바르게 이해할 수 없습니다.

경전에 나오는 부처님의 말씀을 알려고 하면 반드시 부처님처럼 깨달아야 합니다. 이해를 위한 공부가 아니라 깨달음을 위한 공부를 하십시오. 생각을 벗어나 깨달을 때는 부처님의 말씀이 저절로 이해될 것입니다.

16. 노력하지 않고 어떻게 공부합니까?

: 화두 참구를 가르치는 곳에서는 억지로라도 의심을 하라고 합니다. 깨어 있는 시간 동안 하루 종일 화두를 생각하면서 의심하려고 노력을 하다 보면 그 힘으로 인해 자연스럽게 의심이 자리를 잡을 수 있다고 합니다. 그리고 선생님께서 공부의 유일한 해법이라고 주장하시는 발심 또한 억지로라도 일으키려고 노력을 해야 하지 않을까요? 아무런 노력도 하지 않고 다만 알 수 없는 무언가에 관심을 두는 정도로는 오매일여는커녕, 나쁜 경계를 만나면 동중일여도 안 됨을 알 수 있기 때문입니다.

정말로 깨닫고 싶습니까? 정말로 깨닫고 싶다면, 어떻게 공부해야 할까 하고 방법을 모색하고 있지는 않을 것입니다. 깨달음에 무슨 요령이나 방법은 없습니다. 깨달음은 오로지 당사자에게 진실한 염원이 있느냐 없느냐에 달려 있습니다. 참으로 진리에 목이 마르면, 반드시 감로수가 주어집니다.

동중일여니 오매일여니 하는 말에 속지 마십시오. 그런 것이 있다면, 그것은 삿된 경계이지 참된 법이 아닙니다. 참된 법은 변함없이 고정되어 있는 것도 아니고, 언제나 변화하는 것도 아닙니다. 어떤 무엇을 붙잡고 있거나 어떤 무엇에 머물러 있다면, 이것은 경계에 매달리는 짓일 뿐입니다. 진실로 발심한 사람이라면 경계에 매달려 법을 찾지 않습니다.

의심해야 한다고도 생각하지 마십시오. 참으로 발심하였다면 저절로 궁금하고 목마르지 않을 수 없습니다. 문제는 당사자가 참으로 진리에 목이 마르냐에 달려 있습니다. 아무 요령은 없습니다. 참으로 목이 마르면 문득 통하는 때가 저절로 올 것입니다.

17. 애쓰지 않고서 깨달을 수 있을까요?

: 선생님의 말씀이 마디마디 낙숫물이 되어 떨어지지만, 아직 뚫지 못하고 있습니다. 예전에는 말씀을 이해하느라 힘이 들었는데, 최근에는 그냥 듣고만 있으니 힘을 많이 덜게 되었습니다. 하지만 은산철벽을 뚫어야 한

다고 했는데 이렇게 수월하게 공부하는 것이 잘못 공부하는 것이 아닌가
하는 생각이 듭니다. 그렇다고 생각으로 이해하려 하면 바로 막혀서 답답
하게 됩니다. 그러면 또 할 수 없이 다시 그냥 듣게 됩니다. 가르침 부탁
드립니다.

생각으로 이해하면 삿된 길이요, 이해 없이 공부하는 것이 바른
길입니다. 부처님의 지혜를 훼손하는 것이 언제나 생각으로 이해하
는 것이라고 경전에서는 말합니다.

은산철벽이라는 생각도 하지 마세요. 힘이 든다거나 힘이 들지
않는다는 생각도 하지 마세요. 잘못되었다 잘되었다는 생각도 하지
마세요. 어떻게 해야 옳은가, 라고도 생각하지 마세요.

그런 생각이 한 조각이라도 들어오면 바로 공부를 방해합니다.

18. 법문을 듣지 않고 공부할 수 없을까요?

: 선생님은 깨닫기 위해서는 설법을 들으라고 하십니다. 그런데 저는 곧
군대에 입대해야 합니다. 입대하면 설법을 들을 수 없게 됩니다. 그러면
도(道) 공부를 할 수 없나요? 설법을 듣지 않고도 공부할 수 없을까요?
조언 부탁드립니다.

깨닫기 위한 공부에서 가장 먼저 필요한 것은 발심입니다. 설법을 듣는 것은 그다음입니다. 즉, 설법을 듣는 것보다 더욱 필수적인 것은 깨닫고자 하는 자신의 뜻입니다. 자기가 진실로 이 도를 믿고, 이 도에 뜻을 두고서 꼭 체험하고자 하는 의지가 가장 필수적인 것입니다. 설법은 그 뒤에 듣는 것입니다.

이 도에 대한 믿음이 확고하고, 이 도를 깨닫고 싶은 마음이 견고하다면, 공부의 힘은 바로 여기에서 나옵니다. 그런 마음이 있다면, 설법을 많이 듣지 않아도 한두 마디 말에도 바로 체험할 수 있습니다.《전등록》등에 실린 많은 사례가 그런 사실을 입증해 주고 있습니다.

군대에 입대하는 것은 국민에게 주어진 의무이니 반드시 수행해야 합니다. 이 공부는 바깥의 환경에 좌우되는 것이 아니라, 자신의 내면인 마음에 좌우되는 것입니다. 진실로 공부할 뜻이 있다면 군대를 가든 어디를 가든 상관없이 공부할 것입니다. 오로지 법에만 관심을 두시고, 공부할 환경 같은 것에는 관심을 두지 마십시오.

그리고 이 공부를 하는 사람은 가능한 모든 일에서 떳떳한 것이 좋습니다. 군대에 가서서 떳떳하게 복무하시고, 늘 마음속에는 부처님의 큰 법에 뜻을 두십시오. 그리고 입대하여 훈련을 받고 시간이 좀 지나면 틈나는 대로 책을 보거나 법문을 들을 기회도 생길 것입니다.

19. 마음공부를 왜 하나요?

: 법에 대한 이해나 믿음이 없는 일반인들 속에 섞여 있다 보면, 나는 무슨 근거로 마음공부를 하고 있는가 하는 회의가 들 때가 있습니다. 그럴 때마다 고민해 보고는 '얼음, 물, 수증기에는 H_2O라는 근원이 있듯이 세상에도 불생불멸이라는 근원이 있다. 그것은 없는 곳이 없으므로 간절히 염원하면 그와 하나가 된다.' 이런 식으로 증거를 찾아보고는 합니다. 그러나 그러한 이론으로 모든 의문이 해소되지는 못했습니다. 생각, 추측, 믿음을 통해 만들어 낸 하나의 개념에 불과한 '법'을 다만 염원한다고 해서 사람이 그것과 합일할 수 있다는 것이 납득이 안 되고 가슴에 와닿지 못할 때가 있습니다.

질문자의 문제는 "법이 있느냐 없느냐?"라는 사실의 여부가 아니고, '법이 있느냐 없느냐?'라는 생각이 일으키는 의심입니다. '법이라는 근원이 있는데, 그 근원을 어떻게 알고 어떻게 믿느냐?'가 문제가 아니고, '법이라는 근원이 있다'는 생각, '그 근원을 어떻게 알고 어떻게 믿느냐?'는 생각이 바로 문제인 것입니다.

생각하고 분별하는 것이 바로 벗어나야 할 망상(妄想)이라는 장애물인데, 다시 생각하고 분별하여 생각과 분별에서 벗어나려고 하니 해결될 수 없지요.

우리가 진실을 깨닫지 못하는 유일한 이유는 생각으로 분별하고 이해하려 하기 때문입니다. 그러므로 《금강경》에서는 "법이라고도 생각하지 말고, 법이 아니라고도 생각하지 마라"고 한 것입니다. 문제를 올바르게 보십시오.

: '왜 생각으로 분별하고 헤아리지 말아야 하는가?' '무엇을 위해서 분별을 떠나야 하는가?'에 대해서도 역시 답변을 할 수가 없을 것 같군요. 말로 설명할 수 없는 것에 대한 열정이 필요한 것 같습니다.

왜 생각으로 헤아리지 말아야 하느냐고요? 우리가 깨달아야 할 진리는 생각으로 헤아릴 수가 없기 때문이지요. 무엇을 위해 분별을 떠나야 하느냐고요? 진리를 깨달아 번뇌망상에서 벗어나기 위해서죠.

지금처럼 생각과 분별 속에 사는 것에 만족하신다면, 그렇게 사십시오. 그러나 석가모니를 비롯한 수많은 현자가 깨달은 진리가 무엇인지 궁금하다면, 생각에서 벗어나는 체험을 해야 합니다.

다만 지금 하고 있는 그런 온갖 망상이 당장 쉬어질 수 있다면, 바로 그곳에 법이 나타납니다.

공부할 자세가 된 사람이라면 곧장 망상을 그만둘 것이고, 아직 공부할 자세가 되지 못한 사람은 다시 이러한 말을 이리저리 생각하여 이유를 묻고 문제를 제기할 것입니다. 다만 이뿐입니다. 바른 자세가 되어 있느냐 아니냐가 열쇠입니다.

: 그러면 어떻게 하면 이 망상을 당장 그만둘 수 있다는 것입니까? 공부할 자세가 된 사람이라는 것이 이렇게 망상을 놓지 못하고 시달리는 일을 반복하고 또 반복하다가 지쳐서 그만두는 단계를 말하는 것입니까?

그 어떤 단계를 말하는 것이 아닙니다. 무엇을 어떻게 하여 망상을 그만두려 한다면, 그것은 망상을 그만두는 것이 아니라 도리어 망상을 그만두려 하는 망상을 하고 있는 것입니다.

바로 지금 그렇게 생각으로 헤아리는 망상이 한순간 문득 저절로 쉬어져야 합니다. 그런 체험의 순간이 옵니다.

그런 체험을 하기 위해 무엇을 어떻게 해야 한다거나 하지 말아야 한다고 하면, 도리어 망상을 짓는 것입니다. 망상을 일부러 그만둘 수는 없습니다. 저절로 쉬어지는 때가 있습니다.

이해하여 판단하려고 하지 말고, 법문이 이끄는 대로 따라오십시오. 어떻게 이해하고 어떻게 판단하더라도 전부 망상입니다.

20. 공부인의 바른 자세는?

: 간화선이나 명상 등 수행은 조작이고 분별이라고 하면서, 어째서 설법에는 의지하라고 하는 것인가요? 설법에 의지하는 것도 조작이 아닌가요? 이런 의문이 들 때가 종종 있었습니다. 그에 대한 제 나름의 답은 이렇습니다. 설법은 법을 직접 가리키기 때문에 조작이 아니다. 마음에 아

무엇도 담아 두지 말고 알 수 없는 법에만 관심을 두며, 틈이 나면 설법을 듣다가도 이미 지나간 설법에 대해서는 마음에 새겨 두지 말자. 이것이 공부인의 바른 자세인가요?

공부인의 바른 자세는 의도적으로 갖추는 것이 아닙니다. 참으로 공부에 뜻이 있다면 바른 자세는 저절로 갖추어집니다. 목마른 자가 저절로 물을 찾게 되고, 배고픈 자가 저절로 밥을 찾게 되는 것과 같습니다.

일부러 생각하고 헤아려서 갖추는 것은 모두 조작이고 망상입니다. 바른 자세는 어떤 것인가 하고 생각하는 것이 바로 망상입니다.

오직 깨달음을 얻겠다는 한뜻으로 법문을 들으십시오. 생각하여 이해하는 것은 모두 망상입니다. 생각에서 벗어나는 체험을 해야 비로소 길이 나타납니다.

21. 의문을 탐구할까요?

: 저는 "불교의 진리나 법을 알아보자"는 막연한 말에는 의문이 별로 안 생기는데, "세상의 주체가 무엇인지 알아보자"는 말에는 의문이 일어납니다. 이런 자세로 법을 탐구해도 되나요?

의문이 일어난다면, 우선 그렇게 시작해 보세요. 우선 그렇게 시작하여 스스로 공부의 길을 가 보십시오.

다만 그 의문을 생각으로 헤아려서 풀려고 하지는 마십시오. 우리가 깨달아야 할 진리는 분별할 수도 없고 이해할 수도 없는 것입니다. 생각으로 이해하여 그 의문에 대한 답을 얻는 것이 아니라, 생각에서 벗어나는 체험을 하면 그 의문이 저절로 사라질 것입니다.

22. 마음이 곧 부처인가요?

: 마조가 말한 "이 마음이 곧 부처다"라는 말에 의문이 있습니다. 혹자는 즐거워하고 슬퍼하고 성내고 느끼는 마음이 부처라 하면서, 그 까닭을 모든 것은 있는 그대로가 진리이기 때문이라고 합니다. 그러나 삼계(三界)가 오로지 마음이기 때문에 마음이 곧 부처라고 해야 옳은 것 같습니다. 아닙니까?

그렇게 해석하고 이해한다면, "이 마음이 곧 부처다"라는 말을 결코 알 수 없습니다. "이 마음이 곧 부처다"라는 말은 분별과 이해를 벗어나야 비로소 알 수 있는 말입니다.

이 공부는 분별심인 생각에서 벗어나는 것이 핵심이니, 생각하고 이해하면 도리어 공부에서 멀어집니다. 분별하고 헤아리는 생각이 한번 죽어야 지혜가 새로 돋아날 것입니다.

23. 일상생활 속의 공부란?

: 일상에서 어떤 노력을 해야 하는지 궁금합니다. 저는 '불생불멸'을 달을 가리키는 손가락 삼아 공부하고 있습니다. 손가락조차 없다면 무용지물의 관념의 잔치만 있을 뿐이기 때문입니다. 그런데 치열한 일상생활 속에서는 어떤 자세로 노력을 해야 하는지 잘 모르겠습니다. 또한 깨달음 공부에 전념하려면, 비록 몸은 세속에 있더라도, 원만한 인간관계 유지를 위한 시간 투자나(무심선원에서 금하라는 술자리 등) 깨달음 공부에 도움이 안 되는 취미활동 등의 일상은 최대한 피해야 가능하지, 세속 일을 부족함 없이 다 하면서 깨달음 공부까지 하려는 것은 욕심에 불과하다고 느껴집니다.

공부라는 이름으로 어떤 노력을 해야 한다고 생각한다면, 이는 모두 자신이 만든 생각일 뿐입니다. 손가락이니 달이니 진정한 수행이니 하는 견해들도 전부 자신이 일으킨 생각입니다. 무용지물이니 관념의 잔치니 하는 말도 역시 자신이 만든 생각입니다. 어떤 자세가 공부의 바른 자세라고 한다면 이도 역시 자신이 만든 생각일 뿐입니다.

이 모든 것이 전부 헛된 생각이라면, 공부는 무엇이고 깨달음은 무엇일까요?

하늘은 푸르고 바람은 차갑습니다.

여기에서 문득 통하지 못한다면, 우선 설법을 잘 들어 보십시오.

24. 모두가 이것이라고 생각합니다

: 원장님의 법문을 듣고 법에 관심을 갖고 열심히 공부하다 보니 모든 것이 전부 이 일이라는 생각이 가득합니다. 무슨 일을 하더라도 이 일이라고 생각하니 심지어 은밀한 부부생활을 할 때도 이 일이라는 생각이 납니다. 생각으로 공부하지 말라고 하셨는데, 이렇게 생각하는 것은 망상이 아닌가 걱정도 됩니다. 이렇게 공부해도 되는지요?

법문을 꾸준히 듣다 보면 모든 것이 '이 일'이라는 생각이 저절로 들 것입니다. 물론 아직은 설법을 듣고 들은 대로 그렇게 생각하는 것일 뿐, 참으로 '이 일'을 깨달은 것은 아니지요. 비록 모든 것이 '이 일'이라고 생각하더라도, 그것이 생각일 뿐 아직 깨달음이 아님을 스스로 잘 알고 있다면 괜찮습니다.

지금처럼 늘 '이 일'에 관심을 두고 공부하다 보면 언젠가는 참으로 '이 일'이 밝혀질 날이 올 것입니다. 그때는 저절로 모든 것이 분명해질 것입니다. 변함없이 '이 일'에 관심을 두고 공부하시기 바랍니다.

25. 읽고 쓰지 말아야 할까요?

: 지난가을 우연히 법회에 참석하게 된 뒤로 법문 듣고 법을 참구하는 것이 선생님 말씀처럼 제 인생의 1순위가 되었습니다. 법회만 아니라 일상생활에서도 음성법문을 틈날 때마다 듣습니다. 사춘기 시절부터 도에 대한 막연한 서원을 세우고 있었고, 세상사에 휩쓸려 살면서도 진리라는 것에 목마름은 늘 지니고 살았던 것 같습니다. 그러나 부처님처럼 위대한 성자들이 가 닿는 경지에 나 같은 범부가 정녕 가 닿을 수 있을까 하는 막연한 동경뿐, 제대로 이 공부를 할 수 있을지에 대해서는 자신이 없었지요.

그러다가 선생님의 법문을 듣고 책을 읽으며 참으로 놀라웠습니다. '이럴 수가 있구나. 그 까마득하게만 보이던 도를 현실에서 이룰 수 있는 거였구나. 바로 곁에서 깨어난 분의 말씀을 내가 직접 듣고 있구나.' 귀한 인연을 참으로 감사하게 생각하고 있습니다. 전도중생이라고, 이제껏 그 많은 번뇌망상과 시시비비가 오로지 이 생각에서 나온 것이라는 것을 참으로 이해하게는 되었습니다. 그동안 이렇게 생각의 껍질 속에서 살아왔다는 것이, 여전히 모두가 그렇게 살고 있다는 것이 놀랍기도 합니다.

어째서 인류는 실상에서 이렇게나 멀리 떨어져 미혹 속을 헤매고 있을까요? 어떻게 해서든 이 생각의 껍질을 벗어나고 싶고, 정말 그 실상의 자리를 발견하고 싶습니다. 법회에 참석하고 법문을 듣는 것이 가장 좋은 공부라는 것을 전적으로 믿습니다. 그런데 저의 일상이라는 것이 책을 읽고 글을 쓰고, 요컨대 생각하고 사는 것이 제 직업입니다. 생각에서 자유로워지는 것이 이 공부라는데, 일상의 생업과 이 공부를 어떻게 조화시켜야 할까요.

제가 자발적으로 읽는 책은 요즘은 아무래도 선생님의 책을 비롯하여 이 도를 전하고 있는 책들에 집중되고 있습니다. 무엇을 더 찾기 위함보다 그동안 정말 제대로 몰랐던 이 보편적인 진리라는 것이 시대와 지역을 초월한 진정한 종교인과 철학자들에게도 공통된 것임을 확인하고 발견하는 기쁨을 느끼고 있습니다. 지금은 그야말로 초심자이므로 이런 과정 정도는 거쳐야 한다고 생각하고 저절로 마음이 그렇게 가고 있으므로 억지로 책을 덮고 싶지는 않습니다.

그런데 이렇게 책을 읽고 생각하고 글을 쓰고 하는 일이 아무래도 공부에는 장애가 되겠지요? 읽고 쓰고 생각하는 일을 하면서 도에 이르기는 힘이 들므로, 그것이 일상의 직업이라 하더라도 억지로라도 그런 일을 줄여야 하지 않을까요?

읽고 쓰고 생각해야 도를 이루는 것이 아닌 것처럼, 읽지도 않고 쓰지도 않고 생각하지도 않아야 도를 이루는 것도 아닙니다. 이 도를 이루는 것에는 무엇을 어떻게 해야 한다거나 하지 말아야 한다는 규칙은 없습니다. 세속의 직업을 그냥 직업으로 행하시고, 이 공부는 이 공부대로 하십시오.

어떤 생활을 하시든지 다만 이 도를 자기 삶의 첫 번째 일로 삼고 이 도에 가장 큰 관심이 있고 바른 가르침을 만난다면, 언젠가 때가 무르익으면 도는 저절로 이루어지는 것입니다. 도에 알맞은 생활이라는 것이 정해져 있지는 않습니다.

도가 밝아지면 모든 생활 속에서 도가 실현되어 있지만, 도에 어두우면 생활은 단순히 생활일 뿐입니다. 읽고 쓰고 생각함을 통하여 도를 이루는 것이 아니라는 것만 아신다면, 읽고 쓰고 생각함이 큰 장애가 되진 않을 것입니다.

26. 서로 다른 말씀 아닌가요?

: 선생님 말씀 중에 서로 상반되는 말들이 있는데 어떻게 이해해야 할지 모르겠습니다. 이 도를 이루는 것에는 무엇을 어떻게 해야 한다거나 하지 말아야 한다는 규정은 없고, 몸이 어디에 있고 무슨 일을 하는지가 관건이 아니라 참으로 이 도에 관심이 있느냐가 관건이라고 하시면서, 또 선원청규에서는 오계(五戒) 정도는 어기지 말아야 공부를 잘 할 수 있다고 하십니다. 이 둘은 상반되는 말인데, 어떻게 이해해야 할까요? 또 어떤 때는 항상 이것을 붙들고 있어야 한다고 하시고 일체가 이것이라고 하시면서, 어떤 때는 이것을 붙들고 있는 것은 조작이고 일체가 이것이라는 것은 생각일 뿐이라고 하십니다. 어떻게 이해해야 할지 모르겠습니다.

말의 뜻에만 매여서 그 말이 가리키는 의도를 놓치고 있군요. 모든 말은 방편이고, 방편에는 그 나름의 의도가 있습니다. 이것들을 어떻게 하나하나 설명하겠습니까? 모든 것을 말로써 명백하게 설명할 수 있고 이해할 수 있다면 방편이 무엇 때문에 필요하겠습니까?

방편이란 약과 같고 타산지석과 같아서 그런 것을 듣거나 보고 자신에게 있는 문제가 알게 모르게 고쳐지는 효과를 가진 것입니다. 예컨대, 거짓말이나 술 마시는 버릇이 있는 사람은 그런 버릇에 매여 공부에 장애가 될 수 있기 때문에 그런 버릇에서 벗어나는 것이 공부에 좀 더 나은 조건이 된다는 권고사항이지, 반드시 그렇게 공부해야만 한다는 것은 아닙니다.

법은 본래가 불가사의한 것이므로 이렇다거나 이렇지 않다고 말할 수 없습니다. 다만 방편으로 말할 때는 이렇다는 견해에 머물러 있는 경우를 대비해서 이렇지 않다고 말하고, 이렇지 않다는 견해를 가진 경우에 대비하여 이렇다고 말할 뿐입니다.

이런 법에 관한 말들은 모두 이렇다거나 이렇지 않다는 정해진 견해에 머물러 있는 사람을 그곳에서 빼내기 위한 방편의 말일 뿐입니다. '법은 어떤 것이다'라거나 '공부는 어떻게 해야 한다'라는 견해를 가진다면, 바로 그런 견해가 헛된 망상입니다.

이런 견해를 가지고 공부한다면, 분별을 벗어나 깨달을 일은 결코 없습니다. 절대로 자신의 생각으로 분별하여 옳다느니 그르다느니 하고 판단하지 마십시오. 그것은 자신의 생각에 얽매여서 벗어나지 못하는 것일 뿐입니다. 깨닫겠다는 하나의 원을 가지고 다만 설법에 귀만 기울이십시오.

27. 화두를 풀이해도 됩니까?

: 불가에서는 화두를 풀이하는 것이 아니라 해서 스님들께서도 화두를 잘 풀이하시지 않는데, 선원장님께서는 화두를 풀어 주시니 속은 시원하지만, 과연 공부에는 어떤 차이가 있을까 하는 궁금증이 생깁니다.

화두를 풀이한다니 무슨 말씀이신지 모르겠군요. 화두를 뜻으로 이해하면 안 된다고 늘 말한 기억은 있습니다만, 화두를 풀어 준다는 것은 무슨 말인지 모르겠습니다. 구체적으로 어떤 것을 말씀하신 것인가요?

: 제가 전에는 '뜰 앞의 잣나무'니 '마 삼 근'이니 하는 말이 무슨 말인지 전혀 몰랐는데, 선원장님의 법문을 듣고 그런 것들이 전부 이해되어 버렸습니다. 어떤 화두이든지 말입니다. 그래서 저는 화두를 풀이해 주셨구나 하고 생각했습니다. 모든 화두가 전부 말과 뜻을 떠난 '이 일'이라고 이해가 되었습니다. 이렇게 화두가 전부 이해되었습니다. 무엇이 문제입니까?

화두를 뜻으로 이해하였다면 아직 화두를 통과한 것이 아닌데, 또 무슨 문제가 있습니까?

242

: 그럼 어떻게 해야 합니까? 생각에서 어떻게 떠납니까?

어떻게 하면 분별이니 어긋납니다. 어떻게 하지 않고 가만히 있어도 분별이니 어긋납니다. 생각을 떠나도 분별이니 어긋납니다. 생각에 머물러 있어도 분별이니 어긋납니다. 곧장 생각이 쉬어지고 통하면 이런저런 일이 없지만, 붙잡고 헤아리면 어긋납니다.

오늘은 날씨가 좀 쌀쌀하군요. 이럴 땐 따뜻한 국물이 좋습니다.

28. 연기법이 무엇입니까?

: 이른바 남방불교는 초기불교 시절 붓다의 가르침을 숭배하고 그 수련법을 많이 따르는 것으로 알고 있습니다. 여러 가지 가르침이 있지만 대소승을 불문하고 '연기법'은 누구나 존중하는 것으로 아는데, 제가 듣기로 초기불교에서는 주로 '인식론적인 연기'를 주장한다고 합니다. 혹자는 '연기법'에는 ① 인식론적 연기 또는 인식론적 중도론과 ② 본체론적 연기 또는 본체론적 중도로 나눌 수 있다고 합니다. 어느 연기론이 실상인지 의문이 생겼습니다. 연기법이 무엇입니까? 학문적인 설명을 바라는 것이 아니라 선(禪)의 실상을 가리키는 답변을 부탁드립니다.

'연기법'이 무엇인가? '연'에 온 우주가 다 있고, '기'가 유일한 전체요, '법'에 더할 것도 뺄 것도 없습니다. '선'도 이름일 뿐 '선'이라 할 물건이 따로 없는데, 무슨 '연기법'이라는 물건이 또 있겠습니까?

다만 우리의 분별이라는 병을 치유하기 위해 처방한 약이 연기법이라는 방편입니다. 방편은 병을 치료하기 위해 임시로 시설한 약일 뿐, 약이 곧 건강은 아니듯이 방편이 곧 실상이요 진리는 아닙니다.

인식론적 진리요 본체론적 진리요, 하는 것은 약을 더욱더 복잡하게 만들어 복용하기 어렵게 하므로 헛된 일입니다. 약은 복용하기 쉽고 효과도 좋아야 합니다. 연기법의 약을 제시합니다.

(땅바닥에 크게 동그라미를 그려 놓았습니다.)

이 안에 들어가도 30방 맞을 것이요, 밖으로 나가도 30방 맞을 것이요, 중간에 선을 밟고 서도 30방 맞을 것이요, 선을 지워도 30방 맞을 것이요, 다른 도구를 이용하여 회피해도 30방 맞을 것입니다. 맞지 않을 곳이 어디일까요?

29. 있는 듯한데 없습니다

: 이것을 묻든 저것을 묻든 묻는 '당체'를 깨달아야 한다고 하시고, 맞다고 하든 틀리다고 하든 그렇게 말하는 '당체'의 실상을 깨달아야 한다고

하십니다. 그런데 묻기도 하고 긍정하기도 하고 부정하기도 하는 걸 보면 무언가 있는 듯한데, 막상 '이것인가?' 하고 잡으려고 하면 없습니다. 놔 두면 별의별 상념을 만들어 내면서도 '어디에 있나?' 살펴보면 자취도 없 습니다. 바로 여기에 있는 듯도 한데, 아무리 알려고 해도 알 수가 없습니 다. 이러한 경계에서는 어떻게 해야 합니까?

어떻게 할 수도 없고, 어떻게 하지 않을 수도 없습니다. 자기의 밥은 자기가 씹어 삼켜야 하지, 남에게 물을 일이 아닙니다.

30. 도를 통하면 고통이 사라집니까?

: 도를 통하면 고통이 사라진다는 말씀입니까? 아니면, 고통스럽지만 고 통스럽지 않다는 말씀입니까? 몸이 아프거나 배가 고파서 고통스러울 때 이 고통의 느낌을 어떻게 해야 합니까?

해탈하면 번뇌가 사라지지, 고통이나 즐거움이 사라지진 않습니 다. 몸이 건강하면 쾌적함과 즐거움이 있고, 몸이 아프면 불쾌함과 고통이 있겠지요. 중생은 쾌적하고 즐거워도 번뇌 속에 있고, 불쾌 하고 고통스러워도 번뇌 속에 있습니다. 석가모니도 질병이 들어 몸이 아플 때 고통을 호소하였지만, 번뇌는 없었습니다.

실상에 어두운 것이 번뇌입니다. 실상에 어두우니 불안정하고, 육체나 생각이나 감정이나 기분 등에 집착하여 좋아하기도 하고 싫어하기도 하고, '나'와 '나의 것'에 집착이 심합니다. 이것들이 곧 번뇌입니다.

이러한 설명도 역시 단편적이니 이러한 설명으로 이해할 순 없습니다. 지금 실상을 알지 못하고, 어떻게 살아야 할지를 알지 못하고, 불안정하고, 집착을 벗어나지 못하고 있다면, 선(禪)을 공부해 보십시오.

몸이 아파 고통스러울 때 당장 필요한 것은 의학의 도움을 받아 고통을 사라지게 하는 것입니다만, 결국 삶과 죽음의 번뇌에서 해방되려면 선을 공부하여 번뇌망상에서 해탈해야 합니다. 설명하고 이해할 문제가 아닙니다.

31. 바른 스승은 어떤 분인가요?

: 법문 중에 말씀하시길, 스승의 법만 보고 그 행실은 보지 말라고 하셨는데, 아는 것과 행하는 것이 일치해야 바른 스승이 아닌지요? 입으로만 정법을 말하는 스승이 많은 이 시대에 믿을 만한 스승은 어떤 분인가요?

공부인이 진실하면, 그 진실함이 바른 스승이요, 공부인이 성실한 믿음이 있으면, 그 믿음이 바른 스승이요, 공부인이 참된 관심이 있으면, 그 관심이 바른 스승이요, 공부인이 언제나 자신의 공부에만 마음을 두면, 그 마음 두는 것이 바른 스승입니다.

생각으로 헤아리고, 이것과 저것을 분별하고, 어떤 기준에 따라 판단하는 것이 모두 삿된 스승입니다. 위와 같은 바른 스승을 스스로 모시고 있다면 반드시 바른 법을 보는 안목을 얻을 것이고, 삿된 스승을 모시고 있다면 자기의 한계를 벗어나지 못할 것입니다.

32. 법력과 반야의 관계는?

: 반야는 물리적 법칙을 초월해 있기에 늘 여여한 것이라고 생각합니다. 그런데 경전이나 고승들의 일화를 보면 사물을 자신의 생각대로 움직이거나 몸에서 빛을 내뿜었다는 등의 법력을 나타낸 이야기들이 있습니다. 이러한 법력은 반야와 무슨 관계가 있는 것인가요?

법력이라면 법의 힘이라는 뜻이지만, 법이라는 것도 이름일 뿐 그런 물건이 없는데, 법의 힘은 또 어디에 있겠습니까? 반야는 분별망상에서 벗어나 깨달음을 얻어서 생기는 지혜를 가리키는 말입니다. 분별망상에서 벗어나 깨달음을 얻어 반야(지혜)가 생기면, 어떤 모습을 보든지 어떤 말을 듣든지 그런 것들에 속지 않습니다. 또 반야가 생기면 중생 세계에서 중생이 분별하는 말과 부처 세계를 가리키는 방편의 말을 알아볼 수 있는 안목이 생깁니다.

경전이나 옛 스님들의 전기를 기록한 책에 나오는 이야기 가운데 합리적으로 이해할 수 없는 초자연적이거나 비논리적인 이야기들은 전부 깨달은 부처의 신통력을 나타내는 방편의 말입니다. 신통력이란 분별심에서 벗어나 마음에 걸림이 없는 해탈한 세계를 나타내는 말이지요. 분별에서 벗어났기 때문에 겨자씨 속에 수미산을 던져 넣는다든지 털구멍 속에 온 우주가 다 들어 있다는 것처럼 초자연적이고 비논리적이고 불가사의한 말을 합니다.

그러므로 초자연적이고 비논리적이고 불가사의한 그런 일들이 분별되는 세계에 나타나 경험된다고 이해한다면, 그것은 방편을 잘못 알아들은 것이지요. 경전이나 고승전에 나오는 초자연적이고 비논리적인 이야기는 깨달은 사람에게 무슨 초능력이 있어서 기적 같은 일을 만들어 낸 이야기가 아니라, 분별에서 벗어나 생각에 사로잡히지 않고 자유자재한 깨달음의 세계를 나타내는 방편입니다.

분별에서 벗어나지 못한 중생이 생각으로 분별하여 부처님의 방편의 말을 이해할 수는 없습니다. 분별에서 벗어나는 깨달음을 실제로 체험하여 반야 즉 지혜가 밝아져야만, 방편의 말을 보는 안목이 생겨 말에 속지 않게 됩니다.

33. 분별에서 벗어날 수 있을까요?

: 〈신심명〉에서 "지극한 도에는 어려움이 없으니, 다만 간택하지 않으면 된다. 단지 좋아하거나 싫어하지 않는다면, 탁 트여 명백할 것이다"라고

하였습니다. 그런데 이것은 분별과 무분별을 나누어 분별을 싫어하고 무분별을 좋아하는 것 아닌가요? 언어문자와 분별심을 초월하는 방법이 과연 있을까요?

간택하지도 않고 좋아하지도 않고 싫어하지도 않는 것은, 추구하고 노력하여 이루어 내는 일이 아니고, 불가사의한 깨달음의 체험에 의하여 저절로 나타나는 결과입니다. 언어문자와 분별심에서 벗어나는 해탈의 길에는 정해진 방법이 없습니다. 불교에 대한 진실한 믿음을 가지고, 깨닫고자 하는 뜻을 내어, 선지식을 찾아가 그의 가르침에 귀를 기울이는 자에게 저절로 이루어지는 일입니다.

뜻이 있는 곳에 길이 나타납니다. 참으로 깨달아 번뇌에서 벗어나고 싶다면, 생각으로 헤아려 알려고 하지 마시고 선지식을 찾아 그 가르침에 귀를 기울이십시오.

34. 세속의 번뇌에 어떻게 대처합니까?

: 주위의 가까운 사람들이 괴롭히고 손해를 끼칠 때, 공부하는 사람은 어떻게 해야 합니까? 화를 내야 합니까? 참아야 합니까? 오직 '이 일'이야 하고 있어야 합니까? 어떻게 해야 합니까?

세속의 처세술이나 세속적 가치관에서는 나를 욕보이는 사람에게 화를 내거나 참거나 어떻게 대처하는 것이 좋다는 방침이 있겠지만, 출세간의 일인 이 공부에는 그런 행동방침 같은 것이 없습니다. 세속의 삶에서 나타나는 수많은 번뇌는 분별망상에서 벗어나는 깨달음을 체험해야 근본적으로 해결될 것입니다.

단지 깨달음을 얻기만 하면, 모든 번뇌는 저절로 해결되는 것입니다. 세속의 번뇌를 상대로 하여 번뇌를 없애려 하거나 버리려 하거나 피하려 해도 결국 효과가 없을 것입니다.

이 공부는 오로지 세속에서 벗어나 세속의 번뇌망상에서 해탈하는 일입니다. 그러므로 세속의 일을 이 공부와 연관시키지 마십시오. 세속의 일은 세속의 일대로 잘 분별하고 판단하여 대처하시고, 이 공부는 세속의 삶과 관계없이 생각에 의지하지 말고 공부하십시오.

35. 법화경이 이해되지 않습니다.

: 요즘 《법화경》을 읽습니다. 그런데 《법화경》 관세음보살보문품에서 말하기를, 관세음보살만 부르면 현실적으로 안 되는 일이 없다고 합니다. 이게 무슨 말입니까? 경전 중의 왕이라고 부르는 《법화경》에서 오직 일불승(一佛乘)이라고 하면서, 또 이런 이상한 내용을 말하는 게 사실입니까?

방금《법화경》관세음보살보문품을 읽어 보았습니다. 명백히 이 법을 말하고 있군요. 다만, 말에 구속되어 문자 그대로 이해하신다면 경전을 이해하신 것이 아닙니다. 법을 보는 안목을 갖추고 경전을 보시면, 경전의 말씀이 곧 이 법을 말하고 있음을 알 수 있습니다.

만약 문자 그대로의 일이 진실로 있다고 여긴다면, 분명히 말의 내용이나 말의 앞뒤에 모순이 있음을 알 수 있을 것입니다. 그 까닭은 분별심을 가지고 분별에서 벗어난 불이중도(不二中道)의 불법(佛法)을 말하는 경전을 읽기 때문에 이해가 되지 않기 때문입니다.

경전을 읽고서 이해하려면 먼저 법을 깨달아 분별심에서 벗어나야 합니다. 사물을 분별하여 나쁜 것을 버리고 좋은 것을 취하는 것은 중생의 분별심이지 부처님의 바른 법이 아닙니다. 먼저 깨달아 분별에서 벗어나 불이중도(不二中道)의 법에 통달해야 합니다.

법에 통달하면 본래 온갖 나쁜 일이 곧 좋은 일이고 좋은 일이 곧 나쁜 일이어서, 좋은 일을 취하지도 않고 나쁜 일을 버리지도 않게 될 것입니다. 좋은 일과 나쁜 일을 이렇게 극복해야 영원히 번뇌가 없을 것입니다.

36. 자아탐구는 이법(二法)입니까?

: 라마나 마하리쉬의 자아탐구에서 '나, 나' 하는 것이나, 니사르가닷타

마하리지의 '내가 있음 속에 편안히 있는 것' 등은 불이법이 아닌 이법(二法)으로 사법(邪法)에 해당하는지 궁금합니다. 수년 전에 '나는 누구인가?'를 상당 기간 참구하였으나, 최근 선생님의 영상법문을 들으면서 '나, 나' 할 때, '나'라는 느낌이 매우 강하게 다가와서 염치불구하고 여쭙니다.

'나'라는 무엇이 있어서 분별된다면, 이것은 단지 '나'라는 망상입니다. '나'라고 할 때 '나'가 없고 '세계'라고 할 때 '세계'가 없다면, '나'라고 하든 '세계'라고 하든 아무 장애 될 것이 없을 것입니다.

이렇게 분별에서 벗어나 생각에 가로막히지 않는다면, '뜰 앞의 잣나무'라고 하든 '똥 닦는 막대기'라고 하든 '커피잔'이라고 하든 '벽돌'이라고 하든 아무 다름이 없을 것입니다. 아무 다름이 없는 곳에서, 커피를 마실 때는 커피잔을 사용하고, 집을 지을 때는 벽돌을 사용하겠지요.

37. '이것'은 무엇입니까?

: 일전에 저의 질문에 선생님께서 "'이것'에 확연히 통하면, '이것'이라고 말해도 '이것'이라고 말하는 것이 아닙니다"라고 하셨습니다. 또 '이것'이라는 말은 우주 전체의 소리라고 하셨습니다. 이것은 경전의 "오온이 모두 공이다"라는 뜻과 또 연기의 실상을 그대로 비추어 보이는 말씀인지요? "오직 마음뿐"이라는 말도 사실은 연기의 실상이 그렇다는 뜻인가

요? '인연을 따라 오온이 생겨나 욕망과 집착 속에 스스로 삼라만상을 만들며 헤매다가 문득 밝음으로 나아가니, 욕망과 집착이 모두 단지 인연을 따라 흘러가는 것임을 알아서 고통이라 버릴 것도 없고 밝음이라 취할 것도 없다.' 이러한 것을 바로 비추어 볼 줄 아는 것이 곧 '이것'에 확연히 통하는 것인지요?

많은 견해에 헛되이 붙잡혀 있군요.

'이것'에는 아무런 견해가 없습니다.

다만 '이것'입니다만, '이것'이라고 할 것은 없습니다.

'이것'을 찾으려 하면, '이것'은 없습니다.

'이것'을 알려고 하면, '이것'이 아닙니다.

'이것'을 깨달으면, 생각할 것이 없고 말할 것이 없습니다.

'이것'을 깨달으면, 생각하면서도 생각이 없고 말하면서도 말이 없습니다.

생각하면 '이것'에서 어긋나고 말하면 '이것'과 맞지 않습니다.

'이것'을 깨닫기만 하면 됩니다.

38. 무엇입니까?

: 공부하다가 몇 가지 의문이 있어 글을 올립니다.

첫째, 실재는 무아(無我)라고 하는데, 무아인 줄 아는 그것은 무엇입니까?

둘째, 모든 것이 전부 마음이라 하는데, 등산할 때 올라가는 산은 무엇입니까?

셋째, 산, 하늘, 새, 나무, 꽃이 다 마음이라면, 마음은 무엇입니까?

'무엇이냐?'고 묻고 찾아서 '이것이구나' 하고 찾아내 알 수 있다면, 모두 분별이고 경계이고 망상입니다. 물을 수도 없고 찾을 수도 없고 알 수도 없는 것이 진실입니다.

'무엇입니까?' 하고 묻는 여기에 무엇이 있습니까?

'무엇입니까?'

39. 이 공부는 어떻게 하나요?

: 이 생이 끝나기 전에 반드시 자유를 얻겠다고 원을 정해 놓고 있습니다. 선생님의 법문에서 하나를 알면 완전한 자유와 쉼을 얻을 수 있다 하니 더욱 그 열망이 강해지는 것 같습니다. 저는 체계적인 공부를 해 본 적은 없고 그냥 이것저것 정신세계 관련한 책만 보고 있습니다. 법문 중에 공부란 말씀을 자주 하셨는데, 이 공부를 하려면 구체적으로 어떻게 해야 하며 무엇부터 시작해야 하는지요?

우선 석가모니 부처님의 깨달음을 믿어야 합니다. 석가모니가 깨달아 전해 준 법을 나도 깨달을 수 있다고 믿어야 합니다. 그다음 석가모니와 같은 깨달음을 얻겠다고 결심해야 합니다.

깨달음을 얻겠다고 결심했으면, 깨달음으로 가는 길을 안내하는 선지식을 찾아야 합니다. 믿을 수 있는 선지식을 찾았으면 그 선지식의 법회에 참석하여 가르침(법문)을 들어야 합니다. 깨달음이 체험될 때까지 법문을 꾸준히 들어야 합니다.

자기의 생각으로 판단하려고 해서는 안 됩니다. 모든 생각은 헛된 것이므로 반드시 생각을 벗어나는 깨달음을 체험해야 합니다. 생각을 벗어나는 깨달음을 체험하면, 그 선지식에게 점검을 받아야 합니다.

그 뒤에는 생각을 벗어난 깨달음에 익숙해지는 공부가 남아 있습니다. 생각을 벗어난 깨달음을 일러 반야라고 하는데, 반야에 익숙해지고 생각에서는 더욱 멀리 벗어나야 합니다.

한번 제대로 생각을 벗어난 깨달음을 얻으면 생각을 벗어난 길이 저절로 나타나니, 그 길을 가기만 하면 공부는 더욱 깊어집니다. 이 이외에 다른 공부는 없습니다.

40. 신통은 어떻게 갖추어집니까?

: 신통(神通)에 관해 질문이 있습니다. 조사선은 말을 듣고서 깨닫는다고

하는데, 예를 들어 까마귀 우는 소리를 듣고 깨닫는다고 하면 그때 신통도 단숨에 다 얻는 것인가요? 아니면, 보임(保任) 과정에서 얻게 되는 건지요? 부처님의 수행을 보면 신통을 얻고 후에 깨달음을 얻는데, 누가 이에 대해 설명한 것을 아직 보지 못했습니다. 아니면, 신통이 안 생겨도 그저 법의 자리에 머무르면 그만인지요? 그럼 이 경우에는 신통이 없는 건지요? 아니면, 법의 자리에 들어가면 신통이 저절로 갖추어지는 건지요? 불이법문의 조사선에서 신통은 어떻게 갖추어지는지요?

신령스럽게 통한다는 신통(神通), 신통력(神通力), 위신력(威神力)은 깨달은 사람에게 저절로 갖추어지는 힘입니다. 신령스럽게 통한다는 것은 어떤 분별에도, 생각에도, 느낌에도, 기분에도, 보고 듣는 것에도 막히지 않고 다 통한다는 말입니다.

몸이 걸림 없이 통할까요, 마음이 걸림 없이 통할까요? 당연히 마음이 걸림 없이 통하는 것입니다. 깨달은 사람은 일상생활의 매 순간순간 모든 것에 막힘이 없으므로 언제나 신통입니다. 그러나 아직 깨닫지 못한 사람은 분별과 생각에 사로잡혀 있기 때문에 깨달은 사람이 발휘하는 신통을 전혀 알 수 없습니다.

깨달은 사람은 일상생활에서 항상 겨자씨를 수미산에 던져 넣기도 하고 반대로 수미산을 겨자씨 속에 던져 넣기도 하면서 무엇에도 걸림 없이 신통력을 발휘하며 살아갑니다. 그러나 깨닫지 못하는 사람은 늘 보고 듣고 느끼고 생각하는 분별에 막혀 있기 때문에 그러한 신통력을 알아볼 수 없습니다.

《유마경》불사의품에서는 불가사의한 해탈에 머무는 여래와 보살에게 다음과 같은 신통이 있다고 합니다. 신통이란 분별망상에서 벗어나 불가사의한 해탈에 머무는 부처나 보살에게 저절로 갖추어져 있는 능력인 것입니다. 유마힐이 사리자에게 이렇게 말합니다.

"여보세요, 사리자님. 모든 부처와 여래와 응정등각과 불퇴전의 보살에게는 불가사의(不可思議)라 일컫는 해탈이 있습니다. 만약 이와 같은 불가사의해탈에 머무는 보살이라면, 수미산이 높고 넓기가 그렇게 크더라도 신통력으로써 겨자씨 속에다 집어넣지만, 겨자씨의 크기가 늘어나지도 않도록 하고 수미산의 크기가 줄어들지도 않도록 할 수 있습니다. …… 또 사리자님. 만약 이와 같은 불가사의해탈에 머무는 보살이라면, 사방 큰 바다의 바닷물이 깊고 넓기가 그렇게 드넓더라도 신통력으로써 한 개 털구멍 속에 넣지만, 털구멍의 크기가 늘어나지도 않고 사방 큰 바다의 바닷물의 크기가 줄어들지도 않게 할 수 있습니다."

41. 생각에서 벗어나고 싶습니다.

: 선생님의 책을 읽어 보니 모든 생각과 행동에 '이것'이 있다고 말씀하셨습니다. 저는 '이것'을 '존재'라고 생각합니다. 깨달음은 존재의 실상을 아는 것이라고 생각합니다. 그렇지만 결코 생각을 벗어날 수가 없습니다. 아는 것으로부터의 해탈이라고 하셨나요? 어떻게 하면 이 생각에서 벗어

날 수 있습니까? 생각에서 자유로워지고 싶습니다.

생각에 의지하여 생각 속에서 다시 생각을 벗어나려는 노력을 하고 있군요. 이것은 마치 꿈속에서 꿈에서 깨어나려고 노력하는 것과 같아서 그 모든 노력이 바로 꿈입니다. 또 비유하면, 자기 머리를 달고 다니기가 짐스럽고 귀찮아서 자기 머리를 떼어 버리고 싶지만, 어떻게도 할 수 없는 사람과 같습니다.

생각에서 벗어나고 싶어 매우 간절하고 목이 마르지만 어떻게도 할 수 없어서 저절로 생각에 의지하지 않게 되면, 비로소 생각에서 자유로워질 기회가 올 수 있습니다. 생각에서 벗어나는 방법을 말할 수는 없으니, 그렇게 말한다면 그 말이 바로 생각이기 때문입니다.

단지 이 말 한마디를 남기겠습니다.

생각을 벗어난 곳이 어딘가요?

칠월 한여름이라 땡볕이 뜨겁군요.

42. 도인도 꿈을 꿉니까?

: 도인(道人)도 밤에 꿈을 꾸나요? 도를 깨달으면 꿈을 꾸지 않는다고 하던데 사실인가요?

진실을 알고자 한다면, 무엇보다도 '있는가? 없는가?' '사실인가? 아닌가?' 하는 분별에서 벗어나야 합니다. '있다' 하든 '없다' 하든, '사실이다' 하든 '사실이 아니다' 하든 모두 분별이고 생각이고 망상입니다.

"지인(至人)에게는 꿈이 없다"라는 말이 있습니다. 이 말은 꿈을 꾸지 않는다는 말이 아니라, 꿈과 깸이 다름이 없다는 말입니다. 분별 속에 사로잡혀 있는 범부에게는 꿈이 따로 있고 깸이 따로 있지만, 분별을 벗어나 깨달은 사람에게는 꿈이 바로 깸이고 깸이 바로 꿈이어서 둘이 아닙니다.

꿈과 깸이 둘이 아니라는 말은 깨달은 이에게 해당하는 말이지, 생각하고 분별하는 중생이 이해할 수 있는 말이 아닙니다. 분별하고 이해하는 것에서 문득 벗어나면, 꿈과 깸이 둘이 아님이 저절로 분명해집니다.

43. 애써 노력해야 하지 않을까요?

: 법을 탐구하는 자세에 있어서 궁금한 점이 있습니다. 예를 들어, 고요함을 추구하고 시끄러움을 멀리하는 것은 잘못된 것이라고 하던데요. 법 때문이 아니라 다만 고요함을 좋아하는 취향의 사람이나 시끄러운 곳에 오래 있어서 고요함을 찾고 싶은 경우에도 굳이 고요함을 멀리하고 현재의 시끄러움 속에 남아 있는 조작이 필요한가요? 잡념이 많아서 방해되

는 상황이면 잡념은 없애는 노력을 해야 하지 않습니까? 법문을 들으며 공부할 때는 확실히 고요하고 또렷한 정신을 유지해야 법문이 소화되는 것 같습니다. 고요한 장소와 차나 커피를 동원해서라도 말입니다. 그래서 선원에서도 그런 환경을 조성하는 것이 아닐까요? 또 〈공부인의 자세〉에 나온 여러 수칙이나(진실한 발심, 무조작, 설법에 의지함 등) 계율 비슷한 〈선원청규〉는 달을 가리키는 손가락 정도로 여겨 두고 크게 마음에 담아 두거나 추구하지 않는 것이 좋을까요?

또 하나의 의문이 있습니다. 기수련 단체들이 주장하는 것들을 보면 호기심이 일더군요. 예를 들어, 소주천 대주천이라는 통로가 배에 있는데 단전호흡을 하면 기운이 주천의 길을 따라 선회하는 것이 느껴진다 하기도 하고, 나중에는 임동맥이 터지고 한 호흡이 1분을 넘긴다는 등의 말을 합니다. 깨닫기 위해서가 아니라 일종의 운동을 하는 의미로 기수련을 하는 것은 괜찮지 않을까요?

법문의 말이든 〈공부인의 자세〉에 있는 말이든 〈선원청규〉에 있는 말이든, 반드시 그렇게 해야 한다는 규칙 같은 것이 아니라 분별에 떨어지는 것을 방지하는 방편의 말입니다. 고요함을 추구하고 시끄러움을 멀리하는 것은 분별하여 취하고 버리는 일이어서 불이 중도(不二中道)에 맞지 않기 때문에 고요함을 추구하면서 시끄러움을 멀리하지 말라고 했지, 무조건 시끄러움을 추구하라는 말이 아닙니다. 무엇을 어떻게 하라거나 혹은 하지 말라고 가르치지 않습니다.

스스로 분별하여 이렇게 해야 한다거나 그렇게 하지 말아야 한다고 판단하면 모두 망상입니다. 잡념을 없애려는 노력이나 또렷한 정신으로 법문을 들으려는 노력도 모두 분별하여 일부러 행하는 유위행(有爲行)이니 공부를 방해할 것입니다. 깨달음은 불이중도이므로 이것과 저것을 분별하여 취하고 버리는 행위는 모두 깨달음과 반대로 가는 것입니다.

기수련이든 어떤 수련이든 그것에 집착하고 몰두하면 공부에 장애물을 만들 뿐입니다. 어떤 식으로 수행하면 어떤 결과가 나타난다고 하여 그렇게 수행하는 것은 모두 분별에 의지하여 일부러 행하는 유위행이므로 모두 헛된 것입니다. 그 어떤 경계나 대상을 긍정하고 집착하여 그곳에 머물면 역시 분별에 의지하는 것이니 모두 공부를 가로막는 장애물이 될 뿐입니다. 그런 조그만 장애물 때문에 결국 깨달음에는 들어오지 못할 것입니다.

44. 설법만 들어도 될까요?

: 진리에 목말라하다가 우연히 선생님의 법문을 인터넷으로 마주하게 되었습니다. 질문은 법문을 들은 지 6개월 후에 하라는 말씀을 듣고서 그동안 꾹 참고 지냈는데, 드디어 오늘이 그 6개월째입니다. 6년 전에 경북의 한 오지 마을로 귀농한 사람입니다. 김을 매고, 밭에서 고추를 따고, 비닐하우스에서 고추꼭지를 따고, 돼지먹이를 발효시키고, 사료를 사러 차를 운행하고 하는 그런 와중에 선생님의 법문을 듣고 또 들었습니다. 선생님

말씀과 조사님의 말씀이 진리임을 믿습니다. 다른 대안이 없고 그것뿐이라는 말씀을 믿습니다. 정말로 아무런 수행도 하지 않고 선생님의 설법에만 귀를 기울이면 되는 건지요? 다 내팽개치고 부산 무심선원 근처에 방하나 얻어 설법에만 귀를 기울이고 싶은 심정입니다.

지금과 같은 믿음을 가지고 김을 매고, 밭에서 고추를 따고, 비닐하우스에서 고추꼭지를 따고, 돼지먹이를 발효시키고, 사료를 사러 차를 운행하시는 그런 와중에 법문을 듣고 또 들으십시오. 따로할 일은 없습니다.

수행이라는 이름의 어떤 노력을 열심히 하여 이루는 것은 모두의도적으로 만들어 낸 유위법(有爲法)이어서 우리가 본래 갖추고 태어난 본성과는 맞지 않습니다.

분별망상이라는 꿈에서 깨어나겠다는 굳은 뜻을 버리지 않고 가르침에 귀를 기울이면 언젠가는 불가사의한 체험이 일어날 것입니다. 믿음이 있는 곳에 길은 저절로 나타날 것입니다.

45. 맹목적 믿음을 원하십니까?

: 선생님이 원하는 것은 맹목적 믿음(맹신)인 것 같습니다. 어떠한 자신의 분별력과 견해도 없이 맹목적으로 믿고 설법을 듣다 보면 홀연히 체험이 온다는 것이지요. 《선문단상》에 나온 어떤 여신도분의 체험기를 보면

이러한 고백이 있습니다. "어떻게 생겨났는지 모르지만, 선생님에 대한 나의 믿음은 가히 절대적이다. 만약 선생님이 돌을 보고 '콩이다. 이것 먹어라. 너의 몸에 좋을 것이다' 하고 말하면, 나는 주저 없이 먹을 것이다."

깨달음을 체험하기 전에는 누구나 깨달음에 대한 의문이 있겠지요. 체험한 뒤에는 스스로에게서 진실이 확인되니 당연히 깨달음을 가리키는 선지식에 대한 절대적인 믿음이 생기지요.

만약에 체험하기 전에 설법을 듣는 것만으로 선지식에 대한 절대적 믿음이 생긴다면, 그 사람은 어렵지 않게 체험할 가능성이 크기 때문에 도리어 복 받은 사람이죠.

그렇지만 자신의 분별력과 견해에 의지하지 않고 보자마자 즉시 맹목적으로 믿는 사람은 아마도 거의 없을 것입니다. 믿을 만하니까 믿는 것이지, 무조건 믿겠습니까?

그런데 맹목적이라는 말의 뜻이 분별과 헤아림에 머물지 않고 마치 어리석은 사람처럼 마음을 한결같이 한곳으로 향하는 것이라면, 맹목적으로 설법을 듣고 공부하는 것은 오히려 좋은 공부 태도입니다.

그러나 맹목적으로 믿고 따르라는 말은 지금까지 한 번도 한 적이 없습니다. 그렇게 말한다고 해서 맹목적으로 믿고 따를 사람이 어디에 있겠습니까? 도리어 이 질문이 맹목적인 것 같군요. 홈페이지에 있는 수많은 글을 보지도 않고, 매주 올라오는 설법을 듣지도 않고, 그 체험기에서 그렇게 말하게 되기까지의 과정을 보지도 않고, 그냥 맹목적인 믿음이라고 단정하시니 말입니다.

46. 체험한 뒤에는 어떤 공부를 합니까?

: 저는 선생님의 법문을 듣고 있는 사람인데요, 깨달음을 체험한 후에는 어떤 공부를 해야 하는지 궁금해서 글을 올립니다.

깨달음을 체험하면 저절로 알게 됩니다. 미리 생각하는 것은 모두 망상입니다.

47. 설법이 무슨 도움이 됩니까?

: 설법에 의지하는 것은 곧 언어문자와 개념에 의존하는 것이 아닌가 하는 생각이 자주 듭니다. 항상 같은 내용의 설법을 듣다 보니 그 내용이 어떤 것인가는 오래전부터 훤히 알고 있습니다만, 그 이상의 무언가를 얻지는 못하고 있습니다. 설법의 내용을 뜻으로만 파악하는 상태에 놓여 있으니, 설법을 매일 열심히 듣는 것이 나를 어떤 고정된 견해 속에 가두고 있는 것 같은 기분이 듭니다. 그런데도 계속 열심히 설법을 들어야 하는지 의문이 듭니다. 공부에 있어서 설법이 실질적으로 도움을 주는 부분은 무엇이라고 보십니까? 설법을 되도록 많이 듣거나 보는 것이 이득입니까?

설법을 하면서 늘 말하기를, "이 말은 언어문자이지만 언어문자는 달을 가리키는 손가락일 뿐이므로 설법의 언어문자에 얽매이지 말고 언어문자로써 가리키는 마음을 깨달아야 한다"고 했는데, 설법을 들으면서 언어문자와 개념에만 의존하여 들었다고 하시니 설법을 완전히 잘못 들었군요. 말씀하신 대로 설법을 들으면서 그렇게 그 내용을 뜻으로만 파악하는 상태에 놓여 있다면, 무한한 세월 설법을 듣더라도 영원히 깨달을 수 없을 것입니다.

설법을 왜 들을까요? 언어문자를 이해하려고 듣는 것입니까, 깨달음을 얻으려고 듣는 것입니까? 깨달음을 얻으려고 듣는다면, 설법을 들으며 당연히 언어문자로 이해하는 것에 머물지 않고 깨달음에 목이 말라서 듣고 있겠지요?

깨달음을 얻으려 하는데 왜 설법을 들어야 할까요? 깨닫고 싶지만 그 길을 알지 못하기 때문에 이미 깨달은 사람의 안내를 받는 것입니다. 설법은 표면적으로는 말을 하는 것이지만, 속으로는 생각할 수 없고 말할 수 없고 오로지 체험만 가능한 우리의 마음으로 이끌고 있는 것입니다.

그러므로 설법은 이심전심(以心傳心), 즉 마음에서 마음으로 통하는 것이 본질이지, 말로써 설명하고 생각으로 이해하는 것이 본질은 아닙니다. 생각으로 듣지 마시고 마음으로 참여하십시오.

48. 잠이 들면 잃어버립니다

: 다음은 《대혜서장》에 나오는 대혜종고 선사의 말입니다.

"제가 아직 잠이 들기 전에는 부처님이 칭찬하신 것에 의지하여 행하고 부처님이 비난하신 것을 감히 범하지 않으며, 이전에 스님들에게 의지하고 또 스스로 공부하여 조금 얻은 것을 또렷하게 깨어 있을 때는 전부 마음대로 쓸 수 있습니다. 그러나 침상에서 잠이 들락 말락 할 때 벌써 주재(主宰)하지 못하고, 꿈에 황금이나 보물을 보면 꿈속에서 기뻐함이 한이 없고, 꿈에 사람이 칼이나 몽둥이로 해치려 하거나 여러 가지 나쁜 경계를 만나면 꿈속에서 두려워하며 어쩔 줄 모릅니다. 스스로 생각해 보면 이 몸은 오히려 멀쩡하게 있는데도 단지 잠 속에서 벌써 주재할 수가 없으니, 하물며 죽음에 임하여 육체를 구성하는 지수화풍(地水火風)이 흩어지며 여러 고통이 걷잡을 수 없이 다가올 때 어떻게 경계에 휘둘리지 않을 수가 있겠습니까? 여기에 이르면 마음이 허둥지둥 바빠집니다."

삼가 여쭙니다. 이러한 경계에 이르러서는 어떻게 공부를 지어 가야 합니까?

공부는 어떤 방식으로 지어 가는 것이 아닙니다. 어떤 방식으로 지어 간다면 분별하고 취사선택하여 생각을 따라 만들어 가는 것이니, 모두 허망한 유위행일 뿐입니다.

깨어 있을 때 불법에 맞게 마음대로 쓰고 주재한다고 여기니, 이는 분별하고 조작하는 유위의 행을 하고 있는 것이므로 헛된 망상입니다. 깨어 있을 때가 이미 헛된 유위행이요 망상인데, 다시 꿈속을 말할 필요가 어디 있겠습니까?

'이렇게 하는 것이 올바른 공부다'라든가, '내가 공부를 바르게 하고 있다'라고 생각한다면, 이는 모두 분별이요 망상일 뿐 바른 공부가 아닙니다.

대혜종고가 저런 고민을 질문하였을 때 스승인 원오극근의 가르침은 다만 "그만하라. 그만하라. 망상을 쉬어라"라는 말뿐이었습니다. 대혜종고의 말이 모두 망상이지만, 그 망상에서 벗어나는 길을 생각하고 말해도 역시 망상입니다. 대혜종고는 원오극근의 법문을 듣다가 문득 앞뒤가 끊어지면서 분별에서 벗어나는 깨달음을 체험하여 비로소 자신이 안고 있던 문제가 해결되었습니다.

사방으로 망상에 가로막혀 벗어날 수 없는 감옥 속에서 답답함을 견디며 법회에 참여하는 자세로 법문을 들으십시오. 갑갑하고 답답하여 숨이 막혀 죽을 것 같다가, 어느 순간 갑자기 가슴이 열리고 깊은 숨을 들이쉬며 상쾌해질 것입니다.

49. 설법을 들으며 화두를 듭니다.

: 저는 설법을 들으며 화두를 잡고 있습니다. 매일 하루 2시간씩 아침저녁으로 잡고 있습니다. 처음에는 열심히 해 나갔습니다. 화두는 제시하는 것이라 하셔서 그렇게 해 보려 했는데 생각으로 만들고 있는 걸 발견합니다. "뜰 앞의 잣나무" 하면서도 그건 그저 말일 뿐이다. 마음을 가리키는

것이다. 마음이라는 건 이런 느낌인가? "뜰 앞의 잣나무." 지금 내 마음에서 울리는 이것? 이것이지? 이런 식입니다. 설법을 들어서 그런지 참된 의심이 생겨나지 않습니다. 그렇게 한 달이 지나자 흐지부지해지면서 이번에 설법을 듣는데 구하는 마음이 없어야 한다는 말씀을 듣자 내가 괜히 구하는 마음만 더 키우는 게 아닌가 하는 생각이 들었습니다. 시간이 흐를수록 화두에 집중하지 못하는 것 같습니다. 화두를 잡는 마음이 약해진다고 할까요? 의심도 나지 않고 힘들고 잡념에 빠져들고 화두가 미미해집니다. 하지만 정말 끝까지 가 보고 싶습니다만, 제대로 하고 있나 하는 의문이 듭니다. 선생님의 조언을 부탁드립니다.

설법을 들으며 또 화두도 잡고 하지 마시고, 단지 설법만 들으십시오. 깨달음은 내가 무엇을 어떻게 수행하여 얻어지는 것이 아닙니다. 깨달음이 어떤 것인지 설명할 수도 없고, 어떻게 하면 깨달을 수 있는지도 설명할 수 없습니다. 깨달을 수 있는 유일한 길은 깨달은 사람의 가르침을 따르는 것입니다.

깨달은 사람도 자신의 깨달음에 관하여 아는 것도 없고 설명할 수도 없습니다. 그러나 본인에게 깨달음이 실현되어 있기 때문에 어떻게 해서든지 그것을 나타내고 가리켜 주려고 애를 씁니다. 그런 가르침을 꾸준히 듣고 있으면 자기도 모르는 사이에 그 깨달은 분에게 동화(同化)되어서 자신도 저절로 깨달음을 체험할 수 있습니다.

깨달은 선지식이 깨달음을 말하는 것을 설법이라고 하지만, 깨

268

달음은 설명할 수 없습니다. 그러므로 설법을 듣고서 이해하는 것으로 공부를 삼으면 안 되고, 알 수 없는 깨달음을 체험하고자 하는 뜻으로 설법에 귀를 기울이고 법회에 참여해야 합니다.

50. 중생을 어떻게 구제합니까?

: '이것'을 체험하여 일 없이 살게 된 지 한 달가량 된 사람입니다. 다름이 아니라, 알고 지내던 동생이 몇 주 전부터 예전에 제가 그랬던 것처럼 허무와 고통에 절규하며 저에게 도움을 요청했습니다. 예전이었다면 남이 그러든 말든 도와줄 여유도 의지도 없었을 터인데, 지금은 마음에 여유가 좀 생기고 보니 그 고통을 알기에 안쓰러워 도와주고 싶은 마음이 듭니다. 헌데 제가 배운 게 없어서일까요? 도저히 '이것'을 말로 설명할 수가 없습니다. 그저 해 줄 수 있는 말은 "그냥 살아라"인데, 이 말은 도리어 도움이 되기보다는 오해만 불러일으킬 것 같습니다. 이런 경우엔 어찌해야 하는지 여쭙고 싶습니다.

번뇌망상 속에 있는 중생을 해탈로 이끄는 능력은 남에게 배워서 얻는 것이 아닙니다. 스스로에게 실현되어 있는 해탈을 진실하게 내보이고 가리켜서 해탈로 이끌어 주는 능력은 해탈이 충분히 실현된 사람에게 저절로 생깁니다.

그러나 체험한 지 이제 한 달 된 분이라면 아직 자신에게도 해탈이 명백하지 않을 것이니 그런 능력이 있을 수 없습니다. 적어도 몇 년의 시간은 지나야 비로소 자기에게 실현되어 있는 해탈이 능력을 발휘하여 남을 이끌 수 있을 것입니다.

먼저 자기의 공부를 확실히 해야 합니다. 진실로 깨달았다면, 안과 밖이 따로 있지 않고 나와 남의 구분이 없습니다. 이런 입장이 되면 중생도 부처도 모두 자신의 일일 뿐입니다. 자기 마음의 중생이고 자기 마음의 부처가 있을 뿐입니다. 그리하여 순간순간 자기 마음의 중생을 제도하는 능력이 갖추어지면, 비로소 주위의 남을 도와줄 능력도 저절로 생깁니다.

51. 생각을 놓고 있기만 할까요?

: 생각이 발 디딜 곳을 없게 하라고 하셨는데요, 마냥 생각의 끈을 놓고 있기만 하면 도리어 좋지 않은 결과가 되지 않을까요? 여러 가지 번뇌를 그냥 마음에 묻어 두기만 하니까 마음속이 답답한 거 같아요.

생각의 끈을 붙잡고 있지도 말고 놓고 있지도 마십시오. 붙잡고 있어도 분별이고 망상이며, 놓고 있어도 분별이고 망상입니다.

번뇌를 마음속에 묻어 둔다고 생각하지 마십시오. 마음이 무엇이고 번뇌가 무엇일까요? 스스로 마음이니 번뇌니 하는 개념에 매달려 집착하니 그런 장애가 있는 것입니다.

마음이 있다거나 없다고 하지 마시고, 번뇌가 있다거나 없다고 하지도 마십시오. 다만 '이것' 하나에만 관심을 두고 설법에 귀를 기울이십시오.

바로 '이것'(방바닥을 탕탕 친다)뿐입니다.

52. 견성하면 '나'가 없어지나요?

: 책들을 살펴보면, 견성하여 도에 통하는 것이란 '나'라고 하는 자아가 없어지는 체험이라고들 합니다. '나'와 바깥을 나누는 자아개념에서 벗어나지 못하면 진정한 해탈이란 있을 수 없다는 말로 보입니다. 견성하면 정말로 '나'라고 하는 항상 뚜렷한 이 자아감에서 벗어나게 되나요? 그리하여 연기법이 생각이 아니라 현실적인 느낌으로 생생하게 느껴지나요?

'나'라고 하는 자아가 있다가 없어진다고 하면 있음과 없음이라는 분별에 떨어진 것이니 견성이 아닙니다. 무엇이 있다거나 없다거나, 실재라거나 헛것이라거나, 현실이라거나 환상이라거나 하는 분별이 바로 장애입니다. 견성, 자아, 해탈, 연기 등 이런 말들은 다만 방편으로 만든 가짜 이름입니다.

《육조단경》에서 말했듯이 견성은 분별을 벗어난 불이중도입니다. '나'가 있다고 해도 맞지 않고, '나'가 없다고 해도 맞지 않습니다. 분별에서 벗어나면 지금까지처럼 모든 것이 그대로 있지만, 또한 아무것도 없습니다. '나'가 있지만 '나'가 없고, 세상이 있지만 세상이 없습니다.

이것을 방편으로 일러 불이중도라고 하는데, 이것은 오로지 직접 체험할 수 있을 뿐이고 설명하여 이해할 수는 없습니다. 공부하여 직접 체험해 보시기 바랍니다.

어디에서 도에 통할까요?

팔을 굽혔다가 펴 보세요.

53. 숙면일여가 되어야 깨닫습니까?

: 선생님의 공부 이야기를 읽고 궁금해서 올립니다. 성철 큰스님이나 역대 큰스님들 법문에서 동정일여(움직일 때나 멈추었을 때나 한결같이 깨어 있음), 몽중일여(꿈속에서도 한결같이 깨어 있음), 그리고 더 나아가 숙면일여(꿈이 없는 깊은 잠 속에서도 한결같이 깨어 있음)를 지나가야 비로소 큰 깨달음을 이룬다고 하는 말씀을 들었습니다. 지금도 그렇게 법문하시는 스님이나 거사님들도 계시더군요. 하지만 선생님의 경우는 산책하다가 큰 깨달음을 이룬 것으로 되어 있어서 어떻게 이해해야 할지 모르겠습니다. 선생님께서 산책하시다가 크게 깨닫기 전에 이미 동정일여, 몽중일여, 숙면일여가 되어 있었나요?

석가모니 부처님을 비롯해 33조사와 1,700선사 가운데 아무도 동정일여, 몽중일여, 숙면일여를 거쳐서 깨달음에 이르렀다는 분은 없습니다. 어디에도 그런 기록은 없어요.

석가모니 부처님과 조사와 선사들이 깨달은 일화를 보면, 모두들 깨닫기 전에는 깨달음에 이르는 길을 모르니 어떻게 할 수가 없어서 의문만 있는 의단(疑團)에 빠져 있었고, 그러다 설법을 듣거나 혹은 다른 어떤 계기로 문득 깨달았다는 기록뿐입니다. 석가모니가 깨달은 이야기나 《전등록》에 나오는 조사들과 수많은 선사가 깨달은 이야기를 보면 그런 사실을 알 수 있습니다.

몽중일여, 숙면일여를 거쳐야 깨닫는다는 주장은 오로지 성철 스님만이 하고 있군요. 그런 주장을 하는 여타 분들은 아마 성철 스님의 주장을 그대로 따르고 있는 것 같아요.

성철 스님의 몽중일여, 숙면일여 주장은 현사사비 선사와 대혜종고 선사의 이야기와 《능엄경》 제10권과 《화엄경》 십지품과 《성유식론》의 문장과 태고보우와 나옹혜근의 어록에 나오는 이야기를 근거로 한 주장입니다만, 사실은 근거로 인용한 이러한 내용을 성철 스님이 그 뜻을 잘못 이해했거나 왜곡했기 때문에 그런 주장을 한 것입니다.

여기에 관해서 하나하나 살펴보려면 매우 긴 내용이므로 여기에서는 말씀드릴 수 없고, 저의 책 《간화선 창시자의 선》(상권) 재판(再版)의 부록을 보시거나, 무심선원 홈페이지의 [공부자료]-[바른공부]를 보시면, '오매일여의 오해와 이해'라는 글에서 자세히 밝혀놓았으니 참고하시기 바랍니다.

54. 공부를 어떻게 합니까?

: 얼마 전부터 선생님의 책을 몇 권 읽고 무심선원에서 법문 CD도 몇 장 구입해서 지금 듣고 있습니다. 일체 유위법은 망상이라고 하시고 생각으로 헤아리는 것을 하지 말라고 하시니 그냥 법문을 듣고 책을 읽고 있습니다. 평소처럼 이해하고 알아 가는 것은 재미가 있지만, 이 공부는 이해하고 아는 것이 아니라고 하시니 도무지 이 공부가 어떤 건지를 모르겠습니다. "도무지 이 공부가 어떤 건지를 모르겠습니다"가 바로 '이것'이로구나 하고 헤아리는 것도 아니라고 하시니, 뭐가 뭔지 전혀 모르겠습니다. 이렇게 모르면서 그냥 법문만 들으면 되는 것인지요? 법문도 솔직히 CD 두어 장 듣다 보니 늘 비슷비슷한 이야기라서 듣다가 딴짓을 하게 됩니다. 이런 식으로 공부하면 효과가 없겠지요? 바보 같은 질문인 것 같지만, 몇 번을 망설이다 답답한 마음에 글 올립니다.

공부를 하는 것이 어떤 건지 저도 모릅니다. 하지만 "공부를 하는 것이 뭔지 저도 모릅니다"라고 말하는 이 순간에, 모른다는 의문도 없고 안다는 생각도 없고, 몰라서 답답하지도 않고 안다는 견해를 가지고 있지도 않군요.

그냥 법문만 들으면 공부가 된다거나 그렇게 해서는 안 된다고 말할 수는 없습니다. 법문만 들으면 된다고 하면 법문 듣는 연습만 시키는 꼴이 될 것이고, 법문만 들어서는 안 된다고 하면 법문을 듣지 말라고 시키는 것이니 이는 모두 공부와는 상관이 없습니다.

274

"공부를 어떻게 하시오"라거나 "그렇게 하지 마시오"라고 시킨다면, 분별하는 행동을 지시하는 것일 뿐, 법을 가리키는 것이 아닙니다.

이 공부는 다만 바로 "이것"(탕탕 책상을 치면서)입니다. 이렇게 분명하고도 당연한데, 사람이 스스로 헤매면서 이리저리 생각에 휘둘리는 것입니다.

55. 생각을 비우면 따분해요

: 본래 '이것'이라는 진리가 있는데 생각에 가려 드러나지 않는다는 말씀을 내내 하시는데요. 생각을 비우면 '이것'이라는 상태는 없고 도리어 따분함만 남습니다.

설법을 아직 알아듣지 못하시는군요. 생각을 비우라고 한 적이 없습니다. 생각은 비울 수 있는 것이 아닙니다. 생각을 비우고 생각이 없는 곳에 있다면, 이것은 둘로 나누어 취하고 버리는 분별망상입니다.

진실에 도달하면, 생각을 하는데 생각이 없고, 생각 없이 생각합니다. 이러한 진실은 생각에서 벗어나는 불가사의한 체험을 해야만 경험할 수 있습니다. 생각에서 벗어나는 체험을 해야 합니다. 생각에서 벗어나면 생각하든 생각하지 않든 아무 다름이 없습니다.

어디가 생각을 벗어난 곳일까요?

설탕은 달고 소금은 짭니다.

56. 화두를 잡습니다

: "뜰 앞의 잣나무"라는 화두를 잡습니다. 그런데 "뜰 앞의 잣나무"가 곧
도(道)라는 것은 알겠는데, 도가 무얼 말하는지는 잘 모르겠습니다. 공
(空)이 곧 "뜰 앞의 잣나무"라고 해도 되는지요? 아니면, 깨달음이 곧 "뜰
앞의 잣나무"라고 해야 할까요?

도가 무엇인지 모르면서 "뜰 앞의 잣나무"가 곧 도라고는 어떻
게 아는지요? 도를 모른다면, 공도 모르는 것이고, 깨달음도 모르
는 것이고, "뜰 앞의 잣나무"도 모르는 것입니다. 아무것도 모르면
서 무엇을 어떻게 하겠습니까?

: "뜰 앞의 잣나무"는 압니다. 색(色) 아닙니까? "뜰 앞의 잣나무"에 대
한 대화에서는 제자가 공(空)을 물었을 때, 스승님은 "뜰 앞의 잣나무니
라"고 하였습니다. 그러자 제자는 "저는 공을 물었는데 왜 색을 말하십니
까?" 하는 대화가 나옵니다. 이때 제자는 공에 대한 개념을 가지고 있었
기 때문에 색과 공을 분별하여 스승에게 왜 색을 말하느냐고 반문한 것입

니다. 화두를 잡으면서 '공을 왜 뜰 앞의 잣나무라고 했을까?' 하고 물으면, '내가 이미 공에 대한 개념을 가지고서 다시 공을 묻고 있는 게 아닌가?' 하는 의문이 생깁니다. 공에 대한 개념을 이미 가지고서 공에 대해 다시 묻고 있으니, 뭔가 자가당착 같아서 그때마다 당혹스럽습니다. 어떻게 해야 합니까?

또, 도를 모른다면, 공도 모르는 것이고, 깨달음도 모르는 것이고, 뜰 앞의 잣나무도 모르는 것이라 말씀하셨는데, 그 말씀은 제가 어리석다는 말씀인지요? 아니면, 도니 공이니 깨달음이니 하는 어떤 개념도 가지지 말고 물어 나아가란 말씀이신지요?

온갖 헛된 생각 속에서 이리저리 헤매고 있군요. 공, 색, 화두, 의심한다, 잡는다, 뜰 앞의 잣나무 등등 모든 말은 전부 님이 배워서 이해하고 기억하는 개념들이고 생각입니다. 여기에 대하여 어떤 그 럴듯한 설명을 하든지, 또 어떻게 그럴듯하게 이해하든지 모두 분별이고 생각일 뿐입니다.

참된 공부의 길은 그런 분별과 생각에서 벗어난 곳에 있습니다. 어떻게 해야 분별과 생각에서 벗어날까요? 어떻게 한다면, 모두 생각에 의지한 분별이고 조작이니 허망합니다. 어떻게도 하지 않고 가만히 있으면, 여전히 망상 속에 있습니다. 어떻게 하라고 할 수도 없고, 하지 말라고 할 수도 없습니다.

갑갑하시면 더이상 이런 질문은 하지 마시고, 우선 1년 정도 설법을 잘 들어 보세요.

57. 법문으로 최면을 거는 것인가요?

: 백과사전에서 최면을 찾아보면, 타자최면에서는 유도자(誘導者)와 피험자(被驗者) 사이에 특히 밀접한 인간관계가 필요하고, 자기최면에서는 심신의 이완(弛緩)과 암시반응을 위한 학습 및 훈련이 필요하다고 합니다. 최면을 거는 가장 기초적인 방법은 특정한 내용을 반복적으로 들려주는 것입니다. 무심선원에서 행해진 방대한 설법은 모두가 비슷한 주제의 내용이고요. 생각으로 설법을 이해하지 않고 선입견 없는 채로 설법을 듣더라도, 남는 것은 하나의 정보일 뿐입니다. 가령 "이것'이 모든 것에 두루 있다"라는 정보입니다. 설법에서는 이런 정보가 다양한 비유를 통해 수만 번 이상 반복적으로 주입되고요. 그렇다면 생각 없이 설법을 반복해 듣는 것은 일종의 최면에 걸리는 것과 같지 않을까요?

설법을 할 때마다 말하지만, 설법은 어떤 정보를 제공하는 것이 아닙니다. '이것'이라는 말은 분별할 수 없고 알 수 없는 것을 억지로 말하는 방편의 말입니다. "이것'이 모든 것에 두루 있다"고 말하더라도 역시 방편의 말일 뿐, 이 말이 어떤 정보를 주거나 사실을 주장하는 것이 아니며, 이 말을 기억할 필요는 더더욱 없습니다.

설법을 듣더라도 들은 내용이 기억에 남아 있다면 설법을 잘못 들은 것이라고 늘 말합니다. 설법은 법을 말한다는 뜻이지만 말로써 법을 설명하거나 주장하는 것이 아니라, 스스로에게 살아 있는 마음이라는 법을 깨닫도록 이끄는 것입니다. 설법을 듣는 사람이 그 말을 이해하려 하거나 기억한다면, 그 사람은 살아 있는 마음을 깨달을 수 없으므로 설법을 잘못 들은 것입니다.

자기의 살아 있는 참 마음을 깨닫고자 설법을 듣는 것이지, 설법의 말을 이해하려고 설법을 듣는 것이 아닙니다. 그러므로 설법은 세뇌 교육도 아니고 최면도 아닙니다. 최면을 한 번도 해 보지 않아서 최면이 어떤 것인지는 잘 모르겠습니다만, 사전에 보니 '최면상태는 수면과 각성(覺醒)의 중간적 특징, 특히 잠들 때의 상태와 비슷하나 수면과 분명히 구별된다'라고 되어 있군요.

깨달음을 각(覺)이라고 하듯이, 깨달음은 가장 활짝 깨어 있는 상태라고 할 수 있습니다. 범부중생의 일상적 의식은 습관 속에 파묻혀 잠든 상태와 비슷하다고 한다면, 깨달음은 항상 매우 민감하게 깨어 있는 상태라고 할 수 있습니다. 깨달음이라는 말의 뜻이 망상의 꿈에 빠져 있는 중생을 일깨운다는 뜻입니다. 그러므로 깨달음은 세뇌나 최면과는 다릅니다.

58. 깨달음도 뇌의 활동 아닌가요?

: 수행인들이 도에 통한 깨달음의 체험을 이야기합니다. 뇌과학자들은 모든 생각과 인식은 뇌신경세포의 물질적 활동이라고 말합니다. 우리가 무엇을 보든지 어떤 생각을 하든지 그에 상응하는 변화가 뇌신경에서 일어납니다. 도에 통하는 체험은 생각으로 하는 게 아닌가요? 생각이 작동을 멈춰야 도에 통하는 체험이 일어나는 건가요? 도에 통하는 체험은 뇌

신경의 활동과 관계없는 차원인가요? 또 일반인은 나와 외부세계가 뚜렷하게 나뉜 상태이고, 깨달은 도인은 나라는 자아가 없어져서 나와 외부의 차별이 없어지는 건가요?

깨달음이 뇌의 물질적 활동이라 하든, 도에 통하는 깨달음이 생각이 멈추는 일이라 하든, 도에 통한 사람에게는 나와 외부세계가 따로 없다고 하든, 이 모두는 생각이고 말이지 깨달음이 아닙니다. 깨달음은 생각이나 말이 아니라, 마치 물을 마시고 갈증이 가시거나 밥을 먹고 배가 부른 것처럼 체험되는 현실입니다.

깨달음은 체험되는 현실이지만, 이해할 수 없고 생각할 수 없으니 말로써 설명할 수도 없는 것입니다. 이해할 수 없고 말할 수 없는 깨달음에 관한 모든 말은 단지 방편의 말일 뿐이고 진실한 말이 아닙니다. 임시로 시설한 방편의 말에 매달려 이리저리 궁리하는 것은 달을 가리키는 손가락만 보면서 달은 보지 않는 것처럼 어리석은 것입니다.

깨달음은 살아 있는 마음을 오직 스스로 체험하고 확인하여 번뇌망상에서 벗어나는 일입니다. 어떤 것이 살아 있는 마음일까요?

'이것'(손가락을 세운다)이 살아 있는 마음입니다.

'이것'(손가락을 세운다)을 어떤 것이라고 생각하면 즉시 망상입니다.

59. 신비한 이야기가 재미있습니다

: 선(禪)을 공부한 지 제법 시간이 흐른 것 같습니다. 가끔 공부하다가 잡념이 들면 불교에 관한 신비하고 기이한 이야기가 담긴 책을 보곤 하는데, 꽤 유명한 분이 지은 계룡산이나 지리산에서 도를 닦는 도인들에 관한 이야기가 재미있어서 빠져듭니다. 예를 들면, 바위산이 기도빨이 잘 받아 도인들이 많이 모인다든지, 도의 힘이 강하여 오래 살며 미래를 훤히 본다는 등의 이야기가 있습니다. 거기에 보면 유명한 스님들의 일화도 많이 나오는데, 특히 기도의 효험에 관한 이야기가 많이 언급되어 있고, 또 기(氣)를 중시하여 기의 운행을 많이 말하고, 또 꿈속에 용(龍)을 보는데 용과 불교는 밀접한 관련이 있다는 등의 이야기는 참으로 재미있습니다. 물론 이런 이야기가 선(禪)과는 아무 관계도 없다는 걸 알면서도 가끔 이런 이야기에 빠져들곤 합니다. 도움 말씀을 청합니다.

기도를 하고 수행을 하여 어떤 신비로운 효과를 본다거나, 과거를 보고 미래를 본다거나, 도의 힘을 얻어서 도술을 부린다거나, 기가 몸에 돌아서 힘이 생긴다거나 하는 등은 모두 분별된 경계이고 망상입니다.

《금강경》에서는 "모습으로는 여래를 볼 수 없다"고 하였고, "과거, 현재, 미래의 마음은 얻을 수 없다"고 하였고, "최고의 깨달음에서는 얻는 것이 없다"고 하였고, "모든 모습은 허망하다"고 하였습니다. 어떤 모습을 보거나, 과거, 현재, 미래를 분별하거나, 무슨 힘을 얻거나 잃는 등은 모두 유위법(有爲法)으로서 조작되고 만들어진 허망한 일들입니다.

참으로 불법을 공부하고자 한다면 절대로 이런 삿된 쪽으로 눈길을 주어서는 안 됩니다. 신기하고 이상한 이야기는 흥미를 끌고 재미가 있겠지만, 모두가 생기고 사라지는 무상(無常)하고 헛된 경계이니 깨달음과는 상관이 없습니다.

당장 그런 책들은 내버리시고, 다시는 그런 쪽으로 관심을 두지 마십시오. 오로지 바른 불법에만 관심을 두고 공부하십시오.

60. 법문을 들으며 화두를 참구합니다

: 법문을 들으면서 화두를 참구해도 되는지요? '이 뭣고?'를 참구하고 있습니다.

법문을 생각으로 헤아리지 않으면 법문 듣는 것이 곧 화두참구입니다. 따로 생각을 일으켜 '이 뭣고?'라고 하실 필요는 없습니다.

61. 깨달음 체험에 단계가 있나요?

: 선생님은 공부과정 중에 3번의 체험을 경험하셨다고 하시는데, 깨달음

의 체험에도 단계가 있는지요? 나도 있고 사물도 있는 단계, 나는 없고 사물만 있는 단계, 나도 없고 사물도 없는 단계, 나도 없고 사물도 없다는 생각도 없는 단계를 말할 수 있겠네요. 선생님의 3번의 체험은 이들 단계 가운데 어느 단계에 해당하는지요?

분별하고 헤아리면 단계가 있을 것이고, 분별에서 벗어나면 단계가 없을 것입니다. 단계를 따져서 이해하려 하면, 분별과 헤아림 이라는 망상에서 벗어나지 못합니다. 이해하려고 하지 마시고 직접 체험하십시오. 말로 설명하고 생각으로 이해하는 것은 모두 헛된 망상입니다.

62. 깨달으면 질병의 고통도 없어지나요?

: 현재 저는 안면신경마비라는 질병을 앓고 있습니다. 그런데 이 병이 빨리 치유되지 않으니 마음의 번뇌가 정말 많습니다. 잠시도 괴로운 생각이 사라지지 않는군요. 만일 모든 것이 하나 되는 법을 깨달으면, 현실에서 느끼는 질병의 고통도 같이 없어지는지요? 아니면, 현실은 그대로 질병의 고통이 있으면서, 깨달음만 얻는지 궁금합니다.

깨달음을 얻었다고 자신의 느낌이나 생각 등 의식이나 육체에 나타나는 현상이나 이 세계에 있는 무엇이 없어지거나 새로 생기는 것은 아닙니다.

깨달음은 내면의 마음에서 어리석음을 벗어나 지혜가 밝아지므로, 마음의 어리석음 때문에 생기는 번뇌는 사라집니다. 마음이 어리석어서 생기는 번뇌란 정신적이거나 육체적이거나 사회적인 어떤 일에 얽매여 벗어나지 못하여 생기는 좋아하고 싫어하는 감정이지요.

깨달으면 마음이 모든 얽매임에서 벗어나 해탈합니다. 정신적이거나 육체적이거나 사회적인 온갖 일에서 벗어나니 삶이 이전보다 훨씬 가볍고 걱정이 없습니다. 그러나 육체에서 생기는 고통이 없어지지는 않고, 느낌이나 생각이 사라지지도 않고, 자기와 연관된 사회적인 일들이 달라지지도 않습니다.

그러므로 육체의 질병으로 인한 고통은 당연히 세속 의술의 힘을 빌려 치료해야 하고, 사회적으로 일어난 문제는 사회적으로 해결해야 합니다. 그렇게 하여 해결이 되든지 해결되지 않든지 해탈한 사람에게는 전혀 고통이 되지 않습니다. 어떤 무엇도 해탈한 사람을 얽어맬 수는 없기 때문입니다.

63. 내가 있다는 느낌

: 선생님의 책을 읽고 법문을 듣고 있습니다. 그런데 얼마 전부터, 바깥으로 모양을 따라가지 않으면 나에게 있는 것은 다만 내가 있다는 이 느

낌, 존재한다는 이 느낌뿐이구나'라는 생각이 계속하여 툭툭 튀어나옵니다. 선생님은 머리로 헤아리지 말라고 하시는데, 법문을 듣다 보면 저도 모르게 이렇게 생각하고서 이 생각을 붙들고 선생님의 말씀을 헤아리고 있습니다. 가슴으로 통해야 한다고 하는데 자꾸 머리로 헤아리고 있으니 어쩌면 좋습니까?

'내가 있다는 느낌, 존재한다는 느낌'으로 법문을 이해하신다면, 그냥 생각으로 법문을 이해하는 데에 머무는 것입니다. 생각으로 이해하는 곳에 머물러 있기 때문에 의문과 불안이 있고 만족스럽지 않은 것입니다. 모든 의문과 불안에서 벗어나려면, 반드시 생각에서 한번 벗어나야 합니다.

생각에서 벗어나면 무슨 느낌이 있는 것이 아니고 어떤 숨겨진 법칙을 이해하는 것도 아닙니다. 육체, 느낌, 생각, 의도적 행위, 의식 등은 모두 헛된 망상경계입니다. 생각 즉 분별에서 벗어나야 이런 헛된 망상경계에 얽매이지 않고 시달리지 않을 것입니다.

그런 느낌이나 생각은 무시하고 생각할 수 없고 느낄 수 없는 마음을 깨닫겠다는 발심을 하시고 계속하여 공부해 보십시오. 어느 순간 문득 자신도 모르게 모든 의문과 불편함이 끝날 때가 있을 것입니다.

느낌도 아니고 생각도 아닌 살아 있는 마음이 여기에 있습니다.

노란 은행잎이 떨어지니 가을이구나.

64. 팔다리가 몽땅 잘려 나갔습니다

: 지난 3년 동안 선생님의 설법을 들으면서 팔다리가 몽땅 잘려 나갔습니다. 걷지도, 무얼 잡지도 못하겠습니다. '과연 올바른 가르침이 이런 것이구나' 하는 믿음만 새록새록 생깁니다. 아직 길은 보이지 않아도 선생님을 향한 믿음 하나로 버티고 있습니다. 모르는 것을 모른다고 알게 되었습니다. 선생님의 설법 가운데 모순된 점을 기특하게 여기고 있습니다. 언젠가 부산 법회에 선생님 얼굴을 직접 마주하고 설법을 듣고 싶습니다. 점점 더 모를 뿐, 아는 게 아무것도 없어요. 기왕에 안다고 생각했던 것들은 마치 가지에서 나뭇잎이 떨어지듯 떨어져 나갑니다. 선생님의 설법과 그 진솔함과 열정에 가슴 깊이 머리 숙입니다. 저는 언제나 선생님의 그 열정에 부합하는 사람이 될까요? 늘 빚진 것처럼 죄송한 마음입니다.

팔다리가 모두 잘려 나가고 가진 것이 아무것도 없고 알던 것들이 모두 사라졌다면, 축하해야 할 일입니다. 그렇게 빚진 마음을 안고 지금처럼 쭉 공부해 나아가시면, 반드시 그 장벽이 사라지고 가볍게 통하는 날이 있을 것입니다.

빚진 마음도 없고 죄송한 마음도 없는 마음이 여기에 있습니다.

"탁! 탁!"(책상을 두드린다.)

65. 어차피 죽는데 왜 깨달아야 하나요?

: 깨달음을 얻은 분들은 하나같이 말씀하십니다. 삶과 죽음은 둘이 아니라고. 그렇다면 깨달은 분들과 우리 범부들은 삶의 태도에서 무언가 다를 것입니다. 도를 깨달은 분, 깨달으려 공부하는 분, 깨달음 공부와는 인연이 없는 분들은 육체 활동이 끝나는 시점에서 각기 차별이 있는지요? 깨달은 분들은 삶이 달라졌다고 합니다만 결국 죽음을 맞아들여야 할 것인데, 똑같이 죽어 없어진다면 구원이나 수행이 무슨 의미가 있을까요?

구원이란 육체가 죽은 뒤에도 죽지 않는 무엇을 얻는 것이 아닙니다. 육체가 죽으면 끝이라고 생각하거나 육체는 죽더라도 죽지 않는 영원한 무엇이 있다고 생각한다면, 이런 생각들이 바로 분별이고 망상이니 어리석음이고 고통의 원인입니다.

구원이란 이런 생각들에서 벗어나 해탈하는 것입니다. 생각에서 벗어나 해탈하면 생각이 없는 무생물과 같을까요? 그렇지 않습니다. 생각에서 해탈하면 어떻게 되는지는 생각으로 상상할 수 없습니다. 오로지 직접 해탈을 체험해 보아야 알 수 있습니다.

생각에서 벗어나는 해탈을 체험해 보면, 왜 깨달은 분들이 삶과 죽음이 따로 없다고 말하는지를 알 수 있을 것입니다. 이것은 말로써 설명하거나 이해할 수 있는 것이 아니고, 반드시 직접 체험해 보아야 알 수 있습니다.

삶도 없고 죽음도 없는 마음이 여기에 있습니다.

비 온 뒤라서 공기가 상쾌합니다.

66. 집중하여 법문을 들어야 합니까?

: 2주 전에 인터넷을 통해 무심선원 사이트를 보고 간간이 음성법문을 듣
고 있는 초심자입니다. 2주 전에 처음 선생님의 법문을 들었을 때 "이 일
뿐이다", "이것 하나가 전부다"라는 선생님의 말씀에, '이 일이 무엇인가?'
하는 의문이 강하게 생겼습니다. 그 뒤 계속 마음을 거기에 집중하고 지
냈는데, 오늘은 법문을 듣다가 "이것 하나라는 말도 방편일 뿐이다"는 말
씀을 듣고서 갑자기 '이 일'에 집중하고 있던 마음이 사라지고 텅 빈 듯한
느낌이 생기면서 집중하던 마음이 없어진 듯합니다. 그러자 선생님의 법
문이 그전과는 달리 그냥 담담히 들릴 뿐입니다. 선생님은 간절한 마음이
있어야 통한다고 하셨는데, 집중하는 마음을 계속 유지해야 하는 것 아닌
지요?

애써 힘들여 집중할 필요는 없습니다. "이것뿐이다"라고 하는 말
이 무엇을 가리키는지를 직접 체험해 보아야 합니다. 집중해야만
체험되는 것은 아닙니다. "이것뿐이다"라는 말이 가리키는 것이 무
엇인지 궁금하실 것입니다. 그런 궁금증이 풀리지 않기 때문에 설
법을 듣는 것이지요.
직접 체험하여 궁금증이 풀릴 때까지 법문을 들으십시오. '어떻

게 법문을 들어야 하는가'라는 생각은 쓸데없는 헛된 망상입니다. 법문에서 분명히 '이것'을 가리켜 드리고 있으니 꾸준히 잘 듣다 보면 언젠가는 저절로 체험하게 될 것입니다. 사실을 말하자면 언제나 어디서나 모든 경우에 '이것'이 밑바탕에 깔려 있습니다.

'이것'이 있는 곳이 어딘가 따로 있지 않습니다. 바로 님에게 이렇게 있습니다.

67. 영원불변한 도가 무엇인가요?

: 불교에서 말하는 도(道)가 무엇인지 궁금합니다. 물질적으로 나란 존재는 여러 원자들이 모여서 이루어진 구조물이잖아요? 생각이라는 것도 뇌 신경망에서 일어나는 전기화학작용이라고 하죠. 물질적으로 생각하면 선택의 자유가 있는 나라는 주재자는 결국 없다고 보입니다. 이처럼 물질적으로 보면 불교의 무아설(無我說)은 자연스레 이해됩니다. 그러나 불교에서 말하는 "생기지도 않고 사라지지도 않고, 증가하지도 않고 줄어들지도 않고, 항상 여여(如如)하다"는 말은 전혀 이해가 안 됩니다. 물질적으로 보면 내 몸이 사라지면 모든 것이 끝나니 너무 허무합니다. 그러나 불교에서는 영원불변을 이야기합니다. 영혼은 영원불변하다는 기독교의 주장은 이해되지만, 그 영혼이 선택의 자유를 가진 주재자라 하니 불교의 무아설과는 맞지 않습니다. '나'가 없는데 항상 있다는 도는 무엇인가요? '나'가 없으면 아무것도 없을 것 같은데, 항상 여여하고 영원히 불변한다는 도란 것은 도대체 알 수가 없습니다.

헤아리고 분별하여 이해하기 때문에 무아와 영원불변이 서로 상충하고 모순됩니다. 불교에서 무아만 말하는 것이 아닙니다. 본래면목이니 자성이니 하여 유아를 말합니다. 불교에서 영원불변과 여여만 말하는 것이 아닙니다. 세계는 꿈처럼 덧없고 무상(無常)하다고도 합니다.

이처럼 불교에서는 '이것이 진리다'라는 고정된 주장이 없습니다. 왜 그럴까요? 불교에서 말하는 모든 말은 다만 우리의 헛된 생각을 부수어 깨달음으로 이끌기 위한 방편의 말일 뿐이기 때문입니다.

방편이란, 예컨대 '나'라는 개념에 집착하는 사람에게는 "나라고 할 것은 없다"는 무아를 말하지만, '나라고 할 것이 없다'는 생각을 가진 사람에게는 "너의 본래면목을 찾아라"라고 유아를 말합니다. 마치 개울에서 삽을 가지고 물의 흐름을 방해하는 돌멩이나 흙덩이를 제거하듯이, 방편이란 이처럼 고정된 견해나 관념을 갖지 못하도록 만드는 도구입니다.

불교에서 말하는 모든 언어는 이러한 도구인 방편의 말입니다. 도라는 이름 역시 방편의 말입니다. 돌멩이나 흙덩이가 모두 제거되면 개울물이 자연스럽게 흘러가듯이, 우리에게 있는 온갖 허망한 견해와 개념과 관념의 방해물이 사라지면 본래의 진실이 저절로 드러납니다.

사실 본래의 진실은 언제나 어디서나 이렇게 드러나 있습니다.

9월이 오니 아침저녁으로 서늘하군요.

68. 견성한 사람도 죽어서 지옥에 가나요?

: 저에게는 중요한 문제인데요, 저의 본성을 깨닫게 되면 지옥에는 가지 않나요? 아니면 본성을 알았지만 죽어서는 마음에 따라 지옥도 만들고 천당도 만드나요? 다시 말해, 죽어서도 지금의 마음처럼 망상을 하나요? 꼭 답변 부탁드립니다.

진실을 알고 싶으시면, 미래를 상상하지도 말고 과거를 회상하지도 말고 바로 지금 이 순간에 생각을 벗어나 본성을 깨달아야 합니다. 지옥이니 천당이니 하는 생각을 하여 두려워하거나 좋아하는 것이 미래입니까, 지금입니까? 지금 지옥과 천당을 생각하여 두려워하거나 기뻐하는 것에서 벗어나면, 바로 지금 여기에 본성이 드러나 있습니다.

지금 드러나 있는 이 본성은 생각으로 이해할 수 없고 말로 설명할 수 없습니다. 이 본성을 깨달으면 삶에서도 벗어나고 죽음에서도 벗어나고 지옥과 천당에서도 벗어나 모든 불안과 걱정이 사라질 것입니다. 알 수 없는 이 본성을 오직 스스로 체험하여 깨달아야 합니다.

본성이라는 이름도 생각이니 내버리십시오. 생각도 이름도 아닌 것이 이렇게 뚜렷이 드러나 있군요.

69. 인식하지 못해도 법이 있습니까?

: 삼라만상을 법이라고 하는데, 우리가 인식하는 것만 법입니까? 아니면 우리가 인식하지 않아도 역시 법입니까?

　인식되는 것이 곧 법이라고 한다면, 이것은 분별이고 생각이지요. 인식되지 않아도 언제나 법이라고 한다면, 이것도 분별이고 생각이지요. 법은 분별과 생각에 속하지 않습니다. 법이라는 단어는 임시방편으로 만든 이름일 뿐입니다.

　법이라는 단어를 분별하여 생각으로 이해하면 헛된 망상이 됩니다. 법이라는 단어는 깨달음으로 이끌기 위해 방편으로 임시로 만든 가짜 이름입니다.

　오직 생각을 벗어나 직접 체험하여 깨달아야 법이라는 이름으로 무엇을 가리키려 하는지 알 수 있습니다.

　(주먹을 치켜세우며) 이것이 법입니다.

70. 어째서 보는데 보는 자가 없나요?

: 거울에 온갖 영상이 나타나 보이는데 그 영상을 보는 자가 없다고 하니, 도대체 이해가 되질 않습니다. 여기에서 막힙니다. 보고 듣고 생각하고 말하는데 그렇게 하는 사람은 없다고 하니, 여기에서 막힙니다. 한 말

씀만 간절히 부탁드립니다.

"여기에서 막힙니다." "한 말씀만 간절히 부탁드립니다."
더이상 무엇이 더 필요할까요? 무엇을 더 보여 드릴까요?

71. 지견이 생겼습니다

: 한 가지 지견이 생겨서 여쭙고자 합니다. (손뼉을 딱 치며) 소리가 아닌
이것이 바로 본래 마음입니다. (손을 들어 올리며) 모양이 아닌 이것이 바
로 본래 마음입니다. 본래 마음은 나무로 만든 닭이 알을 낳는 것입니다.
만일 제게 누군가 "무엇이 한 물건인가?" 하고 묻는다면, "일어나려고 하
니 팔이 움직이고, 요즘은 어머니가 자꾸 생각납니다"라고 말하겠습니다.
그러나 이런 지견이 다 무슨 소용이겠습니까? 마음속엔 온갖 망상이 우
글우글하여 시끄럽기 짝이 없는데요. 이 마음을 항복시키기가 참으로 힘
듭니다.

생각으로 헤아리고 짐작하는 것을 공부라고 오해하고 있군요.
이런 그럴듯한 지견은 모두 생각으로 헤아려서 만든 헛된 분별이
고 망상입니다. 옛사람이 말하기를 "한마디 그럴듯한 말은 영원히
중생을 얽어매는 말뚝이 된다"라고 했습니다. 또 말하기를 "깨닫지

못하는 것이 문제이지, 깨달은 부처가 말 못할까 봐 걱정하지 마라"
고 했습니다.

  말씀하시는 지견은 방편으로 하는 말을 이리저리 생각하여 나름
으로 이해한 것이니 다만 분별이요 망상일 뿐입니다. 분별망상에서
해탈하여 이 마음을 항복시키기를 진실로 원하십니까? 이 마음을
항복시키려면 반드시 생각에서 벗어나 모양 없고 알 수 없는 본래
마음에 들어맞아야 합니다.

  아는 것을 벗어나 실제로 진여자성을 확인하는 체험을 해야 합
니다. 진여자성은 여기에 있습니다. 분명히 있습니다. 이렇게 있습
니다.

72. 결국 의식이 아닐까요?

: 저는 공부에 입문한 지 얼마 되지 않는 초보자입니다. 우연한 기회에
지인으로부터 《대승찬》이라는 책을 선물 받았습니다. 참 인상이 깊었습
니다. 선생님께서는 늘 "이것이다"라고 말씀하십니다. 그런데 '이것'임을
아는 것도 결국 '이것'일 거라고 생각합니다. 육식(六識)으로는 알 수 없다
고 하시지만, '이것'을 아는 것은 육식이 아닐까요? '이것'을 아는 것은 도
대체 무엇일까요?

  '이것인 줄 아는 것은 무엇일까?' 하고 헤아려서는 끝내 생각일

뿐이니, 결국 생각에서 벗어날 수 없습니다. 만약 "이것인 줄 아는 것도 곧 이것이다"라고 말하더라도, 역시 생각일 뿐입니다. 이런 생각에서 벗어나는 날, 모든 것은 저절로 분명해질 것입니다.

생각으로 헤아려서 이해하는 것으로는 결국 생각에서 벗어나지 못하니, 진실을 깨달을 수 없습니다. 반드시 생각에서 벗어나야 합니다. 볼 수도 없고 느낄 수도 없고 생각할 수도 없는 마음이 이렇게 있습니다. 바로 여기에 이렇게 명백하게 있습니다.

73. 있는 그대로 받아들이는 것이 도입니까?

: 한 달 전부터 갑자기 마음이 긴장되어 가슴이 울렁거리고 두근거리곤 합니다. 일반적으로 그런 긴장 상태는 많은 사람 앞에서 연설을 한다든가 어떤 매우 중요한 일을 할 때만 그렇잖아요? 근데 저는 보통의 일상에서 그런 긴장 상태가 지속됩니다. 이것을 해결하려고 선생님 법문도 들어 보고 이런저런 분들의 책도 보고 했습니다. 어떤 책의 가르침에 따르면, 어떤 마음 상태든 그것을 바꾸거나 개선하려고 하지 말고 있는 그대로 수용하라고 합니다. 문제의 마음 상태를 바꾸거나 좋게 만들려 하지 말고 그냥 있는 그대로 수용하여 살면 해결되는데, 그것이 바로 도(道)라고 합니다. 그런 식으로 생각하니 긴장되는 증상이 조금 호전되는 듯합니다. 어떤 마음 상태라도 개선하려 하지 말고 있는 그대로 살자는 마음가짐을 가지는 것이 부처님 법과 통하는 한 가지 공부법이 될 수 있을까요?

수용하는 '나'가 있고 수용해야 할 세상이 있다면, 문제가 해결되지 않습니다. 문제가 해결되려면 모든 분별에서 벗어나 '나'도 없고 세상도 없어야 합니다. "마음 상태를 바꾸거나 좋게 만들려 하지 말고 그냥 있는 그대로 수용하여 살자"라는 생각이 약간의 위안은 될 수는 있겠지만, 이것도 역시 생각에 매여 있는 것이니 우리가 안고 있는 근원적인 번뇌망상에서 벗어나는 길은 아닙니다.

번뇌망상에서 벗어나 참된 자유를 얻으려면 반드시 생각에서 벗어나야 하고, 생각에서 벗어나려면 자기의 진여자성을 깨달아야 합니다. 진여자성은 언제나 어디서나 갖추어져 있지만, 볼 수도 없고 들을 수도 없고 느낄 수도 없고 생각할 수도 없고 알 수도 없습니다. 생각할 수도 없고 알 수도 없는 진여자성을 깨달아 체험해야 비로소 번뇌망상에서 벗어납니다.

진여자성은 바로 이렇게 드러나 있습니다.

팔을 쭉 뻗어 보세요.

74. '동산이 물 위로 간다'와 호떡

: 운문 선사에게 묻기를 "온갖 부처님이 몸을 드러내는 곳이 어디입니까?"라고 하자, 운문은 "동산이 물 위로 간다"라고 하였고, 다시 "무엇이 부처를 뛰어넘는 도리입니까?"라고 묻자 운문은 말하기를 "호떡"이라고 하였는데, 여기에서 앞의 질문에 "호떡"이라고 답하고 뒤의 질문에 "동산

이 물 위로 간다"라고 답해도 되지 않을까요?

바꾸어 답해도 된다고 하면 생각으로 헤아리는 것이지요. 바꾸
어 답하면 안 된다고 해도 생각으로 헤아리는 것이지요. 된다고 하
든 되지 않는다고 하든 모두 생각일 뿐이니 님의 본래마음과는 아
무런 상관이 없습니다.

님이 깨달아야 할 본래 마음은 생각으로 헤아리고 분별하는 것
과는 아무런 관계가 없습니다. 옛사람의 말을 생각으로 헤아리는
것은 공부가 아닙니다. 반드시 생각을 벗어나 지금 이렇게 살아 있
는 자기의 본래 마음을 깨달아야 합니다.

살아 있는 본래 마음을 보여 드립니다.

물 위의 동산으로 올라가 호떡을 먹읍시다.

아득합니까?

한마디 한 구절에 이렇게 명백한데도?

75. 꿈속에서는 공이 되질 않아요

: 낮에 깨어 있을 때는 보이는 그대로 들리는 그대로가 모두 공(空)이라
는 것이 즉각 저절로 알아차려집니다. 그런데 꿈속에서 친구와 이야기할
때는 친구와 이야기가 보이고 들리는 그대로 공이 되지 않습니다. 이것은
공부가 덜 익숙해서 그런 겁니까?

보이는 그대로 들리는 그대로가 공이라고 하시니, 공이라고 말할 무엇이 있군요. 공이라고 말할 무엇이 있으면, 공은 공이 아니라 공이라는 이름의 분별이고 생각입니다. 경전에서 색이 공이고 공이 색이라 함은 색과 공의 분별에서 벗어났음을 가리키는 말입니다.

색과 공의 분별에서 벗어나면, 깨어 있음과 꿈속이라는 분별에서도 벗어납니다. 색과 공의 분별에서 벗어나면 색이 곧 공이고 공이 곧 색이며, 깨어 있음과 꿈속이라는 분별에서 벗어나면 깨어 있음이 곧 꿈속이고 꿈속이 곧 깨어 있음입니다.

반드시 분별하고 생각하는 것에서 벗어나야 비로소 진실이 보일 것입니다. 분별도 없고 생각도 없는 곳이 여기에 있습니다.

발을 들었다가 땅을 쿵 굴러 보세요.

절대로 함부로 헤아리지 마세요.

발을 들었다가 땅을 쿵 굴러 보세요.

76. 저절로 보이고 들립니다

: '눈은 빛이 있을 때만 보는 것이 아니라 빛이 없어도 본다. 스님이 촛불을 들고 댓돌의 신발을 비춰 줄 때만 보는 것이 아니라 촛불을 불어서 꺼버려도 보고 있다.' 보고 들음은 일부러 보거나 듣지 않아도 저절로 보이고 들립니다. 무엇이 듣는 귀인지 무엇이 보는 눈인지 알지 못하지만, 바람은 불고 낙엽은 집니다. 경책 바랍니다.

그럴듯한 생각과 그럴듯한 말은 눈먼 중생을 천년 동안 얽어매는 말뚝이라고 했습니다. 진실로 깨닫고 진실로 해탈하도록 하십시오. 헛된 망상을 하는 사람은 언제나 진실 속에서 망상을 하지만, 망상에 속으니 진실이 드러나지 않습니다.

진실은 망상을 벗어나 있지 않습니다만, 망상만 보고 있으니 안타깝지요. 님이 그럴듯한 생각을 하든 말든 원래 진실은 님에게 갖추어져 있고 드러나 있습니다. 이렇게 명백한데도 왜 생각만 따라다니는지요?

77. 분별에서 어떻게 벗어납니까?

: 마음이라는 태양을 분별이라는 구름이 가려서 태양을 보지 못하니, 분별이라는 구름만 걷히면 바로 마음이 드러난다고 합니다. 깨닫게 되면 삼라만상이 모두 마음에서 생겨나는 물거품처럼 느껴지나요? 깨닫게 되면 산과 나무와 강 등을 볼 때 마음이 항상 느껴지나요? 분별에서 벗어나려면 어찌해야 하나요?

태양과 구름이라는 말을 따라가지 않으면, 태양에 명백히 드러나 있고 구름에 뚜렷이 갖추어져 있습니다. 취할 것도 없고 버릴 것도 없습니다. 마음도 없고 물거품도 없습니다.

"깨닫게 되면 삼라만상이 모두 마음에서 생겨나는 물거품처럼 느껴지나요?"

한마디 한마디에 너무나 명백하게 드러나 있습니다.

"깨닫게 되면 산과 나무와 강 등을 볼 때 마음이 항상 느껴지나요?"

한마디 한 글자에 확실히 갖추어져 있습니다.

"분별에서 벗어나려면 어찌해야 하나요?"

이렇게 분명한데 또 무엇을 찾고 있습니까?

78. 이 세계는 환상이고 사실은 없습니까?

: 불교에서는 세계의 삼라만상이 전부 마음에서 만들어진다고 하고, 마음 밖에는 아무것도 없다고 합니다. 외부의 물질세계는 정말로 환상일 뿐이고 사실은 없는 것입니까?

세계가 단지 마음이 만든 환상이라고 해도 분별이고 헛된 생각입니다. 세계가 마음이 만든 환상이 아니라 진실로 있다고 해도 분별이고 헛된 생각입니다.

헛된 생각도 아니고 분별도 아닌 것은 무엇일까요? 지금 이렇게 분명히 나타나 있습니다. 바로 이렇게 명백히 살아 있습니다. 바로 이것이라고 해도 이미 어긋났습니다.

79. 설법은 주입식 교육 아닌가요?

: 사회주의국가나 기독교 등의 타력신앙 종교에서 믿음을 유발하기 위해
이용하는 주입식 반복설명과, 마찬가지로 타력신앙 종교인 무심선원에서
체험을 유발하기 위해 이용하는 주입식 반복설법 간에 차이점이 있는지
궁금합니다.

타력신앙이란 자신의 외부에 존재하는 신(神)이라고 하는 어떤
절대자를 믿고, 그 절대자의 힘에 의지하여 구원을 얻고자 하는 신
앙이지요. 그러므로 타력신앙에서는 그러한 신의 존재를 믿도록 하
려고 그러한 신을 묘사하는 가르침을 반복적으로 설명하여 주입하
겠지요.

그러나 무심선원에서는 자기의 마음을 깨달으라고 하지, 외부에
존재하는 신을 믿으라고 하지는 않으니 타력신앙이 아닙니다. 설법
을 들어 보면 알겠지만, 설법은 어떤 개념이나 견해를 주입하는 주
입식 교육이 아닙니다.

오히려 설법은 가지고 있는 모든 개념과 견해에서 풀려나도록
이끌고 있습니다. 모든 생각에서 완전히 풀려날 때 교육받지 않은
본래 가지고 태어난 우리 마음의 진실이 드러나는데, 이것이 바로
깨달음입니다.

질문자가 무심선원을 타력신앙이니 주입식 반복설법이니 하고
규정하는 것은 전적으로 질문자의 섣부른 선입견일 뿐입니다. 무심

선원의 가르침이 어떤 것인지 확인하고 싶다면, 우선 6개월에서 1년 정도 진지하게 설법을 들어 보시기 바랍니다. 생각을 벗어난 깨달음에 대한 가르침은 한두 번 들어 보아서 그 진면목을 알 수 있는 것이 아닙니다.

80. 무조작과 무권위

: 지두 크리슈나무르티는 진정한 명상은 무조작과 무권위가 바탕이 되어 있다고 합니다. 그래서 그의 가르침을 듣다 보면 모든 조작과 권위가 떨어져 나가면서 순수한 관찰의 상태만 남게 되는데요. 이것은 자기가 의도하여 관찰이라는 조작을 하는 게 아닌, 조작과 권위가 떨어져 나감으로써 나타나는 자연스러운 상태입니다. 무심선원의 가르침을 보면 무조작이라는 측면에서는 훌륭한 것 같습니다. 그러나 관념을 세워 권위로 삼는 측면을 보면 암담한 듯 보이는데요. 선생님께서는 무심선원의 권위적인 측면을 어떻게 보시는지 궁금합니다.

설법에서 조작하지 말라고 하는 것은, 조작이 곧 분별에 의해 만들어진 망상이어서 깨달음을 방해하기 때문에 병을 치료하는 방편으로 그렇게 말하는 것입니다. 방편의 말은 약과 같으니 방편의 말을 듣고서 병이 치료되면 좋으나, 방편의 말에 머물러 있으면 방편의 말이 오히려 병이 됩니다.

무심선원에서는 방편으로 조작하지 말라고 하지만 조작하지 않음에 머물러 있으라고 가르치지 않으며, 방편으로 모든 관념과 견해에서 벗어나게 하지만 관념과 견해에서 벗어난 곳에 머물러 있으라고 가르치진 않습니다. 조작을 하면 분별망상이 되지만, 무조작에 머물러 있어도 역시 분별망상입니다.

설법에서 늘 말하기를 모든 관념과 견해에서 벗어나라고 했지, 어떤 관념과 견해를 세워서 그것을 받들고 있으라고 말한 적이 없는데, 무슨 권위를 내세운다고 하는지요? 무심선원에서는 조작을 하지도 않고 무조작을 하지도 않으며, 권위가 있는 것도 아니고 없는 것도 아닙니다.

81. 세간과 출세간이 하나가 되지 않습니다

: 어떤 색깔도 없고 방향도 없고 내용도 없는 이 하나의 일에 통하면 아무 일 없이 잘 지내고 좋습니다만, 세속의 일을 보면 여전히 분별을 많이 해야 하고 차별이 되어야 살아가게 되어 있습니다. 그래서 이 공부가 힘이 들고 어렵다고 생각합니다. 이 공부에 있으면 편안하고 다시 세속에 돌아가면 분별을 해야 하니, 여기서 좌절하고 포기하는 경우도 있는 것 같습니다. 출세간과 세간이 하나라고 하시지만, 실제로는 그것이 잘 안 되는 것 같습니다.

이 공부가 제대로 되어서 세간과 출세간이 둘이 아니게 되면 진실로 모든 문제가 사라지고 걸림없이 자유롭게 되어 매우 만족스럽습니다만, 그렇게 되기까지는 오랜 세월이 걸리고 또 원하는 만큼 그렇게 만족스럽지 않을 수 있습니다. 대기만성(大器晚成)이라고 하듯이 큰 만족을 얻으려면 시간이 많이 걸릴 수밖에 없겠지요.

꾸준히 공부하시면 분별에서 벗어나는 체험을 하실 것이고, 그 뒤에도 꾸준히 공부하면 분별하는 삶과 분별을 벗어난 삶이 둘이 아닌 중도(中道)의 세계가 이루어질 것입니다. 일단 분별에서 벗어나는 체험을 하기만 해도 이전보다 훨씬 만족스럽고 자유로울 것입니다. 꾸준히 공부하시어 원하는 바를 성취하시기 바랍니다.

82. 늘 이것을 인식하고 있습니까?

: 모든 일이 늘 마음이라 하시지만, 어떤 일에 몰두하면 마음을 놓치지 않습니까? 무슨 일을 하더라도 항상 마음을 인식하고 있어야 합니까?

마음은 생각으로 분별하여 아는 것이 아닙니다. 마음을 깨닫는 것은 마치 자전거를 배우는 것과 같습니다. 자전거를 배울 때 일단 넘어지지 않고 탈 수 있게 되면 그 능력이 없어지지 않아서 그다음부터는 저절로 그 능력이 발휘되어 자전거를 탈 수 있는 것처럼, 마음도 일단 깨달아서 안목이 열리면 그 안목이 저절로 발휘되어 분별망상을 벗어난 깨달음의 자리에 밝아지게 됩니다.

자전거를 탈 줄 아는 것은 생각이나 인식이 아니라 균형감각이라는 타고난 불가사의한 능력이듯이, 깨달아서 분별망상에서 벗어나는 것은 생각이나 인식이 아니라 불성(佛性)이라는 타고난 불가사의한 능력입니다.

그러므로 마음을 깨달았다고 해서 마음을 인식하거나 알고 있는 것은 아닙니다. 마음을 생각하여 알려고 하면 오히려 분별망상이 되어 마음을 놓치게 됩니다. "찾으면 없으나 찾지 않으면 늘 눈앞에 있다"는 말이 바로 이것을 가리킵니다.

만약 마음을 늘 인식하고 있다면, 그것은 마음을 깨달은 것이 아니라 마음이라는 분별 속에 있는 것입니다. 진실로 마음을 깨달았다면, 무슨 모습을 보고 있든 무슨 소리를 듣고 있든 무슨 느낌을 느끼고 있든 무슨 생각을 하고 있든 무슨 말을 하고 있든 무슨 일을 하고 있든 그에 상관없이 모든 곳에서 늘 마음이 살아 있습니다.

83. 뭔가가 있어요

: 저는 어느 때나 무얼 하든지 뭔가가 같이 움직입니다. 또 제가 가만히 있으면 뭔가도 가만히 있어요. 특히 책을 읽을 때는 뭔가가 분명해서 책을 천천히 읽게 됩니다. 제가 이 뭔가에 집착하는 건 아닌지, 허망한 것을 붙잡고 있는 건 아닌지 모르겠습니다.

분별망상인 생각에서 벗어나 늘 깨어 있는 진여자성을 확실히
깨닫지 못했다면, 그 이외의 모든 경험은 전부 의식(意識)이 만든
헛된 경계입니다. 뭔가가 있어서 움직이거나 가만히 있다고 의식된
다면, 그것은 허망한 분별입니다.

마음은 있는 것도 아니고 없는 것도 아니고, 움직이는 것도 아니
고 가만히 있는 것도 아닙니다. 이렇게 명백히 살아 있지만, '이것이
마음이구나'라고 하면 바로 망상입니다.

84. 무엇이 공을 체험합니까?

: 공(空)을 체험한다고 하는데, 무엇이 공을 체험하나요? 공이 따로 있고
체험하는 이가 따로 있으면 이것은 이법(二法) 아닌가요? 갑자기 이런 의
문이 생깁니다.

공을 체험한다는 것은 곧 분별에서 벗어나는 체험입니다. 분별
에서 벗어나기 때문에 사실은 공도 없고 체험하는 이도 없습니다.
분별에서 벗어나 아무것도 없는데도 공이라고 이름을 말하니 공은
곧 방편의 말입니다. 말할 수 없는 것을 억지로 말하는 것이 바로
방편의 말입니다.

공이 있어서 공을 체험한다고 하면 분별이고 망상입니다. 공이

306

있다면 분별입니다. 체험이 있다면 분별입니다. 체험하는 이가 있다면 분별입니다. 그런데도 공을 체험한다고 말합니다.

그렇다면 누가 공을 체험하는가?

누구도 없고 공도 없고 체험도 없지만, 바로 이렇게 명백합니다.

여기에서 의문은 전혀 없습니다. 절대로 생각으로 헤아리지 마십시오.

85. 집착에서 벗어나는 길은?

: 괴로움의 원인이 집착이라면, 집착에서 벗어나는 길은 무엇일까요? 집착에서 벗어나면 도인이 되나요?

집착에서 벗어나 자유로워지는 궁극의 길은 분별심에서 벗어나는 해탈의 체험입니다. '집착하지 말아야지'라고 생각하고 그렇게 하려고 노력한다면 당장은 조금 위안이 되겠지만, 그러한 생각과 노력이 여전히 집착 속에 있으니 완전한 해결책은 아닙니다.

오직 생각에서 벗어나는 해탈의 체험만이 모든 것에서 벗어나 완전한 자유를 얻는 길입니다. 집착에서 벗어난 사람이 바로 분별에서 벗어나 해탈한 사람이고 도를 깨달은 사람입니다.

86. 항상 그대로인 무엇인가

: '마음은 곧 눈앞이다'라는 글에서 바로 딱 확실해졌습니다. 그런데 의문이 듭니다. 움직이면서도 항상 그대로인 이 뭔가도 없어져야 하는 것인지요?

뭔가가 있다는 것은 곧 분별이고 망상입니다. 마음은 있다거나 없다고 할 수 없습니다. 마음은 어떤 무엇이 아닙니다. 마음이라는 말도 어쩔 수 없이 억지로 말하는 방편의 말입니다.

분별할 무엇이 전혀 없어야 비로소 분별을 벗어난 진짜 마음입니다. 마음은 있다거나 없다거나 이것이라거나 저것이라고 분별하기 이전에 명백합니다.

87. 여러 가지 의심

: 우리가 쓰는 이 마음은 있는 것이 분명한데, 깨달은 사람은 도리어 마음이 없다고 합니다. 왜 마음이 없다고 하는지 궁금합니다. 이 궁금증은 "조사가 서쪽에서 온 뜻은 무엇인가?" "뜰 앞의 잣나무가 왜 도인가?"와 같은 화두 의심과 같은가요? 또 선생님 설법을 들으면 '오직 이것 하나뿐'이라고 하는데, 이것이 대체 뭐지?'라는 의심이 드는데, 이 의심과 앞의 두 가지 의심은 같은가요?

마음을 깨달으려는 공부에서 생기는 온갖 의심은 그 말과 내용이 달라 보여도 본질은 단지 하나의 의심입니다. 의식으로 분별할 수도 없고 생각으로 이해할 수도 없는 이 하나에 대한 의심이지요. 말에 따라서 이런 의심, 저런 의심을 구분할 필요는 없습니다.

단지 분별할 수 없는 이 하나에 통달하기만 하면 모든 의심은 사라집니다. 분별할 수 없는 이 하나는 어디에 있는가요? 이미 모두 이렇게 드러나 있습니다.

88. 깨달은 이의 곁에만 있어도 깨닫게 되나요?

: 두 가지 질문을 드립니다. 첫째, 깨달은 사람 곁에 있는 것만으로도 깨달음에 도움이 되나요? 인도의 마하리쉬는 침묵의 설법을 하신 것으로 유명합니다. 깨달은 성인 곁에 그저 앉아 있는 것만으로도 중생들에게 효과가 있는지 궁금합니다. 둘째, 모든 생각의 근본 뿌리는 '나'라는 생각인가요? 육체도 '나'가 아니고 생각도 '나'가 아니고 마음도 '나'가 아니라는 생각을 종종 합니다만, 이러한 생각조차도 '나'라는 생각에서 비롯되는 걸까요?

그 깨달은 사람을 충분히 믿고 또 자신이 깨달음에 목말라 있다면, 그 깨달은 사람의 곁에 말없이 앉아 있는 것만으로도 어느 정도는 도움이 될 것입니다. 침묵 속에서도 우리의 마음은 서로 영향을 주고받는 부분이 있다고 여겨집니다.

다만, 오래 함께 있어야 말없는 영향이 효과를 발휘할 것입니다. 그래도 말을 하면 더 빠른 시간에 더 강한 영향을 받겠지요. 그러나 만약 그분의 깨달음을 믿지 않고 의심하면서 함께 앉아 있다면, 아무리 오래 앉아 있어도 영향을 받기는 어려울 것입니다.

"모든 생각의 뿌리는 '나'다"라는 말도 단지 생각에서 나온 말일 뿐이지, 생각을 벗어난 진실은 아니지요. "모든 생각의 뿌리는 '나'다"라는 말은 우리가 '나'라는 관념에 그만큼 집착해 있음을 가리키려는 방편의 말이지, 이 말이 생각을 넘어선 어떤 진실을 설명하는 말은 아닙니다.

깨달음과 마음공부에 관한 모든 말은 방편의 말일 뿐이고, 어떤 사실을 진실이라고 주장하는 말은 아닙니다. 진실은 분별에서 벗어나고 생각을 뛰어넘는 체험을 통하여 드러납니다.

89. 어떻게도 할 수가 없습니다

: 선생님 안녕하세요. '선으로 읽는' 시리즈의 책은 다 읽었고, 요즘은 음성법문을 운전하거나 집에 있을 때 듣습니다. 법문과 책들이 상당히 공감이 되고 이해가 되지만, "도가 무엇인가?" "마음이 무엇인가?"라는 질문에 선생님이 "마이크!" "탁자!" "컵!"이라고 대답하시는 것들은 전혀 이해가 안 됩니다. 무슨 말인지 전혀 모르겠습니다. 너무나 몰라서 그냥 그 질

문과 대답을 보면 어떻게 해 보려는 생각도 안 듭니다. 제가 잘못하고 있는 건지요?

　도를 가리키는 말은 당연히 분별할 수도 없고 이해할 수도 없습니다. 분별하고 이해하기를 요구하는 것이 아니라 분별과 이해에서 벗어나 깨닫기를 요구하는 말이기 때문입니다.

　"마음이 무엇입니까?"라는 질문에 답하기를 "마이크!" "탁자!"라고 한다면, 이런 대답은 말이 아닌 말입니다. 말하는 것 같지만 사실은 말하는 것이 아니라, 마음을 그대로 드러내어 보여 주는 것입니다.

　무슨 말인지 전혀 알 수 없고 어떻게 할 수도 없다면, 정상적인 공부의 길을 가고 있는 것입니다. 만약 무슨 말인지 알 수 있고 어떻게 할 수 있는 방법이 있다면, 여전히 분별 속에 있고 생각 속에 있는 것이므로 공부의 바른 길이 아닙니다.

90. 마음은 아무런 상태도 아닌가요?

: 선생님이 설법하실 때, "마음이 무엇인가?" "도란 무엇인가?"에 대한 대답들을 보면, 주로 탁자를 손으로 치시거나 손을 들어 보이시거나 "마이크!" 혹은 "시계!"라고 말씀하시는 것들로 대답하십니다. 그런데 "마음이 무엇인가?"라는 질문에 대한 답변을 '지금 내 느낌이나 생각이 이렇다'는

311

식으로는 왜 말씀하지 않는지 이해가 되지 않습니다. 즉 "마음이란 무엇인가?"라는 질문에, "지금 화가 난다"거나 "지금 기분이 좋다"거나 "지금 걱정이 된다"라고 마음의 상태를 말하는 것이 더 정확한 답변이 아닐까요?

분별에서 벗어나 해탈한 사람에게는 "지금 기분이 좋다"라는 말이나 "마이크!"라는 말이나 모두 분별망상이 아니라 본래 마음 그 자체입니다.

그러나 아직 분별에서 벗어나지 못한 사람에게 마음을 가리켜 "마이크!"라고 하면 이해할 수 없어서 의문이 일어나겠지만, "지금 기분이 좋다"라고 하면 '응, 좋은 기분이 바로 마음이구나' 하고 곧장 잘못 이해할 것입니다.

마음을 바로 가리켜 주는 직지인심(直指人心)에서는 분별과 생각을 막고 분별할 수 없는 마음을 바로 가리켜 줍니다. 분별하여 이해하려고 하지 마시고, 분별할 수 없는 마음을 깨달으려고 해야 합니다.

91. 12지연기는 무엇인가요?

: 12지연기를 어떻게 보아야 합니까? 이건 불교의 기본이라서 교리적인 이해가 아니라 선생님의 말씀을 듣고 싶어 질문드립니다.

12지연기설 역시 방편의 말씀입니다. 생로병사라는 번뇌가 발생하는 원인을 나름으로 설명하여 생로병사라는 번뇌에서 벗어나는 길을 제시하는 방편의 말입니다. 12지연기에서 말하는 바를 간단히 설명합니다.

지금 이 순간 이 세계를 육식(六識)으로 인식할 때 이러한 인식이 어리석은 분별의 행위가 되면 우리는 인식된 모습을 좋아하고 그 모습에 집착하여 그 모습이 있다고 여기게 되는데, 그러면 생로병사의 번뇌 속에 떨어집니다. 이것을 유전연기라고 합니다.

반대로, 깨달음의 지혜가 있으면 비록 육식으로 세계를 인식하더라도 그 모습을 좋아하지 않고 집착하지 않으며 있다고 여기지도 않는데, 그러면 생로병사 속에서도 해탈열반이 이루어집니다. 이것을 환멸연기라고 합니다.

이처럼 12지연기설은 번뇌에 떨어지는 길과 번뇌에서 벗어나는 길이 어떤 것인지를 보여 주는 방편의 말인데, 이것을 과학적이고 객관적인 사실에 대한 주장이라고 여긴다면 방편을 잘못 보는 것입니다.

12지연기를 간단히 말하면, 어리석은 사람은 분별에 집착하여 분별에 얽매이므로 삶과 죽음이 고통이 되고, 지혜로운 사람은 분별에서 벗어나 어디에도 얽매임이 없으므로 삶과 죽음이 고통이 되지 않는다는 가르침입니다.

그러므로 12지연기설의 참뜻을 알려면 스스로 분별에서 벗어나는 체험을 해야 합니다. 분별에서 벗어나는 체험을 해야만 삶과 죽음 속에서도 삶도 없고 죽음도 없어서 번뇌할 일이 없음을 경험하게 됩니다.

92. 나쁜 일도 아무렇지 않을까요?

: 진실을 깨달으면 어떤 일이 벌어지더라도 항상 담담하다고 알고 있습니다. 현실은 정말이지 상상을 초월하는 일들로 가득하며 매일 희한한 사건들로 넘쳐나고 있습니다. 다툼, 질책, 오해, 눈치, 온갖 좋지 않은 일들로 스트레스 받고 사는 것이 우리들입니다. 진실을 깨달으면 온갖 좋지 않은 일이 나에게 일어나도 과연 담담할 수 있을지 의문이 듭니다.

어떤 일에 마주쳤을 때 얼마나 담담할 수 있느냐 하는 것은, 오로지 자기 공부의 깊이에 좌우되겠지요. 자신의 공부가 깊어서 모든 있는 일이 곧 전혀 없다면, 어떤 일을 만나도 아무 일이 없을 것입니다. 이것은 자기 내면의 마음공부의 깊이에 따라 좌우되므로 객관적인 사실처럼 말할 수는 없습니다. 오로지 스스로 공부를 진지하고 철저하게 하는 수밖에 없지요.

겉으로 나타나는 행동이나 말이나 표정을 보고서 해탈한 사람인지 아닌지를 판단할 수는 없습니다. 행동이나 말이나 표정은 육체와 의식(意識) 즉 오온(五蘊)의 작용에 의해 자연스럽게 나타나는 모습입니다.

《반야심경》에서 말하듯이 오온이 모두 공(空)이라는 것은 오직 그 사람의 내면에서만 성취되어 있습니다. 겉으로는 오온이 늘 나타나지만, 또한 항상 공이어서 아무 일이 없는 것이죠. 모든 것이 늘 공이어서 아무 일이 없는 것이 곧 담담함인데, 이것은 오로지 자신의 내면에서만 성취되어 있습니다.

겉으로는 슬퍼하지만 마음에는 슬픔이 없고, 겉으로는 기뻐하지만 마음에는 기쁨이 없는 것이지요. 거짓말하고 속이는 일이나 나쁜 행동을 보면 겉으로는 분노하지만, 마음에는 아무것도 없습니다.

모든 일이 나타나지만 아무 일도 없다는 이 불이중도(不二中道)의 묘한 세계는 오로지 직접 체험하여 겪어 보아야 알 수 있지, 생각으로 상상하여 이해할 수는 없습니다. 열심히 공부하여 스스로 그런 사람이 되는 길밖에 없는 것이지요.

93. 몸의 고통에서 벗어날 수 있을까요?

: 저는 며칠 전 몸이 너무 아파서 응급실에 실려 갔습니다. 너무 아파서 소리를 마구 질렀습니다. 이런 통증에서 자유로울 순 없을까요? 너무 아프니 아무 생각이 안 나더군요. 아주 고통스러웠습니다.

몸은 고장이 나면 통증이 있을 수밖에 없습니다. 몸에는 신경이라는 조직이 있어서 고장이 나면 그 고장을 고치라는 목적으로 통증이 나타나도록 만들어져 있습니다. 통증이 없다면 죽을병이 들어도 알지 못하여 몸이 망가지겠지요. 몸은 이러한 구조를 가지고 있으므로 몸의 통증은 당연히 병원에서 치료를 받아야 좋아질 것입니다.

그러나 그런 통증을 대하는 마음의 자세는 공부를 통하여 좋아질 수 있을 것입니다. 몸이 아프다고 마음까지 아파야 하는 것은 아니겠지요.

마음공부는 번뇌에서 벗어나는 공부입니다. 번뇌에서 벗어나면 마음에는 고통이 없습니다. 마음의 번뇌는 불만족, 불안, 불투명함, 생각과 욕망과 감정에 얽매임, 좋아하는 것들에 집착함 등이겠지요.

마음공부를 하여 깨달으면 이런 온갖 마음의 번뇌에서 벗어나 아무것도 없고 아무 일도 없게 됩니다. 마음에 불만족이 없고, 불안이 없고, 불투명한 어둠이 없고, 생각이나 감정이나 욕망에 시달림이 없고, 마침내 아무 일도 없습니다.

세상에서 온갖 나쁜 일들이 일어나고 몸도 아파서 고통스러울 수 있지만, 마음이 해탈하여 번뇌에서 벗어나면 그런 일들이 고통이 되지는 않습니다. 공부를 꾸준히 하셔서 모든 것에서 벗어나시기 바랍니다.

94. 육체가 없는데 마음이 있나요?

: 설법을 하시면서 마음에 관한 다양한 말씀을 하십니다. 그 가운데 "우리의 육체는 인과법칙을 따르니 결국 죽음이라는 소멸을 피할 수 없지만, 우리가 이 자리에서 늘 쓰고 있는 이 마음은 태어난 적이 없기 때문에 소멸하지도 않는다"는 말씀이 앞을 가로막아 도저히 풀리지 않고 있습니다. 육체가 없으면 마음이라는 것도 없는 것이 아닌가요? 마음은 태어난 적이 없기 때문에 소멸하지도 않는다는 이 말씀이 풀리지 않습니다.

설법에서 하는 모든 말은 전부 방편의 말이지, 어떤 사실을 주장하는 말이 아닙니다. 마음에 관한 말들도 전부 방편의 말이지, 그렇게 생긴 마음이 있어서 그렇게 말하는 것은 아닙니다. 방편의 말은 달을 가리키는 손가락과 같다고 하는데, 손가락은 달을 가리킬 뿐이고 손가락과 달은 아무런 관계가 없습니다.

마찬가지로, 설법에서 말하는 모든 말은 분별에서 벗어나도록 이끌어 주는 말이지, 무엇을 분별하고 이해하라고 설명하는 말이 아닙니다. 분별에서 벗어나는 불가사의한 체험을 하시면, 설법에서 하는 모든 말이 다만 방편의 말일 뿐이고 어떤 사실을 설명하는 말이 아님을 잘 알게 됩니다.

마음이라는 말은 분별할 수는 없고 체험하여 깨달아야 하는 것을 이르는 방편의 말입니다. 마음은 모양이 있는 어떤 무엇이 아닙니다. 모양이 없으므로 생겨나거나 없어지는 것이 아니라고 말합니다. 모양도 없고 어떤 무엇도 아닌 이 마음은 어디에 있을까요?

찬바람이 부니 갈대가 흔들리고 손이 시리군요.

언제나 어디서나 바로 이렇게 분명한 이 마음을 꼭 깨달아 보시기 바랍니다.

95. 기도하면 소원을 이룰까요?

: 관음기도법을 배우게 되었습니다. 원을 세우고 마음속으로 그 원이 이루어지길 바라며 계속 관세음보살의 명호를 부르라고 합니다. 《관음경》도 읽고요. 그런데 《금강경》, 《반야심경》의 요지는 일체가 공(空)이니 집착을 버리라는 것으로 알고 있습니다. 그러나 《법화경》 관세음보살보문품에서는 버리는 게 아니라, 거꾸로 기도를 열심히 하면 들어준다고 하니완전히 반대의 말씀을 하는 것 같습니다. 제가 잘못 이해하는 건가요? 돈을 많이 벌고자 하는 저의 개인적인 소망은 버려야 합니까? 아니면 이루어야 합니까?

《법화경》 관세음보살보문품의 첫머리에 부처님께서 무진의보살에게 이렇게 말씀하십니다.

"선남자여, 만일 한량없는 백천만억 중생이 여러 가지 고뇌를 받을 때 이 관세음보살의 이름을 듣고 일심으로 그 이름을 부르면, 관세음보살은 곧 그 음성을 듣고서 모든 중생을 해탈하게 하느니라."

이 말씀처럼 부처님과 보살님의 능력은 모든 중생을 번뇌로부터 해탈하게 하는 것입니다. 이것이 《법화경》의 가르침입니다. 《금강경》과 《반야심경》에서 말하는 가르침도 역시 번뇌로부터의 해탈입니다. 부처님의 가르침은 다만 번뇌망상으로부터의 해탈 하나뿐입니다.

그러므로 《법화경》에서 "다만 일불승을 말할 뿐, 둘 셋은 말하지 않는다"라고 한 것입니다. 부처님의 가르침이 어찌 여러 가지가 있겠습니까?

당연히 세속적으로 욕망을 성취하는 것은 부처님의 가르침이 아닙니다. 세속적인 욕망의 성취는 도리어 번뇌에 얽매이는 것이므로 해탈과는 반대쪽입니다. 따라서 세속적인 욕망의 추구를 부처님의 가르침과 연관 지어 행하지는 마시기 바랍니다.

96. 생각이 쉬어져 멍합니다

: 한 6개월 정도 설법을 들었습니다. 마음속에 그동안 가지고 있던 목표나 여러 가지 견해가 많이 사라졌습니다. 그런데 의욕과 힘이 빠져서 아침에 일어나기도 힘들고 마음이 멍하고 뭐가 뭔지 모르겠습니다. 바람직하게 되어 가는 것 같긴 하나 확신이 없습니다. 선생님과 면담을 하는 것이 좋을까요?

지금은 그대로 공부를 계속하십시오. 마음속에 있던 각종 생각과 견해가 쉬어진 것은 좋은 일입니다. 그렇게 온갖 생각이 쉬어지고 갈 길을 알지 못하여 멍한 듯하다가 문득 시원하고 상쾌한 체험이 올 것입니다. 그런 변화의 체험이 있으면 면담하시기 바랍니다.

97. 법은 어디에 있습니까?

: 법문에서 손짓을 하시며 "이것뿐!"이라고 하시는데, 예전에는 손짓에 법이 있다고 이해하여 손짓에서 법을 찾으려고 열심히 들여다보았습니다. 그러다 또 손짓을 하시며 "따로 법이 있는 게 아니라 이게 전부다"라는 말씀에서 손짓 이외에 따로 법이 없다는 사실을 알았습니다. 그렇지만 문득문득 예전처럼 손짓에서 법을 찾으려고 하곤 합니다. 어떻게 공부해야 할까요? 가르침 부탁드립니다.

"도가 무엇인가요?"

"이것입니다."(손짓을 하면서)

이런 법문을 듣고서 손짓하는 곳에 도가 있다고 여겨도 생각이고, 손짓이 곧 도라고 여겨도 생각이니 도와는 전혀 관계가 없습니다. 도는 어떤 것이라고 생각하고 판단하는 순간, 분별망상에 떨어집니다. 그렇다고 아무 생각도 없고 분별도 없이 멍하니 있으면, 생각 없이 멍하니 있는 어둠 속에 떨어지니 도와는 더욱 멀어집니다.

'어떤 식으로 법문을 듣는 것이 바르게 듣는 것일까?'라는 생각이 바로 망상입니다. 법문을 듣고서 생각으로 이해하는 곳에 머물러 있으면 법문을 바르게 듣는 것이 아닙니다.

"도가 무엇인가요?"

"이것입니다."(손짓을 하면서)

98. 호흡 수련을 하고 있습니다

: 전 지금 호흡 수련을 하고 있습니다. 몸속의 한기와 여러 나쁜 기운을 빼내어 건강을 유지하는 데 도움이 됩니다. 나이 들어 병원을 들락거리느니 건강을 유지하는 차원에서 수련을 하고 있는데, 이 호흡 수련이 혹시 마음공부를 방해할까 봐 걱정입니다. 마음만 명확히 깨달을 수 있으면 호흡 수련을 계속해도 괜찮지 않을까요?

호흡 수련을 깨달음을 위한 공부라고 여기지 않고 그냥 건강관리라고 여기고 하신다면 별 문제 될 것은 없겠지요. 그러나 호흡 수련이 곧 마음수련이라고 하여 호흡 수련을 깨달음의 길이라고 여긴다면, 우리 불법과는 상관없는 외도의 길입니다. 조심하실 것은,

호흡 수련을 하다가 어떤 신비롭고 쾌감을 주는 체험을 할 수도 있는데, 그런 경우에 그 체험에 마음이 빼앗겨 그 체험에 집착하게 된다면 깨달음 공부에는 큰 병이 될 것입니다.

99. 계정혜 삼학을 고루 닦아야 하지 않나요?

:《육조단경》에서 육조 혜능은 "오직 견성을 말할 뿐, 선정과 해탈은 말하지 않는다"라고 말했습니다. 그런데 우리나라 선승인 효봉 선사는 말하기를 "계, 정, 혜 삼학은 어느 하나에 치우쳐서는 안 된다. 비유하면 계율이 집터라면 선정은 재목이며 지혜는 집 짓는 기술과 같다. 아무리 기술이 뛰어나도 재목이 없으면 안 되고, 좋은 재목이 널려 있더라도 집터가 없으면 무소용이요, 멋진 터를 구했다 하더라도 좋은 재목과 기술이 없으면 역시 의미 없는 일이다. 마찬가지로 삼학을 모두 닦아 갖추어야 올바른 불도를 이룰 수가 있다"라고 하였다고 합니다. 저의 판단으로도, 견성만 이루어서는 부족하고 선정과 해탈이 같이 따라 주어야 완전한 공부가 된다고 생각합니다. 어떻게 보아야 할까요?

　견성이 따로 있고 선정이 따로 있고 해탈이 따로 있다고 분별하면, 중생의 분별망상이므로 견성하지 못한 것입니다. 계율이 따로 있고 선정이 따로 있고 지혜가 따로 있다고 분별하면, 중생의 분별망상이므로 견성하지 못한 것입니다.

육조 혜능에게 "왜 선정과 해탈은 말하지 않느냐?"고 물으니 육조 혜능은 말하기를 "선정과 해탈을 따로 말하면 이법(二法)이 되기 때문이다. 불법(佛法)은 불이법(不二法)이다"라고 말하고, 또 말하기를 "범부는 세계를 오온과 십팔계로 분별하여 보지만, 지혜로운 자는 오온과 십팔계의 자성이 분별을 떠난 불이법임을 본다. 불이법인 자성이 곧 불성(佛性)이다"라고 합니다.

견성이란 곧 분별망상을 벗어나 분별할 수 없는 진여자성에 통하는 깨달음을 가리키는 말입니다. 분별망상에서 벗어나는 것이 곧 해탈이고 열반이고 참된 선정이고 반야의 지혜이고 불법입니다. 불법은 분별망상에서 벗어났으므로 계율, 선정, 지혜가 따로 있을 수 없습니다.

이처럼 불법은 곧 불이법이고, 견성이란 불이법 즉 불이중도(不二中道)를 깨닫는 것입니다. 물론 불이법 혹은 불이중도란 말은 분별을 벗어난 마음의 실상을 체험하도록 이끄는 방편의 말입니다.

실상을 체험하면, 실상은 분별될 수 없으니 어떤 이름도 없고 어떤 모습도 없습니다. 다시 말해, 견성하면 견성도 없고, 선정도 없고, 구속도 없고, 해탈도 없고, 번뇌도 없고, 열반도 없고, 망상도 없고, 실상도 없고, 미혹함도 없고 깨달음도 없습니다. 그러므로 "다만 견성을 말할 뿐 선정과 해탈은 말하지 않는다"라고 한 것입니다.

생각으로 분별하면 이것도 갖추어야 하고 저것도 갖추어야 하는 것이 옳은 것처럼 여겨지지만, 실상을 체험하면 분별하여 이름 붙일 만한 어떤 것도 없습니다. "공(空)", "본래 한 물건도 없다"라는 말도 견성을 가리키는 말입니다. 물론 "본래 한 물건도 없다"는 말은 '있다/없다'는 뜻으로 분별한 '없다'는 말이 아닙니다.

분별을 떠난 불이법에서 하는 말을 이법(二法)인 분별로써 알 수는 없습니다. 이해할 수 없는 불이법을 이해하려고 하지 마시고, 실제로 분별에서 벗어나는 체험을 해 보시기 바랍니다.

100. 자연과 하나가 되었습니다

: 참선을 시작한 지는 2년이 넘었습니다. 며칠 전 새벽에 공터에 나가서 산책을 하다가 땅위에 난 잡초를 보았습니다. 그리고 그 잡초 위에 알알이 맺혀 있는 이슬을 보았습니다. 그것은 '인연'이었습니다. 물이 전혀 없는 공터에 이슬이 있어 새싹들이 자라고 있었습니다. 저는 그것을 보고 내가 사람이기보다는 자연이라는 생각이 들어 기쁨을 맛보았습니다. 풀은 풀로 이 세상에 나타났고, 나는 사람이라는 이름으로 왔구나. 인연에 의해 그리고 사람이라는 이름으로 이 순간에 자연과 같이 하나가 되어 살 수 있다는 것은 기쁨이지요. 그런데 오늘은 세상살이가 힘들다는 생각이 드네요. 똑똑하지도 않으면서 둔하지도 않고, 이 세상 사람은 하나라는 것을 알고 느끼면서도 정작 행동은 못 따르고, 삶은 아름다운 것이다 하면서도 삶은 아무 의미가 없이 느껴집니다. 조용한 가운데 눈을 감아 봅니다. 어떻게 해야 할까요?

삶이 힘들고 의미가 없다고 하시는군요. 의미를 찾으니 마음에

흡족한 의미가 없지요. 삶에 의미가 있다고 하든 의미가 없다고 하든 모두 생각일 뿐입니다. 우리에게 모든 문제를 일으키는 것이 바로 이 생각입니다.

'나는 이런 사람이다', '내 삶은 이렇다', '타인과의 관계는 어떠어떠하다', '사람들은 이렇다', '세상은 이런 것이다', '자연 속의 모두가 인연이다', '삶은 아름다운 것이다', '삶은 아무 의미가 없다' 등등 이런 온갖 생각에 사로잡혀 살아가니 이리저리 헤매면서 끊임없이 불만이 있고 갈등이 있는 것입니다.

이런 온갖 생각이 바로 헛된 생각 즉 망상(妄想)입니다. 참선은 이런 망상에서 해탈하는 공부입니다. 과거도 돌아보지 않고 미래도 상상하지 않고 현재도 생각하지 않으면, 바로 여기에 무엇이 있을까요?

절대로 섣불리 판단하거나 이해하면 안 됩니다. 모든 판단과 이해는 진실이 아니고 헛된 생각일 뿐입니다. 진실은 판단이나 이해나 생각과는 아무런 상관이 없습니다.

삶의 진실은 바로 이것입니다.

"탕!"(탁자를 두드린다.)

101. 세속이 싫습니다

: 저의 삶에 변화가 왔습니다. 사람들과의 모임에 흥미를 못 느끼고 사람들과 말하기가 싫습니다. 사람들이 모이면 자식 이야기나 정치나 사회에

관한 이야기를 합니다만, 저는 이런 것들을 말하고 싶은 생각이 전혀 들지 않습니다. 그냥 생각일 뿐인 말에 저의 에너지를 낭비하고 싶지 않기 때문입니다. 그러다 보니 점점 혼자가 되어 갑니다. 혼자라고 해서 외롭거나 힘이 들지는 않습니다. 하지만 혹시 제가 참선의 병(病)에 걸린 것은 아닐까 걱정이 됩니다.

세속적인 이야기들을 듣고 싶지 않고 세속적인 사람들을 만나고 싶지 않은 것은 공부를 하다 보면 자연스럽게 나타나는 현상입니다. 관심이 세속이 아닌 출세간에 있으니 당연히 세속적 이야기보다는 출세간의 이야기나 마음공부에 관한 이야기에 더 귀가 기울여지지요. 이런 것을 선병(禪病)이라고 할 수는 없습니다.

그렇지만 세속을 떠나서 살 수는 없으니, '나는 출세간의 공부를 하는 사람이다'라는 표시를 내어 가까운 사람들과 갈등을 만들지는 마십시오. 출세간의 마음공부는 내면의 공부이고 남몰래 홀로 하는 공부입니다.

남에게는 내가 출세간의 마음공부를 하는 사람이라는 것을 모르게 하는 것이 좋습니다. 주위의 사람들이 나를 두고 '마음공부 하는 사람이다'라고 인식하게 되면, 오히려 그들이 나에게 거는 기대 때문에 더 부담스러워져서 되어 공부에 방해가 될 것입니다. 겉으로는 주위 사람들에게는 평소에 대하듯이 평범하게 대하시고, 속으로는 마음공부에 모든 관심을 기울여 공부하시기 바랍니다.

102. 깨달음의 요체는?

: 저는 깨달음의 요체를 이렇게 생각합니다. '왜 우리는 다른 생명을 죽여서 삶을 이어 가야 하는가?' 이 문제를 해결하는 것이 깨달음의 요체라고 생각합니다. 이 문제를 해결하지 못하면 깨달음이 아무리 깊어도 가치가 없다고 봅니다. 답변을 기다리겠습니다.

님께서는 깨달음을 얻지도 못했으면서 깨달음의 요체를 미리 정해 놓고 계시는군요. 이렇게 한다면 님은 단지 자기의 생각에 사로잡혀 있을 뿐이고, 생각을 벗어난 깨달음은 결코 체험하지 못할 것입니다.

103. 외롭고 허망합니다

: 선생님의 책《선으로 읽는 금강경》의 내용 중에 "구도자는 때로 고독하고 외롭고 힘든 날들을 보내기도 한다"고 하시면서, 선생님께서는 마음으로 자신과 대화하는 방법으로 외로움과 고독함을 벗어났다고 하신 글을 보았습니다. 위의 내용과 같이 마음으로 대화하는 방법이 구체적으로 어떤 방법인지 배우고 싶습니다. 20여 년간 여러 가지 수행의 길을 걸으면서 아직도 때로는 외롭고 고독함이 밀려올 때면, 참으로 수행한다는 자체도 허망하고 실망감이 일어납니다. 이제는 지쳐만 가는 것 같기도 하다가

또다시 발심하고 마음을 다잡아 정진하기를 수도 없이 되풀이하면서, 언제까지 이래야 하나 하는 마음이 문득 들어서 삼가 우문을 드리오니 답변을 주시면 감사하겠습니다.

"무소의 뿔처럼 혼자서 가라"는 말이 있듯이 구도자는 완전히 홀로입니다. 자신이 믿는 스승 외에는 그 무엇에도 의지하려 들지 말아야 합니다. 자신의 삶이 바로 서면 스승에 대한 의지도 필요 없어지겠지요.

우리는 언제나 홀로일 수밖에 없습니다. 홀로일 때가 오히려 편안해야 합니다. 외로움을 느낄 때는 공부를 하십시오. 그래도 외로우면 이 외로움은 공부를 위해 필요한 조건이라고 여기십시오.

외로움 속에서 꾸준히 공부하다가 문득 망상에서 벗어나는 체험을 하면, 온 우주가 하나로 통하면서 안팎이 없어지니 외롭다는 느낌은 싹 사라질 것입니다.

104. 육체와 마음이 따로 있나요?

: 설법을 늘 감사히 듣고 있습니다. "안팎이 따로 없다", "비가 저기서 내리지 않고 여기서 내린다" 등의 설법에서 통할 듯 안 통할 듯 참으로 목이 많이 마릅니다. 《선으로 읽는 금강경》에서 "마음공부를 하면 육체적으로는 두려움이 있지만 정신적으로는 실제로 두려움이 없습니다. 어떤 경

우에도 위협을 받을 만한 게 없어요. 누가 정신적으로 나를 해코지하려고 해도 해코지 받을 뭐가 있어야 해코지를 받지요. 그래서 정신적으로는 대단히 자유로운 겁니다. 육체는 어차피 부서지게 되어 있으니까, 부서지는 것을 두려워하는 거죠"라고 하십니다. 다름이 아니라 드릴 질문은, "안팎이 없다"고 하셨는데, 다시 '정신과 육체'를 말씀하시니 의문이 올라옵니다. 육체와 달리 또 정신이 있고, 그 정신이 육체를 통하여 보고 듣고 느끼고 알고 하는 것인가요?

방편의 말에 매달려서 혼란을 겪으시는군요. "안팎이 따로 없다", "마음과 몸이 따로 없다"라는 말은 분별을 벗어난 법(法)의 세계를 말하는 방편의 말이고, "몸은 생기고 사라지는 것이지만, 마음은 생기고 사라지지 않는다"라는 말은 분별 속의 세계를 말하는 방편의 말입니다.

분별을 벗어난 법의 세계에 대한 말과 분별 속의 세계에 대한 말은 매우 모순되고 반대되는 것처럼 보입니다. 분별을 벗어난 법의 세계를 말할 때는 '이것'과 '이것 아닌 것'을 나누어 말하지 않지만, 분별의 세계를 말할 때는 언제나 '이것'과 '이것 아닌 것'을 나누어 말하기 때문입니다.

설법은 분별세계에 살고 있는 중생을 분별에서 벗어나도록 이끌기 위해 하는 말입니다. 그러므로 설법할 때는 분별세계도 언급하고 분별을 벗어난 법의 세계도 언급하는 것입니다. 그러나 분별세계를 말하더라도 그 말이 진실이라고 주장하는 것도 아니고, 분별을 벗어난 세계를 말하더라도 역시 그 말이 진실이니 잊지 말고 기억하라고 주장하는 것이 아닙니다.

설법에서 분별세계를 말하든 분별을 벗어난 법의 세계를 말하든, 그 말을 듣고 그러한 사실이 있음을 이해하고 기억하라고 설법하는 것은 절대로 아닙니다. 설법을 하는 목적은 설법을 듣다가 저절로 분별에서 벗어나는 체험을 하라고 설법을 하는 것입니다. 다시 말해, 설법에서 하는 말들은 모두 듣는 사람이 분별에서 벗어나도록 이끄는 방편의 말이지, 그 말이 어떤 사실이나 진실을 나타내는 것은 아닙니다.

그러므로 부처님의 말이든 선지식의 말이든 설법의 말은 전부 방편의 말이라고 하는 것입니다.

설법을 들으면서 그 말을 이해하여 정리하고 기억하려 하지 마십시오. 공부의 목적은 마음에서 벗어나 해탈을 얻는 것이지, 어떤 견해나 지식을 얻는 것이 결코 아닙니다.

《법화경》을 빌어서 하나의 방편을 말하겠습니다.

"법은 언제나 법의 자리에 있고, 세간의 모습은 언제나 세간의 모습으로 있다."

분별을 벗어나 법의 자리에 있다고 하여, 분별 속의 세계인 육체의 아픔이 없지는 않습니다. 육체에 아픔이 있으면 당연히 그것을 치료해야 합니다. 그러나 육체가 아프다고 법이 아픈 것이 아니고, 육체가 건강하다고 법이 건강한 것이 아닙니다. 분별을 벗어난 법(마음)에는 본래 아픔과 건강함이 없지만, 분별세계인 육체에는 아픔도 건강함도 있는 거죠.

물론 방편으로 한 이 말도 공부하시다가 해탈을 체험해야 비로소 그 참된 뜻을 알 수 있습니다. 생각으로 헤아리기만 해서는 바른 공부가 아니고, 이 법의 자리에 들어올 수도 없음을 늘 명심하시기 바랍니다.

105. 마음이 없는데 왜 마음이 아프나요?

: 마음은 본래 없다면서요? 마음이 없다면 왜 마음이 애틋할 때면 가슴이 아려 올까요? 마음고생이라고 하잖아요? 이런 게 왜 있는 건가요? 심장 쪽이 아파 오는데, 이건 왜 그런 건가요? 마음이 있다는 게 망상이라면, 이런 물리적 신체적 변화는 왜 오는 거죠?

없는 마음이 아픈 것입니다. 없는 마음이 아프니 아파도 아프지 않습니다. 말이 되지 않는 모순된 말처럼 들리지요? 깨닫고 보면 법계의 실상은 원래 그렇게 있음과 없음이 둘이 아니고 모순적입니다.

마음이 없다는 말은 마음이 있는데 마음이 없다는 말입니다. 《반야심경》에서 "색이 곧 공이고 공이 곧 색이다"라는 말이 바로 이 말입니다. 이런 말은 분별심에서 벗어나 해탈을 얻어야 알 수 있는 말입니다. 분별심에서 벗어나 해탈하면, 마음이 아프지만 아픔도 없고 마음도 없습니다.

106. 법을 깨달으면 뭐가 있나요?

: 법에 관해서 질문드릴 것이 있습니다. 법을 깨달으면 새로운 뭔가가 나타나는 건가요? 아니면, 원래 있던 모든 것이 법이라는 걸 알게 되는 건가요? 전 지금 후자를 경험하고 있습니다. 요즘 책을 읽으면서 뭔가 발전이 있는 것 같습니다. 눈앞의 모든 것이 법이고, 이 모든 것을 밝히는 게 마음 아닌가요? 현재 이렇게 이해가 됩니다. 바른 가르침 부탁드립니다.

님의 말씀은 그냥 이해일 뿐입니다. 법을 깨달으면 새로운 뭔가가 나타나는 것도 아니고, 원래 있던 모든 것이 법이라고 이해하는 것도 아닙니다. 법을 깨달으면 모든 것이 새로워진다고 할 수도 있고, 원래 있던 모든 것이 본래 다 법이라고 할 수도 있습니다.

눈앞의 모든 것이 법이고 이 모든 것을 밝히는 것이 마음이라고 이해한다면, 그냥 이해일 뿐, 깨달음과는 아무 관계가 없습니다. 깨달음은 이해에서 나오는 것도 아니고, 이해에 속하는 것도 아니라는 사실을 명심하십시오.

법이 무엇일까요?

서울은 북쪽에 있고 부산은 남쪽에 있습니다.

107. 있음과 없음은 같습니까?

: '판치생모'라는 화두를 들었습니다. '무'자 화두의 경우, 알음알이로 자꾸 있다거나 없다는 뜻에서 맴돌고 있어서, 그 화두를 버리고 새로 든 화두입니다. '판치생모'가 무엇인지 도무지 모르겠습니다. 마치 머릿속이 꼼짝달싹할 수 없는 벽에 갇힌 느낌입니다. 답답한 마음에 인터넷으로 찾던 중, 판치가 중국어로 앞니를 의미한다는 것을 알았지만, 어느 선지식은 앞니라는 분별이 더 심한 망상이라고 질타하셨다고 합니다. '판치생모'는 무엇을 가리키는 것인지요? '무'자 화두의 법문을 보니, '무'가 하나이고 모두이고 불성이고 마음이라고 하시던데, 만약 조주 스님이 '유'라고 하셨어도 같은 것을 가리킨 것입니까?

'판치생모'가 무엇인지 몰라서 벽에 갇혀 있는 것 같다면 좋은 것입니다. 분별이 그렇게 막혀 있다가 문득 막힌 벽이 허물어지면서 깨달을 가능성이 있습니다.

'판치생모'의 의미를 찾아서 이해하려 하지는 마세요. 의미를 이해하는 것은 머리로써 분별하는 것이니, 깨달음으로 가는 길이 아니라 오히려 망상입니다. '무'라 하든 '유'라 하든 말을 따라서 이해하지 않는다면, 하나의 진실입니다.

진실을 밝혀 드립니다.

'판치생모'는 화장지로 코를 푸는 것이고, '무'는 연필로 이름을 쓰는 것이고, '유'는 젓가락으로 반찬을 집는 것입니다.

333

108. 하심은 무엇인가요?

: 불교에 입문하여 공부하면, 모든 선지식이 한결같이 말씀하시길, 공부하기 이전에 먼저 하심(下心)하라고 합니다. 마음을 내려놓는다는 뜻인 하심은 구체적으로 어떻게 하는 것인가요?

하심(下心)은 마음공부를 시작하여 깨달음을 얻으려는 사람에게는 반드시 필요한 하나의 소양이라고 할 수 있습니다. 하심의 글자 그대로의 뜻은 '마음을 낮춘다' 혹은 '마음을 내려놓는다'는 것입니다만, 그 내용을 좀 더 구체적으로 말하면 아마 다음과 같을 것입니다.

첫째, 마음을 비워라.

방 안에 새로운 물건을 들여놓으려면 낡은 물건을 치우고 방을 비워야 하는 것처럼, 새롭게 진실을 깨달으려면 지금까지의 견해나 개념이나 지식을 치워야 합니다. 진실에 대해서는 다만 아무것도 모르는 어린아이의 백지와 같은 마음처럼 텅 비고 순진무구해야 합니다. 세상에 대한 가치판단 역시 일단 미루어 두는 것이 좋습니다.

둘째, 내면으로 관심을 돌려라.

마음공부란 바깥의 대상으로 향하는 마음을 자기의 내면으로 돌리는 것입니다. 대상을 분별하여 가치 판단하는 마음을 그 가치 판단을 행하는 자기 스스로에게로 돌리는 것입니다. 사물에서 마음으로 관심의 방향을 바꾸는 것이지요.

셋째, 자신의 무지와 어리석음을 알고 겸손하라.

진리 앞에 겸손하라는 말과 같습니다. 모든 문제와 잘못의 시작은 자신의 생각에 있습니다. 마음공부는 대상을 바꾸는 것이 아니고, 자신을 바꾸는 것이라는 사실을 명심해야 합니다.

하심의 내용을 간단히 말하면 아마 이 정도일 것입니다. 이러한 태도는 마음공부 하는 사람에게는 반드시 갖추어져 있어야 합니다. 마음공부에 다른 자격조건은 없으나 '하심'은 필수적인 조건입니다.

이러한 태도가 잘 갖추어져 있으면 크게 깨달을 것이고, 갖추어져 있지 못하면 깨닫지도 못할 것이고 설사 어떤 체험을 한다고 하더라도 제 잘난 줄만 알고 남에게 도움이 되지 못하는 오만한 엉터리가 될 것입니다.

그런데 진지한 구도자라면 일부러 하심하려고 애쓸 필요 없이 저절로 하심이 됩니다.

"부처가 무엇입니까?"

"똥 닦는 막대기."

부처가 똥 닦는 막대기라고 하니 무엇을 알겠습니까? 아무것도 알지 못하고 어떻게도 할 수 없어서 스스로 무기력하고 무능력하게 느껴지지요? 여기에서 어떻게 하심이 되지 않을 수 있겠습니까?

109. 가슴 부위에 어떤 기운이 느껴집니다

: 요즘 법문을 몇 시간씩 듣고 있습니다. 법문을 듣다가 3일 정도에 걸쳐 신비한 경험을 했습니다. 잠들기 전에 듣다가 '생각을 빼고 들어 보자. 생각이 일어나기 이전을 잡아보자'라고 하며 어떻게 하는지도 모르고 그냥 그렇게 하려고 노력했습니다. 그러다가 잠에 빠져들려는 순간 어떤 말씀에서 가슴과 눈이 번쩍 떠져서 잠이 확 깼습니다. 그래서 다시 노력해 봤습니다. 처음에는 법문의 음절 하나하나가 들리는 듯도 싶더니, 귓가에서 말씀의 울림이 느껴졌습니다. 그리고 가슴 부위에 이상한 느낌이 들었는데, 그렇게 잠이 들었습니다.

다음 날도 잠에 들려 할 때 똑같이 노력하였는데, 가슴에서 뭔가가 터질 것처럼(흘러넘칠 것처럼) 느낌이 들었습니다. 마구 애를 썼더니 주먹만 한 풍선이 부풀어 오르다가 펑 터졌습니다. 크게 터트리고 싶은 생각이 간절했는데 그렇게 할 수 있는 힘이 없다고 느껴져 그만두었더니, 뭔가 시원하지가 않았습니다. 이 모든 게 잠들기 직전의 일이라 뭐가 뭔지 알 수가 없었습니다.

그다음 날에도 잠을 청하는데 가슴 왼쪽 부위에서 뱅글뱅글 도는 뭔가가 느껴졌습니다. 그 기운 때문에 마침내 잠자는 걸 포기하고 일어나려고 기지개를 쫙 폈습니다. 그 순간 몸과 마음이 정말 100% 이완이 되었는데, 너무 좋았습니다. 그리고 그 가슴 부위의 기운에 의식을 두면 다시 몸이 이완되는 현상이 하루쯤 지속되었습니다. 그 후에는 잊고 지냅니다. 이런 체험은 어떤 것인가요?

육체에서 느껴지는 기운이나 느낌은 분별 속의 경계이므로 깨달음과는 아무 상관이 없습니다. 깨달음은 육체에서 느껴지는 어떤 기운 같은 경계가 아닙니다. 아마도 그런 느낌은 님께서 일부러 '이렇게 공부해 보자'라고 억지로 애를 쓰고 노력하였기 때문에 그 결과로서 나타난 현상일 것입니다.

《유마경》에서 "보고 듣고 느끼고 아는 것은 경계이지, 법이 아니다"라고 하였듯이, 그런 것들은 전부 경계이므로 깨달음과는 아무 관계가 없습니다. 그런 경험은 싹 잊어버리시고, 오로지 분별에서 벗어나 깨닫겠다는 일념으로 설법을 잘 들어 보십시오.

110. 딱 멈추어 있습니다

: 며칠 전부터 제자리에 딱 머물러서 그냥 멍청이가 된 기분입니다. 선생님 법문을 들어도 그저 그렇고 책을 읽어도 그저 그렇고, 제자리에 딱 멈춰 선 그런 느낌입니다. 숨이 막혀 죽을 것 같은 답답함도 없고, 속이 상해서 울지도 않습니다. 그렇다고 체험을 했느냐 하면 그것도 아니거든요. 아무런 경계도 나타나지 않습니다. 물이 서서히 끓다가 끓어 넘쳐야 하는데, 제 경우는 서서히 끓다가 다시 식어 버린 느낌입니다. 뭐가 문제일까요?

벽에 딱 부딪혀 오지도 못하고 가지도 못하고 손을 쓸 수가 없는 상황이군요. 물이 끓어 넘쳐야 하는데 식은 것이 아니냐는 생각은 망상입니다. 이런 생각도 저런 생각도 하지 마시고, 그냥 지금까지 공부하던 대로 계속 공부하십시오. 깨달음의 체험이 있어야 한다는 생각도 하지 마시고, 그냥 하던 대로 공부하십시오.

생각으로 판단하고 이해하는 것은 아무런 쓸모가 없습니다. 어떻게 해야 한다는 생각도 하지 마시고, 좋다거나 나쁘다는 생각도 하지 마세요. 앞뒤가 꽉 막혀 갈 곳이 없고 손쓸 수 없어서 저절로 손을 놓을 수밖에 없는 곳에서 설법을 계속 들으십시오. 그러면 저절로 공부가 될 것입니다.

111. 꽉 막혀서 멍합니다

: "이것이다"라고 지겹도록 말씀하시는데, 아직도 실감이 안 되니 속이 답답해요. 공부가 되신 거사님이나 보살님들이 저보고 방향을 잘 잡고 있다고 하시지만 그 문턱을 못 넘겠어요. 항상 마지막에 막혀요. 제가 할 수 있는 건 법문 듣는 것뿐이라는 사실은 너무 잘 알고 있습니다. 매일매일 눈만 뜨면 저절로 모든 세상이 눈에 들어오는데도 이것의 정체를 모르니, 매일매일 알맹이 없는 껍데기만 돌아다니는 것 같아요. 하루하루 날이 지나는 것도 모르겠고 머릿속이 멍해요. 요즘은 기억력도 떨어지는 것 같아요. 뭘 하고 살았는지도 모르겠어요. 말을 하면서도 무슨 말을 하고 있는

지도 모르겠어요. 법을 깨닫기 전에 제가 먼저 죽을 것 같아요.

⌣

그렇게 앞뒤가 꽉 막혀서 꼼짝달싹 못하고 살았는지 죽었는지도 모른다면, 오히려 좋은 소식이 가깝습니다. 깨달음은 분별심이 그렇게 막혀서 전혀 활동하지 못할 때 저절로 일어납니다.

마음공부 하다가 육체가 죽는 사람은 없습니다. 죽을 것 같은 그곳에서 문득 해결될 날이 올 것입니다. 조금만 더 참고 공부해 나아가면 반드시 좋은 일이 있을 것입니다. 일단 해결되기만 하면 모든 괴로움과 장애가 사라지고 한없이 자유롭고 평화로울 것입니다.

112. 법문을 듣고 요약합니다

: 선생님의 법문을 몇 달 들었지만, 아직 체험이 일어날 기미도 보이지 않습니다. 그래서 제가 보기에는 우선 법문의 내용을 확실히 파악하는 것이 필요하다고 판단됩니다. 이에 법문을 들으면서 그 내용을 요약해 보았습니다. 이렇게 요약해 놓고 보고 또 보고 하니 저로서는 상당히 유익하였습니다. 아래는《달마혈맥론》23 법문을 제가 들은 대로 요약한 것입니다. 잘못 이해한 곳이 있더라도 저의 안목이 부족한 것이니 널리 이해해 주시기 바랍니다.

① 법신은 언제나 머물러 있으니, 다시 머물려 할 것은 없습니다.

② 어딘가에 머무는 것을 공부로 착각하지 마십시오.

③ 이런가 저런가 헤아리고 따지지 마십시오. 그것이 망상입니다.

④ 지금 이것입니다. 뜻도 없고, 모습도 없고, 차별도 없이 이것입니다.

⑤ 이것이 무엇인지 따지는 망상만 피우지 않으면, 지금 하는 일이 전부 이것일 뿐입니다.

⑥ '보는 나'와 '보이는 나'의 간격이 없어져야 합니다. 그래야 걸림이 없습니다.

⑦ '나'라고 할 것도 없고, '법'이라고 할 것도 없습니다. 참과 거짓이 나누어지지 않아야 합니다.

⑧ 꼭지가 똑 떨어져야 합니다.

⑨ 법은 법으로 변함이 없고, 세간은 세간으로 변함이 없습니다. 법과 세간이 불이(不二)인데, 생각으로는 알 수 없습니다.

⑩ 온갖 생각을 하면서도 생각이 없어야 합니다.

⑪ 여기 '이것'에 무슨 이치가 있고 도리가 있습니까?

⑫ '왜 이렇게 되느냐?'가 없습니다. 법에는 질문이 성립하지 않습니다. "도(道)다"가 전부이고, 따로 도가 없습니다.

⑬ 법에는 안과 밖이라는 경계가 없습니다.

⑭ 우리는 눈을 뜨고 꿈을 꾸고 있습니다.

⑮ 생각 속에만 있으니, 생각을 벗어난 이 법을 가르쳐 주면 당황하는 거죠.

⑯ 생각으로 이해하는 것이 아니고, 이것이 딱 와 닿아야 합니다.

⑰ 특별하고 이상하고 신기한 것을 찾는 것을 공부로 착각하는 것이 문제입니다.

⑱ 원래부터 이 하나뿐입니다. 우리가 망상을 하고 있을 뿐입니다. 차별을 만들 뿐입니다.

⑲ 부처와 조사의 모든 말이나 글은 중생의 망상이라는 병을 치료하기 위해서 쓰는 약입니다.

⑳ 뭘 하든지 이것뿐인데, 자기가 차별하고 분별합니다.

㉑ '이것'이라고 하는 무엇이 있는 줄로 착각하지 마세요.

㉒ 흔들리는 풀잎 하나하나가 설법을 하고 있잖아요? 바로 이것이지, 다른 일이 아닙니다.

무슨 허망한 말이 이리도 많습니까? 설법을 들은 것이 아니라 헛된 말을 따라다녔군요. 손가락을 달로 여기고, 약을 건강이라고 착각할까 봐 염려됩니다. 이렇게 이해하고 요약하여서 생각에서 벗어나 깨달음을 얻을 수 있을까요?

법문은 말을 하는 것 같지만, 사실 말은 한마디도 하지 않습니다. 다만 생각을 벗어나고 말을 벗어난 '이것'을 가리켜서 드러내고 있습니다. 공부인이라면 이해하고 말할 것이 아니라 곧장 생각을 벗어나 '이것'에 통해야 합니다.

무슨 마음이라는 놈이 있고 우주 법계라는 물건이 있다고 이런 망상을 하십니까? 통하면 티끌 하나도 없이 깨끗하고 밝은 것이고, 통하지 못하면 아무것도 보이지 않고 깜깜하여 발 디딜 곳이 없을 뿐입니다.

6장
마음공부의 어려움

1. 선병(禪病)이 무엇입니까?

: 마음공부인 참선(參禪)을 하는 사람은 공부가 잘못된 길로 가는 선병(禪病)을 조심해야 한다고 들었습니다. 선병이 무엇입니까?

마음공부를 하는 사람들의 공부를 가로막는 병통인 선병은 크게 두 가지를 말합니다. 하나는 고요함에 머무는 것이고, 하나는 시끄러움에 머무는 것입니다. 전통적으로 고요함에 머무는 것을 혼침(昏沈)이라 하고, 시끄러움에 머무는 것을 도거(掉擧)라고 합니다.

고요함에 머무는 사람은 선방에 좌선하며 고요히 앉아 있거나 어떤 수행을 하다가 문득 생각이 쉬어져 무심하고 고요한 기분에 이르면, 그곳에 편안히 머물며 아무 생각이 없는 것을 선정삼매라고 여기고 그 기분에 집착하여 빠져나오지 못하는 사람입니다. 이사람은 모든 생각이 끊어져 고요하고 텅 빈 마음을 궁극의 자리라고 여기고, 그것이 부처님이 말씀하신 공(空)이라고 믿고서 그곳에 머물러 있습니다.

한편 시끄러움에 머무는 사람은, 의식적으로 무엇에 집중하고 있거나 무엇을 알아차리고 있거나 붙잡고 있는 수행을 열심히 행하며, 그렇게 바라보는 것을 한순간도 놓치지 않는 것을 일러 늘 깨어 있다고 하고 일여(一如)하다고 하며 절대로 놓치지 않으려고 애를 씁니다. 이들은 그렇게 놓치지 않고 끊어지지 않는 의식(意識)을 여여(如如)한 자성(自性)이라고 여기며 그런 노력을 참된 깨달음을 이루는 공부라고 여깁니다.

이처럼 고요함에 머무는 사람은 분별의식이 끊어져 아무 생각이 없음에 머물러 있으려는 사람이고, 시끄러움에 머무는 사람은 분별의식이 끊어지지 않도록 애써 붙잡고서 늘 분별의식에 머물러 있으려는 사람입니다.

이 두 경우는 시끄러움을 버리고 고요함을 취하거나, 고요함을 버리고 시끄러움을 취하는 취사간택을 하는 의도적 행위이므로, 바른 공부가 아닙니다. 바른 공부는 분별하여 취하거나 버리는 취사간택이 아니고, 일부러 행하지 않는 무위법(無爲法)입니다.

또 이 두 경우는 의식 없음과 의식 있음의 양쪽에 떨어져 있는 것이니, 양쪽을 떠난 중도(中道)가 아닙니다. 불법(佛法)은 중도입니다. 있음과 없음의 양쪽에 떨어진 경우를 일러 전통적으로 단상이변(斷常二邊)에 떨어진 외도(外道)라고 합니다.

불교의 깨달음인 불법은 양쪽을 벗어난 불이중도(不二中道)입니다. 고요함에 머물지도 않고 시끄러움에 머물지도 않고, 없음에 머물지도 않고 있음에 머물지도 않고, 끊어짐에 머물지도 않고 지속됨에 머물지도 않고, 어둠에 머물지도 않고 밝음에 머물지도 않는 것이 중도입니다. 어디에 머문다는 것은 결국 취하고 버리는 분별에 따르는 것이니 바른 깨달음이 아닙니다. 그러므로 《금강경》에서도 "머묾 없이 그 마음을 내라"고 한 것입니다.

이 두 가지 선병에 더하여 또 하나의 큰 선병은 소위 문자선(文字禪) 혹은 구두선(口頭禪)이라고 하는 것인데, 경전의 구절이나 옛 선사가 남긴 공안을 세밀하게 읽고 또 읽어 총명함으로 추측하고 이해하여 앞뒤가 맞게 이치가 풀어지면 그것을 선(禪)의 참뜻이라고 여기는 것입니다.

이들은 대개 옛 선사들의 문답이나 설법을 모아 놓은 책들을 많이 보고 이치로 헤아리고 따져 나름대로 판단하여 선의 도리(道理)를 알았다고 여기고선, 누가 선에 관하여 한마디 말이라도 하게 되면 당장 자신이 아는 원리에 따라 판단하여 이 말은 어떻고 저 말은 어떻다고 하면서 재판관의 역할을 즐깁니다.

이들은 선(禪)이 총명한 분별망상에서 벗어나는 해탈이라는 사실을 전혀 모르는 사람입니다. 그러므로 이들은 선지식의 말 한마디에 문득 모든 분별망상에서 벗어나 분별 속에서 분별이 없는 중도(中道)의 해탈을 얻기는 대단히 어렵습니다.

2. 막막합니다

: 가만히 있을 뿐이고 따로 무엇을 어떻게 하지 못해 안달하는 것은 아닌데도, 아주 막막합니다. 어떻게 해야 할까요?

그 막막함과 친해지십시오. 무엇을 찾으려고도 하지 않고, 무엇에 의지하지도 않아서 느끼는 막막함, 이것은 좋은 소식입니다. 그 막막함과 더욱더 친해지십시오. 더욱더 찾으려고도 하지 말고, 더욱더 의지하려고도 하지 마십시오. 이렇게 더욱더 막막함과 친해지다 보면, 그 막막한 가운데 살아 있는 자신이 문득 드러나게 될 것입니다. 아무 노력도 없는데 문득 확인되는 것입니다.

그냥 자신의 근본에 대한 확인일 뿐입니다. 아무것도 찾지 않고 아무것에도 의지하려고 들지 않고 아무 힘도 들이지 않는 가운데, 저절로 자신의 근원이 확인됩니다. 나의 근원은 이처럼 아무것도 찾지 않고 아무것에도 의지하지 않고 아무 힘도 들이지 않을 때, 비로소 스스로 그 존재를 드러내어 확인시켜 줍니다.

절대로 일부러 애를 써서 확인하려 들지 마십시오. 문득 장벽이 무너지면서 생각을 벗어난 근원이 나타나면, 아무 힘도 들이지 말고 자연스럽게 이 근원에 적응하십시오. 이 근원에 더욱더 가까워지십시오. 그러면 점차 평화와 희열과 안정이 찾아옵니다.

찾을 것이 없고 의지함이 없고 힘이 들지 않는 것이 우리의 본성입니다. 그러나 우리는 태어난 이래로 너무나 찾고 의지하고 애쓰는 일에 익숙하다 보니, 아무것도 할 것이 없는 본래의 상태에서는 막막함을 느낄 수밖에 없습니다.

마치 자신의 손이 못생겼다고 생각하는 사람이 손에 늘 장갑을 끼고 외출하는 버릇이 있다가, 문득 장갑을 벗고 외출하면 손을 어떻게 처리해야 할지 몰라 쩔쩔매는 것과 같다고나 할까요? 이 사람은 언젠가는 자신의 손에 아무런 문제가 없음을 확인하고, 나아가 자신의 손을 더이상 의식하지 않고 자유자재하게 사용할 수 있게 되어야 하겠지요.

그렇듯이 님도 그 막막함 속에서 자신의 존재를 확인하고, 그 존재가 아무 문제가 없음을 확신하고, 그 존재와 친하여져서 그 존재 속에서 평화와 사랑과 안정을 느껴야 하며, 나아가 그 존재를 의식하지 않고도 자유롭게 살 만큼 되어야 합니다. 우선 그 막막함에 익숙하다 보면 반드시 자신의 존재가 스스로를 드러낼 날이 있을 것입니다. 그때부터 님은 정말 자유로운 삶을 살게 될 것입니다. 그렇지 않은 지금의 삶은 모두 생각의 장난에 속아서 생각의 노예로 힘들게 살아가고 있을 뿐입니다.

다만, 그 막막함이 답답하여 견디지 못하고 그만 생각으로 헤아려 출구를 찾으려는 그런 비극은 없기를 당부드립니다. 일단 생각으로 위안을 찾게 되면 공부는 사라지고 다시 망상으로 돌아갑니다. 부디 막막함에 더욱 친해지시고, 절대로 생각을 가지고 출구를 찾지는 마십시오. 만에 하나 그렇게 하면 다 된 밥에 코 빠뜨리는 격입니다.

3. 자꾸 짜증이 납니다

: 공부가 바라는 대로 안 되어 답답하기만 합니다. 가슴이 늘 갑갑하고 열이 솟구칩니다. 제대로 되어 가는 것인지 몰라 자꾸 짜증을 내게 됩니

다. 가슴이 시원해지는 방법이 없을까요?

　공부가 잘 안 되어 갑갑하고 열이 솟구친다고요? 조급하게 욕심을 내지 마십시오. 가슴이 시원해지는 비결은 따로 없습니다. 님의 마음이 언제 시원해질지는 아무도 모릅니다. 님께서는 그런 때가 올 때까지 꾸준히 공부하는 것 외에 달리 할 수 있는 일이 없습니다.

　이렇게 열심히 해도 왜 바라는 것만큼 성취가 없는가 하고 짜증을 내지 마십시오. 마음공부를 하면서 결과를 기대하는 마음이 앞서면 도리어 공부에 방해가 됩니다. 다만, 언제나 포기하지 않는 믿음으로 공부할 뿐, 결과에 대해선 생각하지 마십시오.

　마음공부는 노력한 만큼 결과가 나오는 그런 세간의 일과는 판이하게 다릅니다. 결과는 생각하지 않고 그저 내가 할 수 있는 만큼 할 뿐입니다. 이것이 마음공부를 하는 올바른 자세입니다. 노력한 만큼 결과를 기대하는 님의 생각이 님을 괴롭히는 것입니다.

4. 이 느낌은 무엇인가요?

: 얼마 전에 무심코 걷는데, 엉덩이 주변에서 무엇이 이리저리 돌아다니는 느낌이 들었어요. 또 누워서 눈을 감고 있으면 아랫배나 머리에서 그게 다시 피어오르고는 제 몸을 이리저리 돌아다니고, 그러다가 어떤 때는

몸 전체가 이리저리 쏠려요. 그러다가 가슴으로 점점 내려와 어느 순간 숨을 아주 가늘게 들이쉬다가는 내뱉질 않아요. 그렇게 숨이 막혀 참고 참다가 숨을 토하면서 일어나곤 합니다. 한 3년 전에 친구의 권유로 "하늘을 보라"는 말을 듣고 한 6개월 하늘만 봤는데, 어느 날 번쩍하는 느낌을 받은 적 있습니다. 이게 무엇일까요? 조언 부탁드립니다.

느낌에 매달리지 마십시오. 느낌에 자신을 내맡겨서 힘없이 끌려다니지 마십시오. 만약 육체적으로 장애가 심하다면 신경과 의사를 찾아가 육체적인 치료를 받으실 필요도 있을 것입니다.

느낌에 끌려다니지 않으려거든, 자기의 마음을 깨달아야 합니다. 모든 것은 마음 하나로 귀결됩니다. 이 마음을 깨달아야 비로소 진정한 자유인이 됩니다.

이 마음은 어떤 느낌이 아닙니다. 이 마음은 볼 수도 없고 들을 수도 없고 느낄 수도 없고 생각할 수도 없습니다. 이 마음은 육체에서 확인되는 것이 아닙니다. 그런 느낌에 매달려 있지 마시고, 선지식의 법문을 들으십시오.

5. 자신을 억제합니다

: 생각, 회상, 기억, 상상 등은 모두 무상한 것이라고 했습니다. 즉, 실재하지 않는 마음(의식)의 헛된 작용이라고 했지요? 시간과 공간은 존재하

지 않고 오직 현재, 이 순간만 있다고 하셨는데, 이러한 가르침을 받으니 문득문득 떠오르는 생각, 감상, 기억 등에 대해 스스로 억제하려는 또 다른 의식이 작용합니다. 그러면서 삶에 대한 의욕이 자꾸 떨어지고요. 현존은 무한히 자유롭고 생기롭다고 했는데 뭐가 문제인가요?

분별심으로 생각하여 공부를 이해하면, 다시 그 이해를 따라 생각하여 정리하고 통제하는 것으로 공부를 삼습니다. 이것은 마치 바람을 불어서 물결을 잠재우려는 것과 같이 어리석은 짓입니다.

마음은 물과 같습니다. 물은 정해진 모양이 없으니 담기는 그릇에 따라 온갖 모양이 됩니다. 그러나 그 모양은 그릇의 모양이지 물의 모양이 아닙니다. 어떤 그릇에 담기든 물은 늘 그곳에 정해진 모양 없이 있을 뿐입니다. 물의 본래 모습을 보려면 다양한 모습의 그릇을 볼 것이 아니라, 어떤 그릇에 담기든 변함없는 물을 깨달아야 합니다.

마음도 정해진 모양이 없고 인연에 따라 온갖 모양의 생각, 느낌, 욕망, 의식에서 나타납니다. 생각을 보고 느낌을 보고 욕망을 보고 의식을 본다면, 모양 없는 마음을 볼 수 없습니다. 마음속에 있으면서 마음을 깨닫지 못하는 것이지요.

언제나 어디서나 무엇을 보건, 무슨 생각을 하건, 무슨 행동을 하건 변함없이 늘 분명하여 의심할 수 없는 것을 깨달아야 합니다. 이 분명하여 의심할 수 없는 것은 그저 분명할 뿐이지, 어떤 모습이 아닙니다. 바로 지금 이렇게 또렷하여 어찌할 수 없는 것은 무엇일까요?

6. 체험이 되지 않습니다

: 진정한 도는 자기가 손아귀에 쥐고 있다고요? 손에 쥐고 있는데도 모르고 있다고요? 깨달음은 특별한 게 아니라고 수없이 들어왔습니다. 분명이치는 이해가 되고 또한 믿음도 갑니다. 그러나 저는 여전히 오늘도 '어떻게 하나?' '내가 과연 할 수 있을까?' 이런 나약함에 힘이 빠집니다. 어서 마음이라는 창고의 견고한 관리자가 되고 싶어요. 감사합니다.

깨달음은 쉽습니다. 믿음을 가지세요. 끈기 있게 계속하다 보면언젠가 체험할 때가 있습니다. 지금 당장 체험되지 않는다고 조급하게 여기지 마십시오. 나약함을 느끼는 것은 스스로 참을성과 끈기가 없다는 증거입니다. 믿음을 가지고 자신감을 가지고 천천히그러나 진실하게 공부해 나아가십시오.

이치가 다 이해된다면 이제는 그것을 직접 확인하고 경험하고싶어서 안달이 나야 합니다. 목이 말라야 합니다. 갈증으로 견디기어렵지만, 오로지 목을 축이고 싶다는 한 가지 욕망만 가지십시오.그러면 멀지 않아 반드시 감로수의 맛을 볼 것입니다.

마음이 뭘까 하는 궁금함으로 법문을 들을 뿐, 깨달음에 대하여욕심을 내지는 마십시오. 욕심을 내어도 아무런 방법이 없으니 답답하기만 할 뿐, 공부에 도움이 되지는 않습니다.

마음이 무엇일까요?

이것입니다.(손가락을 세운다)

7. 좌선의 부작용으로 괴롭습니다

: 산란한 마음의 흐름을 멈추고 한곳에 집중시키기 위해 좌선을 하다가 몸에서 이상한 기운을 느끼기 시작한 지 10년 가까이 됩니다. 좌선 방법은 허리를 꼿꼿이 세우고 호흡은 자연 호흡 방식입니다. 결가부좌에 손은 발 위에 올리고 한 번 좌선 시간은 40~60분 정도입니다. 화두는 들지 않았습니다. 누구의 지도도 없이 경전과 책에 의지하여 혼자 하였습니다. 주로 보았던 경전은 아함부 경전과 경집부의 《선비요법경》입니다. 이렇게 하면서 정신집중 훈련으로 눈을 감고 마음에 영상을 그려서 그것을 응시하는 방법과, 역시 눈을 감고 익숙한 하나의 풍경을 발밑에서 멀리까지 조금씩 접근하면서 관찰하는 방법으로 하였습니다.

이렇게 연습한 결과, 자명종 없이도 원하는 시간에 잠을 자다가 일어날 수 있게 되었습니다. 잠자는 시간을 마음대로 줄일 수도 있어서 밤 12시에 자다가 2~3시에 일어날 수도 있었습니다. 남들의 마음 씀씀이나 남들의 행동양식을 이해할 수도 있게 되었습니다. 물론, 저 자신에 관하여 누구보다 잘 알게 되었습니다. 그리하여 저 자신의 지난 일의 원인들을 알게 되었습니다. 이런 것들은 바람직한 일이겠지요?

그런데 허리둘레에서 뭔가 톡톡 튀는 듯한 기운을 좌선 중에 느끼게 되었습니다. 항문 언저리가 저리는 현상도 시작되었습니다. 좌선 중에 몸에서 어떤 강렬한 알 수 없는 기운이 밀려오면 좌선을 즉시 중단하여 기운의 흐름을 막았습니다. 알 수 없는 세계 속으로 들어가는 게 두려워서였습니다. 스승 없이 혼자 하는 것이라 어쩔 수가 없었습니다.

4년 전부터는 1년 정도 하타요가를 역시 혼자서 책을 보고 하였습니다. 메뚜기자세 같은 고난도 자세 몇 가지를 제외하고 대부분의 자세를 익혔습니다. 이즈음부터 아랫배 부근이 저리는 현상이 와서 좌선과 요가를 모두 중단하였습니다. 지금은 저리는 현상이 식사 후에 심하다가 대소변을 모두 보면 사라졌다가는, 배에 가스가 차거나 음식을 먹으면 다시 시작됩니다. 정말 불쾌하고 정신집중을 방해하여 괴롭습니다.

또 몇 달 전에는 잠을 자다가 하체로부터 강렬한 기운이 머리로 올라와 격렬하게 몸을 떨었습니다. 물론 이런 진동을 똑똑히 지켜보았습니다. 머리로 올라오는 기운을요. 과식하거나 배에 가스가 찬 상태에서 잠을 자게 되면 역시 진동이 시작됩니다. 엎드려 자게 되면 이런 현상이 일어나지 않아 엎드려 자는 일이 많습니다.

이런 불쾌한 현상을 고치려고 명상에 관한 많은 책, 예컨대 《쿤달리니》 같은 책을 보았으나 구체적으로 설명하는 내용은 없었습니다. 번역된 책이든 저자가 저술한 것이든 만족할 만한 해법은 없었습니다. 그리고 병원에서는 물론 이해할 수 없는 일이어서 치료법도 없습니다. 혹시 스님들의 수행법 중에 해결방법이 있는지요?

혹시 이 글을 읽으시는 분들 중에 저와 같은 것을 이루어 보겠다고 저를 따라 좌선하지는 절대로 마십시오. 저처럼 잘못되어 일상생활에 곤란을 겪을 수도 있습니다.

님의 병은 마음공부가 무엇인지를 오해한 데서 비롯된 것이군요. 마음공부는 의식을 집중하여 한곳에 모으는 것이 아닙니다. 그것은 의도적인 조작으로 만들어 낸 것일 뿐이어서 매우 부자연스러운 일입니다.

님이 좌선수행을 통하여 얻은 그러한 능력들은 깨달음으로 가는 마음공부가 아닙니다. 그런 수행을 통해서는 꿈에서 깨어나듯이 깨달아 모든 망상에서 벗어나는 체험을 할 수가 없습니다.

이 공부는 육체에서나 의식에서 어떤 특별하거나 비범한 능력을 얻는 것이 아니라, 허망한 분별심인 생각에서 벗어나 해탈하는 것입니다. 그것은 지금 님이 알고 있는 세계에서 벗어나 님이 한 번도 경험해 본 적이 없는 세계로 들어가는 체험입니다. 깨달음의 세계에는 몸도 없고 마음도 없고 나라는 사람도 없고, 모든 것이 다 사라져서 할 일도 없고 어떤 특별한 능력도 없습니다.

님의 수행처럼 애써 노력하여 배우고 익혀서 얻은 것은 본래 갖추어져 있었던 것이 아니므로 부자연스럽고 불편합니다. 올바른 마음공부는 아무런 조작을 하지 않고, 배워서 익히려 하거나 노력하여 얻으려 하지 않고, 본래 갖추어져 있어서 얻을 수도 없고 잃을 수도 없는 밑바탕인 마음이 드러나 체험되는 것입니다.

노력하고 조작하여 얻은 능력은 일부러 만들어 낸 것이므로, 지키려고 해도 힘이 들고 버리려고 해도 고통이 따릅니다. 님은 무엇보다도 수행을 통하여 얻은 능력에 아무런 가치나 의미를 두지 마십시오.

가치를 두고 의미를 부여하는 한, 그것은 사라지지 않고 남아서 계속 님을 괴롭힐 것입니다. 만약 지금부터라도 좌선수행으로 얻은 그러한 것들을 미련 없이 버리고 관심을 두지 않고 좌선수행이 아닌 바른 공부의 길로만 간다면, 오래지 않아 편안해지리라고 여겨집니다.

갓 태어난 어린아이나 80살 먹은 노인이나 변함없고 다름없는 이 마음을 가지고 살고 있습니다. 이 마음은 배우거나 노력하여 얻을 수도 없고 내버릴 수도 없습니다. 우리의 삶 속에는 마음이 늘 실현되어 있습니다. 깨달았든 아직 깨닫지 못했든, 모든 사람은 마음이라는 면에서 아무 차이가 없이 동일합니다.

마음은 늘 눈앞에 있고 귓전에 있고 손아귀에 있고 발밑에 있습니다. 마음은 너무나 당연하여 평소 무시하고 살아가지만, 마음이 아니면 아무것도 없고 아무 일도 할 수가 없고 살아갈 수도 없습니다.

마음은 언제나 어디서나 없는 곳이 없으므로, 마음을 깨달음에 아무런 방법이나 특별한 노력이 요구되지 않습니다. 마음은 언제나 어디에서나 완전하게 갖추어져 있어서, 더하거나 덜할 필요가 없습니다. 마음을 체험하여 깨달으려면, 오직 마음에 대한 관심과 그리움이 필요할 뿐입니다.

마음이 무엇일까요?

이미 이렇게 분명합니다.

8. 남의 말에서 벗어나고 싶어요

: 요즘 제 모습을 보면 별것도 아닌 말에 끄달리고 있습니다. 사람들이 무심코 생각 없이 내뱉은 말을 그냥 흘려보내지 못하고 돌아서서 내내 그 말을 곱씹습니다. 억울하고 해명하고 싶은 마음이 들기도 하지만, 한편으론 이미 흘러가 버린 말을 두고두고 집착하는 것 같기도 합니다. 어찌하면 사람들이 내뱉는 말에서 자유로워질 수 있을까요?

우리는 어릴 때부터 말을 잘 알아듣고 말을 잘하는 것이 좋은 일이고 옳은 일이라고 교육받았습니다. 그리하여 수십 년 한결같이 말에 사로잡혀 살아왔습니다. 그러므로 말에 얽매이지 않고 자유롭게 벗어나기가 대단히 어려워져 버렸습니다. 그만큼 우리는 말에 의존하여 살고 있는 것입니다.

말에서 벗어나 자유로워지는 유일한 길은 생각에서 벗어나는 불가사의한 해탈을 체험하는 것입니다. 말에서 벗어나는 것은 곧 생각에서 벗어나는 것인데, 생각에서 벗어나는 길은 생각할 수가 없습니다. 생각에서 벗어나는 길을 스스로 알 수 없는 것이지요.

모르는 길을 가려면 그 길을 먼저 간 사람의 안내를 받는 것이 가장 좋은 방법입니다. 그러므로 이미 생각에서 벗어나 해탈을 얻은 선지식의 법문을 들어야 합니다. 생각에서 벗어나 자기의 본래 마음을 깨닫겠다는 발심을 하셨으면, 꾸준히 법문을 듣는 공부를 하십시오. 선지식의 법문을 듣는 것 이외에 다른 공부의 길은 없습니다.

법문을 꾸준히 듣다 보면 언젠가 문득 생각을 벗어나 본래의 마음을 깨닫게 될 것이고, 그렇게 되면 모든 것에서 벗어날 것입니다.

9. 공부가 힘듭니다

: 요즘은 선생님의 설법을 듣고, 홈페이지의 글들을 보면서 지내고 있습니다. 그런데 법문을 듣거나 읽다가 혹은 혼자 그것에 대해 생각하다가 '알고 싶다'는 생각이 일어나며 눈물을 흘리곤 합니다. 무슨 힘든 일이 있는 것도 아닌데 왠지 힘든 느낌입니다.

진실로 이 공부에 목이 말라서 눈물이 나오고, 이 공부 이외에 다른 것에는 눈길도 두지 않는다면, 반드시 공부에서 맛을 볼 날이 있을 것입니다. 그 간절하고 진지하고 애타는 갈구에 당신의 마음이 응답할 것입니다.

순수하게 자신을 믿고 너무 감상적으로 흐르지 않도록 조심하면서 어둠 속에서 길을 찾듯이 조심조심 한 발 한 발 공부해 가십시오. 두드리는 자에게 문은 열릴 것이며, 찾는 자에게 길은 주어질 것입니다.

다만 조심할 것은 의식적으로 공부를 만들어 가지는 마십시오. 그저 자신의 진실한 마음에 맡겨서 마음이 스스로 길을 찾아가도록 하십시오.

지금 이렇게 몸과 마음을 움직이는 것은 무엇일까요?

이름으로 찾아서도 안 되고,
모양으로 찾아서도 안 되고,
느낌으로 찾아서도 안 되고,
이치나 도리로 찾아서도 안 되고,
섬광같은 직관으로 찾아서도 안 되고,
감정에 끌려서 안주해서도 안 되고,
감각에 따라가서도 안 되고,
욕망에 매몰되어서도 안 되고,
신비감에 젖어 들어서도 안 되고,
몸의 감각으로 느껴서도 안 되고,
생각으로 이해해도 안 되고,
집중하여 통찰하여서도 안 됩니다.

지금 바로 이렇게 분명합니다.

10. 무척 답답합니다

: 소쩍새는 달빛 물고 강을 건너는데

나를 찾는 길손은 어디쯤 오는 걸까?
아직도 도둑 근심에 대문을 닫았으니
낮달이 절룩거리며 서산으로 간다.

선생님 제가 지은 시입니다.
무척 답답합니다.

　제가 보기에는 아직 덜 답답한 듯합니다. 한가하게 감상을 정리
하여 시를 지을 여유가 있으니, 덜 답답한 것입니다. 진정 답답하다
면 가슴이 꽉 막혀서 생각도 일어나지 않고 말도 나오지 않습니다.
아직 덜 답답한 자는 여러 가지를 헤아리고 견주어 보고 구경하며
망설일 것이지만, 참으로 답답하면 한번 보고는 앞뒤 가릴 것 없이
바로 행동으로 실천할 것입니다.

11. 늘 미진합니다

: 순간순간 선생님의 말씀이 생각납니다. 그런데 항상 미진함을 느낍니
다. 알 듯 말 듯 그것이 무엇인지 몰라 순간 답답함을 느낍니다. 그래도
여여하게 있으려고 노력합니다만 잘 안 되는군요. 말씀을 항상 듣고 법회
에 참여하면 길이 더 수월해지나요? 현실은 현실대로 마음공부는 마음공
부대로 흔들림 없이 나아갔으면 합니다. 도움 주십시오.

이 공부를 꼭 해야만 한다는 진지한 자세, 이 공부를 끝까지 해내고야 말겠다는 굳은 결심, 이 둘을 갖추고서 법회에 참여하여 설법에 귀를 기울이십시오. 법문을 믿고 들으며 시간이 지나면 저절로 변화가 올 것입니다.

급히 맛을 보려는 조급한 욕심에 끌려다니지 마십시오. 반드시 그날이 온다는 믿음을 가지고 꾸준히 법문을 들으십시오. 법회에 참여하여 법문에 귀를 기울이는 것이 무엇보다 중요합니다.

12. 일상의 흔들림이 싫습니다

: 선생님의 말씀을 들으면 마음이 밝아지고 이해가 되다가도 현실에서 어떤 일에 부딪혔을 땐 집착이 남아 사람의 말에 상처 받는 저 자신을 보면 답답합니다. 신해행증(信解行證)으로 마음공부 하면서 나아가지만, 아직도 현실에 부딪혀서 이겨 내는 힘이 약하니 어쩌면 좋습니까? 경전의 말씀을 듣고 체득하면서 고요한 자성을 느끼다가도 한결같은 것이 쉽지가 않습니다. 어떻게 하면 걸림 없는 마음으로 외부의 어떤 것에도 흔들림 없이 담담하게 갈 수 있을까요? 밖에서 오는 경계를 담담히 볼 수 있다고 느꼈는데, 힘든 일 앞에서 또다시 무너지네요. 제 마음의 힘이 약해서 그런 것이겠지요? 어떤 경계에서도 흔들리지 않는 대자유인으로 살려면 어떤 지혜가 필요할까요? 남아 있는 집착심을 보면서 어떻게 맑게 할 수 있을까요? 지금 제겐 사무치는 물음들입니다.

이 공부는 망상에서 벗어나는 것이 요점입니다. 일상의 세속사에서 부딪히는 여러 가지 인연(정신적이든 육체적이든 모든 경험)에 어떻게 대응할 것인가 하고 방법을 찾는 것은 오히려 경계에 얽매이는 것이므로 바른 공부가 아닙니다.

기쁘고 성나고 좋아하고 싫어하는 일상의 일들에 흔들림 없으려면 반드시 분별하는 마음에서 벗어나는 해탈을 체험해야 합니다. 마음에서 벗어나는 해탈의 체험 없이 의식적으로 일부러 대처하려 하면, 오히려 그런 일들에 더욱더 얽매여 벗어날 길이 없습니다.

마음은 힘이 약하거나 강한 것이 아닙니다. 의지력이 약하거나 강한 것이지요. 현실에 부딪쳐 현실과 싸워 이겨 내려고 하지 마십시오. 그러면 늘 싸워야 하니 괴롭습니다.

오직 진실한 마음을 깨달아 생각에서 벗어나야 비로소 흔들림 없이 담담할 수가 있습니다. 그전에는 아무리 꾀를 부리고 머리를 굴려도 흔들림 없음은 결코 달성되지 않을 것입니다. 강한 집착과 외고집은 있을 수 있겠지만, 이것은 스스로를 파멸시키는 어리석은 짓입니다.

지금 질문자께서 하고 계신 그런 망상에서 당장 벗어나기만 하면, 그대로 아무 문제가 없을 것입니다. 집착심이니 담담함이니 지혜니 맑음이니 경계니 고요한 자성이니 하는 말들은 모두 배워서 기억하고 생각하여 하는 말이니 당장 싹 내버리십시오. 배워서 아는 것은 전부 망상입니다.

진실한 마음은 본래부터 완전히 갖추어져 있는 것이니 배울 것도 없고 알 수도 없습니다. 지금 이 순간 진실한 마음은 모양이나 색깔이나 이름이나 느낌이나 욕망이나 하는 그런 것들을 벗어나 따로 있지는 않지만, 그렇다고 그런 것들이 곧 진실한 마음이라고 생각하면 안 됩니다.

진실한 마음은 이름으로도 모양으로도 느낌으로도 나타나지 않고, 색이나 소리의 형태로 분별되는 것이 아닙니다. 그러나 지금 이 자리를 벗어나 따로 있는 것도 아닙니다. 진실한 마음에는 시간과 장소가 따로 없습니다. 바로 이렇게 드러나 있습니다.

13. 어떻게 하면 간절해질까요?

: 언제나 선생님의 법문에 귀 기울이고 있습니다. 그런데 머리로는 이해가 되는데 체험이 되질 않아서 안타깝습니다. 어떻게 하면 간절할 수 있는지요? 어떻게 하면 머리에 불이 붙은 듯 간절해질 수 있는지요?

머리로 이해는 되는데 체험이 되질 않아서 답답하다고요? 이해되는 것으로 만족한다면 간절함이 없겠지만, 체험이 되질 않아서 답답하다면 바로 그것이 간절함입니다. 달리 간절함이 있는 것은 아닙니다. 간절하여 견디기 어려운 심정에 괴로워해야 하는 것은 아닙니다.

깨달음은 물을 마셔서 찬물인지 따뜻한 물인지를 확인하는 것과

364

같이 직접 체험해야만 하고 머리로 이해하는 것은 아니라는 사실을 알지만 체험하기 위해 어떻게 할 방법이 없다면, 그것으로 충분히 답답하고 목이 마른 것이지요.

머리로 이해할 수도 없고 몸으로 노력할 수도 없다는 사실을 알면, 어떻게도 해 볼 도리가 없으니 저절로 갑갑하고 답답한 것입니다. 그리하여 결국 만사 제쳐 두고 이 일의 해결에 가장 큰 관심을 두게 될 것이고, 자기로선 아무런 해결책이 없기 때문에 마침내 선지식을 찾아서 법문을 들을 것입니다.

14. 혼란스럽습니다

: 불교에 관심이 생겨서 1년 전부터 불교 서적과 신문을 보고 있습니다. 그런데 마음이 혼란스럽습니다. 불교를 접하다 보니 허무주의에 빠지는 거 같기도 하고, 마음은 또 복잡할 대로 복잡합니다. 가령 예를 들어, 길 가다가 쓰레기가 길에 떨어져 있으면 마음속에서 '저걸 주워야 하나? 왜 주워야 하지? 종이가 땅에 떨어져 있으면 안 되나?' 이렇게 생각합니다. 이런 오만가지 잡생각으로 아주 미치겠습니다.

요즘 계속 마음에 남는 말은 "있는 그대로 보라"는 말입니다. 그래서 항상 그러려고 합니다. 그러다 보니 또 제정신이 아닙니다. 가령 눈앞에서 누가 소매치기를 당하는 장면을 본다면 그냥 진짜로 마냥 봅니다. 아무 생각 없이 보려고 하죠. 그런데 만약 제 지갑이 털렸으면 생각이고 뭐고 없이 잡으려고 달려들었을 텐데, 참 한심합니다.

불교를 생각하지 않고 살면 이런 어리석은 생각은 안 하겠지 하면서도, 또 그렇게 살면 쾌락에 젖고 이기적이고 아무 생각 없이 사는 거 같아서 이렇게 살다가 죽을 때가 되면 후회하겠지 하는 생각도 듭니다. 어디서부터 뭐가 잘못된 건지 모르겠습니다. 어떻게 하면 좋을까요?

혼란스럽군요. 그렇지만 한심하지는 않습니다. '가치 있는 삶이 어떤 것인가? 삶을 어떻게 살아야 하나? 진실은 무엇인가?' 이런 의문을 가지고 진지하게 살아가려 하면 당연히 그런 혼란을 겪게 됩니다.

그래서 대다수 사람은 이것저것 생각하지 않고 자신이 원하는 대로 기분에 맞추어 막연한 상식에 따라 판단하고 행동하면서, 그 정도로만 해도 좋다고 여기며 살아갑니다. 조금 더 분명한 가치의 기준을 원하는 사람들은 도덕과 윤리에 관하여 관심을 두고 탐구해 봅니다. 그리하여 공자님 말씀과 맹자님 말씀을 들고나오고, 불교나 기독교의 윤리를 거론하고, 양심을 말하지요.

그러나 조금 더 생각이 깊고 세심한 사람이라면, 어떤 도덕적 가치 기준이 현실의 삶에서 예외 없이 적용되고 빠짐없이 효과를 발휘할 수는 없다는 사실을 곧 알 수 있습니다. 도덕원리란 대개 추상적인 규칙으로서 구체적인 사례에 적용할 때는 늘 혼란이 생기지요. 더구나 생각으로는 옳은 것을 알지만 행동이 따라주지 않는 경우도 많지요.

그러므로 생각으로 분별하고 판단하여 바람직한 삶을 살기는 대단히 어렵습니다. 생각으로 판단하려 하면, '무엇이 옳은가?' '무엇이 좋은가?' '다른 경우가 반드시 나쁜가?' 등등으로 끊임없이 의문이 생기면서 늘 혼란스러워서 갈등을 피할 수 없고 결국 만족스러운 정답은 없습니다.

이처럼 생각에 의지하면 영원히 혼란 속에서 헤매고 갈등을 벗어날 수 없습니다. 삶의 진실을 밝혀야 이런 고민에서 벗어날 터인데, 생각이 삶의 진실을 밝힐 수는 없습니다. 삶의 진실을 밝히려면 오히려 생각에서 벗어나야 합니다.

생각에서 벗어나야 생각이 온갖 문제를 일으킨다는 사실을 알 수 있습니다. 생각에서 벗어나야 모든 문제에서 벗어나 안락해질 것입니다. 생각에서 벗어나야 지금까지 몰랐던 삶의 진실이 밝혀질 것입니다. 생각에서 벗어나야 결국 모든 문제에서 벗어나게 됩니다.

그러면 어떻게 해야 생각에서 벗어날까요? 생각에서 벗어나는 길은 생각하여 알 수가 없습니다. 생각하여 알 수가 없기 때문에 어떻게 할 수가 없습니다. 어떻게 할 수가 없기 때문에 이미 생각에서 벗어나 있는 선지식의 안내를 받아야 합니다. 생각에서 해탈한 선지식의 가르침을 받아야 생각에서 벗어나는 길로 갈 것입니다.

15. 인연에 어떻게 대응할까요?

: 고요한 마음이 되었다가도 인연을 따라 번뇌가 밀려오면 마음이 흩어

367

지고, 혹시 잘못 처리한 일이라도 있게 되면 자책하는 마음이 오랫동안 마음을 힘들게 합니다. 다가오는 인연에 어떤 마음가짐으로 대처해야 하며, 자책하는 마음이 생기면 어떻게 해야 하는지요?

마음공부를 하여 깨닫는 것은 순간순간의 인연에 대응할 어떤 마음가짐이나 방법을 알게 되는 것이 아니라, 분별망상에서 벗어나 '나'와 '세계'가 사라져서 어떤 인연이 다가오더라도 상관이 없게 됩니다. 그러니 분별과 생각 속에서 어떻게 하는 게 좋을까 번뇌하지 마시고, 오로지 자신의 본래면목을 깨달아 분별망상에서 벗어나는 공부에 매달리십시오.

세간의 일상에서 만나는 경계를 분별하여 좋으냐 나쁘냐 옳으냐 그르냐 헤아리며 고민하지 마시고, 생각에 머물지 말고 생각을 벗어나는 깨달음 공부에 힘을 쏟도록 노력하십시오. 공부인의 자세는 모름지기 이와 같아야 합니다.

16. 무위법이라 하니 삶이 흔들립니다

: 세속에서는 어떤 일에 집중을 함으로써 원하는 바를 이룰 수 있습니다. 원하는 일에 집중하고 전념해서 삶의 성공을 이루게 됩니다. 그런데 여기 무심선원에서는 아무것도 하지 말고 손을 놓고 있으라는 무위법을 강조하며, 집중하는 노력은 유위이므로 그렇게 해서는 도를 이룰 수 없다고

368

합니다. 이런 말을 들으니 개인의 삶의 목표가 흔들리는 것 같습니다.

세속적인 일을 성취하려 한다면, 집중하고 노력하여 성취하십시오. 그러나 도를 깨닫고자 한다면, 집중하고 노력해서는 성취하기 어려울 것입니다. 잘 믿어지지 않으면, 한번 집중하고 노력하여 도를 성취해 보십시오. 언젠가는 스스로 그 한계를 절감할 때가 올 것입니다.

억지로 집중하는 것보다는 저절로 몰두하여 있는 것이 더욱 힘이 있고, 애써 노력하는 것보다는 저절로 마음이 그 일에 기울어져 있는 것이 더욱 큰 힘을 발휘합니다. 마음에서 진실로 원하면 그 원하는 쪽으로 저절로 마음이 기울어질 것입니다.

세속의 일은 세속의 일에 맞게 노력하시고, 깨달음 공부는 깨달음 공부에 맞게 일부러 애쓰는 것은 놓아 버리고 공부하십시오. 모든 노력과 분별을 놓아 버리면 이것이 남습니다.

장미꽃은 붉고 국화는 하얗다.

17. 후회가 되고 답답합니다

: 법문을 잘 듣고 있습니다. 그런데 제가 아직 힘이 없어서인지 경계에 부닥치면 괴로워하고 억울해하고 후회하고 답답해합니다. 오늘은 어떤 일로 말다툼을 하였는데 제가 잘못한 것이 아니고 그가 잘못했는데도 그

가 도리어 큰 소리로 화를 내고 따졌습니다. 저는 당시에는 어처구니가 없어서 가만히 있었는데, 시간이 한참 지나서 혼자 있게 되자 그때 '그에게 이렇게 말했으면 좋았으련만' 하고 후회가 되었습니다. '다음에 기회가 되면 그에게 다시 따져야 속이 후련하겠지' 하는 생각도 들었습니다. 이럴 때는 어떻게 하는 것이 좋을까요? 하고 싶은 말을 기회를 봐서 꼭 해 주어야 할까요? 아니면 그냥 억울한 채로 놓아두어야 할까요?

생각으로 하는 말에 생각으로 맞받아서 생각으로 다시 시시비비를 말하면 망상 속에서 헤매면서 끝이 없을 것입니다. '나는 깨달음을 공부하는 사람이다'라고 생각하며 깨달음 공부를 제외한 나머지 일들은 내버리고 묵묵히 공부의 길을 걸어가십시오.

공부하는 분이라면 지나간 일은 생각하지 마시고, 지금의 일도 헤아리지 마시고, 앞으로의 일도 계산하지 마십시오. 나와 남의 관계에도 괴로워하지 마시고, 내가 부끄럽지 않고 떳떳한 것으로 만족하십시오. 남이 나를 어떻게 보는가 하는 생각은 언제나 번뇌를 만드니 잊어버리십시오. 세속적인 것들은 가능하면 남에게 양보하고, 출세간의 깨달음 공부에 매달리십시오. 늘 깨달음 공부에 마음을 두고 기회가 될 때마다 법문을 들으십시오.

이 공부는 '나'라는 생각에서 벗어나는 공부입니다. 순간순간의 느낌이나 생각이나 감정에 휘둘릴 때는 그런 생각이나 감정과 맞붙어 갈등하지 마시고 법문을 들으십시오. 나, 남, 좋음, 나쁨, 옳음, 그름 등 모든 생각을 옆으로 밀쳐 두고, 다만 묵묵히 자신의 공부에 온 힘을 기울이시기 바랍니다.

깨달음이 무엇일까요?

저녁노을이 서쪽 하늘을 붉게 물들이는군요.

18. 제가 도피하고 있는 게 아닐까요?

: 선생님 설법을 들으면서 이런 생각이 듭니다. '혹시 내가 내 문제로부터 도피하는 것은 아닌가?' 물론 경계가 싫고 번뇌가 싫어서 다들 설법을 듣는 것이겠습니다만. 전 기대를 가지고 설법을 듣기 시작했습니다. '나는 원래 못난 사람이지만 깨달으면 괜찮아지겠지'라고 생각하면서 말이죠. 제가 이전에 공부하러 다녔던 김○태 선생님은 언제나 '미래의 또 다른 나'라는 상을 만드는 것을 경계하시고, "깨달음은 미래가 아닌 바로 지금이다"라고 강조하시는데, 전 미래의 저를 예상하고 설법을 듣기 시작했습니다.

'나도 깨달으면 뭔가 위대한 사람이 되겠지. 아니면, 최소한 번뇌에서 벗어날 수는 있겠지' 하는 생각을 불가피하게 합니다. 김○태 선생님은 "진정한 자유는 도피가 아니라 현실을 맞닥뜨려 있는 그대로 수용함에 있다"고 하시는데, 전 김태완 선생님의 설법을 들으면서 현실도피를 하고 있다고 생각됩니다. 어떻게 해야 할까요?

현실을 있는 그대로 맞닥뜨려 수용한다고 생각하지도 말고, 현실에서 도피한다고 생각하지도 말고, 깨달음을 얻으면 현실을 개선할 수 있을 것이라고 생각하지도 마십시오.

나에게 문제가 있다고 생각하지도 말고, 문제가 없다고 생각하지도 마십시오.

도피하고 있다고 생각하지도 말고, 도피하지 않는다고 생각하지도 마십시오.

올바른 자세로 설법을 듣고 있는가 아닌가 하는 생각도 하지 마십시오.

어떻게 공부하는 것이 바르게 공부하는 것인가를 생각하지도 마십시오.

그런 모든 생각이 전부 망상입니다. 아무리 그럴듯해 보이고 올바르게 보이는 생각도 모두 망상일 뿐입니다. 생각에서 벗어나야만 문제가 해결됩니다.

생각할 수 없는 마음은 언제나 어디서나 이렇게 갖추어져 있습니다. 바로 이 마음을 깨달아야 합니다. 이 마음은 보이는 것도 아니고 들리는 것도 아니고 느껴지는 것도 아니고 생각하여 알 수 있는 것도 아니지만, 바로 지금 이렇게 살아 있습니다. 이 마음을 깨달아야 합니다.

마음을 드러내 보이겠습니다.

이미 충분히 드러내 보였습니다.

19. 법문을 들어도 통하지 않습니다

: 선생님의 법문을 들은 지 일 년이 넘었습니다. 그동안 같은 혹은 비슷한 법문을 계속 읽고 들어서 이치로는 거의 막힘이 없는 것 같은데, 도무지 시원하게 뚫리지 않습니다. 어떤 때는 제가 마치 바보가 된 듯한 느낌입니다. 똑같은 이야기를 그렇게 수없이 되풀이 듣고 읽는데도 알아듣지를 못하니 이 일은 나와는 인연이 없는 일인가 하는 의구심이 들 때도 있습니다. 제가 아직 발심이 부족한 탓일까요?

말은 충분히 알아들었으니 이제 말이 아니라 실제로 체험을 해야 하는데, 체험이 되지 않는다는 말씀이군요. 마치 바보가 된 듯하다는 말씀은 좋습니다. 법문을 듣고서 분별에서 벗어나야 하기 때문에 법문을 들을수록 더욱 알 수 없어져야 합니다. 분별하는 생각이 힘을 쓰지 못하게 되어 생각으로 알려는 욕구가 저절로 포기되어야 합니다.

내가 공부를 잘하고 있다는 의식이 사라져야 합니다. 어떤 생각도 힘을 쓰지 못하여 드디어 공부를 하는지 아닌지조차 모르게 되어 마치 아무 생각 없는 사람이 습관적으로 법문을 들으러 다니는 것처럼 되어야 합니다. 아무 계산도 목적도 의식도 없이 매일 행하는 공부가 매일의 당연한 일과처럼 되어야 합니다.

이렇게 꾸준히 공부하시면 저절로 공부가 나아갈 것입니다. 무엇을 성취하겠다는 목적의식을 버리고 그냥 공부하십시오.

20. 갑갑하고 두렵습니다

: 우연한 인연으로 선생님의 책과 법문을 듣고 있는 사람입니다. 6개월 이상 들어 보고 질문을 하라고 하셔서 이제야 글을 올립니다. 저는 20대 초반에 까닭 없이 심한 불안과 공포에 시달린 경험을 한 후 힘들게 살았어요. 그런 공포의 경험이 저에게 너무 커서 학교생활이며 사회생활이 참 힘들었습니다. 항상 감정이나 몸의 증상들에 예민하게 반응하고 생각하고 무서워합니다. 한 번의 끔찍한 경험 후에 그 경계에 항상 저 자신을 가두고 살고 있지요. 오랜 시간을 그렇게 지내다 보니 몇 년 전부터는 존재에 대한 고민도 생기더라고요. 왜 나는 만날 이런 거에 시달릴까? 인생의 주인공이 되지 못하고. 몸의 반응에, 내 생각에 갇혀서 이렇게 힘들어할까?

그러다 보니 불교를 찾게 되었고 선생님의 책도 읽게 되었습니다. 뭐가 뭔지는 모르겠지만, 무언가가 분명 있을 거라는 믿음은 생깁니다. 한편으로는 선생님이 말씀하시는 '이것'만이 모든 문제를 해결한다고 하셨는데 이게 나한테 확인이 안 되면 어쩌나 하는 불안감이나 조바심도 많이 생깁니다. 차라리 선생님을 몰랐으면 더 편했을 거 같기도 하구요. 막연하게 '이것'에 의문을 가지고 있는 게 답답하고 마음의 짐이 되네요.

처음 법문을 듣고 책을 읽었을 때는 무언가가 잡히는 거 같기도 했는데, 의식으로는 절대 알 수 없다고 하시니, 뭐가 뭔지를 정말 모르겠습니다. 답답하고 막연히 두렵고, 이러다 보니 생활도 원만하게 안 되어요. 지금 제가 무엇이든 결정하고 해야 하는 중요한 시기인데도 모든 정신이 '이것'에만 팔려 있다 보니 아무것도 안 되네요. 제가 잘할 수 있을까요?

마음이 모두 '이것'에 팔려 있는데, 아무것도 모르겠고 갑갑하고 막연히 두렵기까지 하다고 하니 좋은 일입니다. 그런 갑갑한 곳에서 한순간에 문득 저절로 모든 문제가 끝날 때가 있을 것입니다.

다만 그런 갑갑한 곳에서 욕심을 부려 억지로 밀어붙이지는 마십시오. 욕심을 부리면 병이 납니다. 때가 되면 자기도 모르는 사이에 저절로 끝이 날 것입니다.

21. 공부를 하는 둥 마는 둥 합니다

: 깨달음에 관심을 갖게 된 지도 10년이 훌쩍 넘었네요. 하지만 이렇다 할 공부도 하지 못하고 이리저리 헤매고만 있습니다. 선생님이 말씀하신 배고픔에 대한 비유로 말씀드리자면 제 경우는 이렇습니다. 배가 고프긴 고픈데 극심히 고픈 건 아니라 잘 달래면 잊을 수 있을 정도입니다. 하지만 그렇다고 아예 잊을 수 있는 건 아니고, 살다 보면 어느 순간 배고픔이 또다시 물밀듯이 밀려옵니다. 이렇다 보니 '어차피 배 불리기도 쉽지 않으니 배고픔을 아예 잊고 열심히 살기나 하자' 하는 생각과, '그래도 배가 고프긴 고프니 어찌어찌 좀 쉽게 배를 채울 수 있는 방법은 없을까?' 하는 생각 사이를 오가면서 살고 있습니다. 실제로 여기저기 기웃거리기도 많이 했고요.

저 같은 사람은 어찌해야 하는가요? 차라리 '깨달음'이라는 것에 대해 듣지 않았으면 모르되 이미 들어 버렸으니 관심을 꺼 버릴 수도 없고, 그렇다고 제대로 공부하자니 배가 덜 고파서 그런지 목숨 걸고 달려들지도 못하고, 이러지도 저러지도 못하고 이렇게 자신을 괴롭히며 살아온 세월이 벌써 15년이 다 돼 가네요. 아직 때가 안 됐으니 이렇게 왔다 갔다 하는 삶을 더 살아야 하는 것일까요? 배가 더 고파질 때까지 더 괴로워하는 길밖에 없는 것인가요?

자신의 삶을 마치 남의 이야기인 것처럼 말씀하시는군요. 이런 태도로는 일생의 가장 큰 공부인 이 공부를 해낼 수 없습니다. 하려면 제대로 하시고, 하지 않으려면 그만두십시오. 자신의 삶에 좀 더 진지하시고 좀 더 책임을 느끼십시오. 나의 삶과 죽음은 남의 문제가 아닙니다.

사람이 살아야 얼마나 살겠습니까? 진실로 궁금한 것이 있다면 죽기 전에 해결해야 하지 않겠습니까? 머리에 불이 붙은 것처럼 하지는 못하더라도, 갚아야 할 빚을 갚지 못한 부담은 있어야 이 공부를 합니다. 결국, 자신의 삶이니 자신의 결심에 달린 문제입니다.

22. 점점 더 모르겠습니다

: 언젠가는 눈앞의 사물들이 출렁거리며 밝았다 어두웠다 반복하기도 하고, 소름이 끼칠 정도로 갑자기 사물이 선명하게 보이기도 했지만, 선생님 말씀대로 이 모두는 경계라고 생각하며 마음에 두지 않고 있습니다.

문의하고 싶은 건, 요즘 들어 내가 누구인지 점점 모르게 되어 가고 있습니다. 예전에 나라고 의심 없이 받아들였던 게, 자꾸 희미해지는 느낌입니다. 예전에는 내가 손가락을 드는 줄 알았었는데, 지금은 손가락 드는 이것이 뭔지 점점 더 모르겠습니다.

보이고 들리고 느껴지는 것들은 모두 헛된 경계이니 말씀대로 염두에 두지 마시기 바랍니다. 점점 더 알 수 없게 되어 가는 것은 좋은 일입니다. 아는 것은 전부 망상입니다. 아무것도 알 수 없는 곳에서 한번 확 통하게 되면, 저절로 밝아져서 모든 의문이 사라질 것입니다.

23. 꽉 막혀 있습니다

: 선생님의 법문을 들으면서 생각이 하나의 질문으로 뭉쳐졌는데, 다만 단 한 발자국도 못 나아가고 있습니다. '이것'이 모든 것이라는데, '이것' 자체는 생각도 아니고, 느낌도 아니고, 모양도 아니고, 소리도 아니고, 냄새도 아니어서 전혀 알 수가 없다고 하니 한 발자국도 못 나아가겠습니다. 한 발자국도 나갈 방향도 없고, 생각으로 헤아려서 되는 일이 아니니 답답할 뿐이고, 이게 가능한 일인가 싶기도 합니다. 조언 부탁드립니다.

꽉 막혀 있다가 절벽에 매달려서 손을 놓아 버리는 일이 한번 일어나면, 저절로 해결될 것입니다. 꽉 막혀서 아무리 답답하다고 하더라도 생각으로 헤아려서 해결될 수는 없습니다. 안다거나 모른다거나 하는 문제가 아니기 때문입니다. 아무리 막혀 있더라도 결국 '이것' 하나일 뿐, 다른 일은 없습니다.

24. 제가 너무 어리석습니다

: 무심선원 홈페이지에 있는 모든 법문과 선생님의 법문 동영상을 시도 때도 없이 듣다 보니 저도 모르게 거의 다 외울 지경에 이르렀습니다. 그런데도 저는 단 한 발자국도 나아가지 못하고 있습니다. 답답한 마음에 인터넷을 켜고 선생님에 관련된 글들을 읽기 시작했는데 우연히 선생님의 가르침이 잘못되었다고 비판하는 누군가의 글을 보게 되었습니다. 선생님의 말씀을 하나하나 짚어 가면서 잘못된 점을 지적하고 정정했는데, 제 안목으로는 도대체 누구의 말이 맞는 건지 전혀 모르겠더군요. 오직 일대사 하나를 해결하고 죽겠다며 길을 나선 지 벌써 20년째 접어드는데 깨달음은 둘째치고 제대로 된 선지식을 알아보는 안목조차 갖추지 못한 저 자신이 참 안타깝습니다. 어리석은 저를 위해서 따끔하게 한 말씀 일러 주십시오.

홈페이지의 글을 다 외우고 설법을 따라 외울 수 있더라도 님 자신의 마음을 깨닫지 못하면 헛일입니다. 깨달음은 알고 익히는 것에 있지 않습니다. 알고 익히는 것은 전부 헛된 생각이요 망상입니다.

설법과 홈페이지의 말과 글은 모두 한순간 달을 가리키는 손가락일 뿐입니다. 가리키는 순간 달을 보지 못하면 손가락은 잊어야합니다. 달을 가리키는 손가락을 만나면 손가락은 잊고서 오로지 달을 보려고만 해야 합니다. 손가락은 언제든 기억할 필요가 전혀없습니다.

지금까지 보고 들은 언어문자는 모조리 잊어버리십시오. 한 글자 보고 한 마디 듣는 여기에서 님의 마음이 어디에 있는지를 깨달아야 합니다. 홈페이지와 설법의 모든 언어문자와 말은 다만 님의 마음을 가리키는 손가락일 뿐입니다. 손가락을 가지고 옳으니 그르니 왈가왈부할 필요는 전혀 없습니다.

보고 듣는 이 순간, 님은 어디에 있습니까? 보고 듣는 이 순간, 님은 무엇입니까?

어디에 있다거나 무엇이라고 답하면 모두 망상입니다. 망상 아닌 진실은 이미 이렇게 드러나 있습니다. 님은 의자를 깔고 앉아서 의자를 찾고 있습니다.

25. 깨달음 때문에 스트레스 받아요

: 선생님의 법문을 들은 지 약 2년이 넘었습니다. 2년이 지났는데 공부에 진전은 전혀 없고, 정신은 더욱 예민해지기만 하고, 자꾸 안으로만 파고 들어서 사회생활을 하는 데 힘이 드는 느낌입니다. 그래서 그런지 신경이 더 예민해지기도 합니다. 뭐가 뭔지 알지 못하여 혼이 빠져나간 것 같은 느낌도 듭니다. 세상일은 이것은 이것이고 저것은 저것이어서 분명해야 하는데, 이런 것들이 분명하지 않아 그냥 멍하고 정신이 빠져 있는 느낌 입니다. 설법을 들으면 정신이 맑아져서 깨달음을 얻어야 하는데, 저에게 는 그런 기미는 조금도 보이지 않고 오히려 정신적으로 더 어두워지는 것 같습니다. 저는 불법에서 말하는 깨달음이라는 것을 꼭 한번 경험해 보고 싶습니다. 하지만 도저히 될 것 같지가 않습니다. 깨달아야 한다는 스트 레스가 더 심해지는 것 같습니다. 어떻게 하면 될까요?

깨달음을 얻기 전에는 누구나 그렇게 깜깜하고 어두운 동굴을 통과하는 듯이 앞뒤를 분간하지 못합니다. 그러나 정신적으로 스 트레스가 심하고 고통스럽다면, 그 까닭은 지나치게 깨달음에 대한 욕심을 내고 있는 것이라고 여겨집니다.

깨달음에 욕심을 내면 초조하고 불안해지고 화도 나게 됩니다. 왜냐하면 깨달음은 욕심을 낸다고 해서 그렇게 쉽사리 얻을 수 없 기 때문입니다. 깨달음에 지나치게 욕심을 내는 것은 좋은 공부의 태도가 아닙니다. 깨달음을 얻겠다는 욕심은 버리세요.

다만 부처님이 가르친 진리를 공부한다고만 생각하세요. '깨달음이 있으면 좋고 없어도 상관없다. 다만 부처님과 조사가 가르친 진리를 공부할 수 있으니 좋다'라는 태도로 공부하기를 권합니다.

깨달음은 없어도 진리를 공부하는 그 자체로서 즐겁고 보람이 있습니다. 깨달음이 있을지 없을지는 하늘에 맡기고 생각하지도 마세요. 다만 진리를 공부하는 기회를 얻은 것만으로도 좋다고 생각하세요. 깨달음을 욕심내는 사람에게는 오히려 깨달음이 쉽게 오지 않습니다.

26. 몸이 많이 아픕니다

: 사춘기 시절부터 궁금했던 법의 자리를 생생하게 보여 주시는 선생님의 설법을 진실로 믿었습니다. 그동안 여러 종교에서 말하던 그 많은 애기들이 결국 이것을 말하는 것이구나 하고 이해할 수 있었습니다. 그러나 아직은 이해의 수준을 넘어서지 못하고 있습니다. 늘 생각의 굴레에서 허우적거리고 있는 중생을 벗어나지 못하고 있습니다. 인생의 가장 큰 서원으로 세워 놓은 깨달음, 이 하나가 가장 절실한 삶의 이유라고 생각하고 늘 선생님의 설법을 듣고 법문을 읽으며 나름 열심히 공부해 왔습니다. 그런데 지난 12월, 제가 중병에 걸려 있다는 사실을 통고받았습니다. 수술을 받고 서울에 있는 병원을 주기적으로 오가며 치료를 받고 있는데, 하루하루가 쉽지 않습니다. 몸이 힘든 것보다 사실 더 저 자신을 괴롭히는 것은 역시 생각입니다. 병원 치료의 괴로운 기억, 앞날에 대한 불안과

두려움…… 슬프지만 슬퍼하는 '나'는 없고, 괴로우나 괴로워하는 '나'는 없다고 말씀하시는데, 저를 괴롭히는 것은 여전히 '나' 자신입니다. 병의 완쾌 이상으로 제 마음을 더 사로잡는 것은 깨달음인데, 막막하고 아득합니다. 생각은 저를 놓아주지 않는군요. 어떻게 해야 눈을 떠서 존재의 실상을 볼 수 있을까요?

몸이 아픈 것 이상으로 힘든 것은 생각에 사로잡힘이고, '나'라는 생각에 대한 집착이라고 하셨군요. 이제 몸이란 믿을 만한 물건이 아니라는 것을 실감하셨으니, 도리어 지금이 공부하기에 더 좋은 때라고 여겨집니다.

생각이 싫다고 하여 생각과 맞서서 싸우지는 마십시오. 사실 생각이 일어나든 생각이 사라지든 깨달음인 이 마음과는 아무 상관이 없습니다. 생각이 일어나는 것도 자연스러운 일이고 생각이 사라지는 것도 자연스러운 일입니다. 생각이 일어난다고 해서 이 마음이 달라지는 것도 아니고, 생각이 사라진다고 해서 이 마음이 달라지는 것도 아닙니다.

'나'라는 집착도 하나의 뿌리 깊은 생각입니다. '나'라는 생각이 일어나든 사라지든, 역시 이 마음과는 아무런 상관이 없습니다.

깨달음을 얻기를 바란다고 하셨는데, 사실을 말씀드리자면 우리는 모두 이미 깨달음 속에 있습니다. 얻어야 할 깨달은 마음은 바로 나의 마음이지, 바깥에 따로 있는 마음이 아닙니다.

다만 '있느냐 없느냐?' '얻었느냐 얻지 못했느냐?' '깨달았느냐 깨닫지 못했느냐?' '희망이냐 절망이냐?' '아픈가 건강한가?' 하는 식의 분별하는 생각에 사로잡혀 있기 때문에 깨달음 속에서도 깨달음에 어두운 것입니다.

생각에서 벗어나고 싶으시면, 아무것도 생각하지 마시고 다만 편안하게 법문에 귀를 기울이십시오. 진실로 모든 번뇌에서 벗어나고 싶다면, 그렇게 될 날이 분명히 있을 것입니다.

27. 마음이 다스려지지 않습니다

: 선생님 설법을 들은 지 이제 3년이 넘었을 겁니다. 생각은 많이 쉬어졌습니다. 하지만 아직 깨달음을 체험하지는 못했습니다. 여쭙겠습니다. 제가 지금까지 마음공부를 해 왔는데, 왜 마음을 다스리는 데에 있어서 마음공부를 하지 않은 사람보다도 못할까요? 마음공부를 하면 자신을 잘 다스릴 줄 알아야 할 텐데, 저는 전혀 그렇지 못하고 분노나 욕망이나 감정에 휘둘립니다. 무엇이 잘못된 것일까요?

마음을 조복시켜서 마음에 휘둘리지 않으려면 마음에서 벗어나는 해탈의 체험이 있어야 합니다. 마음에서 벗어나는 해탈을 체험하면 마음에서 일어나는 분노나 욕망이나 감정은 마치 물거품처럼 일어나는 듯하다가 곧 저절로 사라져서 그것들에 얽매이거나 휘둘리지 않게 됩니다. 물론 그런 것들에 휘둘리는 습관이 즉시 사라지지는 않아서 잠시 움찔할 수는 있습니다만, 곧 아무것도 없음이 분명해져서 흔들림이 없게 됩니다.

이러한 해탈을 아직 체험하지 못했다면, 지금 당장은 생각으로 분별하여 의도적으로 자신의 마음을 다스릴 수밖에 없습니다. 우선 세상과 인생과 자신의 삶에 대하여 좀 더 크고 멀리 보세요. 깨달음을 추구하는 일은 인간이 할 수 있는 가장 크고 근원적인 일입니다. 그러므로 깨달음을 추구하는 사람에게 세속의 가치와 일들은 모두 사소해 보입니다.

오로지 자기가 목표로 삼고 있는 세속을 벗어난 가치에 관심을 기울이세요. 목표에 관심이 집중되면 잡념이 일어나지 않습니다. 출세간의 깨달음이라는 목표에 대해서만 깨어 있는 사람이고, 여타의 세속적인 일들에 대해선 조금 둔감한 바보가 되십시오. 세속의 온갖 일에 대하여 적당히 바보가 되면 도리어 편하고 좋습니다. 자신의 진정한 관심사에만 몰두하면, 부질없는 망상은 저절로 사라질 것입니다.

28. 서럽고 눈물이 납니다

: 선생님 가슴이 너무 답답하고 갑갑해요. 다른 일은 하고 싶다는 생각이 안 들어요. 그렇다고 공부를 잘하고 있는 건지도 모르겠어요. 지금 내가 뭐하고 있나 하는 서러운 생각도 가끔 나요. 어떨 땐 너무 답답해서 눈물이 나기도 해요. 선생님 도와주세요.

가슴의 답답함이 육체적인 질병 때문이 아니라 깨달음에 대한 갈증 때문이라면, 정도의 차이는 있더라도 마음공부 하는 사람들 누구나 겪는 당연한 일입니다. 그 답답함에 상관하지 마시고, 오로지 설법에 귀를 기울이세요. 아무것도 알 수 없고 무슨 일도 할 수 없는 곳에 갇혀서 답답하고 갑갑하다가 어느 날 문득 모든 장벽이 사라지는 체험을 할 것입니다.

믿음을 가지고 꾸준히 귀를 기울여 보시기 바랍니다. 깨달음이니 체험이니 하는 것에 너무 관심 두지 마시고 법문에 귀를 기울이세요. 법문에 모든 길이 안내되고 있으니 법문을 들으며 함께 가면 저절로 공부의 길을 가게 됩니다. 자신의 생각과 판단은 내려놓고 법문에 의지하여 공부하십시오. '나', '나의 생각' 이런 굴레에서 벗어나야 의식(意識) 너머의 무한(無限)에 통합니다.

7장
마음공부와 사회생활

1. 마음공부와 세속 삶의 관계는?

: 도(道)를 이루기 위해 세속을 등지는 것은 하책이고 세속의 삶도 잘 살아가면서 도를 이루는 것이 상책이라고 들었습니다. 그러나 도는 무위법인데 세속의 일은 유위법입니다. 선생님께서는 "억지로 집중하는 것보다는 저절로 몰두하게 되는 것이 더욱 힘이 있고, 애써 노력하는 것보다는 저절로 늘 마음에 부담이 되는 것이 더욱 힘을 발휘합니다"라고 말씀하셨는데요. 이것을 세속의 삶에 적용해 보면, 저는 저절로 몰두하고 저절로 마음에 부담이 가는 세속의 일이 없어서 방황을 하고 있습니다. 그런 일이 있더라도 저절로 몰두해지는 것만으로는 큰 집중력을 발휘할 수가 없습니다. 다만 도에 관심을 두다 보면 자신의 상황에 맞는 세속의 일도 자연스럽게 열릴 수 있는 것인가요? 현실적인 세속의 상황과 도를 어떻게 연결해야 할까요?

세속의 일은 세속의 일로 하시고, 세속을 벗어나는 공부인 마음공부는 마음공부로 하십시오. 세속의 삶을 마음공부 하는 것처럼 살 수도 없고, 마음공부를 세속의 일을 하는 것처럼 할 수도 없습니다. 세속의 삶과 마음공부를 혼동하면 공부를 잘못하는 것입니다.

세속의 삶은 분별에 의지하여 분별하여 사는 것이고, 마음공부는 분별에 의지하지 않고 분별에서 벗어나는 것입니다. 세속의 삶과 깨달음인 도(道)는 전혀 연결되지 않습니다. 법은 법이고 세속은 세속이며, 공(空)은 공이고 오온은 오온입니다.

《법화경》 방편품에서 말하길, "법은 법의 자리에 머물러 있고, 세간의 모습은 늘 세간의 모습으로 있다"라고 하였는데, 법은 모습이 없어서 분별되지 않고, 세간은 모습으로 분별되는 세계입니다.

《반야심경》에서 "오온(五蘊)이 전부 공(空)임을 비추어 보면 모든 불행에서 벗어난다"라고 하였는데, 물질, 느낌, 생각, 행위, 의식의 다섯 가지 곧 오온은 세간의 모습이고, 텅 비어서 아무 모습이 없는 공(空)은 법 즉 출세간입니다.

오온이 전부 공임을 깨달았다는 것은 오온이 없어져서 공이 되는 것이 아니라, 오온이 있는 그대로 곧 공이라는 사실을 깨달은 것입니다. 오온이라는 세간의 모습은 언제나 오온이라는 세간의 모습으로 있고, 공이라는 모습 없는 출세간은 언제나 공이라는 모습 없는 출세간으로 있습니다.

그러므로 깨달은 사람은 세간의 삶은 세간의 삶으로 살면서도, 또한 언제나 아무것도 없이 텅 비어 있습니다. 거울을 비유로 들어 말하면 이해가 쉽습니다. 거울에 나타나는 온갖 모습(영상)은 늘 나타나 있고, 또한 거울 자체는 늘 텅 비어 있습니다. 텅 빈 거울에 온갖 모습이 나타나니 텅 빈 거울과 온갖 모습은 따로 있을 수 없고 둘이 아닙니다. 텅 빈 거울은 언제나 텅 비어 있고, 그 위에 나타나는 온갖 모습은 언제나 모습으로 나타나 있습니다. 텅 빈 거울인 공(空)을 깨달았다고 해서 그 위에 나타나는 온갖 모습이 없어지거나 달라지는 것은 아니고, 다만 허망한 온갖 모습에 더이상 속지 않고 집착하지 않을 뿐입니다.

마음공부도 이와 같습니다. 세속의 온갖 일에 집착하여 살다가 마음이 본래 텅 빈 공(空)임을 깨닫게 되면, 세속의 온갖 일이 없어지거나 변화하는 것이 아니라 세속의 모습은 언제나처럼 그대로 있습니다. 다만 이제는 세속의 온갖 일에서 벗어나 속지 않고 집착하지 않고 언제나 걸림 없는 자유자재함이 있습니다. 깨달아 해탈하여 자유로운 사람에게는 세속의 일이 마음공부를 방해할 수도 없고 마음공부가 세속의 일을 방해할 수도 없습니다. 그러나 아직 해탈하지 못한 사람에게는 세속의 일이 마음공부를 방해하고 마음공부가 세속의 일을 방해하는 것처럼 여겨질 것입니다.

그러므로 우선 이렇게 말씀드립니다. 세속의 일이 걱정된다면 세속의 일에 최선을 다하십시오. 세속의 일은 세속의 일로 하고, 마음공부는 마음공부로 하면 됩니다. 세속의 일을 하면서 마음공부 하듯이 할 수는 없고, 마음공부를 하면서 세속의 일을 하듯이 할 수도 없습니다.

마음공부를 하고 싶으면 다만 본래 마음에 관심을 두고 공부하십시오. 참으로 마음공부를 하고 싶으면, 세속의 일이 마음공부를 방해하지 않습니다. 마음공부는 남몰래 홀로 마음속에서 하는 것이고, 세속의 일은 언제나 남이나 다른 대상과의 관계 속에서 하는 것입니다.

그런데 사실 이러한 공부의 태도는 가르쳐 주어서 아는 것이 아닙니다. 참으로 마음공부를 하고 싶다면 저절로 공부하는 태도가 갖추어집니다. 지금 질문자께서는 공부하려는 진실한 뜻을 내지도 않으면서, 생각으로 모든 것을 헤아려서 계산하고 있습니다. 이런 헤아림과 계산은 모두 중생의 분별이고 망상일 뿐입니다.

마음을 공부하고자 하면 마음을 공부하려는 확실한 결심을 먼저 해야 하지, 생각으로 헤아리고 계산해서는 안 됩니다. 마음을 공부하여 깨닫겠다는 뜻이 확고하게 서면, 공부하는 태도는 저절로 만들어집니다.

2. 세속의 학문이 마음공부를 방해할까요?

: 안녕하세요. 몇 해 전 대학에서 선생님께 강의를 듣고 불법에 소중한 인연을 갖게 되었습니다. 돌이켜보면 선생님과의 인연이 제 인생에 많은 변화를 가져온 것 같습니다. 그러나 제 무지몽매함이 너무 뿌리 깊어서 훌륭한 가르침을 머리로만 이해하고 있으니 죄송할 뿐입니다. 학생들을 가르치는 교사의 길을 가려고 교사임용시험을 준비하고 있습니다. 그런데 시간이 지날수록 조급해집니다. 가끔 지식, 언어에 회의가 들기도 하구요. 어리석은 질문인 줄 알지만 한 가지 여쭙겠습니다. 세속적인 학문이 마음공부에 방해되진 않나요? 그리고 교육이라는 것이 뜬구름 같은 언어를 가르쳐서 혹여 아이들에게 관념과 시비분별의 망상만 키워 주는

것은 아닌지요?

세속적 학문은 세속적 학문으로 공부하시고, 마음공부와 연결하지 마십시오. 세속적 학문을 마음공부와 연결할 때, 세속적 학문은 마음공부를 방해할 것입니다. 또 세속적 학문에만 시간을 빼앗기고 마음공부에 애정을 쏟을 시간이 부족하면, 세속적 학문에는 진전이 있겠지만 마음공부에는 별 진전이 없겠지요.

세속적 학문은 모르던 것을 배워서 알게 되는 것입니다. 이름과 뜻을 따라 헤아리고 분별하여 기억하는 것이지요. 마음공부는 배워서 알게 된 것에 전혀 의지하지 않고, 본래 타고난 있는 그대로의 모습으로 자유롭게 존재하는 것입니다. 본래 있는 그대로의 자기 모습은 배워서 익힌 어떤 관념이나 생각에 좌우되지 않습니다.

세속적 공부를 하는 자세로 마음공부를 하거나 세속적 공부와 마음공부를 연관시켜 마음공부를 하거나 하지만 않는다면, 세속적 공부는 세속적 공부이고 마음공부는 마음공부로서 서로 방해가 되지 않을 것입니다. 학교는 세속적 학문을 가르치고 배우는 장소이므로, 학교에서는 학교에서 하는 일에만 충실하시면 별 문제가 없을 것입니다. 마음공부는 마음공부 하는 곳에 와서 하십시오.

저의 법문을 듣고 그것이 계기가 되어 이 공부에 꽤 깊은 관심을 두고 있는 것으로 보이는군요. 그러면 선원으로 나와 법회에 참석하고 또 직접 만나 질문하면 훨씬 도움이 될 것입니다. 아래의 말을 명심하십시오.

혼자서 생각하고 판단하여 공부하는 것보다는 책을 통하여 배우는 것이 더 좋고, 글을 통하여 공부하는 것보다는 직접 선지식의 이야기를 듣는 것이 더 좋고, 직접 선지식의 이야기를 듣는 것보다는 자신이 직접 뛰어들어 체험해 보는 것이 가장 좋다.

3. 창작활동이 공부를 방해할까요?

: 저는 작가 지망생입니다. 창작이 힘들긴 하지만 나름대로 만족감이 있었고 즐거웠습니다. 그런데 펜을 놓고 현실로 돌아와 보면 제게 풀리지 않은 문제들이 여전히 상존해 있습니다. 어떤 계기로 마음공부를 시작하게 되었고, 그게 현실의 문제를 근본적으로 해결할 수 있는 방법이라고 알게 되었습니다. 그리고 창작의 과정에 동원되는 상상력이나 의식의 과잉이 무상한 것(허상)이라는 것을 알게 되었습니다. 그런데도 요즘 종종 창작의 욕구를 느끼곤 합니다. 이러한 창작활동이 마음공부에 도움이 되지 않고 방해되는 일인지요?

현실의 문제라고요? 현실이라는 것은 의식이 그려 내는 그림입니다. 문제라는 것은 그 그림의 어느 부분이 마음에 들지 않는다는 말이겠죠. 이런 경우 일반적으로 사람들은 애를 써서 억지로 그 마음에 들지 않는 부분을 수정하여 다시 그리려고 합니다.

그러나 마음에 들지 않는 부분이 너무 많으므로 현실적으로 모두 고쳐 그릴 수는 없지요. 그리하여 생각으로만 상상하여 원하는 그림을 그리는 것입니다. 이런 그림이 바로 소설과 같은 창작이지요.

현실은 늘 이렇게 마음에 들지 않는 문제로 가득 차 있지만, 실제로 해결할 수는 없습니다. 그래서 사람들은 창작이라는 행위를 통하여 거짓으로 원하는 그림을 그려 위안을 찾으려 합니다. 안타까운 일입니다.

이처럼 우리는 늘 분별되는 세계인 현실이 싫고 나쁘다고 여기고 나의 불행의 원인은 이 잘못된 세계에 있다고 생각하지만, 사실은 이 생각이 잘못된 것입니다. 현실은 언제나 늘 그렇게 나타나는데, 그런 현실을 좋아하기도 하고 싫어하기도 하는 것은 우리 각자의 마음이 만들어 냅니다.

우리가 괴로워하는 문제의 원인은 분별되는 세계에 있는 것이 아니라, 사실은 알 수 없는 우리의 마음에 있는 것입니다. 이 세계를 내 마음에 들도록 모두 바꿀 수는 없습니다만, 내 마음을 바꿀 수는 있습니다.

마음공부는 세계를 대하며 좋아하기도 하고 싫어하기도 하면서 괴로워하는 내 마음을 바꾸는 일입니다. 괴로움의 원인은 좋아하거나 싫어하기 때문이고, 좋아하거나 싫어함의 원인은 분별하기 때문입니다. 분별에서 벗어나면 좋아함과 싫어함이 없고 따라서 괴로움도 없습니다.

마음공부를 하여 깨닫는다는 것은 곧 분별에서 벗어나 해탈하는 것입니다. 분별에서 벗어나 해탈하는 것은 분별하는 일과는 아무런

395

관계가 없습니다. 즉, 분별에서 벗어난 해탈은 분별을 하지 않는 것이 아니고 분별을 하는 것도 아닙니다.

분별함과 분별하지 않음을 나누는 것이 곧 분별이고 세간의 일입니다. 출세간인 해탈은 분별하는 것도 아니고 분별하지 않는 것도 아닙니다. 분별하는 것도 아니고 분별하지 않는 것도 아닌 것이 바로 분별에서 벗어난다는 뜻입니다.

그러므로 소설을 쓰고 그림을 그리고 하여 무언가를 만들어 내는 창작행위는 해탈을 방해하지도 않고, 해탈에 도움이 되지도 않고, 해탈과는 아무런 상관이 없습니다. 창작행위라는 세속의 삶은 세속의 삶으로 살고, 세속을 벗어나는 마음공부는 마음공부로 하십시오.

4. 마음공부 때문에 직장생활이 어렵습니다

: 저는 화두참선으로 수행하고 있는 초보 불자입니다. 참선을 시작한 지는 1년가량 되었으며 낮에는 직장에 다니고 저녁에 퇴근하여 직장 부근에 있는 선원에서 2시간 정도 참선을 하고 있습니다. 그런데 얼마 전부터 직장생활에 장애가 생겨 이렇게 질문을 올립니다.
저는 주로 영업 관련 일을 하기 때문에 사람들을 많이 만날 필요가 있고 약간의 과장이나 허풍도 필요할 때가 많습니다. 그러나 참선을 시작하고 몇 달 후부터는 이러한 직업상의 활동이 무의미하거나 심드렁하게 느껴지고 의욕이 나질 않습니다. 따라서 실적도 부진해져서 스트레스를 많이 받고 있습니다. 주위 친구들과의 만남도 별 재미가 없어져서 친구들과도 멀어졌습니다.

수행을 하면서도 사회생활을 문제없이 잘할 수 있고, 또 그렇게 하는 것이 올바른 수행이라고 들었습니다. 그러나 저의 현재 상태로 보면 수행도, 일상생활도 제대로 하지 못하고 있는 것 같아 답답합니다. 어찌해야 하는지요?

공부를 하다 보면 복잡한 생활이 싫어지고 더욱 단순해지며 외면에는 무관심해지고 더욱 내면으로 빠져들게 되는 경험을 합니다. 누구나 이런 경험을 합니다. 단순하고 고요한 환경에서 쉬며 공부에 몰두하고 싶은 심경이겠지요. 그러나 세속에서의 생계를 위한 생활을 피할 수는 없습니다. 그러므로 공부와 생활을 적절히 조화시키고 타협시켜서 공부도 잘하고 생활에도 문제가 없게 만들어야 하는 것입니다.

세속에서 공부하는 사람들은 누구나 이런 문제에 스스로 적응하고 풀어가면서 공부해야 합니다. 무슨 일이든 손쉽고 편하게 이루어지는 일은 없습니다. 힘들더라도 꾸준히 공부해 가면 저절로 적응도 하고 나름의 요령도 나옵니다.

깨닫고자 하는 확고한 발심을 가지고 한 발 한 발 나아가면 저절로 원하는 길로 갈 수 있을 것입니다. 마음공부에 바깥의 환경은 별로 중요하지 않고, 자신의 발심과 끈기가 가장 중요하다는 사실을 잊지 마시기 바랍니다.

5. 세속일에 빠져서 공부가 안 됩니다

: 진리에 한결같은 관심만 가져야 하며, 그 무엇도 의도적으로 행하려 해
서는 안 된다고 말씀하신 것을 자주 들었습니다. 향엄 선사처럼 어떤 수
행이나 설법에도 의지하지 않고 저절로 깨달은 일화를 보고 그것이야말
로 가장 순수한 방법이라는 생각도 들었습니다. 그래서 모든 의도적인 행
위를 없애 보려고도 했습니다. 그러나 세상살이에는 무언가에 집중하고
몰두해야 하는 경우가 많습니다. 세상일에 몰두하지 않을 때는 저절로 법
에 관심이 갈 때도 있지만, 세상일에 몰두할 때는 법에 대한 관심은 사라
집니다. 저처럼 의도적으로 법에 관심을 두지 않으면 법을 잊고서 세상살
이에 빠져드는 때가 많은 사람은 어떻게 공부해야 하는 것인가요?

　질문자께서는 정말로 깨닫고 싶습니까? 정말로 깨달음에 목이
마릅니까? 정말로 깨닫고 싶고 정말로 깨달음에 목이 마르다면, 이
런 생각은 하지 않을 것입니다.
　'어떻게 해야 깨달을 수 있을까?' 혹은 '깨달음에 이르는 좋은 방
법은 무엇일까?'라는 생각을 하는 사람은 사실 정말로 깨닫고 싶은
마음이 없고, 정말로 깨달음에 목이 마른 사람이 아닙니다.
　참으로 깨닫고 싶고 깨달음에 목말라 하는 사람은 깨달음에 대
한 방법을 헤아리고 있지 않습니다. 오로지 깨닫고 싶어서 목이 말
라 앞뒤 따지지 않고 선지식의 법문에 매달릴 것입니다.

6. 어떻게 살아야 하나요?

: 미혹인 것 같지만 질문드리겠습니다. 열심히 마음공부를 한다고 하면서도 생활 속에서 근심 걱정이 떠나질 않습니다. 어떻게 살아야 합니까?

　일할 때는 일하고, 밥 먹을 때는 밥 먹고, 옷 입을 때는 옷 입고, 생각할 때는 생각하고, 대화할 때는 대화하고, 잠잘 때는 잠자고, 공부할 때는 공부하지요. 달리 어떻게 살겠습니까?

　세속생활의 근심걱정에 시달리는 것에서 벗어나려면 분별에서 벗어나는 해탈을 체험해야 가능합니다. 근심걱정도 모두 생각에서 비롯되므로 생각에서 벗어나지 않으면, 근심걱정에서 벗어날 수 없습니다. 마음공부를 하여 깨달아야 생각에서 벗어나 해탈합니다.

7. 힘든 현실에서도 편안해질까요?

: 원장님의 법문을 들으며 상당히 답답해하고 있습니다. 그렇지만 현실적으로 금전적으로 매우 어렵고 몸도 안 좋아서 힘든데, 이래도 체험하면 편안해질 수 있습니까?

　깨달아서 세속의 분별심을 벗어났다고 하여 세속의 금전적인 문제나 몸의 건강이 해결되지는 않습니다. 그렇지만 세속의 집착에서 벗어나 해탈했기 때문에, 모든 세속적 문제로부터 마음이 초연하게 풀려나 근심걱정 없이 편안할 수는 있습니다. 그렇게 꾸준히 공부하여 더욱더 벗어나게 되면, 세속의 온갖 문제들이 더이상 문제가 되지 않을 때가 올 것입니다.

깨달음은 마음이 세속에서 해탈하여 진실에 통하는 체험입니다. 깨달았다고 하여 세속적으로 복되고 좋은 일이 생기는 것은 아닙니다만, 세속에서 벗어나 욕심이 없고 원하는 것 없고 부러운 것 없이 한가하게 살아가게 됩니다.

8. 세속을 버리고 공부해야 하나요?

: 이 공부에 성공하기 위해서는 사회생활과 자기계발은 가급적 없애고 공부에만 몰두해야 하나요?

사회생활은 피할 수 없는 것이니 해야 합니다. 사회생활을 버리고 깨달음만 구한다고 해서 반드시 깨달음을 빨리 이루는 것은 아닙니다. 도리어 깨달음에 대한 욕심이 지나쳐서 공부가 더 늦어질 수도 있습니다.

몸이 어디에 있고 무슨 일을 하느냐가 관건이 아니라, 깨달음에 대한 관심이 얼마나 절실하냐가 관건입니다. 참으로 깨닫고 싶어서 절실하다면, 몸은 세속의 사회에 있더라도 마음은 언제나 이 공부에 있을 것입니다.

　깨달음이 자기 인생의 첫 번째 관심사요 제1번 가치라면, 저절로 공부의 길을 찾게 되고 언젠가는 깨닫게 될 것입니다.

9. 법다운 삶이란 어떤 것인가요?

: 법다운 삶을 사는 방법이 있을지 궁금하여 질문드립니다. 삶의 환경이 마음에 미치는 영향이 지대한 것 같습니다. 대인관계, 물질적 만족, 자아실현 혹은 커피, 술, 우울증약, 담배, 마약, 명상음악, 요가, 운동 같은 것들도 마음에 미치는 영향이 지대합니다. 그렇기에 법다운 삶을 살기 위해서는 그에 합당한 환경의 삶을 살아야 할 필요성을 느끼곤 합니다. 가령 소식과 채식을 하는 승려 같은 삶, 혹은 그러한 소욕지족이나 청빈한 삶은 아니더라도 근심걱정 없는 풍요로운 삶의 질을 가꾸는 것이라든지 하는 것들 말이죠.

　법다운 삶이 정해져 있다면, 법 역시 정해져 있을 것입니다. 법에 정해진 모습이 없기 때문에, 법다운 삶도 따로 없습니다. 모습을 가지고 법을 찾지 않으면 법이 확인될 것이고, 법이 확인되면 저절로 삶에도 법에도 매이지 않을 것입니다.

　어떤 환경에서 어떤 삶을 살든 깨닫고 싶어서 간절하게 공부하

는 사람은 결국 깨달을 것이고, 깨달음에 대한 관심보다는 세속의
삶에 더 매달리는 사람은 결국 깨닫지 못할 것입니다.

한가하게 살든 바쁘게 살든, 도덕적으로 깨끗하게 살든 도덕에
크게 구애받지 않고 살든, 채식을 하든 육식을 하든, 풍요롭게 살든
빈곤하게 살든, 이런 것들은 모두 세속의 일이지, 세속에서 벗어나
해탈하는 마음공부와는 아무런 관계가 없습니다.

마음공부에 관계하는 것은 오직 깨달음에 대한 믿음, 깨닫고자
하는 발심, 깨달을 때까지 꾸준히 공부하는 끈기, 이 셋뿐입니다.

10. 생선회를 먹으면 안 됩니까?

: 살아 있는 생선회를 먹으면 안 되나요? 다른 종교에서는 상관하지 않는
데, 왜 불교에서만 살생을 금하나요?

부처님의 가르침은 삶과 죽음에서 벗어나라는 것입니다. 삶과
죽음에서 벗어나 삶도 아니고 죽음도 아닌 불생불멸의 길을 가라
고 하신 것이 부처님의 가르침입니다. 불생불멸의 길은 곧 둘이 없
는 길이니, 삶도 없고 죽음도 없는 길입니다. 이 길은 오직 분별망
상을 벗어나 둘이 없는 불이중도(不二中道)에 통할 때 저절로 이루
어지는 길입니다.

부처님은 삶과 죽음을 분별하여 삶을 취하고 죽음을 버리라고

가르친 것이 아닙니다. 마음공부는 마음에서 분별망상을 벗어나는 공부이니, 육식을 하든 채식을 하든 이런 물질적인 문제는 마음공부와는 아무 관련이 없습니다.

11. 마음공부를 하면서도 긍정적으로 살 수 있나요?

: 극심한 역경을 딛고 각종 분야에서 성공한 사람을 비롯하여 인생에서 성공을 이루고 많은 사람에게 도움을 주는 세계적인 스타들은 하나 같이 긍정적인 마인드와 불굴의 의지를 강조합니다. 그러기 위해서는 관심 분야에 대한 강한 애착이나 미래에 대한 희망이 중요하다고 합니다. 예를 들어, 세계적인 베스트셀러인《시크릿》이라는 책이 그 사례라고 할 수 있습니다.

그런데 이 공부의 경우는 모든 것에서 집착을 놓고 초현실적인 이상에만 관심을 두라고 하니 세상사에 대해 소홀해질 수가 있는 것 같습니다. 그래서 이 공부를 하는 사람들은 분위기가 생기발랄하거나 활동적이지 못하고 다소 침울한 것처럼 느껴지기도 하고, 실제로 그렇다고 고백하는 사람들도 있습니다. 아직 젊은 사람들이 이 공부를 하는 것은 오히려 삶에 부작용이 생길 수 있다고 주장하는 분들도 보았습니다.

이 공부를 하면서도 세상사를 밝고 긍정적으로 보고 성실하게 살 수 있을까요? 그리고 이 공부를 하면서 법의 힘으로 절제력이 생긴다든지 희로애락을 부리는 입장이 되지 못한다면 머리로만 하는 쓸데없는 공부라고 하셨는데, 어떻게 해야 그렇게 된다는 것인지요? 그 방법이 구체적이지 않다면 그야말로 쓸데없는 소리가 아닐까요?

미리 공부의 결과를 헤아리고 예상하여 그 계산에 따라 이익이 되면 공부를 하고 손해가 되면 공부를 하지 않겠다는 마음가짐을 가지고는 이 공부를 할 수 없습니다. 그렇게 계산적인 자세로는 결코 깊은 믿음이나 견고한 발심이나 포기 없는 끈기가 나올 수 없기 때문입니다.

세속의 가치 있는 일에 욕심을 내어서 그 욕심을 채우고자 손익을 이리저리 헤아리면서 노력하는 것은 세속적인 욕심의 추구에 알맞고, 이 공부에 알맞은 태도는 아닙니다. 세속적인 가치가 인생의 모든 가치인 양 여기는 사람에게는 세속을 벗어나는 이 공부가 무가치하게 여겨져서, 이 공부하는 사람이 세상을 회피하는 패배자처럼 보일 수도 있을 것입니다.

그러나 이 공부를 가장 큰 가치로 여기는 사람은 이 공부에서 가장 큰 즐거움과 힘을 얻기 때문에 조금도 우울하거나 패배자 같은 느낌은 없습니다. 문제는 자신이 세속의 가치에 관심이 있느냐, 아니면 이 공부에 관심이 있느냐에 달린 것입니다.

어떻게 해야 법의 힘을 얻게 되느냐고요? 이 공부에 참으로 뜻이 있고 견고한 믿음으로 꾸준히 공부하면 반드시 법의 힘을 얻게 됩니다. 다만 계산적인 태도로는 결코 법의 힘을 얻을 수 없을 것입니다. 예컨대, 이 공부를 얼마 동안 한 결과와 그 기간 세속의 가치를 추구한 결과를 놓고 손익을 헤아리는 사람이라면, 처음부터 이 공부를 할 자격이 없습니다.

마음공부는 진지하고 진중한 태도가 필요하므로 가볍게 웃고 떠드는 것을 생기발랄하고 활동적이라고 보는 사람이라면 아마도 마음공부 하는 사람의 진지하고 진중한 태도를 침울하다고 느낄 수도 있을 것입니다만, 그것은 잘못된 판단입니다.

마음공부는 이심전심(以心傳心)으로 전한다고 하듯이 날카로운 이성보다는 감성이 더 필요한 공부입니다. 그러므로 젊을수록 이 공부를 더 쉽게 할 수 있으니 젊을 때 마음공부를 할 수 있다면 축복받은 사람입니다.

분별에서 벗어나 해탈을 얻는 구체적인 방법이 있어서 이렇게 하라고 가르친다면, 그렇게 가르치고 그렇게 이해하여 그렇게 행동하는 것이 모두 분별입니다. 그러므로 분별에서 벗어나는 구체적인 방법은 알 수 없습니다. 깨닫는 방법을 알 수 없으므로 선지식의 법문을 들으며 선지식이 이끄는 대로 따라가는 수밖에 없습니다.

12. 어떻게 해야 화를 내지 않을까요?

: 마음공부에 관심을 두고 열심히 법문을 듣다가도 생활 속에서 한 번씩 화를 내고 나면 조금 민망합니다. 화를 안 내려고 해도 잘 안 되네요. 어떻게 공부해야 합니까?

화를 내지 않는다면 바위나 흙덩이와 같겠지요. 부처는 화를 내지 않는 사람이라고 생각하지 마세요. 화를 냄과 화를 내지 않음은 단지 감정이나 기분이라는 경계입니다.

이 공부는 경계를 분별하여 취하거나 버리는 것이 아닙니다. 경계는 좋아하거나 싫어할 수도 있고 취하거나 버릴 수도 있습니다. 그러나 이 마음은 분별할 수 없으니 좋아하거나 싫어할 수도 없고 취하거나 버릴 수도 없습니다.

어떤 생각이 일어나든지 어떤 감정이나 기분이 생기든지 그런 것에는 상관하지 마시고, 오로지 알 수 없는 이 마음에만 관심을 두고 공부하시기 바랍니다.

13. 마음의 안정을 어떻게 찾을까요?

: 삶에서 사람과 부딪힐 때마다 좋다거나 싫다는 생각이 일어나 마음의 안정을 찾을 수 없습니다. 어떻게 해야 합니까?

마음의 안정을 찾고 싶으시다면 생각에서 벗어나 마음을 깨달아야 합니다. 그러려면 우선 가르침에 대한 확고한 믿음을 가져야 합니다. 가르침에 대한 확고한 믿음이 있으면 가르침에 귀를 잘 기울이십시오.

한두 마디 말을 듣는다고 해서 오랫동안 생각에 물든 마음이 즉시 생각에서 벗어날 수는 없습니다. 지금의 이 번뇌와 불편함을 꼭 극복하고야 말겠다는 확고한 의지를 가지고 꾸준히 가르침에 귀를 기울이십시오.

생각으로 이치를 이해하고 의도적으로 행동하는 것으로써 마음이 바뀌지는 않습니다. 오랫동안 일편단심 분별에서 벗어나 깨닫겠다는 하나의 뜻을 가지고 가르침에 귀를 기울이면, 시간이 지남에 따라 서서히 어리석음과 번뇌가 극복될 것이고 어느 순간 문득 벗어날 것입니다.

성급하게 결과를 기대하지 말고, 먼 길을 가는 사람처럼 한 발 한 발 나아가는 자세로 진지하게 귀를 기울이십시오.

14. 화를 다스릴 수 있을까요?

: 저는 20대로 아직 젊지만 또래보다 뒤떨어졌다는 생각이 자주 일어나면서 저 자신에 대하여 화가 자꾸 납니다. 선생님에게 이 화의 정체에 대해 여법하게 듣고 싶습니다. 선생님의 설명을 들으면 화를 다스릴 수 있지 않을까요?

생각이 나면 화도 나고 생각이 없으면 화도 없으므로 화의 원인은 생각입니다. 과거와 미래를 헛되이 생각하지 말고, 남과 나를 비

407

교하여 생각하지도 말고, 현재 자신의 할 일에만 충실하면 화를 내는 일이 줄어들 것입니다.

화에서 완전히 자유로우려면 마음을 깨달아 마음에서 벗어나야 합니다. 믿음과 끈기가 필요합니다. 현재 자신의 일에만 충실하면서 마음공부도 게을리하지 않으면, 점차 좋아질 것이고 언젠가는 감정에서 완전히 벗어나는 일도 성취될 것입니다.

15. 직업과 마음공부의 관계는?

: 선생님께 배우면서 선을 공부한 지 1년 조금 지났습니다. 제가 하는 일이 명리와 풍수지리인데, 선을 공부하면서 항상 제가 하는 일이 마음에 걸립니다. 선을 공부하고는 싶은데 직업이라 그만둘 수도 없는 사정입니다. 제가 하는 일을 계속하면서 선을 공부하는 것은 어렵겠는지요?

어떤 직업을 가지든 그 직업이 마음공부와 직접적인 관계는 없습니다. 마음공부는 분별을 벗어난 출세간의 일이고 직업은 분별되는 세간의 일이므로, 세간과 출세간은 제각각 성립되어 있고 서로 방해하지 않습니다.

직업은 생각으로 행하는 일이지만, 마음공부는 생각을 벗어난 마음의 일입니다. 어떤 직업을 가지고 무슨 일을 하든지에 상관없이, 마음속에서 생각을 벗어나고 싶어서 하는 공부는 가능합니다.

설마 명리학과 풍수지리가 불교처럼 마음의 본질을 깨닫는 일이라고 여기지는 않겠지요? 그렇다면 명리학과 풍수지리는 다만 세속의 일일 뿐이니, 마음공부를 방해하진 않을 것입니다.

16. 바쁜 직장생활과 공부

: 저는 40대 초반의 직장인입니다. 사실 10대부터 시작하여 이 마음공부에 관심을 두고 나름 책도 읽고 수행도 하면서 세월을 보냈습니다. 혼자서 마음공부 하다 엉뚱한 방향으로 빠져 정신적, 육체적 부작용을 경험하기도 했습니다(아직도 그 부작용에 시달리고 있기는 합니다). 항상 뭔가 바깥을 겉도는 듯한 느낌을 경험하다가 작년 후반기부터 선생님의 법문을 들으면서 구심점을 찾은 것 같습니다. 사실, 그전에는 항상 사회생활이나 직장생활이 이 공부보다 더 많은 부분을 마음속에서 차지하고 있었습니다. 그러나 선생님의 법문을 듣다 보니 점점 더 순수하게 이 마음공부야말로 인생의 진정한 목표라는 것이 명확해집니다. 이제 법을 확인하고 싶습니다.

최근에 직장생활의 승진과 관련하여 마음속에 갈등이 많이 생깁니다. 제가 현재 승진할 만한 위치에 있는데 승진을 하게 되면 상당히 힘든 자리로 옮겨 가야 할 것 같습니다. 저는 이전의 경험을 통해서 힘든 자리에서 일하게 되면 이 마음공부에 집중하기가 어렵다는 것을 압니다. 부양해야 하는 가족이 있으니 당연히 직장생활은 해야 하지만, 승진해서 힘든 자리로 옮기면 공부에 소홀해질까 봐 두렵습니다.

사실 선생님의 법문을 들으면서 바른 길로 들어섰다고 느끼고 있고 정말
이 기회에 제대로 공부하고 싶은데, 바쁘고 복잡한 직장일에 시달리다 보
면 공부에 대한 집중에 장애를 받을 것 같습니다. 그렇다고 제가 마음의
고요함을 추구하고 있지는 않습니다만, 현재 제 처지에서는 과도하고 복
잡한 직장 스트레스가 공부에 방해되는 것은 확실합니다.

아니면, 바쁜 직장생활과 마음공부는 상관이 없을까요? 정말 제가 마음
으로 따로 법을 구하고 마음의 고요함을 추구하는 데서 비롯된 망상에 시
달리는 것인지 모르겠습니다. 법에 대해 진정으로 갈망한다면 이런 고민
들이 없지 않을까요? 어리석은 질문인 것 같지만 선생님의 한 말씀을 꼭
듣고 싶습니다.

하루 종일 오로지 일에만 매달려서 공부에 마음을 둘 여유가 없
을까 봐 걱정하시는군요. 무엇보다도 이 공부는 마음으로 하는 것
입니다. 마음으로 하는 공부이므로 공부하고자 하는 마음만 있으면
이미 공부를 하고 있는 것입니다.

별도로 공부하는 시간이라면 법문을 듣는 시간인데, 출퇴근 시
간을 이용하거나 퇴근 후에 약간의 휴식시간이나 주말에 법문을
들을 약간의 시간은 있겠지요? 공부할 시간이 많다고 하여 공부를
잘하는 것은 아닙니다. 공부에 대한 갈증과 열정이 얼마나 절실하
냐가 가장 크게 작용할 것입니다.

물론 하루 종일 바쁘게 일에만 얽매여 있어서 정신적으로나 육
체적으로나 너무나 피로한 상태에서 살아가며, 시간이 날 때는 곧

장 잠에 곯아떨어지기만 한다면, 공부할 여유가 없을 것입니다. 그러나 정상적인 직장생활이라면 그렇게까지 일에 얽매이진 않을 것입니다.

물론 어떤 직장생활을 할 것인지는 본인 스스로 판단하여 결정하시기 바랍니다. 공부의 뜻이 간절하고 일과 휴식이 적절하게 보장된 직장이라면, 조금 바쁜 일을 해도 상관이 없을 것입니다.

17. 결혼과 공부

: 정말 외람된 질문입니다만, 선생님께서는 스승님 문하에서 이것을 깨달은 뒤에 결혼하셨습니까? 아니면, 이 공부를 하기 전에 결혼하셨습니까? 저에게는 정말 중요한 질문입니다. 답변 부탁드립니다.

결혼하여 아이 낳고 살다가 이 공부를 시작하였습니다. 결혼하였다고 이 공부를 할 수 없는 것은 아닙니다. 그렇지만 아직 미혼인 사람이 이 공부에 뜻이 있다면, 결혼을 굳이 권하지는 않습니다. 결혼을 하게 되면 아무래도 여러 가지 세속적인 일들에 더 많은 신경을 써야 하므로 공부를 함에 성가신 일이 많은 것이 사실이기 때문입니다.

결국, 이 공부는 혼자서 하는 것입니다. 그러나 결혼하여 가정을 이루고 산다고 하여 마음공부를 못하는 것은 아닙니다.

18. 깨닫지 않고도 잘 사는 사람은 뭔가요?

: 번뇌가 많고 삶에서 하나하나에 걸림이 있어서 불법을 공부해 자유로워진 사람과, 원래부터 번뇌가 없고 삶에 걸림이 없어서 원래부터 자유롭고 행복하게 사는 사람 사이에 차이가 있습니까? 왜 저 같은 사람은 불법을 공부해서 자유를 얻어야 하는 것이고, 대다수 사람은 불법 공부를 아예 모르고도 처음부터 아무런 문제 없이 잘 살아가는 것인가요?

깨달음이 없는데 원래부터 번뇌가 없고 자유롭고 만족한 사람은 없습니다. 아픈데도 아픈 줄도 모르고 살아가거나, 아픈 것을 당연한 일로 여기면서 참고 살아가거나, 아픈 줄 뻔히 알면서도 그렇지 않은 듯이 웃으며 살아가는 것이죠. 아픈 줄 알고 아픔을 견디지 못하여 병을 치유하여 건강하게 살기를 바라는 사람이 이 공부를 하는 것입니다.

병이 나아서 건강해졌다고 하여 겉으로 보기에 무슨 특별한 일이 있는 것은 아닙니다. 애초에 겉으로는 잘 드러나지 않는 마음의 병이고, 병이 나아서 마음이 건강해졌더라도 겉으로는 뚜렷이 드러나지 않지요. 그러나 내면의 마음은 확연히 달라집니다.

19. 삶이 고통이고 싫습니다

: 계속하여 실패하는 인간관계, 그 속에서도 어떻게든 인연의 끈을 이어 보려 하면서 언제나 끌려다니기만 하고, 사람들 속에서 언제나 겉돌고 매일매일 삐에로처럼 나 아닌 허상을 연기하며 살고 있습니다. 그 속에서 이것저것 해 봤지만 언제나 실패입니다. 저같이 하루 종일 고통 속에 있는 사람은 어떻게 해야 할까요? 그냥 좋다거나 싫다고 이름 붙이지 말고 가만히 있어 볼까요? 저도 분별을 멈추고 해탈한 세상에서 좀 편안하게 살고 싶습니다.

자신의 삶을 고통이라고 여기는 생각이 문제입니다. '나의 삶은 매사에 실패이고 고통이다'라는 생각이 바로 자신을 괴롭히는 헛된 망상입니다. 자신의 느낌이나 기분이나 생각을 보면 전부 고통이고 싫을 것입니다. 이 모두는 헛된 망상이기 때문에 고통이고 싫은 것입니다.

자신을 보지 말고 느낌이나 기분이나 생각을 보지 말고 오로지 진실을 깨닫겠다는 일념으로 법문을 들으십시오. 설법에 귀를 기울이며 설법에서 가리키는 불교의 진리, 선의 진리가 무엇인지에만 관심을 두십시오.

자기가 마주하여 시달리는 고통은 사실은 꿈과 같은 허깨비요 망상입니다만, 아직 꿈에서 깨어나지 못한 사람에게는 그것이 망상이 아닌 사실처럼 여겨지기 때문에, 그 고통을 마주하여 고통을 이겨 낼 힘이 없습니다.

　이런 때는 그러한 고통을 직접 상대하지 마시고, 선지식을 믿고
그의 가르침에 의지하면서 그 가르침에 해탈하는 길이 있다고 믿
고서, 열심히 그의 가르침에 귀를 기울이는 것이 망상을 벗어나는
길입니다.

　자신을 둘러싸고 있는 헛된 망상인 허깨비를 상대하여 싸우지
마십시오. 진실을 깨우치면 모든 허깨비는 저절로 사라집니다. 빛
이 비치면 아무리 오래된 어둠이라도 저절로 사라지는 것과 같습
니다.

20. 공부해도 삶이 괴롭습니다

: 법회에 참가할 여건이 안 되어 인터넷으로 선생님 법문을 열심히 듣고
있습니다. 아무리 들어도 어떤 마음의 변화도 없고 번뇌만 가득합니다.
직장생활의 인간관계에서 오는 번뇌와 갈등으로 마음이 아프고 고통스러
울 때면 '이 괴로운 마음이란 무엇인가?' 하고 되묻곤 하지만 괴로움은 그
대로입니다. 업장이 두터운 탓이려니 하고 위로해 봅니다만, 어떻게 하면
이 마음의 고통에서 벗어날 수 있을까요?

　인간관계가 힘들다면 우선 나를 내세우지 않는 자세로 양보하고
베푸는 입장이 되십시오. 이러한 태도는 인간관계에서의 힘든 일도

가볍게 해 줄 것이고, 또 공부하는 사람의 기본적인 자세이기도 합니다. 나는 공부하는 사람으로서 공부에는 욕심이 있지만 세속에는 욕심이 크게 없다는 태도가 모든 일을 가볍게 만들 것입니다.

그리하여 시간이 날 때마다 공부에 마음을 기울이십시오. 또 가능하면 시간을 내어서 정진법회에도 직접 참석하여 설법을 들으면 좋습니다. 불교의 깨달음을 믿고 마음공부에 견고한 뜻을 두고 꾸준히 끈기 있게 공부하면, 세속의 어떤 일도 마침내 방해가 되지 않을 날이 올 것입니다.

21. 직장을 그만두고 공부만 할까요?

: 저는 37살 미혼 남성 직장인입니다. 선생님의 설법을 들은 지는 3달 정도 되었습니다. 선생님, 저는 지금과 같이 생활해서는 변화할 수 없을 것 같습니다. 계속 이렇게 지낸다면 마음공부가 끝나지 않을 것입니다. 지금 저는 제가 무엇을 하고 있는지 모릅니다. 직장을 그만두고 마음공부에 매진해야 하지 않을까 하고 많은 갈등을 하고 있습니다. 따로 찾고 구할 것이 없고 지금의 이 마음이 전부라고 하지만, 저는 구하고 찾아보아야 할 시기인 것 같습니다. 어떻게 해야 할지 모르겠습니다.

어떤 사람은 이 공부를 위해 가족, 직장 등 모든 것을 버리고 떠나지만, 깨달음을 얻는 사람도 있고 얻지 못하는 사람도 있습니다.

어떤 사람은 가족, 직장을 그대로 유지한 채 이 공부에 매달리지만, 역시 깨달음을 얻는 사람도 있고 얻지 못하는 사람도 있습니다.

어떤 사람은 2~3년을 기약하고 직장을 쉬고 공부에만 매진해서 성과를 얻기도 하고, 그렇게 해도 아무런 성과를 얻지 못하기도 합니다. 사회생활을 버리고 마음공부만 하여 성공할 수도 있고 실패할 수도 있으니, 사회생활을 포기하고 마음공부만 하는 것이 공부의 성패를 좌우한다고 할 수는 없습니다.

결국, 어떤 길을 선택하는가는 자기 결심의 문제이며 자기 의지의 문제입니다. 가장 중요한 것은 이 공부에 대한 진지한 믿음, 공부를 해내고자 하는 확고한 의지, 끝까지 해내고자 꾸준히 공부하는 끈기입니다. 세속의 일보다는 출세간의 깨달음에 더욱 큰 가치를 두고 있다면, 결국 원하는 대로 이루어질 것입니다.

8장
체험과 그 뒤의 공부

1. 이 체험이 깨달음일까요?

: 선생님의 법문 《사하라의 노래》를 듣다가 '아! 이걸 말씀하시는구나' 하
는 감이 왔어요. 그런데 이제 어떻게 해야 하는 건가요? 여태까지는 법
문 듣는 시간 외에는 늘 '이것이라는데, 이것이 뭘까?'라는 생각이 화두처
럼 사무쳐 있었는데, 지금은 그런 화두가 사라졌습니다. 그러나 명확하지
는 않고 자신이 없습니다. 이것이 분명 '이것'인 것 같은데, 이 체험이 경
계일까요? 아니면, 지금 감이 온 '이것'을 계속 물고 늘어져야 되나요? 눈
을 떠도 눈을 감아도, 소리가 들려도 들리지 않아도, 한결같은 이것이 있
습니다. 사실은 늘 이것이 있었어요. 혹시 잘못된 경계이거나 분별망상이
라면 매섭게 경책해 주십시오.

'이것'이라는 감이 오고 보니 언제나 '이것'이 있었고, 지금도 있
다고 하시는군요. 이 말씀만으로는 '이것'을 의식으로 이해하고 하
시는 말씀인지, 정말로 '이것'을 체험하여 분별망상에서 벗어나 진
여자성에 통했는지를 판단하기 어렵습니다. 한번 찾아오셔서 면담

하시기 바랍니다. '이것'을 체험하는 것이 참된 깨달음이라면 다음과 같은 몇 가지 측면이 경험됩니다.

첫째, 분별망상 즉 생각에서 벗어나는 해탈의 경험입니다. 분별망상에서 벗어나기 때문에 이전까지의 세상에서 벗어난 듯하고, 텅 빈 허공만 있는 듯하고, 내면의 마음이 사라진 듯하고, 내면에서 아무것도 일어나는 것이 없고, 세상의 모든 일이 나와는 상관없는 일처럼 느껴지고, 마음이 달라진 듯하고, 무엇을 깨달았는지 알 수 없는 듯합니다.

둘째, 여여한 진여자성이 나타나는 경험입니다. 텅 비어서 아무것도 없는 것 같으면서도, 또 한편으로는 늘 한결같은 듯하고, 무언가 변함없는 것이 있어서 생길 수도 없고 사라질 수도 없는 듯하고, 늘 깨어 있는 듯하고, 밑바탕에 무언가 항상 살아 있는 듯하고, 의심할 수도 없고 어떻게 해 볼 수도 없는 자신의 근본이 있는 듯하고, 생각과는 상관없는 것이 늘 깨어 있고 살아 있는 듯합니다.

셋째, 지금까지 답답해하면서 추구하던 일이 끝났음을 알 수 있습니다. 마치 목마른 사람이 물을 찾아 헤매다가 물을 마시고 갈증이 사라진 듯하고, 배고픈 사람이 밥을 먹고서 배고픔이 사라진 듯하여, 그동안 '이게 아닌데' 하면서 찾고 추구하던 일이 저절로 끝나고 갑자기 할 일이 없어진 듯합니다.

넷째, 평생 자기의 삶이 아니라 남의 삶을 살다가 이제 비로소 참된 자신의 삶을 살게 된 듯한 만족이 있습니다. 마치 자기의 집을 잃고서 거리를 떠돌던 아이가 다시 자기의 집으로 돌아와 편안히 머물러 안심하게 된 듯하여, 편안함, 안심, 안락, 걱정 없음 등의 만족이 있습니다.

다섯째, 마음이 생각과 감정이라는 좁고 갑갑한 곳에 갇혀서 늘 숨이 막히도록 힘들었는데, 갑자기 그 감옥에서 벗어나 허공처럼 끝이 없고 무한한 자유의 세계로 나와서 깊은숨을 들이쉬며 개운해진 듯한 만족이 있습니다. 마치 무언가에 짓눌려 힘없이 죽어 가던 사람이 그것에서 빠져나와 다시 살아난 듯한 안심과 만족이 있습니다.

여섯째, 지금까지 알 수 없었던 스승의 법문을 알 수 있는 듯합니다. 지금까지 스승의 법문을 들으면서도 그 말을 알 수 없어서 늘 답답하고 갑갑하였는데, 깨달음을 체험하게 되면 그때부터는 스승의 말씀을 알 수 있는 듯하고 공감을 느끼게 됩니다. 스승의 말씀을 생각으로 헤아려서 이해하는 것이 아니라, 그냥 무슨 말씀을 하는지 알 것 같다고 여겨집니다.

참으로 깨달으면 이러한 몇 가지 측면의 체험이 일어납니다. 물론 처음에는 이런 경험들을 잘 알지 못할 수도 있으나, 시간이 지날수록 이런 경험들이 선명하게 드러날 것입니다. 처음에는 본인이 이런 경험들을 스스로 확실하게 판단할 수는 없으니, 이와 비슷한 체험을 한 듯하면 스승을 찾아서 면담하여 점검받는 것이 좋습니다.

2. 이런 것이 체험인가요?

: 오래전 불법을 만나 공부하다가 관법(觀法)을 수행하게 되었습니다. 지금은 특별히 문제를 못 느끼고 어떠한 맛도 없이 그저 현재를 살아갈 뿐입니다. 그냥 안팎으로 일어나는 일을 지켜보다 보니 특별히 싫은 것도 없고, 좋은 것도 없고, 미운 것도 없고, 성낼 것도 없고, 무엇을 이루려는 성취욕도 없고, 무엇을 거부하는 감정도 없습니다. 가끔 어떤 체험도 하지만 그 체험도 나와 관계없는 일처럼 보입니다. 종종 옛 선사들의 문답을 읽게 되면 그저 아리송하고, 종종 감상에 젖어 혼자 술을 마시기도 합니다. 제가 놓치고 지나치는 부분이 무엇인가요?

님은 놓아 버려야 할 의식의 굴레는 많이 놓고 있지만, 놓칠 수 없는 것이 있음을 알지는 못하고 있군요. 다시 말해, 님은 여러 감정이나 욕망의 굴레로부터는 많이 벗어나 편해졌지만, 분명하고 확고한 자리에 아직 계합하지는 못하고 있는 것 같습니다.

분명하고 흔들림 없는 진실한 자리를 확인하여 의심이 없어져야 하는데, 그렇지 못하면 아무리 몸과 마음이 편안함을 느껴도 님처럼 불분명하고 어떻게 된 일인지 모르는 의문 속에 빠져 있게 되는 것입니다.

지켜보거나 보지 않거나 감정이 치성하게 일어나거나 나지 않거나 한결같은 것은 무엇입니까? 머리로 의식하려고 하지 마시고 그저 모르는 상태로 간절히 공부하십시오. 참으로 들어맞는 체험이 오면 저절로 분명해질 것입니다. 그 한결같은 것은 모든 경우에 한결같을 뿐이고, 어떤 감정이나 개념이나 몸의 느낌도 아닙니다.

　이 공부에서, 어떻게 해야 할지 모르는 막막함이나 그럴듯하게 잘 지어진 지식의 허망함에 빠지지 않으려면, 오직 그 한결같이 분명하여 부정할 수 없는 것을 어떤 계기에 문득 체험하여 확인해야 합니다. 오직 그때만 님은 의심 없는 자리를 점차 확신하게 될 것이며, 이것이 공부가 되어 가는 것입니다.

: 답변에 감사드리며, 재차 여쭙겠습니다. 그럼, 선생님께서 제게 이른 뜻은, 감정을 일으키는 의식의 놀음에는 어느 정도 자유로우나 그것 또한 꿈같은 일이니, 저 스스로 아직 확연하지는 않지만 덜컥하고 믿어지는 그 자리를 티끌만치의 오차도 없이 믿음으로 들어가 한 맛을 보라는 그런 말씀이신지요? 당장 지금 질문을 적고 있는 이 상태를 그대로 믿어 의심치 말고 맛을 보라는 말씀이신지요?

　그림자를 보기는 쉬우나 당체를 깨닫기는 어렵고, 말하기는 쉬우나 진실로 그렇기는 어렵습니다. 님께서 지금 이대로를 맛보아 믿어 의심치 않는다면, 언제 어디에서 어떤 인연을 대하든 의심이 없을 것입니다.

　진실로 믿어 의심이 없다면, 믿는다는 생각도 의심이 없다는 생각도 일어나지 않습니다. 그러면서도 늘 그 자리에 있어서 흔들림이 없음이, 마치 걸어가며 발을 움직이고 손을 움직이듯이 명백합니다.

지금 내가 어떤 상태에 있는가 하고 의문이 일어난다면, 아직 그 자리가 확실치 않은 것입니다. 설사 그 맛을 좀 보았다 할지라도, 아직 의식적으로 확인코자 하는 마음이 일어나고 있으므로 여전히 의식의 힘에 지배당하고 있는 것이지요.

만약 맛본 그 자리가 진실로 분명하다면, 오로지 그 자리에 몰두하여 저절로 떠나지 못할 것입니다. 왜냐하면, 그 맛은 지금까지 맛본 그 어떤 맛보다도 더 강렬하여 도무지 그 맛에서 떠날 수가 없기 때문입니다.

오로지 그 맛에 충실하다 보면 점차 반야의 지혜가 힘을 발휘하여, 나타나는 경계와 인연들이 저절로 올바르게 제자리를 찾아갈 것입니다. 그러므로 힘들이지 않고 편안함을 얻으며, 점차 어떤 의심도 일어나지 않게 되는 것입니다.

3. 이 체험이 깨달음일까요?

: 저는 십여 년 여러 가지 수행을 하다가 간화선을 공부한 지 한 1년 되어 갑니다. 그동안은 무엇인가 이루려는 마음을 가지고 세월을 보냈는데, 그 때문에 마음고생을 몹시 했습니다. 그렇게 애를 쓰다가 완전히 포기하려는 마음이 들 즈음에 "이 뭣고?"를 들었습니다. "이 뭣고?"를 하다가 어느 날 문득 '구하려는 마음을 내려놓은 자리가 바로 구하려는 자리다'라는

생각이 툭 들었습니다. 그게 일주일 이상 마음에 꽉 들어차 있었는데, 그것이 맞는 것인가 하는 확인을 할 사람이 없어 길을 지나가는 스님이라도 붙잡고 물어보고 싶을 정도였습니다.

그때부터 좌선을 하게 되면 몸과 마음이 지극히 이완되면서 더이상 호흡이 내려가지 않는 아주 편안한 상태에 이르게 되는데, 거기에는 아무것도 없는, 아니 아무것도 분별이 안 되는 그저 다만 모를 뿐인 상태로 마음이 편안하고, 힘들이지 않고 저절로 "이 뭣고?"가 유지되었습니다. 이 상태는 행주좌와 어묵동정 간에도 그냥 쉽게 유지될 수 있었습니다.

이때에 이르자 내가 이제껏 수도 없는 노력으로 뭔가를 찾으려고 해 왔으나 이제 보니 다만 이것밖에는 없다는 확신이 들었으며, 무엇을 찾아서 얻는 것이 아니라 다만 그 마음을 내려놓는 것일 뿐이라는 생각이 들었습니다. 이것은 너무도 간단해서 이걸 놓으려고 그동안 그렇게 오랜 세월기를 썼나 하는 웃음도 나왔습니다.

이 상태를 삼매라고 불러야 할지는 잘 모르겠으나, 마음이 지극히 편안해서 오로지 믿어지는 것은 이것밖에 없구나 하는 생각이 듭니다. 분별이 일어나지도 않고 다만 모를 뿐인 상태이므로, 이거다 저거다 말할 수도 없었습니다. 또 분별할 수 없는 이 자리를 가리켜 주기 위해서 의문이 확 들도록 하는 선문답이 필요한 것이구나 하는 생각도 들더군요. 그러면서 이 자리야말로 공부의 시작이구나 하는 생각도 듭니다.

과연 이러한 제 상태가 바른 공부를 찾은 것인지 궁금합니다. 한편 요즘은 삼매가 처음과 같고 더 깊어진다는 느낌이 없어 웬일일까 하는 생각도 드는데, 삼매가 더 깊어져야 하는 걸까요? 깨친 분들의 상태는 이러한 것이 아니고 더 깊을 거라는 생각도 듭니다. 아니, 이 말 자체가 잘못된 것

같기도 하군요. 그리고 "이 뭣고?" 화두가 들려 있지 않을 때는 괴로움이
일어나곤 합니다.

제 공부 상태에 대한 선생님의 도움 말씀 기다립니다.

좋은 경험을 하셨군요. 아무것도 모르는 상태가 가장 지혜로운
상태입니다. 그 상태에서 안정이 되어 따로 할 일도 원할 것도 없이
편안하게 지낼 수 있다면, 점차로 지혜가 분명해질 것입니다. 예전
에는 없었던 바름과 삿됨을 볼 수 있는 능력이 차차 생겨날 것입니
다.

진정으로 모르는 상태가 곧 마지막임을 체험하여 모르는 상태에
서 그대로 편안하면서도, 온갖 분별을 걸림 없이 할 수 있다면 님에
게 축하를 보냅니다. 이제 님은 두 가지를 조심하십시오.

첫째, 의식적으로 자신의 상태를 확인하려고 노력하지 마십시
오. 그냥 모르는 상태를 편안히 즐기십시오. "이 뭣고?"가 그대로
모르는 상태임이 분명합니까? 행주좌와 어묵동정에 모르는 상태가
그대로 편안하게 지속됩니까? "이 뭣고?"가 그대로 모르는 상태임
이 분명하다면, 이제 더 이상 "이 뭣고?"를 들거나 들지 않거나 아
무 차이가 없을 것입니다. 어떻습니까?

둘째, 삼매의 느낌에 집착하지 마십시오. 감미롭고 포근한 삼매
의 느낌은 의식의 구속에서 풀려남에 따라 나타나는 일시적 현상
입니다. 마치 아프던 사람이 병이 나아 건강을 회복할 때 느끼는 강

렬한 상쾌함과 같은 것이지요. 그러나 늘 건강한 사람은 그런 강렬한 상쾌함을 느끼지는 않습니다. 그러므로 삼매의 느낌에 집착하지 마십시오.

늘 건강한 사람은 병에서 빠져나올 때 느끼는 강렬한 쾌감과는 달리 건강의 즐거움과 가치를 생활 속에서 늘 담담하면서도 분명하게 느낍니다. 자기가 건강한지 아닌지를 일부러 확인하지 않아도, 늘 저절로 자명하게 나타나 있지요.

마찬가지로, 삼매의 자리에 익숙해지면 처음에 느꼈던 그런 강렬한 느낌은 없지만, 늘 담담하면서도 분명하게 삼매의 즐거움과 지혜가 갖추어져 있음을 저절로 압니다. 또 건강의 가치는 몸을 사용할 때 드러나듯이, 삼매의 힘도 마음을 사용할 때 진정으로 드러납니다. 삼매가 더 깊고 더 얕은 것은 없습니다. 다만 새롭게 경험한 삼매에 익숙해져 가는 시간이 필요할 뿐입니다.

: 또 질문이 생각나 글을 올립니다.《금강경》에 나오는 "응무소주이생기심"이라는 말을 일반적으로는 "마땅히 머무는 바 없이 그 마음을 내라"고 해석하더군요. 그러나 제 체험에 따라 본다면 "마땅히 머물지 않는 바가 되어야 그 마음이 살아난다"라고 해야 할 것 같습니다. 보리심은 일으킨다고 일으켜지는 것이 아니라, 오히려 일으키려는 그 마음이 사라져야 비로소 항상 있었음을 알게 되기에 그렇습니다. 보리심조차도 보리심이라고 하면 규정이 되어 버리므로 순간순간의 보리심에도 머묾이 없어야 무

여열반에 이르게 되는 것이 아닐까 하는 생각도 들더군요. 그때그때의 마음을 번뇌다 보리심이다 분별할 것이 아니라 그냥 순간순간의 마음에 영원히 머묾이 없어야 한다는 것이죠.

이제 이러한 바에 의해 모든 것은 '이거다' '저거다' 하고 규정할 수가 없고, 다만 '이것인 듯하고 저것인 듯하다'라고 밖에는 달리 말할 도리가 없다는 생각이 듭니다. 우리가 안다고 하는 모든 것은 단지 이름만 알고 있을 뿐, 실체를 알 수가 없으니 어찌 '이거다' '저거다'라고 할 수가 있을까요? 제가 바른 길을 가고 있는지 보아 주시기 바랍니다.

현재 자신의 지혜로써 경전에 나오는 부처님 말씀이나 어록에 나오는 조사 스님 말씀의 뜻을 나름으로 헤아리고 따져 볼 수는 있으나, 그렇게 하는 것을 공부로 삼으면 안 됩니다. 이 공부는 부처님의 말씀이나 조사의 말씀을 이해하거나 해석하는 일이 아닙니다.

그런 말씀의 뜻을 풀이하고 있는 지금, 알 것도 없고 모를 것도 없고 그 무엇도 아닌 그것은 어디에 있습니까? 지금 당장 예전의 분별망상에서 벗어나 새로 확인한 님의 본래면목이 분명하면 그뿐입니다.

생각하고 말하면 맞지 않지만, 이렇게 분명한 바로 이것!

생각을 벗어나고, '나'를 벗어나고, 세상을 벗어나고, 아무것도 아닌 바로 이것!

있다고 할 수도 없고 없다고 할 수도 없는 바로 이것!

이렇게 명백하지만 무엇이라고 할 수 없는 바로 이것!

이것뿐입니다.

생각으로 정리하려고 하면, 모두가 망상입니다.

4. 이것은 해탈의 체험인지요?

: 공부를 하다 보니까 십여 년 전에 제가 경험했던 일이 자꾸 뇌리에 떠올라 이것도 해탈의 체험인지 궁금합니다. 당시에 저는 앞날이 암울할 뿐더러 설상가상으로 사람에 대한 상처를 너무 심하게 받아 주체하지 못할 지경이었습니다. 그래서 죽을 결심을 했습니다. 한동안 부모형제를 생각하며 고민하다가 어느 날 진짜 죽으려고 마음먹으니까 부모형제의 얼굴도 보이지 않더군요.

그런데 그 순간 이상하게도 내가 보고 있는 나무며 풀이며 걸어 다니는 사람들이 아주 생기발랄해 보였습니다. 나무나 풀에는 광채 같은 것이 느껴지고, 저 스스로는 아주 위축되고 쪼그라드는 느낌이었습니다. 이런 살아 있는 것들을 두고 죽어야 한다는 것이 억울했습니다. 걸어 다니는 사람들은 내가 느끼는 이런 살아 있는 강렬한 느낌을 모를 것이라고 생각하면서도, 그들의 생기발랄함이 부러웠습니다. 그렇게 죽으려는 마음은 사라지고 결국 일상으로 돌아왔습니다. 공부를 하다가 체험 이야기를 들으니 저의 이 경험도 혹시 해탈의 체험인지 아닌지 궁금합니다.

극한의 절망 속에서 갑자기 심경에 변화가 생기는 경험을 하신 것이로군요. 깊은 절망 속에 있다가 다시 평온한 일상으로 돌아오신 것은 정말 다행입니다.

그러나 해탈의 체험은 평온한 일상을 사는 것에 그치지 않고 일상의 모든 얽매임과 집착에서 벗어나 자유자재하고, 그 자유자재함에서 벗어나지 않는 지혜가 밝은 것이라고 할 수 있습니다. 공부를 잘하셔서 모든 것에서 벗어난 대자유를 얻기 바랍니다.

5. 마음이 편안합니다

: 마음이 매우 혼란하였는데, 법문 중에 "칭찬해도 이것이고, 욕해도 이것뿐이다"라는 말씀을 듣고서 마음이 편안해졌습니다. 그리고 "언제나 한 순간도 다른 것이 없다"라는 말씀을 듣고서 마음이 편안하거나 불편하거나 똑같다는 것을 알았습니다. 어떻습니까?

말씀으로 보아서는 말을 이해하고 생각을 고쳐서 마음이 좀 편해진 것으로 보이지, 생각을 벗어나 모든 망상이 쉬어진 깨달음은 아닌 것으로 보입니다.

6. 이것이 뚜렷합니다

: 누가 말하기를 "부처가 곧 지금의 삶이어서 두루 다 갖추어져 있으니, 말하지도 말고 묻지도 말라"고 했는데, 저는 말하는 것도 아니요, 침묵하는 것도 아니라고 봅니다. 부처의 삶이라는 분별도 없고, 두루 갖추어졌다는 분별도 없고, 없다는 분별도 없습니다. 어떻게 말하더라도 바로 이것 아닙니까? '이것'이라고 지칭할 것도 없지만, 삼라만상을 덮고 있는 이것은 뚜렷이 있습니다. 어떻습니까?

  아직 여전히 생각으로 이해하는 쪽에 머물러 있습니다. '바른 법은 이런 것이다'라는 견해가 있기 때문입니다. 분별하는 생각에서 벗어나 모든 견해가 사라져야 합니다.

7. 생각이 쉬어졌습니다

: 저는 올해 60이 된 남자입니다. 20년 정도 화두를 들고 공부를 해 왔습니다. 약 1년 전에 우연히 인터넷에서 선생님 법문을 보게 되어 음성법문을 듣고 홈페이지에 올려진 글들도 많이 보았습니다. 몇 달 전 음성법문을 듣는 중에 우연히 실상이 문득 드러났습니다. 현재도 항상 이것이 분명하며, 모든 것이 실상 아닌 바가 없을 뿐이라고 할 수 있습니다.
직업상 머리를 많이 쓰고 생각을 깊이 하여 분별하는 일을 하고 있는데,

머리를 쓰고 분별하는 중에도 이것은 분명한 상태여서 큰 장애는 되지 않습니다. 그렇지만 어쩐지 머리를 쓰고 분별하는 일이 싫어지면서 재미가 없고 억지로 하다 보면 머리가 아플 때도 있습니다. 이러한 때 머리를 쓰는 일을 안 해야 하는 것이 좋은지, 아니면 그냥 지금처럼 머리를 써서 분별하면서 살아도 이 공부에 지장이 없이 무방한 것인지 궁금합니다.

좋은 소식을 전해 주셔서 고맙습니다. 처음 생각이 쉬어지고 나면, 생각이 쉬어진 삶이 너무 편안하고 좋아서 이전처럼 생각 속에서 살고 싶지 않은 것은 자연스러운 일입니다. 이제부터는 생각이 쉬어진 곳에 익숙해지는 것이 곧 수행이고 공부입니다. 이것이 이른바 익숙한 것에 낯설어지고 낯선 것에 익숙해져 가는 것입니다.

그동안 해 오던 일을 그만둘 수는 없으니, 일은 하셔도 괜찮을 것입니다. 일할 때는 일을 하더라도 일단 생각에서 벗어났기 때문에 다시 생각에 사로잡혀 살지는 않을 것입니다. 물론 스스로 느끼기에 다시 생각으로 끌려갈 것처럼 불편하거나 싫은 일이라면, 그 일을 그만둘 형편이 된다면 억지로 계속할 필요는 없을 것입니다.

생각이 쉬어져서 편안한 곳에 익숙해지도록 하셔야 합니다. 생각이 쉬어져서 편안한 곳에서 모습은 없으나 분명히 드러나 있는 실상이 확인될 것입니다. 이 생각할 수 없으나 분명한 실상에 더욱 익숙해지는 데에는 많은 시간이 필요합니다.

생각이 쉬어진 자리에서 드러나는 실상에 자연스럽게 친근해지도록 하십시오. 일부러 할 일도 없고 어떤 요령이나 방법도 없습니다. 저절로 드러나 있는 실상에 친근해지면 공부가 저절로 진행되어서 지혜도 저절로 밝아질 것입니다.

8. 법문을 이해하게 되었습니다

: 최근 법문을 듣던 중 종종 말씀하시는 "물에다 '물'이라는 글자를 쓰는 것이다"라는 말씀에 대해 이해(?)를 하게 됐습니다. 이해했다고 함은 법문을 들으면서 한 생각 쉴 수 있게 되었다고 할까 그런 것입니다. 그러면서 지금까지 원장님께서 반복하여 말씀하시던 말들이 말 그대로 그러함을 알게 됐습니다. 하지만 시원한 것은 아니고, 여전히 답답함이 있습니다. 공부는 제가 어찌할 방법은 없으니 그냥 법문을 계속 듣고 있습니다. 다만 예전과 달리 뜻으로만 듣고 있지는 않습니다. 그래도 물론 계속 생각에 시달리기는 합니다. 이와 같이 공부하는 것이 제대로 길을 가고 있는 것인지 궁금해서 질문합니다.

법문을 이해하여 생각이 좀 쉬어진 것은 생각에서 벗어나는 깨달음은 아닙니다. 분별하는 생각에서 벗어나는 깨달음이 체험되면, 법문의 내용을 알 수 있는 듯이 느껴지지만 그 말이 이해되는 것은 아닙니다.

이 법을 깨달으면 법문이 무엇을 말하려고 하는지 마음에서는 와 닿는데, 생각으로 이해하는 것은 없습니다. 사실은 이해하고 분별하는 생각에서 벗어나 아는 것도 없고 이해하는 것도 없습니다.

이처럼 시원하게 통하여 마음에 걸림이 없어질 때까지 답답함 가운데 공부하실 수밖에 없습니다. 계속 공부하시길 빕니다.

9. 체험한 것 같습니다

: 지금도 항상 있고 예전부터 늘 있어 온 이 마음을 실감한 지 3주 정도 됐습니다. 저에겐 큰 느낌은 없었고 일을 하다 창밖의 하늘을 보며 나뭇가지가 흔들리는 것을 보다가 '어, 이 마음이 뭐지? 아무 생각이 없네. 그냥 항상 있어 온 이 마음은 너무 평범하여 말이나 글로 설명하기 어려운 거였구나'라는 생각이 들었습니다. 그러고 하루가 가고 이틀이 가고 몇 주가 가도 이 마음은 그냥 있습니다. 아마 제가 틀리지 않다면 마음의 문을 처음 연 것이 맞을 것 같습니다.

그런데 문제가 생겼습니다. 직장에서 요즘 저는 예전과 다르게 제가 느끼는 바른말을 자연스럽게 여러 번 하게 되었는데, 직장 사람들이 합세해서 저를 신경질적인 말이나 행동으로 거칠게 대합니다. 예전보다 훨씬 두려움은 없는 것 같기도 하지만, 직장 사람들과 어울리기가 어렵네요. 저는 공부를 어떻게 해 가야 할까요?

이 마음을 실감하셨다고 하는데, 한번 오셔서 직접 만나 말씀을 듣고 싶습니다.

체험하고 나면 마음을 일부러 억제하려는 힘이 약해지기 때문에 생각나는 대로 직설적으로 말하는 경향이 생길 수 있습니다. 이전에 비해 남의 눈치 보지 않고 말하거나 행동하는 것으로 사람들에게 비쳐질 수 있습니다. 그러므로 직장생활을 하려면 이 점을 조금 조심해야 사람들과의 갈등이 없을 것입니다.

이 공부는 지금까지 해 온 그대로 하시면 됩니다. 조심할 것은, 생각으로 공부를 조절하려 하지 마시고, 책을 보고 지식으로 이해하려 하지 마시고, 빨리 이루려고 욕심내지 마시고, 깨달음이 무엇인지 알려고 하지 마십시오.

참으로 체험을 하였다면, 망상에서 깨어난 마음이 저절로 드러나게 됩니다. 저절로 자기의 본래 마음이 드러나면, 이 마음은 언제나 어디서나 시작도 없이 본래부터 드러나 있습니다. 본래부터 드러나 있으나, 생각할 수도 없고 느낄 수도 없고 알 수도 없습니다. 알 수가 없으나 알지 못하는 곳에 분명하게 드러나 있습니다.

10. 감이 왔습니다

: 《대승찬》 법문을 보다가 선생님이 가리키시는 '이것'에 대해 감이 왔습니다. 알고 보니 너무도 당연하고, 단 한 순간도 벗어나고 싶어도 벗어날 수 없는 것이로군요. 비로소 손오공이 권두운을 타고 하루 종일 날아가도 부처님 손바닥을 벗어날 수 없다는 말이 진실임을 알겠습니다. 지금 이 순간이 붓다가 계신 2,500년 전 그 순간과 다르지 않습니다. 선생님, 감

사합니다.

이 글로만 보아서는 이해한 것이 아닌가 의심이 되는군요. '세상 모든 것이 다만 이 하나의 일이다'라고 이해하신 것이라면 깨달음이 아닙니다.

깨달음은 '이것'을 이해하는 것이 아니라, 모든 분별에서 벗어나는 체험입니다. 모든 분별에서 벗어나면 세상은 '이것' 하나로 통일되어 있는 것 같지만, 사실은 '이것'이라고 분별할 것은 없습니다. 모든 분별에서 벗어나면 과거에 알고 있던 모든 것이 사라져서 새로운 사람으로 다시 태어납니다.

몇 개월의 시간을 보내 보시고, 정말로 과거의 세상에서 벗어나 텅 빈 새로운 세상에 들어온 것이 분명하면 한번 찾아오셔서 점검 받으시기 바랍니다. 공부는 쉬워 보이지만, 또한 세밀하게 들어맞아야 하므로 쉽게 여기지는 마십시오. 진실로 조금의 어긋남도 없어야 합니다.

11. 이것은 체험인지요?

: 선생님의 법문을 4개월가량 매일같이 들었습니다. 그런데 어느 날 법문을 듣다가 문득 피식 하고 웃음이 나오면서 '그게 이거야?'라는 생각이 들었습니다. 그 후로 그렇게 답답하던 법문이 머리에 쏙쏙 들어왔습니다.

제가 이것을 알게 된 것인가요? 다른 분들의 공부체험처럼 천지가 진동하듯 전기에 감전된 것 같다거나 환하고 빛나는 그런 대단한 체험은 없었습니다. 지금 며칠째 몸이 아픈데 그 아픔에서 아직 자유롭지도 못합니다. 아무런 변화가 없는 듯도 하고 또 무언가 변화가 있는 듯도 합니다. 이것은 체험한 것인가요? 그냥 이대로 계속 공부하면 될까요?

법문이 머리에 쏙쏙 들어온다는 말은 법문의 내용을 이해하게 되었다는 것일 수도 있고, 분별을 벗어나는 체험을 하고 나니 마치 법문의 내용이 다 아는 것처럼 와 닿게 되었다는 것일 수도 있습니다. 어느 쪽인지는 좀 더 시간이 흘러야 밝혀질 것입니다.

생각으로 이해하고 있는 것인지, 아니면 마음이 문득 새로운 세계에 들어와서 예전과는 달라지기 시작했는지, 어느 쪽인지는 시간이 지나면서 저절로 밝혀질 것입니다.

좀 더 지켜보시다가 단순한 이해가 아니라, 마음이 예전의 마음과는 확실히 달라져서 훨씬 편안해졌음이 분명하면 한번 방문하여 면담하시기 바랍니다.

12. 덕분에 체험하였습니다

: 대구에 사는 사람입니다. 올해 초 대구 교보문고에 들러 우연히 선생님의 《선으로 읽는 금강경》을 보게 되었습니다. 많은 책 가운데 가장 알기

쉽게 설명하신 것 같아서 이 책을 사서 보게 되었습니다. 읽어 보니 마치 선원에서 직접 설법을 듣는 것 같은 느낌이 들었습니다.

매일 몰입하여 읽었습니다. 재미도 있었습니다. 어느 때는 5시간 이상 쉬지 않고 읽은 적도 있었습니다. 《선으로 읽는 금강경》을 다 읽고 무심선원에 전화하여 또 무슨 책을 읽으면 좋으냐고 물어보니 《선으로 읽는 대승찬》을 추천하여 바로 구입하여 읽었으며, 이후 《바로 이것》, 《마조 어록》, 《임제 100할》도 모두 읽어 보았습니다. 그중에 《대승찬》과 《금강경》은 2번 이상 읽어 보았습니다.

이밖에도 깨달음을 얻었다고 하는 분들의 책들 또한 읽어 보았습니다. 레너드 제이콥슨의 저서 《지금 이 순간》, 《마음은 도둑이다》, 《영원으로 가는 길》 등과 에크하르트 톨레의 《지금 이 순간을 살아라》와 김연수 씨가 저술한 《깨달음》 외 1권, 김열권 편저 《위빠사나》와 우 소바나 사야도의 《수행법문 12연기》와 《위빠사나》, 오쇼 라즈니쉬의 저서 《법구경 명상》 등등과 그밖에도 많은 책을 구입하여 보았습니다. 그러나 그중에서 마음에 가장 와 닿은 책은 《선으로 읽는 금강경》과 《선으로 읽는 대승찬》이었습니다.

마음○○원에 2달 동안 다니던 것을 그만두고, 퇴근하면 집에서 혼자 매일 2시간에서 5시간씩 계속 줄을 그어 가면서 하루도 거르지 않고 계속 읽어 보았습니다. 읽을수록 답답함에 미칠 것 같아 포기하려고까지 하였습니다. 허나 공부한 시간이 너무나도 억울하고 오기가 발동되어 더욱더 읽었습니다. 몇 시간씩 벽면을 보고 명상도 해 보았습니다.

그러다가 11월 30일 오후 밤늦게 바로 '이것'밖에 없음이 제게 왔습니다. 나에게 본래 아무 문제가 없다는 것을 확인하였습니다. 지금껏 망상과 환

438

영 속에서 산 것을 알게 되었습니다. 지금 이 순간만이 실재하고 존재한다는 것을 확인하였습니다. 여기에는 시간도 없음을 확인할 수 있었습니다. 제 손가락을 지금껏 수만 번 들어 올려 보았습니다만, 이제야 '이것'밖에 없다는 것을 알게 되었습니다. 말과 생각을 따라가는 것이 모두 환영이고 망상임을 진정 알게 되었습니다. 망상 또한 법이라는 것도 알게 되었고, 망상을 결코 없앨 수 없음도 알게 되었습니다. 이것에 들어맞으면 저절로 해결된다는 것도 알게 되었습니다.

허나 계속 깨어 있을 수는 없었습니다. 계속 깨어 있도록 노력할 것입니다. 보임(保任)이 왜 필요한지도 알게 되었습니다. 언젠가 기회가 되면 방문하여 인사드리겠습니다. 너무나도 감사합니다. 선생님이 저술한 책이 아니었다면 이러한 감로수의 맛을 못 보고 죽었을 것입니다. 무심선원과 김태완 선생님께 거듭거듭 감사드립니다. 또한 무심선원 다니시는 모든 분은 김태완 선생님의 말씀을 끈기와 오기로 계속 듣고 공부하신다면 반드시 깨우치게 될 것이라고 확신합니다. 다시 한 번 감사드립니다. 무심선원의 무궁한 발전을 기대합니다.

조만간 뵙기를 기대하겠습니다. 한번 오셔서 말씀을 나누시길 바랍니다. 말씀하신 대로라면 참으로 감사한 일입니다만, 또 지금부터 공부를 잘 해 나아가야 합니다. 설법도 계속 듣기를 바랍니다.

: 저는 현재 한 기업체의 중역으로 일하고 있습니다. 시간 내기가 어려운

처지입니다만, 기회가 되면 꼭 가겠습니다. 그리고 앞으로의 공부방법도 배우고자 할 것입니다. 제가 깨우친 것이 선생님이 말씀하시는 깨우침과 혹시 동떨어진 것이 아닌가 하는 걱정도 해 봅니다. 하지만 비록 제가 깨우친 것이 선생님이 말씀하시는 깨달음과 영 동떨어져 있다고 하더라도 저는 선생님의 책으로 인하여 너무나도 많은 것을 얻었습니다. 앞으로 제 인생 후반에 지대한 영향을 줄 것이라 의심하지 않습니다. 저는 지금의 깨우침도 매우 고맙고 감사하게 생각할 뿐입니다.

제게 찾아온 소식을 말씀드리면, 어떠한 판단도 하지 않는다는 것입니다. 여기에서는 어떠한 분별도 하지 않습니다만, 누구나 늘 함께하고 있는 것입니다. 제가 말하는 즉시 분별하는 것이고, 생각을 하면 말을 하건 말을 하지 않건 그 즉시 언어이고 분별이라는 것을 알 수 있습니다. 말과 생각이 일어나지만 여기에서는 반드시 모양 없이 사라지는 것도 알 수 있습니다. 여기에서 모든 것이 생기고 사라지는 것을 알게 된 것입니다. 말과 생각은 실재하지 않는 망상이라는 것을 알게 된 것입니다. 공부를 더욱 열심히 하면, 앞으로 어떠한 험악한 말에도 예전처럼 끄달리지는 않게 될 것이라고 생각합니다. 지금은 제 몸이 나라는 생각보다는 그저 살덩어리구나 하는 생각이 들 뿐입니다. 이 살덩어리를 이것이 움직이고 있구나 하는 것을 실감합니다.

그런데 깨어 있을 때는 말과 생각이 망상임을 그 즉시 알 수 있는데, 사람들과 이야기를 나눌 때는 즉시 어긋나 버려 망상을 전혀 인지하지 못하게 됩니다. 즉 대화를 나눌 때는 깨어 있지를 못하고 지금 이것에서 벗어나 망상을 따라가면서도 즉시 인지하지 못하는 것입니다. 그 즉시 알아차리지 못하고 다소 시간이 지난 후 그렇구나 하는 알아차림이 뒤늦게 오는 것입니다. 역시 지속적인 공부가 필요하다는 것을 알 수 있습니다.

이전에는 깨달음에 대한 공부를 마치게 되면, 남들에겐 없는 어떤 초능력이 내게 생기지 않을까 하고 생각하였습니다. 적어도 내 전생이나 남의 전생을 볼 수는 있지 않을까 하고 말입니다. 그러나 지금은 그런 생각도 사라졌습니다. 계속하여 선생님이 집필한 책을 반복해서 읽을 생각입니다. 아니, 그렇게 하고 있습니다. 혹시 추천해 주실 만한 책과 공부방법이 있으면 알려 주셨으면 합니다. 열심히 읽고 공부해 보겠습니다. 감사합니다.

이 공부에는 방법이 따로 없습니다. 저의 설법을 꾸준히 듣고 저의 책을 틈틈이 보십시오.

시간이 지날수록 자신이 과거에 익숙했던 온갖 망상하는 습관은 저절로 가벼워질 것이고, 이 하나의 진실이 점차 확실해질 것입니다.

우선 노파심에서 당장 생각나는 몇 가지 참고의 말씀을 드립니다. 이 내용은 지금 당장 납득되는 것도 있고 납득되지 않는 것도 있을 것입니다만, 그냥 부담 없이 읽어 보십시오. 그 가운데 도움되는 것들이 있을 것입니다.

첫째, 이 법은 자신에게 완전히 갖추어져 있습니다.

이 법을 배워서 확인한다고 말을 하지만, 확인하고 보면 본래부터 자신에게 완전히 갖추어져 있는 것입니다. 처음부터 끝까지 자신에게서 모두 확인되고 자신에게 완전히 갖추어져 있음을 확인합니다. 그러므로 일단 이 법이 조금이나마 확인되었으면, 남김없이 온전히 확인하는 일에 몰입해야 합니다.

남에게 듣는 말은 자신의 공부를 비추어 보는 시금석일 뿐입니다. 책에 의지하여 책이 가리키는 법을 실현하려고 하지 마시고, 책은 참고로 보시고, 바로 지금 여기에 생생하고 분명한 이 법에 푹 익숙해지도록 하십시오.

보고 듣고 배워서 개념적으로 이해한 법은 진실한 법이 아닙니다. 지금 당장 생생한 이 법이야말로 진실한 법입니다. 그러므로 생각이나 배운 지식을 앞세우지 말고, 자신에게 본래 갖추어져 있는 이 생생한 법을 앞장세우십시오. 무엇보다도 이 점을 잊지 마십시오.

둘째, 아상(我相)과 법상(法相)을 만들지 않도록 조심해야 합니다.

우리들 중생의 오랜 버릇은 분별하여 개념을 만들고 이름을 붙이는 것입니다. 이 버릇에서 벗어나지 않으면 해탈도 열반도 없습니다.

'나는 어떤 존재다', '법은 어떤 것이다', '깨달음은 어떤 것이다', '사람은 어떤 것이고, 세계는 어떤 것이다' 등등의 견해가 조금이라도 있으면, 바로 이 견해가 해탈과 깨달음을 가로막는 가장 큰 장애물입니다. 세계의 실상에 관해서는 어떤 개념도 견해도 용납될 수 없음을 명심하십시오.

한번 분별망상에서 벗어나는 체험을 한 사람들 가운데에도 해탈이 어떤 것이고 깨달음이 어떤 것이라는 분별에 다시 빠져서 '깨달음은 이런 것이고, 나는 깨달은 사람이다'라는 아상(我相)을 짓고 있는 경우를 봅니다만, 참으로 불쌍하고 안타까운 일입니다.

불교에서는 만법에 자성(自性)이 없다고 하였고, 또 법도 얻을 수 없고 법 아닌 것도 얻을 수 없다고 하였습니다. 바로 지금 이것이 분명하다면 여기에 무슨 법이 있고, 법 아님이 있겠습니까?

셋째, 불이법문(不二法門)이 완전히 실현되어야 합니다.

불교에서는 깨달음은 불이법(不二法)이고 깨달음의 문은 불이법문(不二法門)이라고 말합니다. 불이법에서는 법과 차별경계가 둘이 아니어야 합니다. 깨어 있음과 망상이 둘이 아니어서, 망상이 곧 깨어 있음이고 깨어 있음이 곧 망상이어야 합니다. 색(色)이 공(空)이고 공이 색이라는 말이 바로 불이법을 나타내고, 생사윤회가 곧 해탈열반이고 해탈열반이 곧 생사윤회여야 불이법입니다.

불이법이 곧 깨달은 자가 살아가는 참된 세계입니다. 지금은 아직 불이법이 명확하지 않고 도리어 깨어 있음의 세계가 따로 있고 분별망상의 세계가 따로 있어서 두 세계가 있는 것처럼 여겨질 것입니다. 그러므로 지금은 분별망상에서 멀어지고 깨어 있음에 익숙해져야 합니다. 그렇게 공부하여 시간이 충분히 흐르면 언젠가는 두 개의 세계가 사라지고 둘이 아니게 될 것입니다.

그리하여 분별에서 온전히 벗어나 둘이 아니게 되면, 깨달음과 일상생활이 구분되지 않고, 삼라만상 하나하나를 분별하면서도 언제나 텅 비어 한 물건도 없을 것입니다. 부처님의 진리의 세계와 중생의 사바세계가 따로 있으면 안 됩니다. 만약 부처님의 진리의 세계가 따로 있다면, 그것은 중생의 세속과 다름없는 분별망상의 소산입니다. 법에도 머물지 말고 법 아님에도 머물지 마십시오. 부처도 되지 말고 중생도 되지 마십시오.

넷째, 외도의 신통력에 속지 마십시오.

전생이나 후생을 본다거나 남의 마음을 안다는 둥의 주장을 하는 외도의 신통력에는 절대로 눈길을 주지 마십시오. 전생이니 후생이니 나의 마음이니 남의 마음이니 하는 것은 모두 분별이고 망상입니다.

지금 눈앞에서 보고 듣고 경험하는 이 세계도 꿈과 같고 환상과 같아서 진실함이 없는데, 다시 무슨 전생이니 후생이니 하는 망상을 짓겠습니까? 이러한 망상은 꿈속에서 다시 꿈을 꾸는 어리석은 일임을 명심하십시오.

부처님에게 신통력이 있다는 말은, 분별망상에서 벗어나면 분별망상에 얽매이지 않아서 어떤 차별경계에도 걸림이 없다는 것을 말하는 방편의 말입니다. 언젠가 불이법문이 성취되고 나서 경전을 보면, 경전에서 말하는 신통력이 어떤 것을 가리키는 방편인지 저절로 분명히 밝혀질 것입니다.

참고로 말씀드렸습니다만, 제가 드린 이 말에도 너무 얽매이지는 마십시오. 지금처럼 공부하여 이 자리에 푹 익숙해지면, 저절로

444

납득될 날이 있을 것입니다.

13. 이런 느낌이 체험인가요?

: 주위 아는 분에게 《선으로 읽는 금강경》을 선물 받았습니다. 읽어 보고 재미있어서 《바로 이것》, 《선으로 읽는 대승찬》도 구입하여 이 3권을 약 1년 정도 반복하여 매일 열심히 읽고 있습니다. 책의 내용 중에 체험이라는 말이 나오는데, 체험에 대해 궁금하여 문의드립니다. 저는 아래와 같은 경험과 현상이 있었습니다. 이러한 현상과 경험도 체험에 해당하는지, 아니면 단지 망상인지 궁금합니다.

운전을 하다가 느닷없이 얼굴에 눈과 코와 입이 없어진 듯 앞 장면만 환히 확 들어오는 느낌이 있었습니다. 저절로 순식간에 일어난 일입니다. 어느 때는 운전 중에 갑자기 제 몸이 감각도 없고 느낌도 없는 단순한 몸 뚱이라는 느낌이 퍼뜩 들고는 사라졌습니다. 어느 때는 길거리를 보는데 갑자기 모든 게 조용한 것 같았습니다.

또 어느 날은 누가 "그것은 내 것이다" 하고 말하는데 갑자기 '내 것이 있는가? 단지 말이 아닌가? 몸에 자기 것이 있는가?' 하는 느낌과 의문이 동시에 나타났습니다. 지금은 책을 읽고 있으면 이마 근처에서 "윙!" 하는 소리(귀에서 나는 것이 아님)가 나서 신경이 쓰여 없애려고 해도 없어지지 않습니다. 머리가 아픈 것이 아니라 시원한 바람이 와 닿는 느낌이랄까, 전기에 감전되는 것 같은 그런 느낌입니다.

무심선원에서 공부하시는 분 중에 저와 비슷한 현상을 경험한 분이 있는지 궁금합니다. 이 모두 공부에 대한 지나친 욕심으로 인하여 나타난 망상이 아닌지 궁금하여 문의드립니다.

말씀하신 그러한 현상들은 공부하는 사람 누구나가 겪는 경험은 아닙니다. 그런 현상들의 원인은 아마도 깨달음에 대한 지나친 욕심이 만든 헛된 망상인 듯합니다. 그런 이상한 현상들에 대한 경험을 마음공부의 효과라고 생각하지는 마시기 바랍니다.

마음공부는 어떤 기이한 현상을 만들어 내는 공부가 아니고 온갖 헛된 현상에서 벗어나 꿈에서 깨어나는 공부입니다. 어떤 이상한 감각적 경험이나 의식의 변화는 모두 망상세계이지 깨달아서 밝혀진 진여자성이 아닙니다. 진여자성에는 아무런 모습도 느낌도 맛도 기분도 생각도 없기 때문에 불가사의하고 묘하다고 합니다.

이러한 기이한 경험에 관심을 두면 즉시 망상에 사로잡히게 되니, 이런 기이한 경험에는 절대로 관심을 두면 안 됩니다. 특히 이마에서 소리가 난다는 것은 환청(幻聽)입니다. 지독한 망상이지요. 이처럼 신체 부위에서 나타나는 현상에 관심을 두면 이른바 망상증이라는 병(病)이 될 수 있으므로 지극히 조심해야 합니다.

이런 현상에는 절대로 관심을 두지 마시고 무시하고 잊어버리기 바랍니다. 그런 현상들은 무시하고 다만 설법에 귀를 기울이십시오. '무엇을 말하고 있는가?'에만 관심을 두십시오.

14. 체험 뒤에 또 해야 할 공부가 있습니까?

: 선생님의 책 《선으로 읽는 금강경》에, "이것을 체험한 뒤에 남아 있는 공부도 있습니다만, 어쨌든 이것을 먼저 확인하셔야 합니다"라는 구절이 있습니다. 체험한 뒤에는 곳곳에서 이것을 확인하는 것 말고 별도로 해야 할 공부가 따로 있는 것 같지는 않습니다만, 선생님의 확실한 답을 듣고 싶어서 글을 올립니다.

'이것'을 확인하고 여기에 들어왔으면, 다시 해야 할 다른 공부는 없습니다. 다만, 여기에 얼마나 익숙해지느냐 하는 일이 남아 있습니다. 충분한 시간이 지나서 '이것'에 더욱 익숙해지면, 분별을 벗어난 '이것'과 분별되는 세간이 둘이 아니게 됩니다.

그리하여 세간과 출세간이 둘이 아니고 색(色)과 공(空)이 둘이 아니고 번뇌와 해탈이 둘이 아니고 생사와 열반이 둘이 아니고 망상과 실상이 둘이 아니고 꿈과 깸이 둘이 아닌 지경에 이르러야, 비로소 부처도 없고 중생도 없고 깨달음도 없고 미혹함도 없어서 걸림 없이 자유로워질 것이고 더이상 할 일이 없어질 것입니다.

여법(如法)함이란 이처럼 있음과 없음이 둘이 아닌 불이중도(不二中道)의 성취에 있습니다. 불이중도는 '이것'을 확인하고 '이것'에 익숙해져서 분별에서 완전히 벗어나게 되면 저절로 성취됩니다.

15. 체험하였습니다

: 2년 전 서울 무심선원 법회에서 선생님 법문을 처음 들었습니다. 그 뒤 계속 듣고 싶었지만 여러 가지 사정상 갈 수 없었기에 테이프를 구입하여 시간 날 때마다 듣곤 하였습니다. 그러던 중 지난봄 부산법회에 참석하셨던 거사님께서, 선생님의 책《선으로 읽는 금강경》이 나왔는데 너무 좋다며 구입해서 읽어 보면 공부에 많은 도움이 될 것이라고 추천해 주셨습니다. 무심선원의 소개 책자와 함께 책을 받아서 읽게 되었는데 두 장을 넘기니 다음 구절이 나타났습니다.

"더 가깝게는 지금 수~ 레~ 대~ 승~이라는 이 말! 대~ 승~ 수~ 레~! 당장 지금 이 말! 이 말에 그 모양 없는 큰 수레가 숨김없이 드러나 있습니다."

이 말씀이 그대로 일직선으로 들어오면서 그냥 멍했습니다. 아! 그 어떤 말로도 표현할 수 없는 그렇지만 분명한 것이 있었습니다. 그동안 이해할 수 없었던 대기대용이나 진공묘유라는 말씀들이 그대로 소화가 되며 얻은 것은 없어도 마음은 너무도 시원했습니다. 그동안 의문과 답답함으로 자리했던 것들, 선풍기와 부처님이 다르지 않음, 뜰 앞의 잣나무와 마른 똥 막대기가 한결같음, 시계에서 그대로 다 확연히 드러나고 있음, 언어를 떠나지도 함께 있지도 않음, 여시아문에서 이미 다 끝났다는 그 말씀이 책을 읽어 내려가면서 거듭 확신과 기쁨으로 다가왔습니다.

얼마 뒤 그 거사님과 통화를 하게 되었고 책을 잘 읽고 있느냐는 말씀에 제가 말씀드렸습니다. "이건 물가로 데려가는 것이 아니라 물을 아예 바가지에 떠서 입가에 대 주고 계시네요. 꿀꺽 하고 넘기기만 하면 될 수 있게 너무도 쉽게 친절히 설명해 놓으셨어요. '여시아문'에서 이미 다 끝났다는 그 말씀이 그대로 정말인데요." 그리고 체험한 일을 말씀드리니 거사님이 반드시 선생님께 말씀드리라고 하시며, 아마 기뻐하시며 공부를 더 잘할 수 있도록 도와주실 거라고 하시기에 망설이다가 글을 올리게 되었습니다. 전 그냥 이제 이 자리를 더 굳건히 다지며 낯선 것은 낯익게 하는 공부를 해야겠다고 생각했었거든요. 거사님은 이런 제가 염려되었는지 자꾸 선생님께 말씀드리라고 권하시기에 용기를 내어 글을 올렸습니다. 선생님의 그 친절에, 그 마음에 깊이깊이 감사드립니다.

　반가운 소식을 전해 주셨네요. 한번 선원으로 오십시오. 만나서 말씀을 나누는 것이 좋겠습니다.

　님께서 얻은 소식은 마치 소를 찾아 고삐를 손에 넣은 것과 같습니다. 소의 고삐를 제대로 잡았는지를 점검하기 위해서라도 꼭 오시기 바랍니다. 소의 고삐를 진실로 잡았다면, 이제 소를 잘 키우고 길들여 마침내 소의 고삐를 놓아 버려 소도 없고 사람도 없게 되어야 비로소 조금 자유로울 것입니다.

　지금부터 참된 공부의 시작이라고 여기시고, 말씀대로 낯선 것에 익숙해지고 낯익은 것에서 낯설어지기 바랍니다. 많은 시간이 지나야 비로소 만족할 만하게 될 것입니다.

　다만 당부드릴 것은 공부를 조급하게 서두르지 말아야 한다는 것입니다. 경전이나 조사들의 말씀을 보고서 자기도 그 말씀처럼 되어야 한다고 여기고 욕심을 내어 조급하게 이루려고 하지 말라

449

는 것입니다.

낯선 것에 익숙해져 가다 보면 언젠가는 저절로 모두 이루어질 것입니다. 법문을 계속하여 들으면 도움이 될 것입니다.

16. 체험한 것 같습니다

: 설법을 들은 지는 약 5년 정도 되는데, 어떤 때는 알겠다가도 또 모르고 하기를 계속했습니다. 그런데 이번 송정의 정진법회에서 감(感)이 좀 왔습니다. 도반님들과 이야기를 하고 있었는데, 대부분은 깨달음에 민감하게 집착해 계시더군요. 누가 맛을 봤느니 하는 이야기에 주로 관심이 많았습니다. 그러나 저는 그것을 일종의 집착이라고 보았습니다. 설법을 듣다가 그냥 현실에서 살아가는 이 자체가 그대로 법이라는 생각이 문득 들었습니다. "있는 것도 아니고 없는 것도 아니고, 객관도 아니고 주관도 아니고, 진리도 아니고 거짓도 아니다"라고 말씀하시는 데서 그런 실감이 왔습니다. 너무 강하게 실감이 왔습니다. 지금의 상태는 몸뚱이는 있는데 머리는 없는 것 같은 느낌이 며칠간 계속되고 있습니다. 모두들 이미 다 깨달아 있는 것 아닙니까?

그런 체험을 하고 그렇게 마음에 변화가 왔군요. 지금은 우선 시간이 조금 지나도록 지켜보십시오.

다만 조심하실 것은, 이것이 체험이라고 판단하지는 절대로 마십시오. 깨달음의 자리에 진실로 들어맞으면, 마음이 스스로 깨달음을 증명합니다.

시간이 지나면서 부정할 수 없고 어떻게 할 수 없는 자리가 나타났음이 확신되면, 찾아오셔서 점검을 받으십시오.

17. 깨달은 뒤에도 슬퍼하나요?

: 체험을 하고 난 후에도 슬픔은 느끼는 건가요?

슬퍼하지만 슬픔이 없고, 기뻐하지만 기쁨이 없고, 화내지만 화가 없고, 감격하지만 감격이 없고, 느끼지만 느낌이 없고, 생각하지만 생각이 없습니다.

18. 깨달으면 욕정을 극복하나요?

: 마음을 깨달아 망상에서 벗어나면 욕망과 욕정을 조복 받을 수가 있을까요?

체험했다고 해서 당장 모든 것에서 벗어나 자유로워지는 것은 아닙니다. 처음 체험했을 때는 벗어나는 길을 찾은 것이니 이제부터 그 길을 꾸준히 가야 합니다. 그렇게 벗어나는 길을 꾸준히 가다 보면 점차 모든 것에서 벗어나게 되니 언젠가는 만족스러울 만큼 벗어나 있음을 알게 됩니다.

세상 모든 것에서 벗어나 해탈한다는 것은 세상 모든 것이 사라지고 없다는 것이 아닙니다. 세상에서 벗어나 해탈함이란 세상에 살고 있으면서 세상을 벗어나 있는 것이라고 말할 수 있습니다. 언제나 세상의 온갖 일이 경험되고 있지만, 본래부터 항상 아무것도 없다고 할까요? 이것이 바로 불이중도(不二中道)의 진실인데, 사실 말로써 이해하기는 어렵습니다.

한마디로 말하면, 공부가 원만해지면 어떤 일이 있더라도 그 일은 없는 일입니다. 물을 마셔도 물을 마시는 일이 없고, 밥을 먹어도 밥을 먹는 일이 없고, 기뻐해도 기쁨이 없고, 슬퍼해도 슬픔이 없고, 화를 내도 화가 없고, 욕정에 따라 행위를 해도 욕정도 행위도 없고, 태어나도 태어남이 없고, 살아도 삶이 없고, 병들어도 병이 없고, 죽어도 죽음이 없습니다.

이것이 세속을 조복하는 것이고 세속을 벗어나는 것입니다. 직접 체험하지 않고 말로써는 이해할 수가 없으니 공부하여 체험해 보시기 바랍니다.

19. 깨달은 사람도 다시 미혹해집니까?

: 《선으로 읽는 금강경》에 이런 내용이 있습니다.

"한 번 경험으로 끝나는 게 아닙니다. 고비를 넘기고 나도 가야 할 길이 멉니다. 왜냐하면 사람이 수십 년을 익혀 온 이 분별의식을 하루아침에 극복할 수 있느냐 하면, 그게 안 됩니다. 일생 동안 조심하지 않으면 언제 다시 분별의식으로 떨어져서 중생 노릇 하고 있을지도 모릅니다."

이 자리를 확실히 아시는 분도 일생 동안 조심하지 않으면 분별의식으로 떨어질 수 있다는 것인지, 아니면 이 자리를 한 번 체험했어도 확실해지기 전까지는 분별의식으로 떨어질 수 있으니 조심해야 한다는 것인지 잘 모르겠습니다. 체험도 하기 전에 머리만 굴리고 있다고 꾸짖으실 것 같아서 고민하다 질문 올립니다. 질문을 적었다가 지우기도 했습니다만, 궁금함에 더이상 책장이 잘 넘어가지 않아서 조심스럽게 질문드립니다.

직접 겪어 가며 확인해야 할 일을 미리 알아보려 하는 궁금증은 좋은 공부의 태도가 아닙니다. 이 공부는 오로지 자기의 마음으로 직접 체험하고 겪어야 하는 것이지 이해하고 상상하는 것이 아닙니다. 마치 활쏘기를 하는 사람이 오로지 과녁의 중앙에 적중하기를 바랄 뿐인 것처럼 오로지 직접 체험하는 공부를 하십시오.

스스로 직접 체험해야만 이 공부에 관한 모든 말을 저절로 알 수 있게 될 날이 올 것입니다. 그러나 궁금함에 책장이 넘어가지 않는다고 하시니 간단히 설명해 봅니다.

깨달음이란 마음이 지금까지 겪었던 삶과는 다른 새로운 삶을 겪게 되는 일입니다. 보고 듣고 느끼고 생각하는 분별세계가 아닌, 볼 수도 없고 들을 수도 없고 느낄 수도 없고 생각할 수도 없는 새로운 세계를 경험하는 것이지요.

마음의 눈이 분별세계를 바라보고 살아오다가, 이제 분별할 수 없는 세계를 보게 되었다고 할 수 있겠지요. 지금까지 분별세계를 보면서 살아왔으니 마음의 눈이 분별세계를 보는 데에는 매우 익숙해져 있어서 조금의 어색함도 망설임도 의심도 없이 분별세계를 바라봅니다.

그런데 이제 비로소 보게 된 분별할 수 없는 세계는 아직은 많이 낯설고 어색하고 확실치도 않습니다. 깨달음을 체험한 뒤의 공부는 새롭게 보게 된 이 분별할 수 없는 세계를 자꾸 보아서 어색함 없이 익숙해지도록 하는 것입니다. 그래서 낯익은 것에서 낯설어지고 낯선 것에 낯익어 가는 공부라고 합니다.

그러나 보통은 분별하면서 살아온 세월이 더 길기 때문에 분별할 수 없는 세계에 아무리 낯익어 간다고 하더라도 분별세계만큼 낯익기는 어렵겠지요. 그러므로 분별할 수 없는 세계에 꽤 익숙해졌다고 하더라도 언제든 분별에 이끌려 갈 수 있습니다.

비유하면, 깨달음을 얻는 것은 자전거를 탈 줄 알게 되는 것과 비슷합니다. 아직 자전거를 타지 못하는 사람은 왼쪽이나 오른쪽으로 넘어지기만 하죠. 그런데 자전거를 탈 줄 알게 되면 왼쪽으로도 오른쪽으로도 넘어지지 않고 타고 갑니다. 즉, 양쪽으로 떨어지는 분별에서 벗어나 양쪽으로 떨어지지 않는 능력을 갖춘 것이지요.

이것은 불이중도라는 깨달음을 비유한 것입니다.

그렇게 자전거를 탈 줄 알게 되어서 꾸준히 타는 연습을 하면 시간이 지날수록 더욱더 잘 타게 되어서 넘어질 가능성은 줄어들겠지요. 그러나 아무리 오랫동안 자전거를 타서 매우 잘 탄다고 하더라도 넘어질 가능성은 언제나 있는 것입니다. 물론 한번 넘어지더라도 지금까지 익힌 타는 실력은 그대로이므로 다시 잘 탈 수 있습니다만, 넘어지면 다쳐서 상처를 입으므로 넘어지지 않는 것이 좋겠지요.

그러므로 깨달은 사람은 일상의 삶이 늘 깨어서 공부하는 삶이 되는 것입니다. 이제 조금 이해되시겠지만, 이런 이해가 진실한 것인지는 오로지 스스로 깨달아서 겪어 보아야 확실해질 것입니다.

20. 체험한 것 같습니다

: 오늘 문득 그 체험이라는 것을 한 것 같습니다. 아무리 의심해 보려 해도 이것에서 벗어날 수가 없네요. 의심하는 그 자체가 지금 이거네요. 눈앞의 모든 일이 이것에서 벗어나는 것은 있을 수가 없는 일이네요. 그냥 모든 게 당연히 이거네요. 만약 제가 착각하는 것이라고 말씀하신다 해도, 그렇게 말씀하시는 자체가 이거네요. 선생님, 감사합니다!

진실로 분별에서 벗어나 모든 것이 차별 없이 한결같다면 축하

해야 할 좋은 소식입니다만, 말씀으로 보아서는 의식(意識)하는 모든 것을 '이것'이라고 판단하게 된 것이 아닌지 염려됩니다. '이것'이 무엇인지 알게 된 것인지, 아니면 분별에서 확실히 벗어나 무엇이라고 할 만한 것이 아무것도 없는지 자신에게 물어보십시오.

'이것'이 무엇인지 의심할 바 없이 알게 되었다고 한다면, 그것은 깨달음이 아니고 의식으로 헤아리는 것입니다. '이것'을 깨닫는 것은 곧 분별에서 벗어나는 것이지, '이것'이 무엇인지 아는 것이 아닙니다.

21. 설법을 듣고 쉬어졌습니다

: 선생님이 설법하시면서 "삼매!"라고 말씀하신 순간에 뭔가 확 쉬어졌습니다. 그때부터 생각이 많이 쉬어졌습니다. 그렇게 생각이 쉬어지니 좋긴 한데, 여전히 번뇌는 없어지질 않고 아직은 경험을 한 것 같지도 않습니다. 아직 화도 많이 나고 스트레스도 많이 받고 하니, 정말 체험을 한 것이지 잘 모르겠습니다. 예전에는 설법 내용을 정말 십계명처럼 떠받들었지만, 이제는 스스로 존재하는 힘이 좀 강해진 것 같고 설법에 예전처럼 의지하지 않는 것 같습니다. 어떻게 해야 하나요?

확 쉬어지면서 스스로 존재하는 힘이 생겼다면, 그 힘이 바로 자신이 가지고 태어난 평생의 살림살이니 그 힘을 더욱 강하게 해야 합니다. 한번 확 쉬어져 힘을 얻었다고 하더라도 아직 그 힘은 약하고 습관적으로 익숙한 번뇌망상의 힘은 여전히 강합니다. 쉬어진 자리에서 존재하는 힘이 비록 미약하긴 하지만 분명히 드러나 있으므로, 그 힘이 강해지도록 지금까지의 공부를 계속하여 이어가야 합니다.

이제부터의 공부는 낯선 곳에 익숙해져 가고 낯익은 곳에서 멀어져 가는 공부입니다. 낯선 곳은 쉬어진 자리에서 얻은 힘이고, 낯익은 곳은 번뇌망상입니다. 공부를 계속하다 보면 쉬어진 자리에서 얻은 힘이 저절로 강해질 것입니다.

이때 조심하실 것은 남의 말에 의지하여 나도 그렇게 하겠다고 일부러 노력하지는 말아야 하는 것입니다. 남의 말을 따라 그렇게 성취하려고 애써 노력한다면, 모든 공부가 헛수고가 될 것입니다.

22. 깨달음이 아닐까요?

: 일상생활을 하다가 저 자신이 완벽하다고 느낀 순간이 있었는데, 그 뒤로 지금 죽으나 나중에 죽으나 상관없다고 생각하게 되면서 죽음에 대한 미련이 없어졌어요. 그리고 욕구들이 별로 생기지 않고요. 그리고 간혹 저도 모르게 생각이 제 몸 밖으로 나가고 고통과 괴로움에서 순간적으로 벗어나 말로 표현할 수 없고 아무런 걱정이 없는 순간들이 간혹 있었는데 그것이 뭔지 잘 모르겠습니다.

진실로 자신의 본래면목을 깨달았다면, 이러한 의심은 일어나지 않습니다. 진실로 자신의 본래면목을 깨달았다면, 자신의 본래 자리로 돌아왔음이 저절로 분명해져서 이상하거나 특별하게 여겨지지 않고 도리어 매우 당연하고 자연스럽고 편안하게 안정됩니다.

깨달음은 다시 되찾아야 할 자신의 자연스러운 본래 모습을 되찾는 것이므로, 한번 되찾으면 그것이 본래부터 당연한 일이어서 다시 사라지지는 않습니다. 깨달음은 자신의 본래면목을 회복하는 것이므로 너무나 만족스러워서 더이상 원하는 것이 없게 됩니다. 깨달음은 오직 직접 겪어서 저절로 증명되는 것이지, 생각으로 판단하여 긍정하거나 부정할 수 있는 것이 아닙니다.

23. 제가 깨달았을까요?

: 어느 날 선생님 책을 보다가 "보고 듣고 생각하고 행동하고 느끼는 것이 바로 이것이다"라는 구절에서 뭔가 진실로 살아 있는 이 무엇이 확인되었습니다. 전부 이것인데 수년간 왜 고생하였는지 도대체 모르겠습니다. 전광석화와 같은 선(禪)이라는 말이 실감 납니다. 이게 첫 번째이고 이게 먼저고 그다음 모든 것이 생깁니다. "뜰 앞의 잣나무", "마 삼 근", "똥 닦는 막대기", "이 뭣고?", "동산이 물 위로 간다", "진흙소가 말하고 돌장승이 웃는구나", "석녀가 애를 낳는구나", "서강의 물을 한입에 마신다", "수미산을 티끌 속에 넣는다" 등등의 말들이 이제야 무슨 말인지 알

겠습니다. 혹시 제가 착각하고 있는지 말씀 부탁드립니다.

⌣

　이 말씀만 가지고는 의식으로 분별하여 이해한 것인지, 분별을 벗어나 견성한 것인지를 확실히 판단하기는 어렵군요. 이 글만으로 볼 때는 어떤 직관이나 통찰을 하여 '응, 이것!' 하고 알게 된 것이 아닌가 의심이 되는군요.

　만약 진실로 분별에서 벗어나 자신의 자성을 깨달은 체험이라면, 시간이 갈수록 자신의 생각과는 상관없이 저절로 온갖 망상이 쉬어지면서 깨달은 자리가 차차 드러나게 될 것입니다.

　몇 달 정도 지내 보시고 지금까지 모르고 살았던 자신의 참된 본래면목이 분명히 드러나 있다는 확신이 들면, 한번 오셔서 점검을 받으시기 바랍니다.

24. 작은 체험이 왔습니다

: 멀리서 주로 인터넷 설법을 듣고 공부한 지 올해로 3년째 접어드는 사람입니다. 얼마 전 설법을 듣다가 모니터 화면에서 어떤 글을 읽던 중이었습니다. "뜰 앞의 잣나무', 이게 전부다"라는 구절이 눈에 띄었는데, 평소 설법에서도 늘 하던 말이고 늘 읽고 듣던 말이라 별달리 새로울 건 없는 구절이었습니다. 그런데 그 순간 어떤 생각을 하려고 해도 생각이 멈춘, 짧은 순간이었지만 그 순간에 뭔가가 아주 살포시 와 닿았다고나 할

까요? 그 뒤 아무거나 기억나는 대로 천천히 중얼거려 보았습니다. 죽비, 마이크, 시계. 전부 다 그냥 군더더기 없이 죽비뿐, 마이크뿐, 시계뿐이더군요. 늘 설법에서 듣던 "이겁니다", "이것뿐입니다" 하는 말이 실감이 되었습니다.

그전까지는 생각해도 잘 이해가 안 되었는데, 순간 그냥 납득이 된다고나 할까요? 살짝 기쁘더군요. 우습기도 하구요. 이건 아무것도 아닌 건데, 이런 아무것도 아닌 게, 정말 이것이 맞나 하는 생각도 들 정도였습니다. 그다음 날은 또 긴가민가했습니다. 별달리 쇼킹한 체험도 아니었고 너무나 평범하고도 사소한 체험이었기 때문에, 또 별달리 푹 쉬어지는 것은 모르겠고, 그냥 이제 더이상 헤매지는 않아도 되겠구나 하는 그런 정도의 안도감이 드는 경험이었습니다. 그러나 법문은 예전과 달리 더 수월하게 들리고 심지어 재미있기까지 합니다.

그런데 그 자리에 힘이 별로 없는 것을 느낍니다. 여전히 싫은 일은 싫고 이런저런 분별심도 그대로인 것 같습니다. 다만 휩쓸리다가 제자리로 돌아오는 기간이 좀 짧아졌다고 할까요. 아직 갈 길이 먼 것을 느낍니다. 그리고 그때는 분명 실감이 났는데 시간이 지나니 실감도 희미해지는 것 같습니다. 저도 모르게 자꾸 기억을 떠올려 그 자리를 다시 확인하려는 의도적인 행위를 하게 되는데, 그럴 때면 더 헷갈리고 희미해집니다. 그러다가는 또 저절로 실감이 나기도 합니다. 도움 말씀 부탁드립니다.

참된 체험이라면 시간이 지날수록 저절로 안정되고, 저절로 확고부동해지고, 저절로 익숙해지고, 저절로 힘이 생깁니다. 일부러 확인하려 하거나 실감하려 하거나 이해하려 하는 것은 경계를 분별하는 행위이니, 깨달음의 자리를 그렇게 확인할 수는 없습니다.

그 체험이 참된 체험인지 스쳐 가는 하나의 경계인지는 시간이 지나면서 저절로 밝혀질 것입니다. 억지로 실감하려 하거나 기억을 되살리려고 해도 원하는 대로 되지는 않을 것입니다. 몇 개월 지나보고 체험한 자리가 여전히 살아 있으면, 다시 연락하셔서 점검받으시기 바랍니다.

25. 허공을 걷는 것 같습니다

: 체험한 지 2년이 되어 가는 요즘은 완전히 머리가 텅 빈 것 같고, 온몸이 타들어 가는 것 같고, 정말이지 손 하나 치켜들면 온 천지가 진동하는 것 같고, 입을 크게 벌리면 저 해운대 바닷물이 전부 다 삼켜질 것 같고, 돌멩이도 씹어서 삼키면 넘어갈 것 같습니다. 이런 때는 어찌해야 하는지요? 요즘은 그냥 허공을 혼자 걸어 다니는 느낌입니다. 바른 가르침 부탁드립니다.

어떤 느낌이 있든지, 어떤 경계가 나타나든지, 취하지도 않고 버리지도 않고, 머물지도 않고 떠나지도 않고, 긍정하지도 않고 부정하지도 않고, 좋아하지도 않고 싫어하지도 않는다면, 느낌이 있든 없든 경계가 나타나든 사라지든 무슨 일이 있겠습니까?

할 일도 없고 하지 않을 일도 없습니다.

만약 이런 느낌들이 내 공부의 경지라고 생각한다면, 바로 그 순간 곧장 망상에 떨어지는 것입니다.

있음과 없음이라는 분별에서 벗어나 불이중도에 투철해져야, 어떤 일이 일어나도 아무 일이 없을 것입니다.

26. 체험이 없어졌습니다

: 약 2달 전에 10여 분의 체험을 하였습니다. 체험 순간에는 '이것이 그것이구나!' 하며 한 치의 의심도 없이 분명했습니다. 의식적인 알아차림이 아니라 저절로 알아차려지고, 의자에 앉든 키보드를 두드리든 모니터를 보든 모두 '이것'이었습니다. 뭘 하든 하지 않든 '이것'이었습니다. 그런데 10여 분의 체험 이후 다시 '나'라는 망상이 들어와 버렸고, 그 뒤로는 그 순간을 기억할 뿐입니다. 지금 글을 쓰고 있는 이 순간에도 결코 현존하고 있지 않습니다. 물론 '현존하고 있지 않다는 것을 아는 이것이 있구나'라고 생각하고 의식적으로 알아차릴 수는 있겠지만, 체험 당시처럼 저절로 알아차려짐은 없습니다. 가르침 부탁드립니다.

말씀하신 대로의 경험이라면, 그것을 해탈의 체험이라고 할 수는 없습니다. 그저 순간 알아차림 정도의 경험인 것 같군요.

참된 체험이라면 시간이 지날수록 저절로 그 자리가 드러나게 되어 더욱 의심할 수도 없고 부정할 수도 없게 됩니다. 분별망상에서 해탈하는 체험을 하면 해탈한 자리가 다시는 사라지지 않아서 생각으로는 알 수 없지만, 문득문득 저절로 그 자리가 나타나 있음이 저절로 확인됩니다.

그때는 분명히 '이것'이 있었는데 지금은 없어졌다면 그런 것은 생기고 사라지는 경계이지, 생길 수도 없고 사라질 수도 없는 자신의 본래면목은 아닙니다.

"물속에서 물을 찾는다"고 하고 "자기의 머리를 찾는다"고 하듯이, 자기의 본래면목을 깨닫는 것은 본래부터 있던 것을 지금 비로소 확인하는 체험이므로 한번 확인하면 다시는 사라지지 않습니다.

27. 마음이 사라져 버렸습니다

: 최근 여행 갔다가 하나의 체험을 했습니다. 그간 상당히 힘들었는데, 그런 마음을 찾아도 찾지 못하겠더니 갑자기 마음이 사라져 버렸습니다. 자연스럽게 지금까지 '나'라고 생각했던 것도 없어졌습니다. 그러면서 지금껏 저를 짓누르고 있던 고민이 (완전히 사라지지는 않았지만) 예전에 느꼈던 것에 비해 미풍 정도로 아주 가볍게 다가왔습니다. 신기한 건 단전호흡을 해 본 적도 없는데 단전에 뭔가가 느껴지고 가슴은 시원해졌습니다. 다만 문제는, 그 상태를 유지하려고 의식적으로 깨어 있지 않으면 과거의 상태로 되돌아간다는 것입니다. 선생님이 말씀하신 "이것!", "있는 것도 아니고 없는 것도 아니다", "여기서 소리를 내면 우주가 반응한다"

등의 말은 이해되지 않는 것으로 봐서 깨달음은 아닌 듯한데, 정확히 어떤 상태인지를 모르겠습니다. 수행을 해 본 적이 없고 그냥 힘들어서 다양한 책을 보고 오랜 기간 고민만 하다가 체험으로 느낀 것은 이번이 처음이라 여쭈어봅니다.

○

그 상태를 유지하려고 억지로 노력할 필요는 없습니다. 어떤 정신적 상태에 머물려고 한다면, 그런 상태는 분별된 경계이기 때문에 깨달음에 맞지 않습니다.

지금부터 해야 할 공부는 '나'라고 할 것이 없고 마음이 사라지고 짐이 내려놓인 그 자리에 익숙해지는 공부입니다. 그 체험이 진짜라면 의식적인 노력 없이 저절로 그 자리가 드러날 것입니다. 의도적으로 알려고 하지 않아도 저절로 드러나는 것이 진짜입니다.

그렇지만 생각을 따라서 분별하는 것이 너무나 습관이 되어 있기 때문에, 자기도 모르게 자꾸 그 자리를 잃고서 생각을 따라갈 것입니다. 그렇게 다시 생각을 따라 헤매려 하면 저절로 '이래선 안 되지' 하면서 그 자리로 되돌아가게 될 것입니다. 그렇게 공부하여 시간이 지나면서 마음이 없어지고 '나'가 사라진 그 자리에 더욱 익숙해져야 합니다.

호흡이 깊어진다든지 하는 육체에서 일어나는 현상에 대해서는 특별한 관심을 두지 마십시오. 마음의 긴장이 쉬어지면 육체의 긴장도 따라서 쉬어져서 그렇게 깊고 자연스러운 호흡을 하게 됩니다.

법문에서 하는 말을 이해하는 것은 시간이 더욱 많이 지나야 할 것입니다. 법문에서 하는 모든 말은 방편의 말인데, 꾸준히 공부하여 공부가 깊어지면 저절로 납득이 될 것이니 미리 성급하게 말을 이해하려 노력할 필요는 없습니다.

처음 체험할 당시의 기분을 억지로 재현하려 하지 말고, 말을 이해하려고 하지도 말고, 그렇게 쉬어진 편안한 자리에서 지금까지처럼 공부를 계속하다 보면 저절로 낯선 것은 낯익어지고 낯익은 것은 낯설어질 것입니다.

내가 깨달음을 체험했다거나 체험하지 못했다는 생각도 모두 망상입니다. 깨달음은 생각으로 판단할 수도 없고 알 수도 없으니, 생각이 쉬어진 그 자리에 그냥 익숙해지면서 시간을 보내면 저절로 안목이 밝아질 것입니다.

28. 견성한 줄도 모르고 지낼 수 있을까요?

: 예전에 어떤 분이 저더러 "견성했는데 견성한 줄도 모르고 지낸다"라고 하셔서 점검을 받아야 헤매지 않을 것 같아 여쭤봅니다. 요즘 법문을 듣는 중에 '이것뿐'이라는 것이 확실하다가도 다시 희미해지곤 했는데, 오늘은 아주 확실합니다. 지금 휴대전화 보는 일, 타자 치는 일, 걷는 일, 말하는 일 모두에서 '나'만 빠지면 그대로 화엄법계라는 사실 말입니다. 지금은 분명한데 체험이 없었다면 이 또한 희미해질까요?

견성한 줄도 모르고 지낼 수는 없습니다. 자기 내면의 삶이 송두리째 바뀌는데 어떻게 모를 수가 있겠습니까?

지금 행하는 일들이 전부 '이것'이라고요? 모든 일에서 '나'만 빠지면 그대로 화엄법계라고요? 모든 일의 어디에 '나'가 있고, 모든 일에서 어떻게 '나'가 빠지나요?

님이 말하는 '이것'과 화엄법계는 그냥 의식으로 분별하고 헤아리는 것입니다. 깨달음은 분별의식에서 벗어나는 것입니다. 분별의식에서 벗어나면, '이것'이라는 말이 어떤 방편인지 알게 될 것입니다.

부디 꾸준히 공부하셔서 분별의식에서 벗어나는 체험을 제대로 하시기 바랍니다.

29. 체험이 반드시 있어야 하나요?

: 선생님께서 말씀하시는 체험이 외도의 체험과는 관계없는 일이라는 것은 잘 알고 있습니다. 그런데 은산철벽에 가로막혔다가 통 밑이 빠지는 듯한 체험은 반드시 필요한 것입니까? 은산철벽에 가로막혀 있다가 통 밑이 빠지는 듯한 그런 체험이 없더라도, '이것'을 알게 되는 일은 없나요? 그냥 바로 알면 틀린 것입니까?

은산철벽에 가로막혔다가 통 밑이 빠지는 듯한 체험, 감옥에 갇혀서 꼼짝달싹 못하다가 문득 풀려나는 체험, 절벽에 매달려 있다가 손을 놓고서 살아나는 체험, 죽었다 살아나는 체험, 문득 앞뒤가 끊어지는 체험, 문득 마음이 사라지는 체험 등의 말로써 표현하는 체험은 범부의 정신세계인 분별망상을 벗어나 해탈의 세계로 들어가는 것을 표현한 말입니다.

이러한 체험은 무엇을 알게 되는 것이 아닙니다. 내면의 정신세계가 전혀 다르게 바뀌는 체험입니다. 지금까지와는 다른 새로운 정신세계를 살게 되는 체험이지요. 그러므로 강하게 오는 체험이든 약하게 오는 체험이든 지금까지의 자신의 정신세계를 벗어나 새로운 세계로 들어가는 체험은 반드시 필요한 것입니다. 필요한 정도가 아니라 이런 해탈의 체험이 곧 깨달음 공부의 본질이고 핵심입니다.

30. 추구함이 끝났습니다

: 저는 우연히 무심선원 홈페이지를 알게 되어 인터넷으로 법문을 들은 지 4년이 다 되어 갑니다. 그동안 선생님 설법을 들으며 수많은 삿된 생각이 많이 정리되어 그것만으로도 대만족하며 살고 있었는데, 최근에 작은 체험이 와서 그것에 대해 문의하고자 메일을 드립니다. 첨엔 너무 사소한 경험이어서 무시했는데, 왠지 추구함이 끝났다는 안도감 같은 것이

들며 더이상 큰 의문이 생기지 않습니다.

저녁에 거실에서 서성이다가, 문득 본래 아무 문제가 없는데 제가 공연히 생각을 지어서 이러니저러니 하고 있는 모습을 봤다고나 할까요? 근데 그 순간 추구하는 마음이 놓였습니다. 마음은 편해졌는데, 가만히 생각해 보니 아무것도 달라진 것은 없고 그냥 원래의 나 자신 그대로였습니다. 지금 한 10일 정도 된 것 같은데, 망상을 쉬면 바로 그 자리라는 말씀이 소화됩니다. 다른 것은 잘 모르겠습니다. 여전히 선생님 법문은 계속 듣고 있습니다. 하지만 아직 법문이 다 소화되지는 않습니다. 그래서 선생님 조언을 좀 얻고 싶어서 이렇게 문의를 드립니다.

추구하는 마음이 쉬어지고 안도감이 들었다니 좋습니다. 그러나 이 체험이 깨달음이냐 아니냐를 생각하지는 마십시오. 추구가 쉬어지면 쉬는 것이고, 안도감이 들면 편안히 지내는 것입니다.

자신의 공부에 대하여 '어떠하다'는 판단은 하지 마십시오. 쉬어져 편안한 그대로 지내며 지금까지처럼 공부하십시오. 시간이 지나면 참된 해탈의 체험인지 단순히 한순간 지나가는 경계인지가 저절로 판명됩니다.

무엇보다 조심하실 것은, 생각으로 정리하고 판단하여 결론을 내려고 해서는 절대로 안 됩니다. 참으로 견성을 체험했다면, 시간이 지나면서 깨달음의 자리가 저절로 드러나고 저절로 밝아질 것입니다.

31. 깨달음일까요?

: 《완릉록》 법문을 듣다가 문득 마음이라는 것이 눈·귀·코·혀·몸·의식 그 자체라는 생각이 들었습니다. 예를 들면, 소리를 알아차리는 자체가 마음이고, 화를 내는 자체가 마음이고, 하늘이 마음이고, 비빔밥이 마음이고, 구더기가 마음이고, 돈이 마음이고, 모든 형태가 마음이라고 여겨집니다. 지금 이 글을 쓰는 것도 마음이죠. 지금의 제 상태가 진실에 맞는 것인지 잘못된 것인지 알고 싶습니다. 그렇다고 어떤 체험이 있는 것은 아니고, 무엇을 크게 느낀 것도 아닙니다. 그렇지만 선생님의 법문이 많은 부분 이해됩니다. 틀렸으면 어떻게 해야 하고, 맞으면 어떻게 해야 하는지요?

말씀하신 대로라면, 생각으로 이해하여 마음은 어떤 것이라는 견해를 만든 것입니다. 마음은 이런 것이구나 하는 견해를 만들어 그 견해에 맞추어 설법을 들으니, 이해가 되는 것처럼 여겨질 것입니다. 그렇지만 이해는 분별망상일 뿐입니다.

생각으로 이해하는 것이 아니라, 생각할 수 없는 체험이 되어야 분별망상에서 벗어납니다. 문득 생각이 멈추고 저절로 통하는 체험이 있으면, 마음이라는 견해도 없고 모든 것이 마음이라는 생각도 없습니다. 아무런 견해도 없고 아무것도 알지 못하지만, 또한 어떤 어둠이나 의혹도 없이 저절로 분명하고 밝습니다.

자기 생각으로 이해하려 하지 마시고, 법문을 믿고 따라오십시오. 그렇게 법문을 듣다 보면 어느 순간 슬그머니 자기도 모르게 뚫릴 것입니다.

32. 이것은 어떤 경험인지요?

: 〈지공화상 12시송〉 법문을 듣는 중에 "말이 무엇입니까?" 하시는데, 문득 '그렇지, 법문하시는 건 말이 아닌 게 없지' 하면서 빛과 사물의 색깔에 대한 말씀이나 금과 금으로 만든 조각품에 대한 말씀이 이해되었습니다. 또 선생님께서 항상 강조하시는 "이것뿐입니다"라는 말씀에, '그래, 이것뿐이네' 하는 생각이 들었습니다. 쉽게 말씀드리면 "뜰 앞의 잣나무"를 빛이나 금으로 본다는 말입니다. 표현이 잘 되었는지 모르겠습니다. 특별히 마음에 와 닿은 것도 없고, 마음이 캄캄한 어둠 속에 있었던 것도 아닌 것 같습니다. 이것이 어떤 경험인지 말씀해 주시기 바랍니다.

　분별망상에서 벗어나는 깨달음을 체험하신 것이 아니라, 생각으로 이해를 하셨다는 말씀이군요. 이해를 하는 것으로는 깨달음에 대한 갈증이 해결되지도 않고, 번뇌망상에서 벗어나 해탈의 자유를 얻지도 못합니다.

　마음공부는 어떤 원리를 이해하고 아는 것이 아니라, 번뇌망상에서 벗어나 해탈을 얻는 것입니다. 마음공부는 이해하고 분별하는 것에서 벗어나 깨달음과 해탈을 체험하는 것임을 명심하시고 공부하셔야 합니다.

33. 어렴풋이 체험되었습니다

: 며칠 전 이게 어렴풋하게 잡혔습니다. '아하! 이런 게 있구나' 하고 생각했죠. 한편으론 너무 쉽고 간단한 이걸 모르고 지낸 게 우스워서 헛웃음이 잠시 났습니다. 그리고 선생님의 설법이 너무 친절함에 다시 한 번 웃었습니다. 그냥 "뜰 앞의 잣나무" 이건데 하면서요. 그냥 죽비 한 번 두드려도 되는 것이죠. 여래장도 이해가 되더군요. 근데 하루가 지나고 이틀이 지나면서 희미하나마 손에 잡혔던 이게 점점 더 희미해져 가면서 가물가물 멀어져 가는 느낌이 듭니다. 그렇지만 선생님 설법이 소화는 다 됩니다. 근데 또렷하게 잡히지는 않습니다. 제가 느낀 게 상상 임신처럼 여겨지지는 않습니다만, 혹시 머리로만 이해하는 게 아닐까 하는 의구심은 듭니다. 지금은 좀 더 공부에 매진하고 있습니다만, 제가 가는 길이 뭔가 잘못 가고 있지는 않은지 답답하여 두서없이 몇 자 적었습니다. 선생님의 조언을 부탁드립니다.

말씀대로라면 그냥 이해한 것이지 분별에서 벗어난 깨달음은 아닌 듯합니다. 진짜로 분별에서 벗어나면 개운하고 가벼워지며 의문과 목마름이 사라집니다. 의문과 목마름이 저절로 사라질 때까지 계속 공부하십시오.

공부에 대하여 맞는다거나 틀렸다거나, 또렷하다거나 희미하다거나 하는 판단은 하지 마십시오. 깨달음은 '이것이 깨달음이로구나' 하고 판단하는 것이 아닙니다. 깨달음은 내 생각이나 이해와는 상관없이 깨달음 스스로가 깨달음을 증명합니다.

마치 육체에 병이 들었다가 병이 나을 때는 육체가 스스로 고통에서 벗어나 가볍고 개운해져서 건강이 증명되지, 병이 나았구나 하고 생각하여 판단하는 것이 아닌 것과 같습니다.

마음이 깨달아 해탈하는 것도 마음의 질병인 번뇌라는 고통에서 벗어나 마음이 건강해지는 것입니다. 그러므로 참된 깨달음의 체험이 일어나면 마음이 번뇌망상이라는 고통에서 벗어나 가볍고 개운해져서 모든 것이 비로소 정상적으로 되었음이 저절로 명백해집니다.

깨달음이란 이와 같이 마음이 고통에서 벗어나 활기차고 건강하고 걱정 없고 안락하게 되는 것이지, 무슨 진리를 아는 것이 아닙니다. 마치 몸이 질병의 고통에서 해방되어 건강해지듯이, 깨닫게 되면 마음도 고통에서 벗어나는 것이죠. 이것을 일러 해탈 혹은 열반이라고 합니다. 깨달음이란 해탈, 열반의 체험이지, 생각으로 이해하는 것이 아닙니다.

34. 너무나 편안해졌습니다

: 1~2달 전부터 너무 편해졌습니다. 어제도 사람들이 많은 곳을 온종일

다녔는데도 마음은 고요하네요. 저처럼 불안과 공포에 시달리던 사람들에게는 꿈도 못 꿀 일이지요. 몇 해 전만 해도 사람들이 조금만 많은 곳에 가도 불안증세가 심해서 마음속에서는 항상 수천 수백만 가지 생각들로 시끄러웠는데, 요즘은 제가 마음이 없는 사람인 거 같다는 착각도 듭니다. 생각도 정말 많이 줄어들었고, 어떤 땐 생각을 조절한다는 생각도 듭니다. 세속적으로 좋은 일이 있는 것도 아닌데 요즘은 그냥 즐겁습니다. 주위의 상황에 크게 동요하지도 않는 거 같고, 그냥 무덤덤하지만 잔잔한 즐거움이 있는 거 같아요. 저도 모르게 혼자서 콧노래를 흥얼흥얼하질 않나, 머리로는 '내가 왜 이러지? 이해할 수 없네' 이러고 있답니다. 이게 다 정말 선생님 덕분입니다. 정말 너무 감사드립니다.

요즘 너무 편해지니 법문을 들으면서도 뭔가 갈구하던 것이 많이 놓이는 거 같아서 솔직히 좀 이상합니다. 공부를 해야 하는데, 너무 편해져 버리니 공부의 욕심이 없어졌나 싶기도 하고, 그렇다고 법이 무엇인지 아는 것도 아닙니다. 요 며칠은 문득 갑자기 시야가 밝아지면서 선명해지는 듯합니다. 그 잠깐의 사이에 마음이 확 가라앉은 느낌도 들고요. 세상이 조용해지는 거 같아요. 조용히 대상을 바라보는 느낌이라고 해야 할까요? 깨끗한 렌즈로 사물을 보는 기분입니다. 사물 하나하나가 잘 보이고 엄청 가깝게 느껴집니다.

공부의 효험을 보고 있다고 하니 흐뭇하고 기쁩니다. 공부가 바른가 그른가를 헤아리지 말고, 지금처럼 그렇게 공부해 가세요.

다만, 보고 듣고 느끼고 하는 감각에서 법을 확인하려고 해서는 안 됩니다. 보고 듣고 느끼고 하는 일에서는 여러 가지 변화를 경험하겠지만, 그냥 그런 경계가 오고 가는구나 하고 넘어가세요. 그러면 점차 저절로 모든 것이 제자리를 찾고 법이 밝아질 것입니다.

: 제가 벌써 법문을 들은 지도 2년이 넘었습니다. 저는 20대 때 우연히 경험한 극도의 불안과 공포 때문에 오랫동안 힘들었고, 그것 때문에 제 인생은 다 끝났다고 생각하고 몇 년은 죽고 싶은 생각도 너무 많이 했습니다. 그렇게 죽고 싶다고 생각할 때, 처음으로 제 존재에 대한 물음이 생기더군요. 어찌 보면 그때의 불안과 공포의 경험이 저에겐 큰 행운이었던 것인지도 모르겠네요.

그때 저라는 존재가 너무 이상했습니다. 저라는 존재의 테두리가 없다는 느낌이 오는 게 갑자기 이상했습니다. 제 몸 구석구석의 작은 것부터 시작해서 온 세상을 다 느끼고 저절로 걷고 숨도 쉬는 게 참 이상했습니다. 앞의 사물을 보면서 눈으로 세상을 보는 게 아닐지도 모른다는 생각도 들었습니다. 눈을 감아도 항상 그냥 저라는 존재는 있더군요. 당장 앞은 안 보이지만 항상 변함없이 저는 펼쳐져 있었습니다. 30년 가까이 잘 사용해 왔는데, 이걸 모르고 있다는 게 충격이었습니다. 육체적인 나는 내가 아닐 수도 있다는 생각도 들더군요.

그때는 이런 생각들을 자주 하다 보니 무서웠습니다. 육체적인 내가 아니면 나는 뭐지? 여기에 뭐가 더 있는 건가? 불안과 공포 때문에 심신이 너무 힘들어서 미쳐 가고 있는 게 아닌가 하는 생각도 들더군요. 그때 처음으로 불교, 마하라지, 마하르쉬 같은 영적 지도자들에 관심을 갖게 되었습니다. 애초에 좌선 같은 수행이나 기복신앙에는 흥미가 없었고요. 그냥 나라는 존재가 무엇인가에 대한 물음만 있었던 거 같습니다. 그러다가 선생님을 만났고, 이분은 뭔가를 알고 계시는구나 하면서 저절로 끌리게 되었습니다.

지난 2년 동안 정말 법문을 열심히 들었습니다. 제 삶의 이유이기도 했습니다. 친구들 만나는 것도 재미없고, 직장에서도 몸은 일하지만 마음은 늘 이 공부에 있었습니다. 법문이 홈페이지에 올라오는 수요일, 토요일이면 선생님 법문이 올라온다는 것에 너무 신이 났습니다. 회식을 하고 새벽에 들어오는 날에도 선생님 법문을 듣고 싶어서 몇 시간을 듣고서야 잠을 자곤 했습니다. 직장에서 업무 중에도 눈치를 보지 않고 귀에 이어폰을 꽂고 법문을 내내 들었지요. 지금 생각해 보면 정말 끈기가 약한 제가 그렇게나 집착하듯이 열심히 법문을 들었는지 신기합니다.

그렇게 시간이 지나면서 그토록 두렵던 불안과 공포는 전생의 일처럼 가물가물해져서 기억에서도 사라지고, 이제는 사람들 만나는 것부터 직장생활까지 너무나 편안합니다. 아무 거리낌이 없어졌다는 생각도 들고, 예전에는 온갖 불안한 생각들과 망상으로 휘청휘청했었는데 지금은 중심을 잘 잡고 있다는 생각도 듭니다. 감정들도 일어났다가는 금방 사라지는 거 같고요. 예전에는 온 세상에 펼쳐져 있는 저라는 어떤 존재가 있다고 생각했고, 그것을 알고 싶었는데, 며칠 전부터는 그냥 이것뿐이구나 하는 만족감이나 안도감만 있습니다. 어제는 백화점을 갔는데 그 커다란 백화점이 제 몸통 같다는 환희감도 들어서 웃음이 나오더군요.

극도의 불안과 공포 때문에 자살하고 싶다는 생각을 하던 그때보다 더 아는 것도 없고 뭔가를 성취한 것도 없는데, 이상하게도 분명히 달라졌습니다. 그때는 생각이 떠오르면 그 생각에 뭔가가 있다고 착각하여 그 생각에 집착하거나 아니면 그 생각이 싫어서 그 생각을 없애기 위해서 반대 성향의 또 다른 생각들을 일으키며 억지로 어떻게든 해 보려고 했습니다. 세상과 내가 분리된 것처럼 산산조각으로 분별하여 취하고 버리려 했습니다.

지금은 그냥 모든 게 하나가 된 것 같습니다. 걷고 있지만 걷는 게 아닌 것 같기도 합니다. 그렇다고 또 다른 나가 있나 싶어서 나를 찾아보려고 해도, 나는 그냥 온 우주에 펼쳐져 있을 뿐입니다. 그냥 묵묵히 펼쳐져 있는데 온갖 것이 생겼다가 사라집니다. 저의 존재가 우주까지 확장되어서 펼쳐져 있는 것 같습니다. 체험기에 소개된 도반님들처럼 극적인 경험이 있는 것도 아니지만, 그냥 갑자기 그렇게 찾던 것들이 온데간데없습니다. 여기서 더 뭘 찾을 수 있을까요? 아무리 찾아도 그냥 저 자신을 벗어날 수가 없는데요. 그렇게 애타게 찾던 것들이 시시해서 오히려 웃음이 납니다. 뭐 그리 대단한 것이 있다고 찾아다녔는지? 많이도 돌고 돌아온 느낌입니다. 이 공부는 그냥 나 자신에 대한 의심만 사라지면 되는 것이구나 하는 생각이 듭니다. 아직 법문 가운데 많은 것이 소화도 안 되고, 머리로 헤아리려는 욕구가 발동되기도 합니다. 아직 갈 길이 멀고 험하지만 평화롭고 즐겁습니다.

매우 반가운 일이로군요. 하나가 되어서 바깥이 없다고 하니 좋은 일입니다. 이 일 없는 곳에 더욱 익숙해지고, 더욱 생각에서 자유로워질 날만 남았군요.

그러나 여기에서 이것이 깨달음이라거나 이제 공부가 끝났다거나 하는 견해를 내면 절대로 안 됩니다. 깨달음이라든지 공부라든지 진실이라든지 이런 것들에 대하여 아무런 판단도 하지 말고 어떤 견해도 가지지 마십시오. 참자기니 진리니 하는 것도 잊어버리고, 공부니 마음이니 하는 말도 잊어버리십시오.

해탈의 체험을 해도 아직은 시간이 얼마 지나지 않았기 때문에 생각이나 느낌이나 감정에 많이 시달리고 흔들릴 수밖에 없습니다. 아직 해탈의 힘은 약하고 망상을 따라가는 습관은 강하게 남아 있기 때문에 그렇습니다.

해탈의 힘을 기르려면 시간이 필요합니다. 체험을 했느니 깨달음을 얻었으니 하는 생각은 하지 말고 계속하여 이제까지처럼 공부하십시오.

남에게 내가 깨달았다거나 체험했다거나 하는 말은 하지도 말고 듣지도 마십시오. 그런 생각을 하거나 말을 하면, 그런 생각과 말이 바로 체험에서 벗어나는 망상입니다.

스스로 흔들림 없는 힘을 얻을 때까지 꾸준히 공부해 가십시오. 무엇을 얻었다는 생각은 절대로 하지 마십시오. 법에는 얻거나 잃음이 없습니다. 시간이 지나면서 저절로 균형이 잡히고, 흔들림에서 벗어나 확실히 자리가 잡힐 것입니다.

35. 체험했는데 마음이 없어지지 않습니다

: 선생님의 법문은 3~4년 전부터 계속 듣고 있습니다. 하루에 많은 시간 법문을 들었습니다. 그러던 중 작년 초봄쯤 이른 아침 공원을 산책하는데 갑자기 "산은 산이요, 물은 물이로다"라는 말이 문득 떠오르더니, 앞에 있는 큰 나무 한 그루만 보이고 온 세상이 텅 빈 상태가 되었습니다. 그러면서 가슴에서 발바닥으로 무엇인가 쑥 빠져나가는 느낌을 받고 환희에 차서, "아! 아!"를 연발하며 한참 감격했습니다. 그때는 그것이 체험이라고 생각하지 않았습니다. 전혀 예상하지 못한 상황이었으니까요. 그렇게 감격에 젖어 산책을 마치고 돌아와서 조금 있으니, 현실에 있는 일들이 가슴을 턱 막아 버리는 것입니다.

그 후에도 계속 법문을 들었는데, 법문에서 무슨 말씀을 하시는지 점점 더 잘 알 수 있을 것 같았습니다. 간혹 책을 보거나 법문을 듣다가 '그래, 그렇지!' 하는 기쁨을 여러 차례 느꼈습니다. 그렇지만 깨달음을 체험했다고 생각하지는 않았습니다. 이제는 선생님의 법문이나 책을 보면 막히는 것이 거의 없는 것 같습니다. 수행을 통해서가 아니라 스승의 지도가 있어야 깨달을 수 있고, 법문을 통해서 자각할 수 있다는 것도 알게 되었습니다.

그래서 '나는 참 운이 좋은 사람이구나'라는 생각이 들었습니다. 이런 스승님을 직접 만나지는 못하지만 책과 온라인 법문을 통해서 매일 만나는 것이 너무 고마웠습니다. 그렇게 마음이 많이 편안해졌지만, 아직은 마음이 확실히 놓이지는 않는 것 같습니다. 요즘도 법문을 매일 듣고 있습니다. 법문은 점점 확실해져 가고 있습니다. 바르게 가고 있는 것인지 궁금합니다. 처음의 체험이 너무 감동적이어서 그런지 그런 체험을 다시 맛보고 싶은데, 그때와 같은 체험은 못하고 있습니다. 스승님의 가르침 부탁드립니다.

그런 체험 뒤에 마음이 많이 편안해지고 설법도 더욱 잘 들리고 더 잘 소화가 된다고 하시니 좋습니다. 아직은 마음이 사라지고 아무것도 없는 듯한 체험은 아니라고 하시니, 지금처럼 계속 공부하시면 그런 날이 올 것입니다.

마음공부의 깊이가 어떠냐 하는 것은 자기 마음속에서 저절로 드러나서 판정이 됩니다. 마치 몸에 병이 있다가 치료가 되어 병이 나았지만, 아직은 완전히 건강을 회복하지 못했다면 몸에서 저절로 그런 사실을 아는 것과 같습니다.

마음공부는 마음의 병을 치유하는 일이라고 할 수 있습니다. 마음에 있는 번뇌망상이라는 병이 비록 치유가 되었지만 아직은 완전히 건강해지지 못했다면 마음에서 그런 부족함이 저절로 드러나고, 완전히 건강해졌다면 역시 마음에서 그런 건강하고 개운함이 드러나게 됩니다.

아직은 마음이 놓이지 않는다고 하시니, 지금처럼 꾸준히 공부해 가십시오. 언젠가는 더욱 마음이 확실히 놓여서 마음이라고 할 물건이 사라질 날이 있을 것입니다.

36. 체험을 했으나 법은 모르겠습니다

: 늘 이 공부에 관심이 있었지만 결정적 계기를 만나지 못하다가, 5년 전 보고 듣고 느끼고 생각하는 행위를 늘 하면서도 이 행위의 주체를 모른다는 안타까움이 문득 일어났습니다. 그 주체를 깨닫고자 하는 간절함, 절망감, 좌절감에 깊이 사무쳐서 몇 개월의 시간을 보냈는데, 어느 날 차를 운전하다가 앞차가 급정거하면서 켜지는 브레이크 등을 보는 순간 뭔가 툭 끊어져 나가는 듯한 체험을 하게 되었습니다. 그 체험으로 그때까지 간절히 알고자 했던 주체를 안 것은 아니었지만, 그때까지 가지고 있던 여러 가지 근심, 불안, 마음의 짐이 확 덜어지는 경험은 했습니다.

그 후 5년 동안은 마음속 어떤 곳에 머물면 마음이 편안하고, 그곳에서 벗어나면 다시 마음이 힘들어져서 어떻게든 그곳에 머물려고 애쓰면서 보냈습니다. 그러다 보니 점차 세속적인 근심이나 걱정은 거의 사라졌는데, 오직 하나 간절하고 답답한 것은 이 법을 모른다는 것이었습니다. 그러다 어느 날 밤 문득 '답답해하는 이 생각이 어떻게 답을 얻고 깨달음을 얻는단 말인가?' 하는 생각이 스쳐 지나가며 답답한 마음이 저절로 허물어지고 편안함이 찾아왔습니다. 그렇지만 여전히 아는 것은 없었습니다.

그 무렵 지인의 권유로 무심선원 법회를 찾게 되었고, 선생님과 면담을 하게 되었습니다. 그때 선생님께서 제 상황을 들으시고는, 그럴 수 있다며 계속 공부하면 분명히 밝아지는 때가 온다고 확신을 주시며 법회에 참석하라고 하셨습니다. 그때부터 법회에 열심히 참석하고 사이버 법당에 올라오는 법문도 열심히 들었습니다. 그 후 다시 한 번 법을 알고자 하는 답답함이 강하게 올라왔고, 다시 그 답답함이 망상임을 보게 되니 내려놓

480

이고 찾으려는 마음도 사라지고 오직 온몸으로 지그시 뚫는다는 느낌이 지속되었습니다.

제가 투잡(두 가지 일)을 하다 보니 밤에는 단순노동을 하면서 법문을 듣는데, 《증도가》를 신청해서 늘 들으면서 일을 했습니다. 법문을 들으면서 점점 맑아지고 밝아지는 것이 이런 것인가 하는 생각이 들었습니다. 밤새 법문을 듣고 난 다음 날은 하루 종일 깊고 그윽함에 휩싸인 듯한 느낌도 들었습니다. 또 얼마 후에는 모든 생각과 답답함이 다만 이 자리라는 것이 확인되면서 온갖 생각이 떠오르는 순간 전부 허물어져서 《대혜법어》에서 본 "그리려고 해도 그려지지 않고, 말하려고 해도 말해지지 않는다"가 이건가 싶기도 했습니다.

저의 앞을 답답하게 가로막고 있는 벽은 다른 것이 아니라, 바로 법을 찾고자 하는 저의 마음이고 법을 알고자 하는 저의 마음이었음이 어느 순간 명확해졌습니다. 그로부터는 법문을 들을 때마다 한마디 한마디에서 희열감이 느껴지고 감격이 느껴졌습니다. 한편으로 지난 5년간 이리저리 헤맸던 일도 생각나고, 진작 법회에 참석하지 못함에 대한 안타까움이 일기도 하고, 진심으로 감사한 마음도 우러나곤 하였습니다. 아직 스스로 공부에 미진함을 많이 느낍니다만, 비로소 올바른 공부의 길에 들어서게 되었다는 감격에 저도 모르게 이런 글을 올립니다. 삼가 선생님의 가르침을 기다리겠습니다.

공부를 잘하고 계시는군요. 그렇게 발심하여 꾸준히 공부하시면 점차 더욱 깊고 밝아질 것입니다.

말씀하신 것처럼, 불법(佛法)을 깨닫는 것은 불법을 아는 것이 아닙니다. 불법이란 깨달음을 가리키는 방편의 이름일 뿐입니다. 깨달음은 분별에서 벗어나는 체험입니다. 분별에서 벗어나니 해탈이고, 분별에서 벗어나 아는 것이 모두 사라지니 열반(적멸)입니다.

불법이라는 무엇을 얻고서 그것을 아는 것이 깨달음은 아닙니다. 그렇기 때문에 경전에서는 늘 말하기를 "법이라는 이름으로 얻을 것은 조금도 없다"라고 하는 것입니다.

깨달음은 분별하는 생각에서 벗어나는 것이고, 분별에서 벗어나기 때문에 '깨달음'이라거나 '법'이라거나 '마음'이라거나 '도'라고 이름을 부를 만한 어떤 것도 없습니다.

분별에서 벗어났기 때문에 '나'도 없고 '법'도 없고, '주관'도 없고 '객관'도 없고, '안'도 없고 '바깥'도 없고, '부처'도 없고 '중생'도 없고, '세간'도 없고 '출세간'도 없고, '어리석음'도 없고 '깨달음'도 없습니다. 분별에서 벗어났기 때문에 어떤 견해도 없고, 어디에도 머물지 않습니다.

이처럼 모든 분별에서 벗어나 있음을 일러 '저 언덕으로 건너간 지혜' 즉 반야바라밀이라고 부릅니다. 마치 둥근 외나무다리 위를 떨어지지 않고 잘 걸어가듯이, 자전거를 넘어지지 않고 잘 타고 가듯이, 어떤 분별에도 떨어지지 않고 어디에도 머물지 않는 자유자재함이 참된 깨달음입니다.

법을 알고자 하거나 법을 찾고자 하면 곧 분별에 떨어지는 것이므로 당연히 답답하고 힘들게 됩니다. 깨달음이란 법을 아는 것이 아니라, 분별에서 벗어나 분별에 떨어지지 않는 반야바라밀입니다.

37. 체험이 아닌 것 같아요

: 얼마 전까지만 해도 체험도 있고 안정감을 얻은 바도 있다고 여겼습니다. 선생님의 법문을 들으면서 환희심도 있었고 밝아지는 것 같기도 했으며, 들으면 듣는 대로 긍정하는 마음도 있었습니다. 그래서 공부에 더욱 매진했습니다. 그런데 언젠가부터 의심이 들기 시작했습니다. '내가 정말 선생님이 말씀하시는 그 자리에 있는가?' 이런 의심이 문득 일어나 스스로 자신을 살펴보니, 명확한 것은 하나도 없고 다만 갑갑해질 뿐이었습니다. 그러면서 지난 수년간 나름 공부라고 여겼던 체험이니 편안함이니 하는 게 모두 망상이었는가도 싶기도 하고 혼란스럽습니다. 어찌해야 할까요?

참된 깨달음의 체험이라면 다시 혼란에 떨어져 헤매지는 않습니다. 무언가 체험이라고 여겨지는 일이 일어났는데 시간이 지나면서 다시 혼란에 떨어져서 헤매게 되고 힘들게 된다면, 그것은 참된 체험이 아니므로 빨리 잊어버려야 합니다.

깨달음의 체험은 마치 질병으로 아픈 몸이 치유가 되어 건강을 회복하는 것과 같습니다. 병이 나은 듯이 보였는데 다시 병이 재발한다면 제대로 치유된 것이 아니지요.

참으로 깨달아서 분별망상을 벗어났다면, 시간이 지날수록 분별망상의 쇠사슬에서 더욱더 풀려나 편안함과 자유로움과 안락함이 더욱더 확실해져 갑니다. 만약 그렇지 못하다면, 그것은 참된 깨달음이 아니기 때문에 얼른 잊어버리고 처음의 발심으로 돌아가서 공부하셔야 합니다.

'나도 예전에는 그랬는데'라는 기억에 매달려 있다면 공부에 방해만 될 뿐입니다. 육체의 질병도 지금 당장 병을 치유하여 건강하게 살아야 하는 것이지, 예전에는 나도 건강했던 적이 있다고 하는 기억에 매달려 있는 것은 전혀 쓸모가 없는 것과 같습니다.

38. 마음이 움직이지 않습니다

: 선생님의 《금강경》, 《육조단경》, 《반야심경》 법문을 번갈아 가면서 계속 듣기만 합니다. 머리로 헤아리지 말라고 하셔서 그냥 듣고 또 듣고만 있습니다. 하루라도 빨리 통 밑이 빠지는 체험을 맛보고 싶은 마음 하나로 듣고만 있었습니다. 그러다 어느 순간 문득 제 마음이 편안하면서, 마음이라는 것이 오르락내리락하는 게 아니라 더이상 움직이지 않는다는 느낌이 들었습니다.

지금은 그 느낌이 사라졌습니다만, 제가 좀 변한 것 같습니다. 저는 원래 남들 앞에서 말을 하면 엄청 떨려서 늘 힘들었는데, 이번에 많은 사람 앞에서 발표할 기회가 되어 발표를 하게 되었는데도 전혀 떨리지 않았습니다. 정말 신기했습니다. 그 이외에 다른 현상은 없습니다. 지금까지 법문만 듣고 있습니다. 잘 때도 이어폰을 귀에 끼고 듣다가 잠이 듭니다. 이렇게 계속 공부하면 되는지요? 저녁엔 잠깐씩 편안한 자세로 좌선을 하기도 합니다. 그 외에는 《선으로 읽는 금강경》을 보거나 법문만 듣습니다.

지금처럼 그렇게 꾸준히 공부하십시오. 생각으로 헤아리지 마시고, 그렇게 법문만 들으십시오. 좌선을 잠깐 하는 것은 상관이 없지만, 좌선을 통하여 무엇을 얻으려고 하지는 마십시오. 움직이지 않는 듯한 마음이 찾을 수도 없어서 완전히 사라지면, 분별을 벗어나 자유를 얻을 것입니다. 지금처럼 법문을 꾸준히 들으면 저절로 그런 자유를 얻을 날이 올 것입니다. 그때는 법문 속에서 모든 것을 말하고 있다는 것을 비로소 알 것입니다.

39. 편안한데 음욕이 가끔 치솟습니다

: 체험하고 나서도 열심히 공부하고 있습니다. 항상 선생님의 은혜에 감사드립니다. 공부를 하면 할수록 사회생활에 대한 미련은 없어집니다. 예전에는 승부욕이 강했는데 지금은 이 공부 이외에는 관심이 없습니다. 시간이 지날수록 이 자리가 또렷해지고 다른 것은 멀어지는 것 같습니다. 선생님의 법문을 들으면 법문이 뼛속까지 파고들어서 어떤 때는 감사의 눈물이 저절로 흐릅니다. 이 좋은 것을 사람들에게 어떻게 가르쳐 주나 하는 욕구도 일어납니다. 하나 질문드릴 것은, 너무나도 편하긴 하지만 가끔 음욕이 일어나면 감당하기가 힘이 듭니다.

이 공부에 빠질수록 세속생활에 미련이 없어지는 것은 당연한 일입니다. 그냥 공부만 열심히 하십시오. 세속생활은 생활을 유지할 만큼만 신경을 쓰고, 모든 관심을 공부에 두십시오. 새로 만난 법의 세계에 완전히 익숙해지도록 하십시오. 시간이 많이 걸립니다.

타인을 가르치고자 하는 욕구도 일어나겠지만, 아직은 자신의 공부를 완성하는 데에 초점을 두어야 합니다. 인연이 되어서 말할 기회가 있으면 자신의 깊은 가슴속에 있는 진실만을 말하되, 일부러 꾸며서 말하려고 하지는 마십시오. 언젠가는 진실이 스스로 말하는 때가 옵니다.

때로 성욕이 강하게 일어나기도 할 것입니다. 아직까지는 깨달음이 원만한 지경에 이르지 못했으므로, 성욕이 일어나면 성욕에 끌려갈 것입니다.

원만한 깨달음은 불이중도의 실상이 성취되는 것인데, 불이중도의 실상이 성취된다는 것은 있던 것이 없어지거나 없던 것이 새로 생기는 경험이 아닙니다. 이전에 중생으로 살면서 겪었던 모든 일들이 깨달은 뒤에도 그대로 나타나지만, 이제는 그렇게 나타나는 것에 얽매여 있지 않고 그렇게 나타나긴 하나 아무것도 없습니다.

"만법에 자성(自性)이 없다"는 말이 바로 이것을 가리킵니다. 만법 즉 온갖 것이 나타나지만 아무것도 없다는 말입니다. 중생이었을 때는 온갖 것이 실제로 있는 것들이니 좋기도 하고 싫기도 하여 집착하고 얽매이는 번뇌가 있었다면, 이제는 온갖 것이 나타나더라도 이 모든 것은 없는 것들이니 좋지도 않고 싫지도 않아서 집착하고 얽매이는 번뇌가 없습니다.

세상에서 경험하는 일이 사라지는 것이 아니라, 무엇에 시달려서 괴로운 번뇌가 사라지는 것이 참된 열반이고 해탈입니다. 탐내고 성내고 어리석고 하는 세 가지 악은 이렇게 극복되고, 음욕과 같은 온갖 욕망도 그렇게 극복됩니다. 성급하게 결론을 얻으려고 하지 마시고, 한결같은 발심으로 꾸준히 공부하면 언젠가는 불이중도의 원만한 깨달음이 실현될 것입니다.

40. 체험이 지나갔습니다

: 며칠 전에 일하다가 우연히 '아! 이런 게 이것이구나'라고 느낀 순간이 있었습니다. 아주 잠깐이지만 마치 제3자가 되어서 세상을 바라보는 느낌이랄까, 현상세계가 잠시 물결처럼 일렁이는 것 같은 느낌이랄까, 전혀 알지 못했던 세계를 보는 느낌이랄까, 뭐 그런 느낌이 잠시 있었습니다. 그 체험이 뇌리에 그림처럼 각인되어 있습니다. 통 밑이 쑥 빠지는 그런 체험은 아닌 것 같은데, 자꾸 그때의 그 체험이 다시 재현되길 바라는 마음이 생깁니다. 이럴 땐 어떻게 공부해 가야 합니까?

참된 깨달음은 그렇게 잠시 스쳐 가는 체험이 아닙니다. 참된 깨달음이라면 그 체험한 뒤로부터 공부가 달라집니다. 길을 찾아서 황야를 헤매던 사람이 길을 찾으면 이제 그 길을 쭉 가게 되는 것과 같고, 감옥에서 해방된 사람이 더이상 구속받지 않고 자유롭게 살아가는 것과 같습니다. 참된 깨달음이 아니라 잠시 스쳐 가는 경계를 맛본 것이라면, 빨리 잊어버리고 초심으로 돌아가 지금까지처럼 공부하십시오.

41. 이제는 시(詩)를 쓸 수 없어요

: 저는 시인이라는 호칭으로 불리며 시를 써 온 사람입니다. 시를 쓰면서 사유의 깊이를 넓혀 보고자 문학과 서양철학을 접목시켜 공부하다가 하이데거와 보르헤스의 불교적 사상을 공부하면서 선 공부에 관심을 갖게 되었습니다. 그리하여 점점 선을 공부하는 쪽으로 기울었고, 드디어 일상의 모든 것을 접고 마음을 알아 가는 마음공부에 온전히 몰두하게 되었지요. 그런 과정에서도 간간이 시를 써서 지면에 발표하곤 했습니다.
어느 날 침대에 누워 답답한 마음을 붙잡고 이리저리 뒤척이다가 몸을 뒤트는 순간 갑자기 밝아지며 가벼워졌습니다. 그 후로는 모든 것에서 바보가 된 듯하여 생각이 사라지고 시도 쓰지 못하고 있습니다. 시를 쓰고자 하는 의욕도, 써야 한다는 의지도 모두 사라져 버렸습니다. 그동안 제가 써 온 시를 돌아보거나 다른 사람들의 시를 보니 웬 쓸데없는 말들을 이렇게 쏟아 놓았는지 싶고, 집으로 배달되는 시집이나 다달이 오는 많은 문예지를 봉투조차 뜯지 않고 쌓아 놓고 있습니다. 그렇게 눈을 부릅뜨고 읽었던 철학책에도 시집에도 문예 잡지에도 전혀 관심이 가지 않습니다. 지금은 선생님 책이나 법문 외엔 아무것도 눈에 들어오지 않습니다.
전에는 가슴에 있는 어떤 갈증을 해소하고자 시를 썼고, 시를 한동안 쓰지 않으면 불안하고 갑갑하여 한 줄이라도 써야 마음이 편해지곤 해서 시를 놓지 못했는데, 지금은 쓸 생각도 전혀 없을 뿐더러 안 써도 불안하거나 강박에 매이지 않고 아예 내가 시인이라는 것조차 의식하지 않고 살고 있습니다. 혹시 동료 시인들을 만나면 다들 시 이야기를 하는데 그것이 마치 멀리 있는 다른 나라 이야기처럼 들립니다. 가슴에는 아무것도 없습니다. 머리에도 아무것도 없습니다. 이렇게 생각에 매이질 않으니 바보스럽긴 하지만 이전보다 훨씬 살 만합니다. 시 쓰기도 저 아래의 일로 보입니다. 선생님, 혹시 제가 공(空)에 빠져서 옆길로 가고 있는 것은 아닐까요? 이대로 그냥 시간을 보내면 되는 것인지 여쭈어봅니다.

분별망상에서 벗어나면, 그렇게 모든 것이 사라지고 모든 것에서 풀려나는 것이 지극히 정상입니다. 시인이 시를 쓰고 철학가가 철학을 하고 있을 때는 아직 만나지 못한 애인에게 연애편지를 쓰는 것과 같습니다. 꿈에 그리던 애인을 만났으면, 애인이 늘 앞에 있으니 더이상 편지 같은 것은 쓸 필요가 없고 언제나 함께 즐겁게 살면 되지요.

지금 얻은 그 자리에 더욱더 익숙해지세요. 비로소 만난 애인과 한 몸이 되어 살아가세요. 그렇게 편안한 삶을 즐기면 시간이 흐를수록 저절로 안목이 달라지고 지혜가 자리를 잡아서 더욱 자유로워질 것입니다.

42. 텅 빈 알아차림의 자리

: 해남의 미황사에서 진행하는 7박 8일 참선수련 프로그램에 참가했다가 스님에게 '부모가 나를 낳기 이전의 나의 본래 모습(부모미생전본래면목)'이라는 화두를 받았습니다. 그 후 수년 동안 그 화두를 들고 좌선하면서 화두를 풀려고 노력했습니다. 그 뒤에 유식불교 관련한 책을 읽다가 우연히 그 화두가 풀리더군요. 그 뒤에는 여러 가지 화두가 저절로 풀렸습니다. 예컨대 "말의 일이 가지도 않았는데, 나귀의 일이 온다"는 화두 같은 경우에도 저절로 '아, 생각이 쉬지 않고 일어나는 것을 말하는구나' 하고 풀렸습니다. 저도 신기합니다만, 이후로 많은 화두의 뜻이 저절로 풀리더라고요. 보자마자 풀리는 것도 있고 "고양이 밥그릇을 쥐가 깼다"는 화두처럼 시간이 약간 걸리는 것도 있었습니다. 그러나 선생님께서 말씀하시는 통 밑이 푹 꺼지는 체험 같은 것은 없었습니다.

제가 화두 공부를 통하여 본 본래면목을 굳이 말로 표현한다면 '텅 비고 고요하면서 신령스럽게 안다(空寂靈知)'라는 것이 그나마 가장 잘 말한 것이 아닌가 합니다. 텅 빈 알아차림이라고 할까요. 처음 화두를 들 때는 힘들더니, 요즈음은 화두는 들지 않고 텅 빈 알아차림으로 바로 들어갑니다. 그러면 공부한다는 느낌은 없고, 마치 피곤할 때 사우나에 가듯이 마음이 푹 쉬러 가는 느낌입니다. 그렇게 푹 쉰 상태를 어떤 분은 황홀하다고 하시던데, 저는 그냥 '나가 사라지고 깨어 있다'는 정도로 표현할 수 있는 듯합니다. 이것이 저의 현재 상태입니다.

저의 현재 상태가 견성에 가까운 것인가요? 만약 견성에 가깝다면 저에게는 텅 빈 알아차림 외에는 다른 것이 없으므로, 보시를 행하며 자비롭게 사는 보살의 도덕적인 삶이 설명되지 않습니다. 어떤 분은 말하기를, 공부가 깊어지면 자연스럽게 도덕적으로 변한다고 합니다. 즉, 공부가 깊어질수록 텅 빈 알아차림으로 표현되는 그 자리가 더욱 또렷이 드러나게 되고, 그렇게 되면 그 안에 인의예지(仁義禮智), 사랑 등 흔히들 도덕으로 표현되는 것들이 깃들어 있다고 합니다. 정말 그런지 궁금합니다.

만약 그렇다면 저는 이제 무엇을 공부해야 하는지요? 어떤 분은 습기가 남아서 그런 것이니 습기를 없애는 훈련을 하면 공적영지의 자리가 더 명확해질 것이라고 합니다. 그렇다면 습기를 없애는 훈련은 어떻게 해야 하나요? 제 질문의 요지는, 텅 빈 알아차림으로 표현할 수밖에 없는 그곳에 과연 도덕률이 깃들어 있다고 보시는지요? 아니면 그 자리는 제가 느끼는 것처럼 그냥 텅 빈 알아차림만 있는 것인지요?

첫째, 견성은 도덕과는 상관이 없습니다.

견성이란 법성을 보게 되는 것인데, 법성은 분별에서 벗어난 불이법입니다. 불이법이 성취되면 분별에서 벗어나기 때문에 좋다 나쁘다 하는 가치판단에서도 벗어나니 당연히 도덕에서도 벗어납니다. 도덕이란 좋다 나쁘다 하는 가치판단이니 도덕은 곧 분별이므로 분별에서 벗어나는 견성과는 상관이 없습니다.

견성을 했든 못했든 도덕적으로 사는 것은 그 사람의 세속적 가치관과 도덕적 판단에 달려 있겠지요. 도덕은 우리가 세속에서 배운 가치이고, 세속을 살면서 터득한 가치이고, 시대와 사회에 따라 영향을 받는 세속의 가치입니다.

다만 견성한 사람은 집착이 없고 유혹을 극복하는 힘이 강하므로 이기적이거나 시비에 휘말릴 가능성이 적고, 그 때문에 도덕적으로 행동하기가 더 쉽다고는 할 수 있을 것입니다.

둘째, 텅 빈 알아차림이 견성은 아닙니다.

자기가 사라진 텅 빈 알아차림 즉 공적영지라는 표현으로 님의 깨달음을 말씀하셨는데, 이런 것을 깨달음이라고 한다면 깨달음은 '텅 빈 알아차림'이라는 하나의 분별되는 경계가 됩니다. 견성은 분별을 벗어나 불이중도(不二中道)에 들어가는 것이므로, '이런 것이 견성이다'라고 말할 수 없습니다. 그러므로 견성을 불가사의라 하여 생각할 수 없고, 말하면 어긋난다고 하는 것입니다.

공적영지라는 표현은 사실 예전 중국의 선승 가운데 지식으로 공부하는 지해종도(知解宗徒)와 묵조선(默照禪)을 하는 사람들이 흔히 사용하는 표현이니, 역시 분별에서 벗어나지 못한 사람들의 말입니다.

무엇보다도 마음은 이런 것이구나 하고 분별하여 알려고 하지 마십시오. 불법은 곧 불이법이라 하는데, 불이는 곧 중도라고도 합니다. 이 불이중도에서는 불법이니 마음이니 깨달음이니 수행이니 하는 그 무엇이 없습니다.

다만 온갖 분별하는 중생의 삶 그대로가 곧 아무런 걸림도 그 무엇도 없는 허공과 같습니다. 살아 있는데 살아 있지 않고, 말하는데 말하지 않고, 생각하는데 생각하지 않습니다. 모든 것이 있지만 아무것도 없습니다.

모든 대승경전과 조사는 다만 이 불이법을 말하고 있을 뿐입니다. 마음이라는 분별, 도라는 분별, 깨달음이라는 분별이 없어지고, 망상과 실상의 차별이 없고, 색과 공의 차별이 없고, 할 일도 없고 하지 않을 일도 없고, 번뇌와 열반의 차별도 없어져서 만법이 평등해야 비로소 참으로 자유로울 것입니다.

: 저는 화두가 풀리면 선생님의 말씀처럼 모든 분별에서 벗어나 참으로 자유로워질 줄 알았습니다. 근데 어떻게 된 일인지 화두만 풀렸을 뿐(정말 풀린 건지도 모르겠습니다만), 걸림 없이 자유자재하게 되진 않았습니다. 그냥 텅 빈 알아차림인 그 자리에 있으면, 화두가 풀려서 의심이 없어졌으니 화두를 들 수도 없고 마치 사우나를 하듯이 마냥 푹 쉬는 느낌입니다. 앞으로 어떻게 공부해야 하는지요? 텅 빈 알아차림인 그곳으로 더 깊게 들어가야 할까요? 어떻게 공부해야 모든 차별에서 벗어나 참으로 자유로울 수 있을까요?

　화두가 풀렸다고 하는 것이 화두가 나타내는 뜻을 이해하게 되었다고 하는 것이라면, 이것은 이해를 한 것이지 화두를 뚫고 지나가 해탈이나 깨달음을 얻은 것은 아닙니다.
　푹 쉬어진다거나 '나'가 사라지고 텅 비었다거나 깨어서 알아차리고 있다는 말은 통 밑이 빠지는 체험을 한 사람의 말과도 비슷하긴 합니다만, 분별을 벗어난 불이법문에 들어갔다기보다는 '텅 빈

493

알아차림'이라고 분별되는 경계에 머물러 있으니 깨달음은 아닙니다.

님께서 지금 텅 빈 알아차림 속에 있더라도, 참으로 자신의 본래 면목을 깨달았다는 확신이 없고 의심이 여전히 남아서 앞뒤가 캄캄하다는 것은 님의 공부에 문제가 있다는 증거지요.

어떻게 해야 하느냐고 질문하셨는데, 무엇을 어떻게 하라고 말씀드릴 수는 없습니다. 무엇을 어떻게 해야 한다는 견해를 가지고 그대로 노력하는 것은 조작이요 유위법이니 허망한 경계만 만들 뿐입니다. 다만 이렇게 말씀드릴 수 있습니다.

"어떻게 하지도 말고, 어떻게 하지 않지도 마라. 공부를 하면 조작이니 어긋나고, 공부를 하지 않는다 해도 이미 분별 속에 있으니 어긋난다. 이러한 때 당신은 어디에 있는가?"

: "어떻게 하지도 말고, 어떻게 하지 않지도 마라. 공부를 하면 조작이니 어긋나고, 공부를 하지 않는다 해도 이미 분별 속에 있으니 어긋난다. 이러한 때 당신은 어디에 있는가?"
이 질문에 대한 저의 답변은 이렇습니다.
숭산 스님의 '오직 모를 뿐'의 자리입니다.

그렇게 답변하시면 생각으로 헤아려 이해한 것을 말하는 것이지, 자기의 본래면목을 드러내고 있는 것은 아닙니다. 모든 화두의 뜻이 다 풀려서 의문이 남지 않더라도, 이것은 여전히 분별에서 벗어나지 못하고 생각 속에 있는 것입니다.

반드시 그런 생각과 분별에서 벗어나는 불가사의한 체험을 해야, 님이 느끼는 불만족과 의문이 사라지고 만족스럽고 밝은 지혜가 나타날 것입니다. 분별심으로 헤아리고 이해하는 공부는 이제 그만두시고, 분별에서 벗어나 님의 본래면목이 나타나는 깨달음 공부를 하십시오.

43. 체험한 뒤에는 어떻게 공부합니까?

: 선생님의 법문을 듣는데, "이것밖에 없다"라는 말씀을 듣는 순간 웃음이 나왔습니다. 그리고 여태까지 있던 모든 것이 싹 밀려서 내려가는 느낌이 오더라고요. 그러고 나서 보니 관세음보살이 따로 있지 않고 제가 바로 관세음보살이고, 부처님이 따로 있지 않고 제가 바로 부처님이더라고요. 앉아서 창밖을 보며 선생님 법문을 듣는데 그런 느낌이 왔어요. 이러한 체험 후에는 어떻게 살펴봐야 하며, 어떻게 공부해야 할까요?

"앞으로 어떻게 공부할까요?" 하고 질문하시는 것을 보니, 아직 생각 속에 있고 법을 보는 눈이 밝아지지는 못했군요. 체험을 했다거나 하지 못했다거나 하는 생각은 하지 마시고, 지금까지 공부한 것처럼 계속 그렇게 공부하십시오. 절대로 생각으로 판단하여 알려고 하지 마시고, 그냥 설법을 들으십시오.

깨달음이 확실하면 마음의 실상이 저절로 나타나, '나'도 없고, '남'도 없고, '사람'도 없고, 마음도 없고, 체험도 없고, 깨달음도 없고, 그 무엇이라고 할 것이 아무것도 없지만, 모든 진실이 저절로 밝아집니다. 성급하게 판단하거나 욕심을 내어 얻으려고 하지 마시고, 계속 공부해 가시기를 빕니다.

44. 모든 것이 사라졌습니다

: 요즈음 갑자기 집착하던 모든 게 없어졌습니다. 지나가는 모르는 사람이 저와 다르지 않게 느껴졌습니다. 마음이 통째로 어디로 가 버린 것 같은 느낌입니다. 주위 상황은 하나도 안 바뀌었는데, 모든 게 아무렇지도 않습니다. 《반야심경》을 들으며 히죽히죽 웃게 되고요, 《마조어록》을 들으면 다 흡수가 됩니다. 공부가 어느 단계인지요?

메일로 보내신 말씀만 보면 일단 한 번 해탈하는 체험은 하신 것 같군요. 체험이 확실하다면 시간이 지나면서 그런 내면의 변화가 점차 익숙해질 것입니다. 만약 해탈의 체험이 아니라면, 그런 내면의 변화는 저절로 사라지고 다시 이전으로 되돌아갈 것입니다.

몇 달 더 지내 보시고 그러한 변화 속에 들어온 것이 확실하다면, 한번 찾아오시든지 형편이 안 되면 메일을 주시기 바랍니다.

물론 이런 체험이 공부의 끝은 아닙니다. 생각에서 벗어나는 해탈을 체험한 것은 망상에서 벗어나 실상의 세계에 비로소 처음으로 발을 들여놓은 것이라고 할 수 있습니다.

망상의 세계 속에서 오랜 시간 떠돌다가 이제 비로소 실상의 세계에 들어왔지만, 실상의 세계에는 아직 매우 낯이 선 상태입니다. 이제부터는 실상의 세계에 맞게 살아야 하는데, 아직 낯이 설기 때문에 예전 망상의 세계에 살면서 익힌 습관이 여전히 강하게 남아 있습니다.

그 습관이란 생각으로 분별하여 판단하는 것에 의지하는 것입니다. 생각으로 분별하고 판단하는 것은 반야바라밀이라는 깨달음의 지혜가 아닙니다. 생각하는 것도 아니고 생각이 없는 것도 아닌 불이중도(不二中道)에 딱 들어맞아서 생각을 버리지도 않고 생각에 매여 있지도 않는 묘한 지혜가 밝아져야 합니다.

그렇게 바른 공부의 길로 나아가려면 무엇보다 생각으로 분별하는 습관에서 확실히 벗어나야 합니다. 그러려면 지금 새롭게 들어선 그곳에 익숙해지도록 하시기 바랍니다.

9장
별별 질문들

1. 기(氣)는 깨달음과 관계가 있습니까?

: 기(氣)와 깨달음은 어떠한 관계가 있습니까? 맑은 기운, 육체 그리고 영적 진화, 업, 이런 내용을 여러 마음공부 하는 곳에서 접할 수 있는데, 선생님의 글이나 라마나 마하리쉬의 글을 읽어 보면 깨달음과는 관계가 전혀 없는 것 같은데요? 자세한 설명을 부탁드릴게요.

　　중생의 마음은 어떤 문제를 가지고 있고, 깨달음을 통하여 어떻게 이 문제가 해결되는지를 비유를 통하여 설명해 보겠습니다.

　　불교에서 마음은 흔히 거울이나 투명한 수정구슬이나 하늘에 비유하여 말합니다. 텅 빈 거울에 온갖 모습이 항상 나타나고 사라집니다. 그러나 거울은 언제나 텅 비어 있고 그 속에 나타나고 사라지는 모습에 얽매이지 않습니다.

　　투명한 수정구슬도 마찬가지입니다. 텅 비어 투명한 수정구슬을 보면 주위의 온갖 모습이 굴절되어 나타납니다. 그러나 텅 비어 투명한 수정구슬은 언제나 텅 비어 있고 그 속에 나타나고 사라지는 모습에 물들지 않습니다. 텅 빈 허공인 하늘도 마찬가지입니다. 텅 빈 하늘에 구름이 생겨나고 사라집니다만, 하늘은 언제나 텅 빈 허공일 뿐입니다.

우리 마음도 이와 같아서, 텅 빈 본바탕인 마음에 언제나 온갖 세계가 펼쳐집니다. 텅 빈 마음에 우리의 모든 경험이 나타나고 사라지는 것입니다. 우리는 이렇게 경험하는 세계를 의식세계라고 합니다. 의식하는 세계라는 말인데, 의식(意識)이란 분별하여 안다는 뜻입니다.

그런데 우리 마음의 의식세계에는 거울이나 수정구슬이나 허공과 달리 '나'라는 주관이 '의식세계'라는 객관을 분별하여 아는 것처럼 작동합니다. 우리는 '나'와 '의식세계'의 관계 속에서 '나'가 '의식세계'를 경험하고 대응한다고 여깁니다.

이때 '나'는 앞에 나타나는 '의식세계'를 좋아하기도 하고 싫어하기도 합니다. 좋아하든 싫어하든 '나'가 있고 '의식세계'가 있으면, '나'는 '의식세계'에 얽매여 벗어나지 못합니다. '나'가 '의식세계'에 얽매여 벗어나지 못하고 시달리는 것, 이것이 바로 우리가 느끼는 번뇌입니다.

번뇌는 곧 '나'가 '무엇'이라는 '의식세계'에 얽매여 벗어나지 못하는 부자유입니다. 그러므로 깨달음은 곧 얽매임을 풀고 벗어나는 해탈입니다. 그러면 '나'가 '무엇'에서 벗어나면, '무엇'은 모두 사라지고 '나'만 남을까요?

그렇지 않습니다. 객관인 '무엇'이 사라지면 주관인 '나'도 사라집니다. 왜냐하면 객관과 주관은 서로 상대하여 생기기 때문에, 동시에 나타나고 동시에 사라집니다. 이것을 불교에서는 연기(緣起)라고 합니다. 주관이 생기면 객관도 생기고, 주관이 사라지면 객관도 사라지며, 주관이 있으면 객관도 있고, 주관이 없으면 객관도 없습니다.

우리가 경험하는 모든 것은 연기하여 나타나고 연기하여 사라진다는 사실을 석가모니 부처님은 깨달았다고 하지요. 그러므로 주관인 '나'와 객관인 '세계'가 있어서 '나'가 '세계'에 얽매이는 것이 바로 중생 세계이고, '나'와 '세계'가 사라져서 모든 얽매임이 없어지는 것이 곧 해탈이고 열반이고 깨달음입니다.

그러므로 《반야심경》에서는 "꿈같은 헛된 생각에서 멀리 벗어나 모든 것이 사라진 열반에 이른다"라고 했고, 《문수반야경》에서는 "깨달음도 없고 깨닫는 사람도 없다"고 했습니다.

'나'와 '세계'가 모두 사라진 깨달음에서는 생각할 만한 것이 없고 말할 만한 것이 없어서 불가사의합니다. 그러므로 깨달음, 해탈, 열반 등의 이름과 이에 관한 말들은 모두 생각할 수 없고 말할 수 없는 것을 억지로 말하는 것이므로 방편이라고 하는 것입니다.

이제, 기운, 영적 진화, 업 등의 말을 보죠. 기운은 육체에서 경험하는 어떤 느낌을 가리키는 말이죠. 그러므로 기운은 '나'가 느끼는 대상으로서 '무엇'입니다. 따라서 기운은 우리가 '춥다'거나 '덥다'거나 '거칠다'거나 '부드럽다'는 등의 느낌과 같은 종류의 한 경험이니 깨달음과는 아무런 상관이 없죠.

영적 진화니 업이니 하는 말은 방편의 말이죠. 방편의 말도 '나'라는 주관이 '무엇'이라는 객관을 세워서 말하는 것이므로, '나'도 없고 '무엇'도 없는 깨달음과는 상관이 없습니다. 다만, 공부에 도움이 되라고 임시로 만든 말이죠. 마치 달을 가리키는 손가락이나 병에 대응하는 약처럼.

방편에 대한 안목도 사실은 깨달음을 얻어야 밝아지므로 여기에서 더 말하지 않겠습니다. 다만, 깨달음을 얻는 것이 우리가 원하는 것이므로, 우리는 이런저런 생각에 얽매여 있지 말고 깨달음으로 곧장 달려 들어가야 합니다. 깨달음은 생각에서 벗어난 곳에 있습니다.

깨달음이 무엇일까요?

푸른 하늘에 흰 구름이 떠 있습니다.

생각하면 깨달을 수 없습니다.

2. 무심으로 사는 것은 어떤 삶인가요?

: 여러 글에 무심(無心)이라는 말이 나오는데 무심으로 산다는 것은 어떻게 사는 것을 말하는지요? 단순히 마음을 비우고 산다는 것인지, 어떤 경지에 이르러 산다는 것인지 모르겠습니다.

무심(無心)이란 마음이 없다는 뜻이지요. 여기서 없다는 말은 주머니 속에 있었던 물건을 비워 버려서 빈 주머니를 만든다는 그런 뜻이 아닙니다. 오히려 주머니 속에 물건이 있거나 없거나 그런 것에 상관없다는 뜻에 가깝습니다.

마음에 어떤 생각이나 느낌이나 욕망이 일어나거나 사라지거나
에 상관없이 한결같이 태연할 수가 있습니까? 늘 한결같이 태연할
수가 있다면 그것이 무심으로 살아가는 것이겠지요.

마음에 어떤 일이 벌어지거나 상관없이 늘 고요할 수가 있으려
면, 어떻게 해야 할까요? 잘 생각하고 늘 긴장하여 살펴보고 감시
하고 조절하여서 그럴 수 있을까요?

어느 정도까지는 가능하겠지만, 그렇게 억지로 노력해서는 편안
하고 자연스러워질 수가 없습니다. 마음을 가지고 마음을 조절하거
나, 마음을 가지고 마음을 다스리는 노력에는 한계가 있습니다.

만약 마음의 실상(實相)을 깨닫는다면, 마음은 본래 어떤 일에도
상관없이 한결같이 태연할 것입니다. 마치 바다에 온갖 파도가 일
어나지만 한결같이 바닷물일 뿐이듯이, 마음에 온갖 일이 일어나
지만 한결같이 고요할 뿐임을 실감하게 됩니다. 마음의 실상을 깨달
아야 우리는 본래부터 무심으로 살고 있음을 실감하게 됩니다.

3. 백지 위 그림의 진실은?

: 여기 하나의 깨끗한 백지가 있습니다. 지금 이 순간에 생생히 살아 있
는 이 백지는 내가 태어나기 이전에도 있었고, 내가 죽은 후에도 있으며,
우주가 창조되기 전에도 있었으며, 우주가 멸망한 후에도 변치 않을, 그
런 백지 한 장입니다. 나란 존재는 여기 이 백지에 그려진 그림의 일부인

가요? 아니면 백지인가요? 아니면, 이렇게 백지와 그림을 둘로 보는 그
분별 자체인가요? 아니면, 이런 모든 질문이 다 백지 위에 그려진 그림이
면서 또한 백지 자체인 건가요? 어리석은 질문을 드립니다.

　님의 모든 말은 전부 생각으로 그려 낸 그림이니, 전부 헛된 망
상입니다. 모든 생각은 마음이 그려 낸 헛된 망상입니다.
　진실은 "……인가요?" 하고 묻는 여기에 분명히 드러나 있습니
다만, 생각이나 느낌은 아닙니다. 진실은 알 수도 없고 말할 수도
없습니다만, 바로 이렇게 명백하게 드러나 있습니다.
　생각하면 벌써 망상이고, 말하면 이미 어긋나 있습니다.

4. 후회 없는 선택을 할 순 없나요?

: 우리는 살아가면서 여러 가지 일에서 순간순간 선택의 기로에 마주칩
니다. 그때 후회하지 않고 올바른 선택을 할 수는 없나요?

　후회를 없애는 유일한 길은 선택하지 않는 것입니다. 일단 선택
을 하면 반드시 만족과 후회가 교차할 것입니다. 선택은 취하고 버
리는 것이니만큼, 버리는 것에 대한 아쉬움이 없을 수가 없지요. 그
렇다고 모든 것을 다 선택할 수도 없고 모든 것을 다 버릴 수도 없

506

습니다.

선택이란 분별심의 행위이므로 반드시 취하고 버림이 함께 있습니다. 취하는 쪽이든 버리는 쪽이든 선택할 만한 매력이 있는 것이기 때문에, 버리는 쪽에 대한 아쉬움은 반드시 남습니다. 그러므로 후회 없는 선택이란, 선택의 성격이 본래 취하고 버리는 분별심의 행위임을 잘 알아서 버리는 것에 대한 아쉬움을 가지지 않도록 자신을 설득하는 것이지요. 하지만 아쉬움이 완전히 없어지지는 않을 것입니다.

궁극적으로 후회 없는 선택을 하려면 분별심에 의지하지 않는 선택을 해야 합니다. 그렇게 하려면 분별심에서 벗어나 자신의 본래면목을 깨달아야 합니다. 자신의 본래면목을 깨달으면 대상에 대한 애착이 가벼워지기 때문에, 선택하여 취한 쪽에 대해도 집착하지 않고 선택하여 버린 쪽에 대해도 아쉬워하지 않을 것입니다. 모든 것에서 초연해지는 것이지요.

5. 불쌍한 사람을 보면 어떻게 할까요?

: 지나가다 어려운 처지에 놓인 사람을 보거나 티브이에서 수재민이나 사고를 당한 사람을 볼 때 마음공부 하는 사람은 어떤 마음을 가져야 합니까? 예컨대, '저건 모두 모습이니 속지 말자', '저런 모습은 모두 공(空)이다', '애처롭게 여겨지므로 마음속에서 잘되기를 빈다', '무심하게 못 본 듯이 그냥 지나간다.' 어떻게 하는 것이 좋을까요?

'불쌍한 사람을 보면 이런 마음을 가져야 한다'라고 하면, 그것은 분별이고 생각이니 마음을 가로막는 망상이죠. 마음공부 하는 사람은 어떤 것에 관하여 정해진 견해나 가치관을 미리 가지고 있지 않습니다. 마음에 정해진 견해나 가치관을 가지고 있다면, 그것은 마음의 해탈을 가로막는 장애물이고 망상입니다.

어떤 상황을 만났을 때 그 순간 나름으로 반응하는 생각이나 행동을 하겠지만, 역시 그때뿐이고 그 생각이나 행동이 옳은지 그른지를 헤아리며 그 생각에 매여 있지 않습니다. 어떻게 해야 한다고 미리 생각하고 기억하여 견해나 가치관을 지니고 있으려 하지 마십시오. 그러한 생각과 견해나 가치관이 당신의 마음을 얽어매어 번뇌를 일으킵니다.

이해할 수 없고 분별할 수 없는 당신의 본래면목을 깨달으십시오. 생각으로 모든 것을 헤아려서 대응하려고 하면 망상에서 영원히 벗어날 수 없습니다. 스스로 생각을 일으켜서 스스로 그 생각에 묶여 버리는 어리석은 행동을 하지 마십시오.

당신이 지금과 같은 생각의 노예에서 벗어나려면, 생각에 의존하여 살지 말아야 하고, 생각에 의존하지 않으려면, 이름도 모양도 없고 머물 곳 없는 당신의 본래면목을 깨달아야 합니다. 그 길만이 영원한 자유를 향하여 가는 유일한 길입니다.

6. 죽음 앞에서도 여여한가요?

: 청담 스님께서는 경찰서에서 모진 고문을 받으시고 사경을 헤맬 때 깨달음의 상태가 여여하지 않으셨던 것으로 들었습니다. 깨달음이 확실하다면 그 어떤 고통, 심지어 몸을 불태우는 소신공양을 하시는 스님들도 있듯이, 그러한 극한의 고통 속에서도 마음은 흔들림 없이 여여하다고 들었습니다. 정말 그런가요?

스스로 직접 물을 마셔 보아야 비로소 그 물맛을 알 수 있듯이, 이 공부도 오로지 직접 체험해야 합니다. 참된 공부인이라면, 오로지 스스로 직접 물을 마셔서 그 맛을 보려는 태도로 공부해야 합니다. 남이 말하는 물맛을 가지고 옳으니 그르니 진짜니 가짜니 하는 것은 망상분별을 붙잡고 씨름하며 헛되이 시간을 낭비하는 것일 뿐입니다.

자기 주머니 사정만을 늘 돌이켜보며 자신의 참된 재산을 확인하는 데 온 힘을 기울이시고, 남이 자랑하는 남의 돈에는 신경 쓰지 마십시오. 시비를 일으키지도 말고, 시비에 휘말리지도 말고, 자기의 공부를 착실히 밀고 나아가는 것이 공부인의 올바른 태도입니다.

스스로 깨달아 안목이 갖추어지면 어떤 말을 듣더라도 즉각 그 실상이 보일 것입니다. 자신의 깨달음 없이 남의 말에만 따라다니며 헤아리고 따지는 것은 올바른 공부인의 자세가 아닙니다.

7. 중론(中論)의 논리란?

: 나가르주나의 《중론》을 읽다 보니 제3구 씨앗에서 싹이 발생하는 제문제의 비판에서 "싹의 요소가 씨앗 속에 있다는 것은 싹의 일부는 씨앗 속에 있고 다른 일부는 씨앗 속에 없어서, 이를 풀면 결국 싹이 씨앗 속에 있으면서 동시에 없다는 제3구의 판단이 될 뿐이다"라고 했습니다. 그런데 싹의 요소가 씨앗 속에 있을 수 있습니다. 즉, 씨앗 속에 싹의 유전자가 있어서 씨앗 속에 없던 단백질 등 유기물질을 조합하여 싹을 만들게 되니, 싹의 요소가 씨앗 속에 있다는 것은 옳은 판단이 아닐까요?

《중론》을 보시려면, 《중론》에서 무엇을 가르치려고 하는가에 초점을 두고 읽으십시오. 《중론》에서 들고 있는 사례의 과학적 해석은 달라질 수가 있으나, 《중론》의 가르침이 그것 때문에 훼손되지는 않습니다. 《중론》은 사실을 해석하여 이론을 세우고 있는 과학이 아니라, 인간 사유의 본질을 파헤쳐서 그 실상을 드러내어 우리가 사유의 틀 속에서 벗어나는 길을 제시하고 있는 것입니다.

제시하신 예의 경우 "싹의 요소가 씨앗 속에 있다는 것은 싹의 일부는 씨앗 속에 있고 다른 일부는 씨앗 속에 없어서 이를 풀면 결국 싹이 씨앗 속에 있으면서 없다"는 말은, 씨앗에서 싹이 트니 씨앗 속에 싹의 무엇이 있겠지만, 씨앗 속에 그 싹이 그대로 있는 것은 아니므로 싹은 씨앗 속에 없는 것이죠. 결국, 씨앗 속에 싹이 있기도 하고 없기도 하다는 모순되는 판단이 동시에 성립된다는 것을 보여 주려고 하는군요.

이처럼 어떤 하나의 판단도 그 판단과 모순되는 판단이 동시에 성립됩니다. 하나의 판단만 진실이고 그와 모순되는 판단은 거짓일 수 없습니다. 이와 같이 모순되는 개념들이 상호 의지하여 성립하는 것을 일러 연기한다고 합니다. 그러므로 모든 판단은 상호 의존적인 모순 개념의 연기적 발생에 의하여 성립됩니다.

'있다'는 개념은 그 모순 개념인 '없다'에 의지하여 성립되고, 그 반대로 '없다'는 개념은 그 모순 개념인 '있다'에 의지하여 성립됩니다. 마치 물결이 일면 물결의 산과 골짜기가 언제나 동시에 성립되는 것과 같죠. 그러나 물 자체는 산도 아니고 골짜기도 아니죠. 이처럼 마음 자체는 어떤 하나의 개념이 될 수가 없습니다.

이처럼 분별된 세계는 상호 의존하는 온갖 개념의 집합체로 나타나지만, 전체 세계 그 자체는 아무런 개념도 아닙니다. 달리 말하면 개념으로 분별하면 전체 세계를 있는 그대로 볼 수가 없고, 개념과 분별을 극복해야 비로소 세계의 진상이 드러납니다.

《중론》의 가르침을 간단히 요약하면 이렇게 말할 수가 있습니다만, 《중론》은 이렇게 설명하지 않고 우리가 익숙해 있는 습관적 분별을 하나하나 분별의 논리를 따라 따져서 그 모순과 실상을 밝히려고 하는 것입니다. 그러므로 《중론》을 잘못 읽으면 그 논리 속에 빠져서 헤어나지 못할 수도 있습니다. 무엇을 가르치려고 하는가를 염두에 두고 잘 읽어야 합니다.

《중론》은 이처럼 논리를 통하여 논리의 한계를 극복하고 실상을 드러내려고 하는 반면, 선(禪)은 논리를 세우지 않고 즉각 바로 실상을 가리킵니다. 그러므로 선은 분별과 관념으로 따지지 말고 바로 가리키는 것을 따라 즉각 바로 들어와야 합니다. 처음에는 막막하지만, 믿음을 가지고 가르침에 귀를 기울이면 언젠가 문득 깨닫게 됩니다.

실상이 무엇인가요?

오늘은 바람이 불고 쌀쌀하군요.

8. 꿈속에서도 '이것'이 확인됩니까?

: 본래의 마음을 체험한 사람은 잠자면서 꿈을 꿀 때도 꿈속에서 보이고 들리는 현상들이 모두 마음으로 확인됩니까?

깨어 있을 때도 마음이 없고 꿈속에서도 마음이 없기 때문에, 깨어 있을 때와 꿈꿀 때가 한결같아 다름이 없습니다. 깨어 있을 때 마음이 있고 꿈속에서도 마음이 있다면, 아직 분별 속에 있고 마음을 확인한 것이 아닙니다.

어리석은 사람은 깨어 있을 때와 잠자면서 꿈꿀 때를 구분하여 깨어 있다거나 꿈속에 있다고 여기지만, 깨달은 사람이 본다면 그들은 깨어 있을 때도 꿈속에 있고 잠자면서 꿈꿀 때도 동일하게 꿈속에 있습니다.

마음을 깨달은 사람에게는 잠과 깸이 둘이 아니고, 깨어 있을 때와 꿈꿀 때가 다르지 않습니다.

9. 영원과 무한은 어떤 것인가요?

: 영원과 무한에 관한 선생님의 견해를 여쭙고 싶습니다.

분별 속에서는 영원과 순간이 있고, 무한과 유한이 있습니다. 분별을 벗어나면 영원은 영원이 아니고 순간은 순간이 아니며, 무한은 무한이 아니고 유한은 유한이 아닙니다.

10. 생각 없는 식물인간은 깨달았을까요?

: 깨달음을 방해하는 주된 원인이 생각이라고 하는데요, 그렇다면 생각이 정지된 채 깨어 있는 식물인간들의 경지는 어떠할까요?

왜 이런 헛된 생각을 합니까? 식물인간이 깨달았다고 하면 식물인간이 되고 싶은 것입니까? 이런 온갖 헛된 생각에서 벗어나고 싶지 않습니까? 깨달음은 이런 온갖 헛된 생각에서 벗어나는 것입니다. 부디 확고한 발심을 하셔서 자신의 생각에서 벗어나시길 바랍니다.

11. 화두는 무슨 뜻인가요?

: 선생님의 가르침을 종종 듣는 재가자입니다. 그런데 《대혜법어》 법문을 듣다 보니, 화두에 대한 설명이 있는데 허운 대사의 풀이와 아주 다르더군요. 선생님은 화두(話頭)란 말에서 화(話)는 말이라는 뜻이고 두(頭)는 무의미한 접미사라고 하십니다만, 허운 대사는 《참선요지》란 책에서 말하기를 "화두에서 화는 말이요, 두는 말 이전을 의미한다"고 합니다. 또 선생님은 말씀하시길 "망상이 일어날 때 옛날 도인들이 도에 들어간 이야기인 화두를 살펴보라. 그러면 망상이 붙을 수가 없다"라고 하십니다만, 허운 대사의 가르침을 따르면 "망상이 일어날 때 그 망상의 이전을 돌이켜보라. 그러면 망상이 붙을 수가 없다"라는 뜻이 됩니다. 제 생각엔 허운 대사의 말씀이 더 와 닿습니다. 어떻습니까?

화두에 관한 이야기는 저의 생각을 말한 것이 아니라, 《대혜어록》에 나와 있는 대혜종고의 말을 전달한 것입니다.

허운 대사의 풀이가 그럴듯해 보이지만, 대혜가 본래 가르친 간화선과는 다른 것 같군요. 말과 말 이전을 구별하여 말을 버리고 말 이전을 돌이켜보라는 말은 그럴듯해 보이지만, 대혜가 말한 화두는 그런 것이 아닙니다.

대혜가 말하는 화두는 말이면서 말이 아니고 말이 아니면서 말이라고 할 수 있습니다. 대혜는 이 화두를 제시하여 무언가를 취사선택하라고 가르치는 것이 아닙니다. 대혜는 화두를 제시하여 곧장 분별심을 가로막아서 불이중도에 통하도록 이끌고 있는 것입니다. 대혜의 화두는 이전과 이후를 구분하여 취하고 버리는 수행을 요구하는 것이 아닙니다.

조사의 말씀이 다 그렇듯이, 대혜는 다만 분별할 수 없는 불가사의한 진여자성을 곧장 가리키고 있을 뿐입니다. 이처럼 대혜의 화두는 분별심을 막아서 곧장 분별에서 벗어나는 해탈을 맛보도록 이끄는 것이지, 무엇을 돌이켜보는 수행을 요구하는 것이 아닙니다.

12. 암두밀계

: 예의는 일단 놓아두고, 암두밀계(巖頭密啓)에 대하여 한 말씀 부탁드립니다.

[참고: 암두밀계는 덕산탁발화, 혹은 말후구라고도 하는 화두. 내용은 다음과 같다.

어느 날 덕산이 발우를 들고 식당으로 걸어가는데, 설봉이 말했다. "스님, 아직 종도 울리지 않았고 북도 치지 않았는데, 발우를 들고 어디로 가십니까?" 이에 덕산은 머리를 숙이고 조실로 되돌아갔다. 설봉이 암두에게 그 일을 말하자 암두가 말했다. "덕산 선사께서 말후구를 모르시는구나."
덕산이 그 말을 전해 듣고 암두를 불러 말했다. "네가 나를 긍정하지 않는
것이냐?" 암두는 곧장 덕산에게 다가가 귓속말을 했다. 다음 날 법좌에
올라 법문하는 덕산은 전날과 법문이 달랐다. 법문이 끝나자 암두가 법당
앞에 나가서 소리내어 웃고 손뼉을 치며 말했다. "참 기쁘다. 노스님께서
이제 말후구를 아셨다. 이후로는 아무도 노스님을 건드리지 못하리라."]

어제는 하동에 다녀오느라 답변이 늦었습니다.

: 그렇다면 암두는 괜히 평지풍파를 일으켰군요.

평지풍파라면 질문자님이 일으키고 있군요.

: 선사님의 법문은 들을수록 참으로 희유하십니다. 대승의 종지를 정확
하게 지적해 주시니 무어라 감사의 말씀을 드려야 할지 모르겠습니다. 그
런데 '이것' '이것' 하시는데, 진정 '이것'이 무엇입니까?

이런 경우를 일러 물속에서 물을 찾는다고 합니다.

516

: 선사님은 물속에서 물을 찾는 도리를 어떻게 아셨으며, 내가 물인 도리를 어떻게 아셨습니까?

이렇게 헤아리고 따지는 것이 바로 물속에서 물을 찾는 것입니다.

13. 선(禪)은 장자의 사상을 계승하였나요?

: 평소 즐겨 보는 《장자》에 보면 "진인(眞人)은 역경을 싫어하지도 않고 행복을 추구하지도 않으며 어떤 꿈을 꾸지도 않는다. 그 숨결은 깊고 고요하니 발뒤꿈치로 숨을 쉬기 때문이다. 그리고 명리(名利) 때문에 몸을 망치지 않는다", "도는 움직임도 없고 모양도 없다. 그것은 천지가 생겨나기 전부터 있었고, 그것이 하늘과 땅, 귀신과 제왕을 낳았다. 그러면서도 오래된 것이 아니고, 큰 것도 아니며, 높지만 높은 것이 아니고, 오래되었지만 늙은 것이 아니다"라는 구절이 나옵니다. 《장자》에서 말하는 이런 것과 불교의 선(禪)과 공자의 제자 안회가 말한 "손발과 몸, 귀와 눈 등 형체를 떠나고 앎을 버려서 저 지극한 도와 하나가 된다"는 '좌망(坐忘)'과 전부 똑같은 것이 아닌지요? 결국, 이 좌망사상은 훗날 불교와 결합하여 선이 탄생하는 데 결정적 역할을 하였고, 따라서 선은 인도의 씨앗과 중국의 토양이 결합한 것으로 보아도 무방한지 질문드립니다.

《육조단경》을 비롯한 선사들의 어록을 살펴보면 선사들이 깨달음에 관하여 경전을 인용하는 구절들은 전부 불교의 경전들에서 인용하고 있지 《장자》나 《노자》의 구절을 언급하는 경우는 한 구절도 본 적이 없습니다.

직지인심(直指人心)과 견성성불(見性成佛)이라는 말로 요약되는 중국선의 본질은 대승불교의 본질인 불이중도(不二中道)의 깨달음임을 《육조단경》을 비롯한 모든 선사의 어록에서 말하고 있습니다.

《노자》나 《장자》에 나오는 도(道)에 관한 언급들이 불교와 선에서 말하는 깨달음과 유사한 측면이 분명히 있어 보입니다만, 문헌의 증거로 본다면 중국선은 어디까지나 대승불교에 뿌리를 두고 있습니다. 선어록에서 매우 드물게 《노자》나 《장자》의 구절을 언급할 때도 분명히 외도(外道)라고 말하고 있습니다.

14. 노장(老莊)과 성리학도 불교와 같은가요?

: 흔히 무심(無心)이라 하면 마음을 비운다, 마음을 없앤다, 욕심을 버린다, 집착하지 않는다는 뜻이라 여겨집니다. 그런데 이 무심은 불교에만 있는 것은 아니고 《장자》의 심재좌망(心齋坐忘)에도 있고, 《노자》의 허(虛)와 무(無), 그리고 우리나라의 성리학에도 비슷한 내용의 말이 있다고 알고 있습니다. 불교의 무심과 유가와 도가에서 말하는 무심의 차이는 무엇인지 질문드립니다.

무심(無心)이라는 말은 '마음이 없다'는 뜻이지만, '있다'거나 '없다'는 분별되는 경계를 가리키는 말이 아니고 분별에서 벗어난 불이중도(不二中道)의 해탈체험을 가리키는 방편의 말입니다.

도가나 유가에서 말하는 무심의 경지가 불교에서 말하는 분별망상에서 벗어난 불이중도의 체험을 말하는 것이라면, 다름이 없겠지요.

그렇지만 노장이나 성리학에서도 불교의 불이중도의 깨달음과 동일한 깨달음을 말하고 있는지는 잘 모르겠군요.

15. 무당이 저에게 신줄이 있다고 합니다

: 인터넷으로 선생님의 법문을 들은 지 3개월이 되고 있습니다. 평소에 이런 공부에 관심이 있어 관련한 책도 보고 하다가 인터넷 검색 중에 무심선원을 만나 선생님의 법문이 너무 좋아서 틈나는 대로 듣고 있습니다. 그런데 얼마 전에 친구가 점집을 간다며 따라가자기에 난생처음 그런 델 갔습니다. 그 점집 보살님이 저한테 신줄이 있다고 정리를 하라고 하셔서 좀 놀랐습니다. 조상 중에 무속인이 있는지는 모르지만 그런 기운의 내림이 있다는 얘길 엄마께 들은 적도 있고, 엄마도 그런 신줄이 있어서 예전에 절에서 삼천배를 하면서 나름 닦아 내셨다고 들었습니다. 그 보살님 말씀이 엄마가 받지 않아서 저한테로 내려온 것이라 하더군요. 아직 제가 공부가 미약하다 보니 이런 경우 어떻게 해야 하는지 판단이 서질 않습니

다. 저는 공부에 뜻을 두고 가다 보면 이런 부분도 해결이 될 거라고 생각이 드는데요. 그 보살님 말씀은 그럴 수도 있지만 그렇게 되기까지는 공부의 길이 힘들고 몸도 힘들게 될 거라 하시니, 지금 마음이 좀 심란합니다. 어떻게 해야 할까요?

공부하는 사람은 오로지 바른 공부에만 뜻을 두어야 합니다.

신줄이니 업장이니 전생이니 마음에 새겨진 트라우마니 하는 등으로 무언가가 있다는 말들은 모두 망상일 뿐입니다. 이런 것들이 있다는 말은 전부 분별하여 나온 견해이니 망상인 것입니다. 그런 망상을 믿고 그런 것이 있다고 여기면, 바로 망상의 노예가 되어서 공부에 방해가 됩니다. 앞으로는 절대로 그런 곳에 가지 마시고, 그런 말이나 그런 생각에 매이지 마시고, 오로지 바른 공부만 하십시오.

사람은 누구나 태어날 때부터 망상에 물들지 않아서 전혀 번뇌가 없는 참된 본성을 갖추고 있습니다. 이 참된 본성을 깨달으면, 한순간에 모든 망상에서 벗어나 아무 일도 없습니다. 마음공부는 온갖 헛된 생각에서 벗어나 해탈의 대자유를 얻는 것입니다. 그러려면 무엇이 있다고 여기는 분별심에서 벗어나야 합니다.

분별심에서 벗어나려면, 무엇이 있다거나 없다는 생각을 내려놓고 오로지 바른 깨달음을 얻겠다는 일념으로 법문을 들어야 합니다. 모든 망상에서 벗어나 해탈을 얻는 바른 공부에만 마음을 두고 설법을 꾸준히 들으면, 어떤 삿된 망상도 이런 사람의 앞길을 가로막지는 못할 것입니다.

16. 사주(四柱)를 믿어야 할까요?

: 오래전부터 기(氣), 좌선, 복식호흡 등에 관심을 두고 있다가, 지인을 통하여 무심선원의 법회에까지 인연이 되었습니다. 그런데 몇 개월 전에 인연이 있는 스님을 찾아뵈었는데, 생년월일을 적어 놓고 가라고 하여 그렇게 하였습니다. 그런데 오늘 스님에게서 집사람과 함께 찾아오라는 연락을 받았습니다. 사주가 좋지 않다고 말할 것 같아 불안합니다. 사주라는 것을 믿어야 할까요?

사람이 태어난 년, 월, 일, 시를 사주라 하고, 그 숫자를 가지고 그 사람의 일생에서 행운과 불운을 점치는 것을 사주점이라고 하니, 모두가 분별 속의 일입니다. 불법을 공부하는 사람은 모든 분별을 벗어나 해탈을 얻어 어디에도 얽매이지 않는 대자유를 누려야 하는데, 사주니 신수니 하는 이런 분별에 얽매여 있어서야 되겠습니까? 모든 분별에서 벗어난 대자유를 반드시 얻고야 말겠다는 견고한 발심으로 불법만 열심히 공부하십시오.

17. 죽기 전에 무엇이 있었습니까?

: 한 가지 궁금한 점이 있어 질문드립니다. 어떤 사람이 방금 죽어서 그 사체가 있습니다. 죽기 직전의 그 몸에 있었던 것은 무엇입니까?

죽기 전에 그 몸에 있었던 것도 질문자님이고, 지금 죽은 시체에 있는 것도 질문자님입니다.

18. 마음이 없음을 무엇이 압니까?

: 생각이 없는데 무엇이 마음이 없는 줄 알 수 있습니까?

생각 없는 이것이 마음이 없는 줄 알지요.

마음공부?
무엇이든 물어보세요 1

초판 1쇄 발행 2022년 4월 10일

지은이 김태완

펴낸이 김윤
펴낸곳 침묵의향기
출판등록 2000년 8월 30일, 제1-2836호
주소 10401 경기도 고양시 일산동구 무궁화로 8-28,
　　삼성메르헨하우스 913호
전화 031) 905-9425
팩스 031) 629-5429
전자우편 chimmukbooks@naver.com
블로그 http://blog.naver.com/chimmukbooks

ISBN 978-89-89590-94-1 03220

*책값은 뒤표지에 있습니다